똑똑 중학 국어 문법

STAFF

발행인 정선욱

퍼블리싱 총괄 남형주

기획·개발 김태원 김성준 육인선

디자인 김정인

유통·마케팅 서준성 김지희

제작 김한길 김경수

똑똑 중학 국어 문법 실력편 202107 제1판 1쇄 202506 초판 7쇄

펴낸곳 이투스교육(주) 서울시 서초구 남부순환로 2547

전화 1599-3225

등록번호 제2007-000035호

ISBN 979-11-6598-954-5 [53700]

중학교 및 고등학교 문법 개념 학습과 문제 풀이를 쉽고 단계적으로 할 수 있는 문법서입니다.

 **『똑독 중학 국어 문법 실력편』으로 '중·고등 문법 개념'을 익힐 수 있습니다.**

중등 교과서 필수 개념 24개는 물론, 관련 고등 교과서 개념을 시각화·도식화와 풍부한 예시를 활용하여 설명하였습니다. 또한 개념 체계 마인드맵을 통해 개념의 체계와 흐름을 익히고, 단어의 뜻을 밝히거나 헷갈리는 문법 개념을 설명해 주는 코너를 통해 개념을 명확히 이해할 수 있습니다.

 **『똑독 중학 국어 문법 실력편』으로 '단계적 문제 풀이'를 할 수 있습니다.**

개념을 학습한 후 간단한 형태의 확인 문제, 내신 대비 문제, 학업성취도평가·고등학교 학력평가, 수능 모의평가, 수능 기출문제까지 풀이하는 구성으로 단계적인 문제 풀이가 가능합니다. 단답형 문제, 서술형 문제를 수록하여 수행 평가 및 내신 시험을 대비할 수 있으며, 고등학교 기출문제까지 수록하여 고등학교 문제 유형 및 수능 유형을 미리 접해 볼 수 있습니다. 또한 단원별로 종합 문제를 추가로 제공하여 문법 실력을 완성할 수 있습니다.

 **『똑독 중학 국어 문법 실력편』으로 '개념 반복 학습'이 가능합니다.**

깔끔한 개념 설명과 풍부한 예시를 통해 개념을 익힌 후 간단한 형태의 문제를 반복적으로 풀이하고 고등학교 기출문제를 풀며 마무리하는 체계적 구성을 통해 개념의 반복 학습이 가능합니다. 또한 개념 학습부터 문제 풀이까지 1DAY에 담아 단계적이고 계획적인 학습을 할 수 있고, 학습 일정을 짜거나 학습량을 관리하기 용이합니다.

이 책의 구성과 특징

중학 국어 문법 필수 개념을
완벽하게 익힐 수 있는 똑똑 중학 국어 문법

문법 개념 마인드맵과 학습 목표 제시

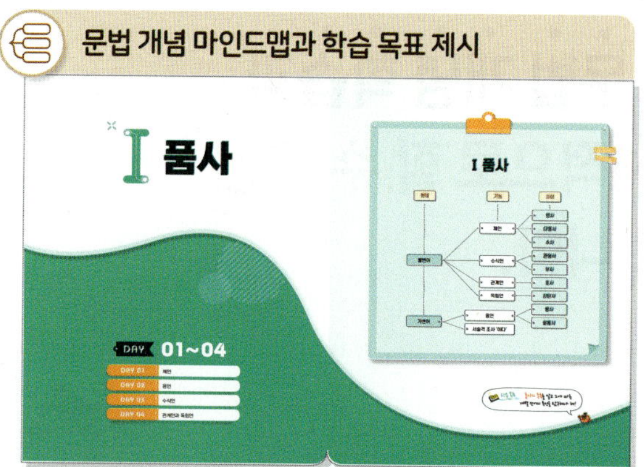

>> **단원별 문법 개념 마인드맵**

각 단원에서 다루는 모든 세부적인 문법 개념을 마인드맵으로 보여 주어 앞으로 배울 개념이 무엇이고, 그 체계는 어떻게 되는지 한눈에 파악할 수 있습니다.

>> **학습 목표**

교과서 성취 기준에 따른 단원별 학습 목표를 제시하여 교과서와의 연계성과 학습 과정에서 중점적으로 생각해야 하는 점을 알 수 있습니다.

깔끔한 개념 설명과 확인 문제

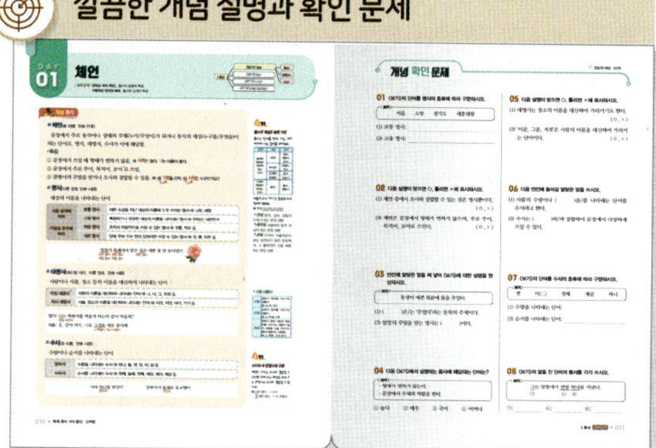

>> **교과 연계**

설명하는 문법 개념이 중학교 국어 교과서와 고등학교 언어와 매체의 어떤 내용 요소와 연계되는지 알 수 있습니다.

>> **DAY별 문법 개념 마인드맵**

각 DAY에서 설명하는 개념을 마인드맵으로 제시하여 개념의 체계와 흐름을 파악할 수 있습니다.

>> **개념 정리**

세부적인 문법 개념을 풍부한 예시와 시각화·도식화를 활용하여 설명함으로써 어려운 문법 개념을 쉽게 학습할 수 있습니다.

>> **확인 문제**

학습한 개념에 대한 간단한 형태의 확인 문제를 풀며 개념을 확실히 익힐 수 있습니다.

내신 대비 문제 수록

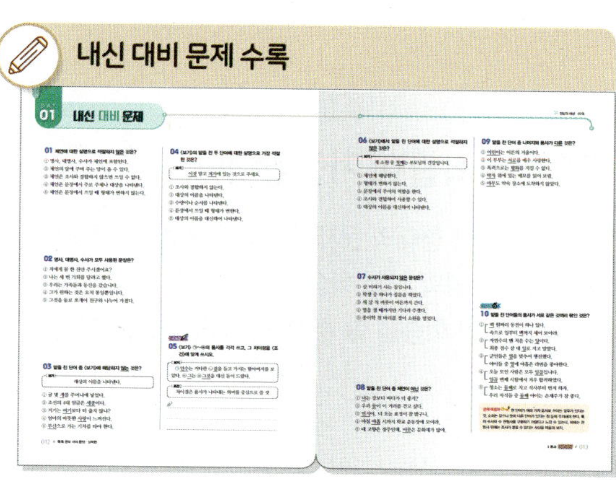

>> **내신 대비 문제**

내신형 객관식 문제, 단답형 문제, 서술형 문제를 풀며 학습한 개념을 문제 풀이에 적용할 수 있는지 확인하고, 수행 평가 및 내신 시험에 대비할 수 있습니다.

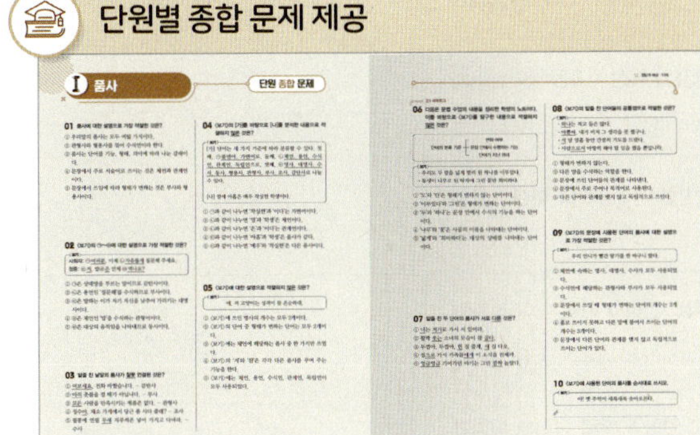

심화 학습 문제

학업성취도평가, 고등학교 학력평가 기출문제를 수록하여 고등 국어 문법 문제의 출제 경향을 파악하고 핵심 문제 유형, 풀이 과정 등을 학습할 수 있습니다.

수능 맛보기

고등학교 3학년 수능 모의평가, 수능 기출문제를 그대로 제시하여 수능 국어 문법 문제를 미리 접해 볼 수 있습니다.

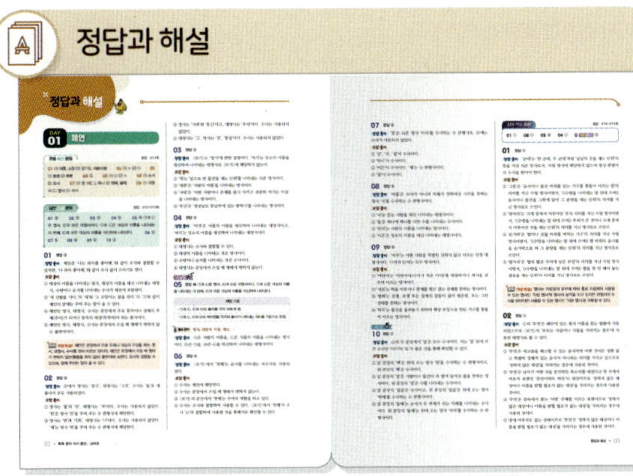

단원 종합 문제

단원별로 신출 문제와 고등학교 기출문제를 추가로 제공하여 종합적인 개념을 다룬 문제를 풀어 보며 문법 실력을 완성할 수 있습니다.

정답과 해설

정답·오답 풀이

상세하고 정확한 해설을 통해 문제에 대해 더욱 쉽고 명확하게 이해할 수 있습니다.

개념 복습

문제에서 다룬 개념을 다시 한번 설명하여 개념을 완전히 익힐 수 있습니다.

서술형 문제 해설

서술형 문제의 채점 기준과 답안에 들어가야 할 필수 단어를 제시하여 서술형 시험에 대비할 수 있습니다.

수능 맛보기 해설

수능·모의평가 문제의 유형과 문제에서 다룬 개념, 문제 TIP, 문제 해결 과정을 제시하여 문제를 분석하고 완벽하게 이해할 수 있습니다.

이 책의 차례와 학습 계획표

똑똑! 국어 문법 24일 완성 학습 계획

❶ 중등 교과서 필수 개념과 이와 관련된 고등 교육과정 개념 총 24일! 계획적인 학습으로 문법 실력을 키워 보세요!

❷ 1DAY 학습은 '개념 정리+확인 문제+내신 대비 문제+심화 학습 문제'로 구성되어 있습니다.

❸ 나의 페이스에 맞게 계획을 세우고, 실제로 공부한 날을 '학습일'에 적어 보세요.

❹ 그날의 학습 이해도에 체크해 보고, 이해도가 '☺'라면 복습해 보세요.

I 품사

I 품사

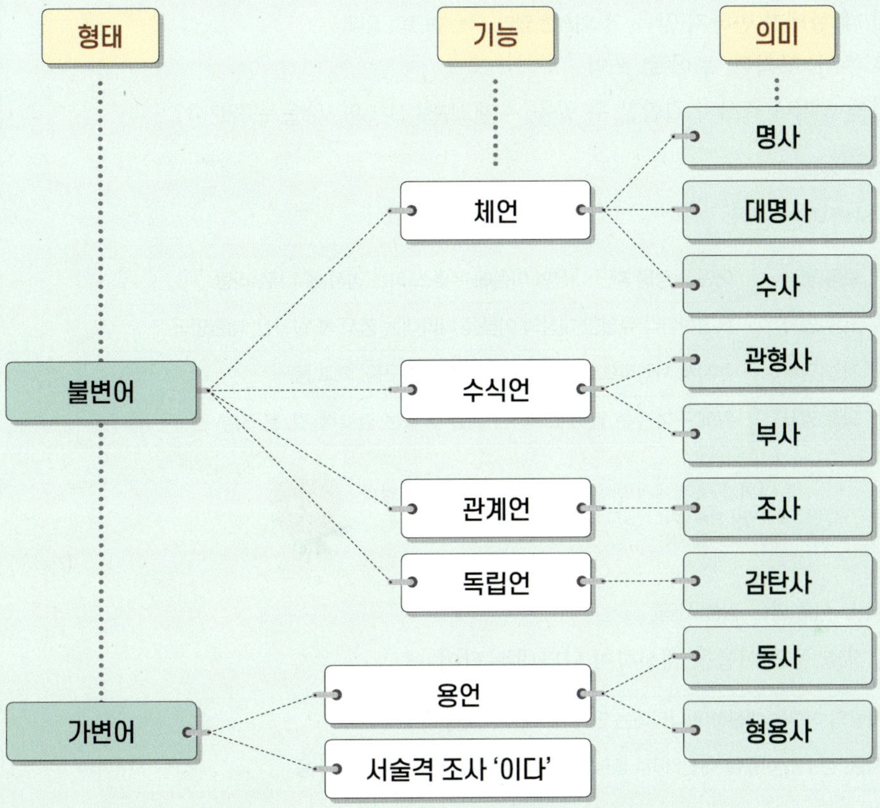

학습 목표 품사의 종류를 알고 그에 따른 개별 단어의 특성을 탐구해야 해!

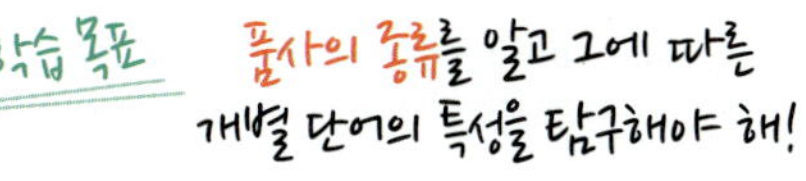

체언

| 교과 연계 | 중학교 국어 1학년 _ 품사의 종류와 특성
　　　　　고등학교 언어와 매체 _ 품사와 단어의 특성

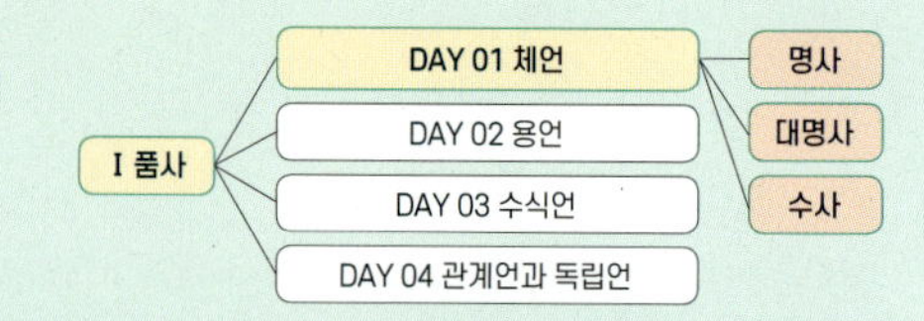

개념 정리

● 체언(몸 體몸體 말씀 言言)

　문장에서 주로 동작이나 상태의 주체(누가/무엇이)가 되거나 동작의 대상(누구를/무엇을)이 되는 단어로, 명사, 대명사, 수사가 이에 해당함.

· 특징

① 문장에서 쓰일 때 형태가 변하지 않음. ㉠ **여름**은 덥다. **나**는 여름이 좋다.

② 문장에서 주로 주어, 목적어, 보어로 쓰임.

③ 관형어의 꾸밈을 받거나 조사와 결합할 수 있음. ㉠ 새 **신발**을 신자. 이 **사람**은 누구인가요?

● 명사(이름 名名 말씀 詞詞)

　대상의 이름을 나타내는 단어

사용 범위에 따라	보통 명사	어떤 속성을 지닌 대상의 이름에 두루 쓰이는 명사 ㉠ 나무, 바람
	고유 명사	특정하거나 유일한 대상의 이름을 나타내는 명사 ㉠ 한라산, 대한민국
자립성 유무에 따라	자립 명사	혼자서 자립적으로 쓰일 수 있는 명사 ㉠ 구름, 학교 등
	의존 명사	앞에 꾸며 주는 말이 있어야만 쓰일 수 있는 명사 ㉠ 것, 뿐, 자루 등

영희가 축제에서 받은 것은 예쁜 꽃 한 송이었다.
고유 명사 보통 명사　　　　의존 명사
자립 명사 자립 명사

● 대명사(대신할 代代 이름 名名 말씀 詞詞)

　사람이나 사물, 장소 등의 이름을 대신하여 나타내는 단어

인칭 대명사	사람의 이름을 대신하여 나타내는 단어 ㉠ 나, 너, 그, 우리 등
지시 대명사	사물, 장소의 이름을 대신하여 나타내는 단어 ㉠ 이것, 저것, 여기, 거기 등

영기: 나는 떡볶이를 먹을까 하는데 같이 먹을래?
　　　인칭 대명사
지훈: 응, 같이 먹자. 나도 그것을 매우 좋아해.
　　　　　　　　　= 떡볶이, 지시 대명사

● 수사(셀 數數 말씀 詞詞)

　수량이나 순서를 나타내는 단어

양수사	수량을 나타내는 수사 ㉠ 하나, 둘, 셋, 일, 이, 삼 등
서수사	순서를 나타내는 수사 ㉠ 첫째, 둘째, 셋째, 제일, 제이, 제삼 등

사과 하나를 받았다.　　　　정현이가 둘째로 등교했다.
　　　양수사　　　　　　　　　　　　서수사

꿀 정보

품사의 개념과 분류 기준

품사는 단어를 형태, 기능, 의미에 따라 나눈 갈래를 의미해요.

형태	기능	의미
불변어 (형태가 변하지 않는 단어)	체언	명사, 대명사, 수사
	수식언	관형사, 부사
	관계언	조사
	독립언	감탄사
가변어 (형태가 변하는 단어)	용언	동사, 형용사

서술격 조사 '이다'는 활용을 하며 형태가 변해요.

㉠ 학생이다/이니/이어서

◆ **주어** 동작, 상태, 성질의 주체가 되는 문장 성분

◆ **목적어** 서술어의 동작 대상이 되는 문장 성분

◆ **보어** 주어와 서술어만으로는 완전하지 못한 문장에서, 그 불완전한 것을 보충하는 문장 성분

◆ 인칭 대명사

1인칭	화자가 자신을 가리키는 대명사 ㉠ 나, 저, 우리
2인칭	화자가 청자를 가리키는 대명사 ㉠ 너, 자네, 너희
3인칭	화자가 청자 이외의 제삼자를 가리키는 대명사 (앞의 사람을 도로 가리키는 재귀 대명사도 포함됨.) ㉠ 그, 저분, 그이, 자기

꿀 정보

수사와 수 관형사의 구분

체언인 수사는 조사와 결합할 수 있지만 뒤에 오는 체언을 꾸며 주는 관형사는 조사와 결합할 수 없어요!

㉠ 셋은 많다. → 수사
　세 명은 많다. → 수 관형사

개념 확인 문제

01 〈보기〉의 단어를 명사의 종류에 따라 구분하시오.

┌ 보기 ┐
여름   소망   경기도   세종대왕

(1) 보통 명사: ___________________

(2) 고유 명사: ___________________

02 다음 설명이 맞으면 ○, 틀리면 ×에 표시하시오.

(1) 체언 중에서 조사와 결합할 수 있는 것은 명사뿐이다.
(○ , ×)

(2) 체언은 문장에서 형태가 변하지 않으며, 주로 주어, 목적어, 보어로 쓰인다. (○ , ×)

03 빈칸에 알맞은 말을 써 넣어 〈보기〉에 대한 설명을 완성하시오.

┌ 보기 ┐
동생이 예쁜 화분에 물을 주었다.

(1) (   )은/는 '주었다'라는 동작의 주체이다.

(2) 앞말의 꾸밈을 받는 명사는 (   )이다.

04 다음 〈보기〉에서 설명하는 품사에 해당하는 단어는?

┌ 보기 ┐
• 형태가 변하지 않는다.
• 문장에서 주체의 역할을 한다.

① 높다   ② 매우   ③ 국어   ④ 어머나

05 다음 설명이 맞으면 ○, 틀리면 ×에 표시하시오.

(1) 대명사는 장소의 이름을 대신하여 가리키기도 한다.
(○ , ×)

(2) '이분, 그분, 저것'은 사람의 이름을 대신하여 가리키는 단어이다. (○ , ×)

06 다음 빈칸에 들어갈 알맞은 말을 쓰시오.

(1) 사물의 수량이나 (   )을/를 나타내는 단어를 수사라고 한다.

(2) 수사는 (   )와/과 결합하여 문장에서 다양하게 쓰일 수 있다.

07 〈보기〉의 단어를 수사의 종류에 따라 구분하시오.

┌ 보기 ┐
셋   이(二)   첫째   제삼   하나

(1) 수량을 나타내는 단어: ___________________

(2) 순서를 나타내는 단어: ___________________

08 〈보기〉의 밑줄 친 단어의 품사를 각각 쓰시오.

┌ 보기 ┐
그는 필통에서 연필 하나를 꺼냈다.
　㉠　　　　　　㉡　　㉢

㉠: ________ ㉡: ________ ㉢: ________

내신 대비 문제

01 체언에 대한 설명으로 적절하지 <u>않은</u> 것은?

① 명사, 대명사, 수사가 체언에 포함된다.
② 체언의 앞에 꾸며 주는 말이 올 수 있다.
③ 체언은 조사와 결합하지 않으면 쓰일 수 없다.
④ 체언은 문장에서 주로 주체나 대상을 나타낸다.
⑤ 체언은 문장에서 쓰일 때 형태가 변하지 않는다.

02 명사, 대명사, 수사가 모두 사용된 문장은?

① 저에게 물 한 잔만 주시겠어요?
② 나는 세 번 기회를 달라고 했다.
③ 우리는 가족들과 등산을 갔습니다.
④ 그가 원하는 것은 오직 통일뿐입니다.
⑤ 그것을 둘로 쪼개어 친구와 나누어 가졌다.

03 밑줄 친 단어 중 〈보기〉에 해당하지 <u>않는</u> 것은?

┌ 보기 ┐
대상의 이름을 나타낸다.
└─────┘

① 귤 몇 <u>개</u>를 주머니에 넣었다.
② 조선의 4대 임금은 세종이다.
③ 거기는 <u>여기</u>보다 더 춥지 않니?
④ 엄마의 따뜻한 <u>사랑</u>이 느껴진다.
⑤ <u>부산</u>으로 가는 기차를 타야 한다.

04 〈보기〉의 밑줄 친 두 단어에 대한 설명으로 가장 적절한 것은?

┌ 보기 ┐
<u>이것</u> 말고 <u>저기</u>에 있는 것으로 주세요.
└─────┘

① 조사와 결합하지 않는다.
② 대상의 이름을 나타낸다.
③ 수량이나 순서를 나타낸다.
④ 문장에서 쓰일 때 형태가 변한다.
⑤ 대상의 이름을 대신하여 나타낸다.

서술형

05 〈보기〉 ㉠~㉣의 품사를 각각 쓰고, 그 차이점을 〈조건〉에 맞게 쓰시오.

┌ 보기 ┐
㉠민수는 커다란 ㉡짐을 들고 가시는 할아버지를 보았다. ㉢그는 ㉣그것을 대신 들어 드렸다.
└─────┘

┌ 조건 ┐
차이점은 품사가 나타내는 의미를 중심으로 쓸 것.
└─────┘

06 〈보기〉에서 밑줄 친 단어에 대한 설명으로 적절하지 <u>않은</u> 것은?

> **보기**
>
> 제 소원 중 <u>첫째</u>는 부모님의 건강입니다.

① 체언에 해당한다.
② 형태가 변하지 않는다.
③ 문장에서 주어의 역할을 한다.
④ 조사와 결합하여 사용할 수 있다.
⑤ 대상의 이름을 대신하여 나타낸다.

07 수사가 사용되지 <u>않은</u> 문장은?

① 삼 더하기 사는 칠입니다.
② 학생 중 하나가 질문을 하였다.
③ 세 살 적 버릇이 여든까지 간다.
④ 열을 셀 때까지만 기다려 주겠다.
⑤ 종이학 천 마리를 접어 소원을 빌었다.

08 밑줄 친 단어 중 체언이 <u>아닌</u> 것은?

① <u>너</u>는 강보다 바다가 더 좋지?
② 우리 <u>둘</u>이 이 거리를 걷고 싶다.
③ <u>민지</u>야, 너 오늘 표정이 참 밝구나.
④ 아침 <u>아홉</u> 시까지 학교 운동장에 모여라.
⑤ 내 고향은 경주인데, <u>이곳</u>은 문화재가 많아.

09 밑줄 친 단어 중 나머지와 품사가 <u>다른</u> 것은?

① <u>어린이</u>는 어른의 거울이다.
② 이 부부는 <u>서로</u>를 매우 사랑한다.
③ 폭력으로는 <u>평화</u>를 지킬 수 없다.
④ <u>탁자</u> 위에 있는 메모를 읽어 보렴.
⑤ <u>아무</u>도 약속 장소에 도착하지 않았다.

10 밑줄 친 단어들의 품사가 서로 같은 것끼리 묶인 것은?

① ┌ <u>백</u> 원짜리 동전이 하나 있다.
   └ 속으로 일부터 <u>백</u>까지 세어 보아라.
② ┌ 자연수의 맨 처음 수는 <u>일</u>이다.
   └ 최종 점수 삼 대 <u>일</u>로 지고 말았다.
③ ┌ 군인들은 <u>열</u>을 맞추어 행진했다.
   └ 아이들 중 <u>열</u>에 아홉은 라면을 좋아한다.
④ ┌ 오늘 모인 사람은 모두 <u>일곱</u>입니다.
   └ <u>일곱</u> 번째 시험에서 겨우 합격하였다.
⑤ ┌ 청소는 <u>둘째</u>로 치고 식사부터 먼저 하자.
   └ 우리 자식들 중 <u>둘째</u> 아이는 손재주가 참 좋다.

> **문제 해결의 🔑** 한 단어가 여러 가지 품사로 쓰이는 경우가 있다는 것, 소리는 같으나 뜻이 다른 단어가 있다는 점 등에 주의해야 한다. 특히 수사와 수 관형사를 구분하기 어렵다고 느낄 수 있는데, 이때는 관형사 뒤에는 조사가 붙을 수 없다는 사실을 떠올려 보자.

심화 학습 문제

01 밑줄 친 부분이 〈보기〉의 ㉠에 해당하지 <u>않는</u> 것은?

〔보기〕

국어에서는 의존 명사가 수량을 표현하는 말 뒤에 쓰여 수효나 분량 따위의 단위를 나타내는 경우가 일반적이지만, ㉠자립 명사가 단위를 나타내는 경우도 있다. 예를 들어 '사람'은 자립 명사로 쓰이기도 하지만 수량을 표현하는 말 뒤에 쓰여 사람을 세는 단위를 나타낼 수도 있다.

- 의존 명사: 그 아이는 올해 아홉 <u>살</u>이다.
- 자립 명사: 그는 <u>사람</u>을 부리는 재주가 있다.
- 자립 명사가 단위를 나타내는 경우: 친구 다섯 <u>사람</u>과 함께 도서관에 갔다.

① 이 글에는 여러 <u>군데</u> 잘못이 있다.
② 앉은자리에서 밥 두 <u>그릇</u>을 다 먹었다.
③ 시장에서 수박 세 <u>덩어리</u>를 사 가지고 왔다.
④ 할아버지께서는 밥을 몇 <u>숟가락</u> 겨우 뜨셨다.
⑤ 나는 서너 <u>발자국</u> 뒤로 물러서다가 냅다 도망쳤다.

02 〈보기〉의 ㉠에 해당하는 것은?

〔보기〕

'무엇'이라는 대명사는 ㉠<u>모르는 사실이나 사물을 가리키는 경우</u>나 정하지 않은 대상이나 이름을 밝힐 필요가 없는 대상을 가리키는 경우에 사용된다.

① 화단에 있는 저 꽃의 이름은 <u>무엇</u>인가?
② 배가 고프니 <u>무엇</u>이라도 좀 먹어야겠다.
③ 남자는 <u>무엇</u>을 증언이라도 하듯 가다듬은 목소리를 냈다.
④ 꿈속에서 <u>무엇</u>에 쫓길 때처럼 다리가 제대로 놀지 않았다.
⑤ 그는 세간이고 <u>무엇</u>이고 하나도 없는 텅 빈 방 안에서 있었다.

03 〈자료〉를 참고할 때, '우리'를 '저희'로 바꿔 쓸 수 <u>없는</u> 문장은?

〔자료〕

1인칭 대명사 '우리'는 '나'와는 달리 화자만을 가리키지 않는다. 곧 '우리'는 청자를 포함하는 경우에도 쓰이고 청자를 포함하지 않는 경우에도 쓰인다. "우리 모두 열심히 공부하자."에서는 '우리'가 청자를 포함하는 데 반해, "우리는 너희들과 다르다."에서는 청자를 포함하지 않는다. 그런데 '우리'의 낮춤말인 '저희'는 청자를 포함하여 가리킬 수 없다. 화자가 청자까지를 함께 낮출 수는 없기 때문이다.

① 부장님, 우리의 계획을 어떻게 생각하십니까?
② 우리는 여러분들과 의견이 다른 점이 많습니다.
③ 시장님, 우리가 논의한 내용은 다음과 같습니다.
④ 우리 모두 힘을 합쳐 살기 좋은 고장을 건설합시다.
⑤ 선생님, 우리 모둠은 내일 답사를 떠나기로 했습니다.

04 〈보기〉의 ㉠에 해당하는 예로 볼 수 있는 것은?

〔보기〕

　대명사는 인칭에 따라 '나, 우리'와 같은 1인칭, '너, 자네, 그대'와 같은 2인칭, '이분, 그분, 이이, 그이'와 같은 3인칭으로 나뉜다. ㉠그런데 다음에서 볼 수 있듯이 동일한 형태가 1인칭, 2인칭, 3인칭 중에서 두 가지 인칭으로 쓰이기도 한다.

　　가. 당신은 누구십니까?(2인칭)

　　나. 할머니께서는 당신이 젊었을 때 미인이셨다.(3인칭)

① 가. 그 일은 저희들이 마저 하겠습니다.
　 나. 애들이 어려서 저희들밖에 모른다.
② 가. 그렇게 말하는 너는 누구냐?
　 나. 누구도 그 일에 대해 말하지 않는다.
③ 가. 그는 참으로 좋은 사람이다.
　 나. 그와 같은 사실에 깜짝 놀랐다.
④ 가. 너희를 누가 불렀니?
　 나. 나는 너희 학교가 마음에 든다.
⑤ 가. 우리 먼저 갈게요.
　 나. 우리 팀이 그 대회에서 우승했다.

수능 맛보기

Q 〈보기〉의 ㉠∼㉤에 대한 설명으로 적절하지 <u>않은</u> 것은?

〔보기〕

선생님: 안녕? 어, 손에 들고 있는 그거 뭐니?

학 생: 네, 중생대 공룡에 관한 책이에요. 할아버지께서는 제 생일마다 책들을 사 주셨는데, ㉠이것도 ㉡그것 중 하나예요. 해마다 할아버지께서는 ㉢당신 손으로 직접 골라 주신답니다.

선생님: 그렇구나. ㉣우리 집 아이들도 공룡 책을 참 좋아하지. 우리 아이들은 ㉤저희들끼리 책을 고르려고 아웅다웅한단다.

① ㉠은 대화 상황에서 눈에 보이는 대상, 곧 학생이 들고 있는 책을 가리킨다.
② ㉡은 앞서 언급한 대상, 곧 할아버지께서 사 주신 책들을 가리킨다.
③ ㉢은 3인칭으로 사용되고 있다.
④ ㉣은 청자를 포함하지 않는다.
⑤ ㉤은 1인칭으로 사용되고 있다.

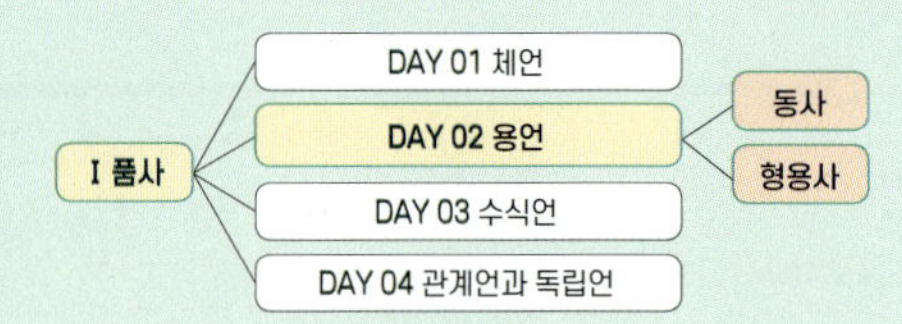

개념 정리

● 용언(쓸 用 용 말씀 言 언)

문장에서 주로 주체를 서술하는 구실을 하는, 동사와 형용사를 묶어서 이르는 말

· 특징

① 문장에서 쓰일 때 어간◆에 여러 가지 어미◆가 붙어 형태가 변하는 활용을 하는 가변어임.

예 학교에 간다. 학교에 갔다. 학교에 가겠다.

② 활용어의 어간에 어미 '−다'를 붙인 형태가 기본형이며, 어간과 어미로 구성됨.

예 [기본형] 먹다 [어간/어미 분석] 먹−/−다, 먹−/−으러, 먹−/−었다, 먹−/−어라

③ 문장의 주체를 주되게 서술하는 본용언과 본용언에 연결되어 그것의 뜻을 보충하는 보조 용언으로 구분됨. 예 먹어 보다
(본용언) (보조 용언)

④ 문장에서 주로 서술어로 쓰임. 예 시원한 바람이 분다. 비가 와서 마음이 우울하다.

– 활용을 통해 다른 문장 성분으로 쓰일 수 있음. 예 밥을 먹을 시간이 없다.
(관형어) (서술어)

⑤ 부사어의 수식을 받음. 예 빨리빨리 오너라. 일찍 일어났더니 너무 피곤하다. 달이 매우 밝다.

● 동사(움직일 動 동 말씀 詞 사)

사람이나 사물의 움직임이나 작용을 나타내는 단어

자동사	동사가 나타내는 동작이나 작용이 주어에만 미치는 동사. 목적어를 필요로 하지 않음. 예 집에 가다. 예쁜 꽃이 피다.
타동사	동작의 대상인 목적어를 필요로 하는 동사 예 시를 읽다. 불을 피우다.

형: 축구 중계는 몇 시에 시작하니?
(자동사)
동생: 방송국에서 뉴스 속보를 내보내느라 축구 중계는 취소한대.
(타동사) (타동사)

● 형용사(형상 形 형 얼굴 容 용 말씀 詞 사)

사람이나 사물의 상태나 성질을 나타내는 단어

성상 형용사	사람이나 사물의 성질이나 상태를 나타내는 형용사 예 커피가 뜨겁다. 산이 푸르다.
지시 형용사	사람이나 사물의 성질, 시간, 수량 따위가 어떠하다는 것을 형식적으로 나타내는 형용사 예 소설의 마지막 구절은 이러하다. 사람은 저마다 입맛이 다르듯 동물도 그러하다.

지아: 이 꽃 참 향기롭지? 색깔도 곱고.
(성상 형용사) (성상 형용사)
영주: 정말 그렇구나.
(지시 형용사)

개념 확인 문제

01 다음 빈칸에 들어갈 알맞은 말을 쓰시오.

(1) 동사와 형용사는 문장 안에서 쓰일 때 그 형태가 변하는 (　　　)이다.

(2) 동사와 형용사를 묶어 (　　　)(이)라 하며, 이는 문장에서 주로 (　　　)의 역할을 한다.

02 〈보기〉의 단어를 기준에 따라 분류하시오.

─〔보기〕─
날다　　높다　　벗다　　작다　　자다　　흐뭇하다

(1) 대상의 움직임을 나타내는 단어:

____

(2) 대상의 상태나 성질을 나타내는 단어:

____

03 〈보기〉의 ㉠~㉢ 중 용언에 해당하지 <u>않는</u> 것의 기호를 쓰시오.

─〔보기〕─
겉모습이 이렇다고 해서 무시하는가?
　㉠　　　　　㉡　　　　　㉢

____

04 문장에서 밑줄 친 단어의 품사와 기본형을 쓰시오.

(1) 머리가 하늘까지 <u>닿겠네</u>.

(2) 눈을 굴려서 눈사람을 <u>만들자</u>.

(3) 그 속에서 놀던 때가 <u>그립습니다</u>.

(4) <u>하얀</u> 꽃 이파리 눈송이처럼 날리네.

05 목적어를 필요로 하는 동사가 <u>아닌</u> 것은?

① 먹다　　　　② 솟다　　　　③ 만들다
④ 키우다　　　⑤ 알아보다

06 다음 설명이 맞으면 ○, 틀리면 ×에 표시하시오.

(1) 동사는 형태가 변하지 않는 단어이다. 　（○, ×）

(2) 형용사는 명령형과 청유형으로 쓸 수 없다.
　　　　　　　　　　　　　　　　　（○, ×）

(3) 형용사는 현재 시제를 나타내는 어미와 결합할 수 있다. 　　　　　　　　　　　（○, ×）

07 다음 빈칸에 들어갈 알맞은 말을 쓰시오.

(1) 형용사는 문장에서의 쓰임에 따라 형태가 변하는 (　　　)을/를 한다.

(2) 성상 형용사는 사물의 (　　　)(이)나 (　　　)을/를 나타내는 형용사를 말한다.

08 〈보기〉의 단어들 중 형용사의 종류가 나머지와 <u>다른</u> 하나를 찾아 쓰시오.

─〔보기〕─
깊숙하다　　어둑하다　　어떠하다　　서글프다

01 용언에 대한 설명으로 적절하지 <u>않은</u> 것은?

① 부사어의 꾸밈을 받을 수 있다.
② 문장에서 주로 서술어로 쓰인다.
③ 동사와 형용사를 묶어서 이르는 말이다.
④ 문장에서 쓰일 때 형태가 변하는 가변어이다.
⑤ 어간에 어미 '–이다'가 붙은 형태가 기본형이다.

02 밑줄 친 단어 중 용언의 기본형에 해당하는 것은?

① 행동하기 전에 먼저 <u>생각하라</u>.
② 우리 회사는 고객층이 매우 <u>두껍다</u>.
③ 나는 목이 마를 때마다 보리차를 <u>마신다</u>.
④ 오늘부터 내 동생은 드디어 운동을 <u>시작한다</u>.
⑤ 좋아하는 연예인을 직접 만나서 몹시 <u>기뻤다</u>.

03 〈보기〉의 문장에 대한 설명으로 적절하지 <u>않은</u> 것은?

〔보기〕
형이 끓인 라면이라서 더욱 맛있구나.

① 문장에 사용된 용언은 모두 2개이다.
② 문장에는 동사와 형용사가 모두 사용되었다.
③ 문장에는 부사어의 수식을 받는 용언이 없다.
④ 문장에는 가변어와 불변어가 모두 사용되었다.
⑤ 문장에 사용된 용언의 형태 중 기본형인 것은 없다.

04 〈보기〉의 ㉠, ㉡에 대한 설명으로 가장 적절한 것은?

〔보기〕
• 먹으라고 강요하면 먹기가 ㉠<u>싫어요</u>.
• 자전거 사고가 나서 다리를 ㉡<u>다쳤습니다</u>.

① 의미가 기준일 때 ㉠과 ㉡의 품사는 서로 같다.
② ㉠, ㉡의 기본형은 각각 '싫다'와 '다쳤다'이다.
③ ㉠, ㉡은 문장에서 체언을 수식하는 역할을 한다.
④ ㉠을 활용해 명령형, 청유형 표현을 만들 수 없다.
⑤ ㉡의 어간은 '다쳤–'이고, 어미는 '–습니다'이다.

〔서술형〕

05 〈보기〉에서 형용사를 모두 찾고, 해당하는 형용사의 종류를 각각 쓰시오.

〔보기〕
자세히 보아야

예쁘다

오래 보아야
사랑스럽다

너도 그렇다.

– 나태주, 「풀꽃·1」

06 밑줄 친 단어 중 활용 형태가 자연스러운 것은?

① 헤어져도 앞으로 <u>행복해라</u>.
② 우리 아프지 말고 <u>건강하자</u>.
③ 매사에 신중하고 <u>현명하여라</u>.
④ 산아, 바다를 이기게 좀 더 <u>파래라</u>.
⑤ 시간이 없으니 떠날 차비를 <u>서둘러라</u>.

07 〈보기〉의 밑줄 친 단어에 대해 탐구한 내용으로 적절하지 <u>않은</u> 것은?

┌─ 보기 ─┐

경찰이 소매치기를 <u>잡았다</u>.

① 기본형은 '잡다'이다.
② 현재형 표현은 '잡는다'이다.
③ '잡아라', '잡자'와 같이 표현할 수 없다.
④ 동작의 대상인 목적어를 필요로 하는 동사이다.
⑤ 활용할 때 형태가 변하지 않는 부분은 '잡–'이다.

08 밑줄 친 단어 중 〈보기〉에서 설명하는 품사로 가장 적절한 것은?

┌─ 보기 ─┐

· 문장에서 쓰일 때 형태가 변한다.
· 사람이나 사물의 상태나 성질을 나타낸다.

① 가장 소중한 것은 <u>건강이다</u>.
② <u>찡그린</u> 표정은 하지 말아라.
③ 봄이 되니 온갖 꽃들이 <u>핀다</u>.
④ 이 천은 감촉이 정말 <u>부드럽다</u>.
⑤ 사람들이 서로 <u>미워하는</u> 것이 안타깝다.

09 〈보기〉와 같은 특징이 있는 단어가 가장 많이 사용된 문장은?

┌─ 보기 ─┐

단어가 문장에서 쓰일 때 어간에 여러 가지 어미가 붙어 단어의 형태가 변하는 것을 활용이라 한다.

① 못 먹는 떡 개 준다.
② 빈 수레가 요란하다.
③ 굽은 나무가 선산을 지킨다.
④ 개구리 올챙이 적 생각 못 한다.
⑤ 도포를 입고 논을 갈아도 제멋이다.

━━━ 고난도 ━━━

10 밑줄 친 단어 중 품사가 나머지와 다른 것은?

① 당신의 작은 배려가 대단히 <u>감사합니다</u>.
② 할아버지의 사연은 매우 <u>복잡하고도</u> 길다.
③ <u>이러한</u> 경우에는 제가 어떻게 해야 할까요?
④ 내 친구는 약속 시간에 항상 10분씩 <u>늦는다</u>.
⑤ <u>넓은</u> 마음으로 나를 한 번만 용서해 주겠니?

문제 해결의 🔑 간혹 한 단어가 동사로도 쓰이고 형용사로도 쓰이는 등 같은 단어라도 쓰임이 다른 경우가 있다. 이때는 단어의 의미를 통해서 품사를 파악해 보자. 그래도 어렵다면 '꿀정보'에서 제시한 '동사와 형용사의 구분' 방법을 적용해 보자. 이 문제에서는 현재 시제를 나타낼 경우 형용사는 기본형이 그대로 사용되지만, 동사는 '–는–/–ㄴ–'이라는 어미가 중간에 들어간다는 것을 떠올리면 된다.

심화 학습 문제

고2 학력평가

01 〈보기〉의 자료를 바탕으로 '용언'에 대해 탐구한 결과로 적절하지 않은 것은?

〔보기〕

ㄱ. 날씨가 덥다.

ㄴ. 날씨가 더워 온다. / 날씨가 더워온다.

ㄷ. 철수가 밥을 먹고 갔다. / *철수가 밥을 먹고갔다.

ㄹ. 영희가 종이배를 접어 띄웠다.

⇒ 영희가 종이배를 접었다.+영희가 종이배를 띄웠다.

*는 문법적으로 잘못된 것임.

① ㄱ, ㄴ으로 볼 때 한 용언이 홀로 쓰이기도 하고 다른 용언과 어울려 쓰이기도 하는군.

② ㄴ의 경우, 뒤의 용언이 앞의 용언의 의미를 보조하는 역할을 하는군.

③ ㄷ으로 볼 때, 문장 안에서 두 용언이 모두 실질적인 의미를 가지고 있으면 띄어 써야 하는군.

④ ㄴ과 ㄷ은 모두 ㄹ처럼 의미가 성립하는 두 문장으로 나눌 수 있겠군.

⑤ ㄴ~ㄹ로 볼 때, 두 용언이 어울려 쓰일 경우 '-아/어', '-고'와 같은 어미로 연결되는군.

고2 학력평가

02 〈보기〉를 참고할 때, 밑줄 친 단어가 보조 용언으로 사용된 것은?

〔보기〕

· 본용언은 실질적인 뜻을 나타내고, 보조 용언은 본용언과 연결되어 그것의 뜻을 보충하는 역할을 한다.

예) 사람들이 모두 가 버렸다.: '버렸다'는 '가다'의 행동이 이미 끝났음을 나타내는 뜻을 보충함.

① 영화는 밥을 먼저 먹고 보자.

② 철수는 낮잠을 자고 일어났다.

③ 친구들과 운동장에서 놀고 왔다.

④ 힘이 드니 잠시 여기 있다 가자.

⑤ 봄에는 제주도로 여행을 가고 싶다.

고2 학력평가

03 다음은 동사와 형용사를 구분하는 방법을 학습한 결과이다. ⓐ~ⓓ 중 옳은 것만을 있는 대로 고른 것은?

학습 자료	* 옷에 단추를 달다. * 과일은 대부분 맛이 달다.		
문제 제기	'달다'가 동사인지 형용사인지 어떤 방법으로 구분할 수 있을까?		

	결합 방법	동사	형용사	
학습 결과	의도를 나타내는 '-려 한다'를 붙여 본다.	○	×	- ⓐ
	명령형 종결 어미 '-아라'를 붙여 본다.	○	×	- ⓑ
	청유형 종결 어미 '-자'를 붙여 본다.	×	○	- ⓒ
	진행을 나타내는 '-고 있다'를 붙여 본다.	×	○	- ⓓ

※ ○: 결합 가능, ×: 결합 불가능

① ⓐ, ⓑ

② ⓐ, ⓒ

③ ⓑ, ⓒ

④ ⓐ, ⓑ, ⓓ

⑤ ⓑ, ⓒ, ⓓ

04 〈보기〉의 ㉠을 설명할 수 있는 사례로 가장 적절한 것은?

〔보기〕
　동사는 움직임이나 작용을 나타내고, 형용사는 성질이나 상태를 나타낸다. 그런데 ㉠하나의 단어가 하나 이상의 문법적 성질을 가지고 있어 동사와 형용사 두 가지로 사용되는 경우가 있다. '밝다'의 경우, '달이 밝다.'에서는 '환하다'의 의미로 쓰여 형용사가 되고 '날이 밝는다.'에서는 '밤이 지나고 환해지다'의 의미로 쓰여 동사가 된다.

① 그녀의 속눈썹은 <u>길다</u>.
　<u>긴</u> 겨울 방학이 끝났다.
② 나이보다 얼굴이 <u>젊다</u>.
　<u>젊은</u> 나이에 성공을 했다.
③ 봄바람이 <u>따뜻하다</u>.
　<u>따뜻한</u> 마음씨를 가져야 한다.
④ 나는 너에 대한 기대가 <u>크다</u>.
　우리 아들은 키가 쑥쑥 <u>큰다</u>.
⑤ 외출하기에는 시간이 너무 <u>늦다</u>.
　그는 <u>늦은</u> 나이에 대학에 진학했다.

Q 〈보기〉를 바탕으로 어미를 분류한 것 중, 적절하지 않은 것은?

〔보기〕
　단어의 끝에 들어가는 어말 어미는 그 기능에 따라 다음과 같이 분류할 수 있다.

㉠ 문장을 끝맺어 주는 기능을 하는 어미.
　예 '동생은 책을 <u>읽었다</u>.'의 '-다'
㉡ 두 문장을 연결해 주는 기능을 하는 어미.
　예 '이것은 장미꽃<u>이고</u>, 저것은 국화꽃이다.'의 '-고'
㉢ 용언을 명사, 관형사, 부사처럼 기능하게 하는 어미.
　예 '내일 <u>읽을</u> 책을 미리 준비해라.'의 '-을'

① '지금쯤 누나는 집에 도착했겠<u>구나</u>.'의 '-구나'는 ㉠에 해당한다.
② '할아버지께서는 어디 갔다 오시<u>지</u>?'의 '-지'는 ㉠에 해당한다.
③ '이렇게 일찍 가<u>는</u> 이유가 뭐니?'의 '-는'은 ㉡에 해당한다.
④ '형은 밥을 먹었<u>으나</u>, 누나는 밥을 먹지 않았다.'의 '-으나'는 ㉡에 해당한다.
⑤ '지금은 운동하<u>기</u>에 좋은 시간이다.'의 '-기'는 ㉢에 해당한다.

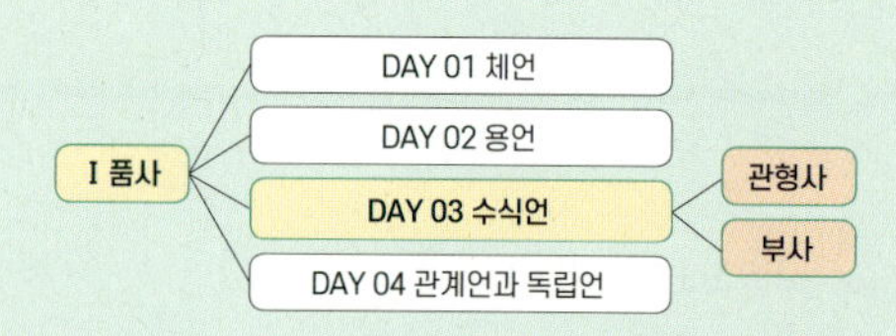

개념 정리

○ **수식언**(닦을 수修 꾸밀 식飾 말씀 언言)

문장에서 다른 말을 꾸며 주는 구실을 하는, 관형사와 부사를 묶어서 이르는 말

• 특징

① 문장에서 쓰일 때 형태가 변하지 않음.(불변어)

> 예 **헌** 구두, **두** 가지 색, **천천히** 오다, **무척** 슬프다

② 문장에서 주로 꾸밈을 받는 말 앞에 놓여서 뒷말을 꾸며 주는 역할을 함.

> 예 **옛** 친구를 **다시** 만나니 **몹시** 기쁘다.

○ **관형사**(갓 관冠 형상 형形 말씀 사詞)

체언(명사, 대명사, 수사)을 꾸며 주는 단어

성상 관형사	사람이나 사물의 모양, 상태, 성질을 나타내는 관형사 예 새, 헌, 옛, 순(純)
지시 관형사	특정한 대상을 지시하여 가리키는 관형사 예 이, 그, 저, 다른, 어느, 무슨 등
수 관형사	사물의 수나 양을 나타내는 관형사 예 한, 두, 세, 여러, 모든 등

상인: 저 사람은 순 철면피라고요.
　　　지시 관형사　성상 관형사
경찰: 무슨 이유로 그렇게 말씀하시나요?
　　　지시 관형사
상인: 다섯 달 전에 산 데다 여러 번 입어서 헌 옷이 다 된 걸 환불해 달래요.
　　　수 관형사　　　　　　수 관형사　　　　성상 관형사

○ **부사**(버금 부副 말씀 사詞)

주로 용언(동사, 형용사)을 꾸며 주는 단어. 다른 부사, 문장 전체를 꾸며 주기도 함.

성분 부사	성상 부사	사람이나 사물의 모양, 상태, 성질을 한정하여 꾸미는 부사 예 잘, 매우, 가끔 등
	지시 부사	처소나 시간을 가리켜 한정하거나 앞의 이야기에 나온 사실을 가리키는 부사 예 이리, 그리, 내일, 오늘 등
	부정 부사	용언의 앞에 놓여 그 내용을 부정하는 부사 예 아니(안), 못
	의태 부사	사람이나 사물의 모양이나 움직임을 흉내 낸 부사 예 성큼, 데굴데굴 등
	의성 부사	사람이나 사물의 소리를 흉내 낸 부사 예 으앙, 철썩철썩 등
문장 부사	양태 부사	화자(話者)의 태도를 나타내는 부사 예 과연, 설마, 제발 등
	접속 부사	단어와 단어, 문장과 문장을 이어 주는 부사 예 그러나, 그런데, 하지만 등

선미: 이 운동화는 내가 너무 갖고 싶어 했던 거야.
　　　　　　　　　　　　성분 부사(성상 부사)
준호: 이리 줘 봐. 과연 네가 탐낼 만하게 예쁘네.
　　　성분 부사(지시 부사)　문장 부사(양태 부사)

꿀 정보

관형사의 구분

관형사에는 조사가 붙을 수 없어요. 이 점에 유의하면 관형사인지 아닌지 쉽게 판단할 수 있어요.

1. 관형사와 대명사 구분
예 ┌ 그 학생이다. – 관형사
　 └ 그는 학생이다. – 대명사
2. 수 관형사와 수사의 구분
예 ┌ 다섯 명은 많다. – 수 관형사
　 └ 다섯은 많다. – 수사

◆ **성분 부사** 문장의 한 성분을 꾸며 주는 부사

◆ **문장 부사** 문장 전체를 꾸며 주는 부사

꿀 정보

부사의 특징

1. 보조사와 결합하기도 해요.
예 • 자꾸만 엄마가 생각나.
　 • 빨리도 갔구나.
2. 용언 외에도 수식하는 대상이 다양해요.
예 • 바로 뒤(명사 수식)
　 • 아주 새 책(관형사 수식)
　 • 매우 빨리(부사 수식)
　 • 설마 둘이 헤어졌겠니? (문장 전체 수식)

개념 확인 문제

01 다음 빈칸에 들어갈 적절한 말을 쓰시오.

(1) 문장에서 다른 말을 꾸며 주는 구실을 하는 관형사와 부사를 묶어 (   )이라 한다.

(2) 관형사와 부사는 문장에서 쓰일 때 형태가 변하지 않는 (   )이다.

02 ㉠~㉤을 다음과 같이 구분하시오.

- 창문을 ㉠활짝 열어라.
- 그것을 ㉡이리 가져오너라.
- 종이학을 ㉢천 마리 접었다.
- 너는 ㉣어떤 음식을 좋아하니?
- ㉤온갖 이유를 대며 거절하였다.

(1) 체언을 꾸며 주는 단어:

____

(2) 용언을 꾸며 주는 단어:

____

03 다음 문장에서 다른 말을 꾸며 주는 기능을 하는 단어를 모두 찾아 쓰시오.

(1) 새 책을 여러 권 샀다.

____

(2) 벽에 쾅 부딪쳐서 몹시 아팠다.

____

04 ㉠, ㉡ 중 관형사인 것의 기호를 쓰시오.

- ㉠이 사람은 누구니?
- ㉡이는 모두 내 잘못이다.

____

05 다음 설명이 맞으면 ○, 틀리면 ×에 표시하시오.

(1) 관형사는 주로 체언을 수식한다. （○, ×）

(2) 관형사에는 조사가 결합될 수 있다. （○, ×）

(3) 관형사는 꾸밈을 받는 말 앞에 위치한다. （○, ×）

06 부사의 꾸밈을 받는 대상으로 보기 어려운 것은?

① 동사　　　② 조사　　　③ 형용사

④ 관형사　　⑤ 문장 전체

07 다음 문장의 빈칸에 들어갈 알맞은 단어를 〈보기〉에서 찾아 쓰시오.

〔 보기 〕

두　　매우　　바싹　　온

(1) 볕이 좋아서 빨래가 아주 (   ) 말랐다.

(2) 저녁이 되자 바람이 (   ) 거세게 불었다.

(3) 눈이 내려서 (   ) 세상이 하얗게 변해 있었다.

(4) 할아버지의 병이 낫기를 (   ) 손 모아 기도하였다.

08 ㉠~㉢의 품사를 각각 쓰시오.

그것이 ㉠모든 사람들의 뜻이라면 나도 ㉡순순히 따르겠다. ㉢그리고 최선을 다할 것이다.

㉠: _____________　　㉡: _____________　　㉢: _____________

01 수식언에 대한 설명으로 적절하지 <u>않은</u> 것은?

① 주로 꾸밈을 받는 말 앞에 위치한다.
② 관형사와 부사를 묶어서 이르는 말이다.
③ 문장에서 쓰일 때 활용을 하는 가변어이다.
④ 관형사는 체언을, 부사는 주로 용언을 꾸며 준다.
⑤ 관형사에는 조사가 붙지 않지만, 부사에는 조사가 붙기도 한다.

02 밑줄 친 단어 중 수식언이 <u>아닌</u> 것은?

① 지금은 나 <u>역시</u> 몹시 피곤하다.
② 친구와 나는 손을 <u>꼭</u> 잡고 걸었다.
③ 이것을 <u>저</u> 사람에게 전달해 주십시오.
④ <u>천</u> 년이 지나도 사랑이야 변하겠습니까?
⑤ <u>맑은</u> 하늘을 바라보니 마음이 편안해진다.

03 관형사와 부사를 모두 포함하고 있는 문장은?

① 나는 신발이 작아서 발이 무척 아팠다.
② 분명 일기 예보에서 오후에 비가 온다고 했다.
③ 네가 어떤 사람을 좋아하게 될지 정말 궁금하다.
④ 내가 쓴 모든 소설들은 공개하지 않을 예정이다.
⑤ 세 사람이 길을 걸으면, 그중에 나의 스승이 있다.

04 〈보기〉의 문장에 사용된 단어가 <u>아닌</u> 것은?

> **보기**
>
> 함박눈이 펑펑 내려서 우리 마을이 온통 하얗다.

① 체언을 꾸며 주는 단어
② 용언을 꾸며 주는 단어
③ 대상의 이름을 나타내는 단어
④ 대상의 상태나 성질을 나타내는 단어
⑤ 대상의 이름을 대신하여 나타내는 단어

서술형

05 ㉠과 ㉡의 품사를 각각 쓰고, 두 단어의 공통점과 차이점을 〈조건〉에 맞게 쓰시오.

> ㉠그 무렵 나는 초보 딱지도 떼지 않은 상태여서 자동차가 주는 편리와 불안을 ㉡아주 예민하게 느끼고 있었다.

> **조건**
>
> • 공통점: 품사의 기능과 형태를 기준으로 쓸 것.
> • 차이점: 각 품사가 영향을 미치는 대상을 중심으로 쓸 것.

06 〈보기〉에서 설명하는 특징을 모두 갖춘 품사가 쓰인 문장으로 적절하지 <u>않은</u> 것은?

〔보기〕
- 문장에서 형태가 변하지 않는다.
- 다른 말을 꾸며 주는 구실을 한다.
- 조사와 결합할 수 없다.

① 온 세상에 네 꿈을 펼쳐라.
② 누가 네 말에 또 속을 줄 알아?
③ 헌 옷이지만 그래도 내게는 소중하다.
④ 어느 쪽으로 가야 할지 정말 모르겠다.
⑤ 강원도의 한 도시에는 유명한 호수가 있다.

07 밑줄 친 단어 중 품사가 나머지와 <u>다른</u> 것은?

① 그는 재산을 <u>모두</u> 사회에 기부하였다.
② 수미는 이번 달 용돈을 <u>모두</u> 써 버렸다.
③ 약속 장소에 온 사람들은 <u>모두</u> 열 명이다.
④ 홍수 예보에 농민들 <u>모두</u>가 긴장하고 있다.
⑤ 여러분은 <u>모두</u> 햇살 중학교의 학생들입니다.

08 밑줄 친 단어 중 관형사가 <u>아닌</u> 것은?

① 아직 <u>촛불</u>을 켤 때가 아닙니다.
② <u>아무</u> 말도 하지 않으면 어떻게 하니?
③ <u>저</u> 학생이 바로 내가 말했던 사람이야.
④ 일 년 만에 집에 돌아오니 정말 기쁘다.
⑤ <u>옛</u> 노래를 들으니 지난 추억이 떠오른다.

09 〈보기〉의 밑줄 친 두 단어의 공통점으로 적절한 것은?

〔보기〕
- 저기에 강아지 <u>두</u> 마리가 있다.
- 친구와의 만남이 내일로 <u>성큼</u> 다가왔다.

① 조사와 결합하여 쓰이기도 한다.
② 문장에서 쓰일 때 형태가 변한다.
③ 다른 말을 꾸며 주는 구실을 한다.
④ 문장에서 주체나 동작의 대상이 된다.
⑤ 사람이나 사물의 상태나 성질을 나타낸다.

고난도

10 밑줄 친 단어 중 〈보기〉에서 설명하는 품사에 해당하지 <u>않는</u> 것은?

〔보기〕
- 문장에서 쓰일 때 형태가 변하지 않는다.
- 주로 용언을 수식하며, 부사나 관형사, 체언 및 문장 전체를 수식하기도 한다.

① 내가 사랑하는 사람은 <u>바로</u> 당신입니다.
② 지금 <u>이렇게</u> 손에 꼭 쥐고 있지 않은가?
③ 차라리 얼어 죽을망정 겻불은 <u>아니</u> 쬐겠다.
④ <u>설마</u> 너까지 나를 의심하는 것은 아니겠지?
⑤ <u>이제</u> 곧 나에게도 발표할 차례가 돌아올 것이다.

문제 해결의 🗝️ 〈보기〉에서 설명하는 품사가 무엇인지 먼저 파악해 보자. 그리고 〈보기〉에서 설명한 품사의 특징(형태 변화 여부 / 문장에서의 기능)을 파악한 후, 이를 선택지의 단어에 적용해 본다.

중3 학업성취도평가

01 밑줄 친 단어의 기능이 〈자료〉의 '아주', '벌써'와 다른 것은?

〔자료〕
- 오늘 날씨가 <u>아주</u> 좋다.
- 기차가 <u>벌써</u> 떠났다.

① 신발이 내 발에 <u>꼭</u> 맞다.
② 내가 너보다 훨씬 <u>더</u> 크다.
③ 우리 모두 <u>조금씩</u> 지쳐 갔다.
④ <u>몹시</u> 피곤하니 내일로 미루자.
⑤ 누구나 살다 보면 그럴 <u>수</u> 있지.

고2 학력평가

02 〈보기〉에 대한 설명으로 가장 적절한 것은?

〔보기〕
　부사는 수식하는 범위에 따라 문장의 한 성분을 수식하는 성분 부사와 문장 전체를 수식하는 문장 부사로 나뉜다. 이 중 성분 부사는 주로 용언을 수식하지만 때로는 체언을 수식하거나 관형사, 부사를 수식하는 경우도 있다.

ㄱ. 그녀는 <u>매우</u> 빨리 달린다.
ㄴ. <u>설마</u> 나에게 맞는 옷이 없을까?
ㄷ. 우리 학교 <u>바로</u> 옆에 우체국이 있다.
ㄹ. 내 차는 얼마 전까지 <u>아주</u> 새 차였다.
ㅁ. <u>과연</u> 그 아이는 재능이 <u>정말</u> 뛰어나군.

① ㄱ에서 '매우'는 용언을 수식하고 있다.
② ㄴ에서 '설마'는 체언을 수식하고 있다.
③ ㄷ에서 '바로'는 부사를 수식하고 있다.
④ ㄹ에서 '아주'는 관형사를 수식하고 있다.
⑤ ㅁ에서 '과연'과 '정말'은 문장을 수식하고 있다.

고2 학력평가

03 〈보기〉의 밑줄 친 단어를 바르게 분류한 것은?

〔보기〕
　형용사와 관형사를 구별하는 기준의 하나로 '서술하는 기능'이 있다. 예를 들어, '동물원에는 큰 사자가 있다.'에서 '큰'은 '사자가 크다'처럼 주어인 '사자가'를 서술하는 기능을 하므로 형용사이다. 그러나 관형사는 그런 기능을 하지 못한다.

ㄱ. 정원에 <u>아름다운</u> 꽃이 피었다.
ㄴ. <u>웬</u> 말이 그렇게 많은지 모르겠다.
ㄷ. 수리를 하고 나니 <u>새</u> 가구가 되었다.
ㄹ. 모여 있던 <u>모든</u> 사람들이 일제히 나를 처다봤다.
ㅁ. 그의 <u>빠른</u> 일처리가 사람들을 만족스럽게 하였다.

	형용사	관형사
①	ㄱ, ㄷ	ㄴ, ㄹ, ㅁ
②	ㄱ, ㅁ	ㄴ, ㄷ, ㄹ
③	ㄴ, ㄹ	ㄱ, ㄷ, ㅁ
④	ㄱ, ㄷ, ㅁ	ㄴ, ㄹ
⑤	ㄴ, ㄷ, ㄹ	ㄱ, ㅁ

04 〈보기〉에 나오는 '부사'의 특성에 대해 학습한 내용으로 적절하지 <u>않은</u> 것은?

〔보기〕

　몇 시간이 흐른 뒤 도착한 곳은 ㉠<u>겨우</u> 열 평 남짓한 간이역이었다. 역사(驛舍) ㉡<u>바로</u> 옆 노점 아낙들의 시끌벅적한 소리가 은아를 맞았다. '㉢<u>설마</u> 민우가 이곳에 있지는 않겠지.' 은아는 코스모스 활짝 핀 거리를 지나 언덕을 오르며 생각한다. ㉣<u>부디</u> 민우가 어디에 살고 있든 편안하게 지냈으면 하는 생각뿐이다. 오랫동안 ㉤<u>못</u> 만났지만, 은아의 마음속에 늘 머물러 있는 민우였다.

① ㉠은 수량을 나타내는 단어 앞에도 오는군.
② ㉡은 체언을 꾸며 주어 그 의미를 제한하고 있군.
③ ㉢은 부정적인 추측을 강조할 때 쓰이는군.
④ ㉣은 문장에서 놓이는 위치가 고정되어 있군.
⑤ ㉤은 용언의 의미를 부정하는 기능을 하는군.

Q 〈보기〉는 문법 수업 중의 일부이다. 선생님의 요구에 가장 적절한 것은?

〔보기〕

선생님: 부사는 일반적으로 뒤에 오는 용언을 수식합니다. 그런데 '의외로'와 같은 부사는 말하는 사람의 심리적 태도를 나타내고 문장 전체를 수식하며 문장 내의 위치 이동이 자유롭다는 특징이 있습니다. 또 '의외로'는 형태를 바꾸어서 서술어로 표현하는 것도 가능합니다. 이와 같은 특징을 지닌 부사를 찾아 문장을 하나씩 만들어볼까요? 다음 예를 참고하면 도움이 될 거예요.

예) 가. <u>의외로</u> 그는 성실하게 일했다.
　　　그는 <u>의외로</u> 성실하게 일했다.
　　　그는 성실하게 일했다, <u>의외로</u>.

　　나. 그가 성실하게 일했다니 <u>의외였다</u>.

① 연우: <u>다행히</u> 다친 사람은 없었다.
② 세현: <u>그리고</u> 아무 말도 하지 않았다.
③ 서진: 나는 눈밭에서 <u>데굴데굴</u> 굴렀다.
④ 정연: 요새는 <u>너무</u> 바빠서 등산을 못 한다.
⑤ 은우: 나는 배가 아파 이틀 동안 밥을 <u>못</u> 먹었다.

관계언과 독립언

| 교과 연계 | 중학교 국어 1학년 _ 품사의 종류와 특성
고등학교 언어와 매체 _ 품사와 단어의 특성

개념 정리

◎ 관계언(관계할 관關 맬 계係 말씀 언言)

문장에 쓰인 단어들의 관계를 나타내는 구실을 하는 조사를 이르는 말

• 특징

① 문장에서 쓰일 때 형태가 변하지 않음.(불변어) ※ 서술격 조사 '이다'는 예외

　예 우리가 함께 힘을 모으자. / 엄마는 너를 사랑한단다.

② 홀로 쓰일 수 없으며, 반드시 다른 말에 붙어서 쓰임.

③ 주로 체언과 결합하여 쓰이며, 용언의 어미나 부사에 붙기도 함.

　예 나한테 사과 하나만 주겠니? / 친구에게 극장에 가자고 했다. / 참 일찍도 왔구나.

◎ 조사(도울 조助 말씀 사詞)

주로 체언에 붙어서 다른 말과의 문법적 관계를 나타내거나 뜻을 더해 주는 단어

격 조사	앞말이 다른 말에 대하여 갖는 일정한 자격을 나타내는 조사 예 • 주격 조사: 이/가, 께서, 에서 등 • 서술격 조사: 이다 • 목적격 조사: 을/를 • 보격 조사: 이/가 • 관형격 조사: 의 • 부사격 조사: 에, 에서, (으)로, 와/과, 보다 • 호격 조사: 아/야, 이여/이시여
접속 조사	둘 이상의 단어나 구를 같은 자격으로 이어 주는 조사 예 와/과, 하고, (이)나, (이)랑 등
보조사	앞말에 붙어서 어떤 특별한 의미를 더해 주는 조사 예 은/는, 도, 만, 뿐, 까지, 마저, 조차, 부터, 밖에 등

기차가 도착하자 언니와 나는 자리에서 일어났다.
격 조사　　　　접속 조사 보조사　　격 조사
(주격 조사)　　　　　　　　　　(부사격 조사)

◎ 독립언(홀로 독獨 설 립立 말씀 언言)

다른 단어와 관계를 맺지 않고 독립적으로 쓰이는 감탄사를 이르는 말

• 특징

① 문장에서 쓰일 때 형태가 변하지 않음.(불변어)

　예 네, 정말 맛있어요. / 야호, 공기가 정말 상쾌해.

② 조사와 결합하지 않음.

◎ 감탄사(느낄 감感 탄식할 탄歎 말씀 사詞)

놀람이나 느낌, 부름, 대답 따위를 나타내는 단어

주안: 야, 이 사진 속 호랑이 정말 멋있지?
　　　부름
나윤: 응, 그러네. 앗, 잘 보니 뒤에 아기 호랑이가 있어!
　　　대답　　　놀람

◆ **서술격 조사 '이다'** 우리말에서 활용하는 유일한 조사임. 모음 아래에서는 어간 '이'가 생략되기도 함.
용언은 단독으로 서술어가 될 수 있지만 서술격 조사는 체언에 의존하여 서술어가 됨
예 • 제 취미는 등산입니다.
　• 이거 네 지우개니?

 **정보**

어미와 조사의 구분

용언의 어간에 붙으면 어미, 체언에 붙으면 조사예요.

예 • 숙제를 하든지 나가 놀든지 알아서 해라. — 어미
　• 과자든지 음료수든지 마음껏 고르렴. — 조사

 **정보**

부르는 말 중 감탄사 구분

1. 사람의 이름에 부름을 나타내는 호격 조사 '아/야'가 붙은 형태는 문장 성분으로는 독립어에 해당하지만 품사로는 감탄사가 아니에요.
예 영미야: 명사+호격 조사
→ 감탄사 ✕

2. 표제나 제시어에 감탄의 느낌이 담겨 있다 해도 이는 감탄사가 아니에요.
예 사랑! 그것은 나의 운명
: 명사 → 감탄사 ✕

개념 확인 문제

01 다음 빈칸에 들어갈 알맞은 말을 쓰시오.

(1) (　　　　)은/는 문장에 쓰인 단어들의 관계를 나타내는 구실을 하는 조사를 이르는 말이다.

(2) 조사는 문장에서 쓰일 때 형태가 변하지 않는 (　　　)(이)나, 서술격 조사인 '(　　　)'은/는 조사 중 유일하게 활용할 수 있다.

(3) 독립언은 문장에서 다른 말과 관련 없이 독립적으로 쓰이는 (　　　)을/를 이르는 말이다.

02 다음 설명이 맞으면 ○, 틀리면 ×에 표시하시오.

(1) 조사는 주로 용언에 붙어서 쓰인다. (○ , ×)

(2) 조사는 독립적으로 사용되기도 한다. (○ , ×)

(3) 조사는 문법적 관계를 나타내거나 특별한 뜻을 더해 준다. (○ , ×)

03 다음 문장에서 조사를 찾아 밑줄을 그으시오.

(1) 인선아, 학교에 어서 가자.

(2) 동생은 친구와 함께 떡볶이를 먹었다.

(3) 할머니께서 자식들의 사진을 보고 계신다.

04 〈보기〉의 설명에 해당하는 조사로 적절하지 <u>않은</u> 것은?

〔보기〕
앞말에 붙어서 어떤 특별한 의미를 더해 주는 조사

① 도　　　　② 만　　　　③ 마저
④ 조차　　　⑤ 에서

05 다음 설명이 맞으면 ○, 틀리면 ×에 표시하시오.

(1) 감탄사는 조사와 함께 쓰일 수 있다. (○ , ×)

(2) 감탄사를 생략하면 문장이 성립하지 않는다. (○ , ×)

(3) 감탄사는 문장에서 쓰일 때 형태가 변하지 않는다. (○ , ×)

06 감탄사가 나타내는 내용으로 적절하지 <u>않은</u> 것은?

① 놀람　　　　② 느낌　　　　③ 대답
④ 부름　　　　⑤ 이름

07 〈보기〉의 대화에 사용된 감탄사를 모두 찾아 쓰시오.

〔보기〕
민지: 태영아, 어디 가니?
태영: 아, 민지로구나. 나 학원 가는 길이야.
민지: 이런, 같이 놀려고 했는데…….

08 〈보기〉의 ㉠~㉣ 중 품사가 나머지와 <u>다른</u> 것의 기호를 쓰시오.

〔보기〕
"㉠여보게, ㉡자네는 ㉢여기서 기다리고 있게. ㉣나는 들어가서 딸의 혼을 꾀어 올 테니."

01 조사에 대한 설명으로 가장 적절한 것은?

① 조사는 체언에만 붙여 쓸 수 있다.
② 조사는 모두 다양한 형태로 활용할 수 있다.
③ 조사는 문장 속에서 독립적으로 쓰일 수 있다.
④ 조사는 문장에 쓰인 단어들과의 문법적 관계를 나타낸다.
⑤ 조사는 단어의 앞에 붙어 특별한 뜻을 더해 주기도 한다.

02 밑줄 친 단어 중 조사가 <u>아닌</u> 것은?

① 나는 고등학생이 아니<u>다</u>.
② 엄마<u>야</u> 누나야 강변 살자.
③ 이것은 현아<u>한테</u> 줄 선물이다.
④ 나는 자라서 경찰<u>이</u> 되고 싶다.
⑤ 정부<u>에서</u> 재난 지원금을 지급하였다.

03 밑줄 친 조사 중 앞말에 특별한 뜻을 더해 주는 조사가 <u>아닌</u> 것은?

① 선배<u>도</u> 이 노래를 잘 부른다.
② 동생<u>이</u> 학예회에서 공연을 하였다.
③ 사랑<u>밖에</u> 모르는 삼촌이 걱정스럽다.
④ 그렇게 고기<u>만</u> 먹으면 몸에 좋지 않다.
⑤ 일등만 하던 주리<u>조차</u> 이 문제를 풀지 못했다.

04 〈보기〉에 대한 대답에 해당하는 단어가 사용된 문장으로 가장 적절한 것은?

〔보기〕
선생님: 조사는 일반적으로 형태가 변하지 않은 채 앞말에 붙어서 사용됩니다. 그런데 유일한 예외가 있습니다. 그것은 무엇일까요?

① 레몬과 귤은 감귤류에 속한다.
② 그는 연극계의 떠오르는 별이다.
③ 영주는 밥을 느긋하게도 먹는구나.
④ 그는 계약직으로 이 일을 시작하였다.
⑤ 젊은 그대들이여, 시간을 아껴 쓰시오.

〔서술형〕

05 〈보기〉의 두 문장에서 알 수 있는 조사의 특성을 〈조건〉에 맞게 세 가지 쓰시오.

〔보기〕
• 경찰<u>이</u> 도둑<u>을</u> 잡았다.
• 희주는 딸기<u>만</u> 좋아한다.

〔조건〕
• 자립성, 형태, 기능 및 의미의 측면에서 쓸 것.
• 특성은 각각 완결된 한 문장으로 쓸 것.

06 〈보기〉의 밑줄 친 단어들에 대한 설명으로 적절하지 <u>않은</u> 것은?

┌─ 보기 ─┐
• "<u>앗</u>! 뜨거워라."
• "<u>어이</u>, 자네 나 좀 도와주게."
• "<u>아니</u>, 난 그렇게 생각하지 않아."
└────────┘

① 조사와 결합하지 않고 홀로 쓰인다.
② 문장에서 쓰일 때 형태가 변하지 않는다.
③ 문장에서 뒤에 오는 말을 수식하는 역할을 한다.
④ 말하는 사람의 놀람이나 느낌, 부름, 대답 등을 나타낸다.
⑤ 문장에서 다른 말과 직접적인 관련 없이 독립적으로 사용된다.

07 밑줄 친 단어 중 감탄사가 <u>아닌</u> 것은?

① <u>어이쿠</u>, 간 떨어질 뻔했네.
② <u>와</u>, 냉면이 정말 시원하네요.
③ <u>여보세요</u>, 거기 누구 없나요?
④ <u>네</u>, 제가 바로 그 사람입니다.
⑤ <u>자기야</u>, 우리 같이 시장에 가자.

08 〈보기〉의 ㉠~㉤ 중 품사가 나머지와 <u>다른</u> 것은?

┌─ 보기 ─┐
달님: ㉠<u>앗</u>, 나 휴대 전화가 없어졌어.
별님: ㉡<u>어머나</u>, 그거 생일 선물로 받은 새 거잖아.
달님: ㉢<u>응</u>, 어떻게 하지?
별님: ㉣<u>일단</u>, 경찰서에 분실 신고를 하자.
달님: ㉤<u>그래</u>, 그렇게 해야겠어.
└────────┘

① ㉠   ② ㉡   ③ ㉢
④ ㉣   ⑤ ㉤

09 〈보기〉의 세 가지 특성을 모두 갖춘 품사가 쓰인 문장으로 적절하지 <u>않은</u> 것은?

┌─ 보기 ─┐
• 형태가 변하지 않는다.
• 조사와 결합하지 않는다.
• 문장에서 독립적으로 쓰인다.
└────────┘

① 애, 집에 부모님 계시니?
② 에라, 이 천인공노할 인간아!
③ 아니, 이게 어떻게 된 일이냐?
④ 오냐, 너희들도 새해 복 많이 받거라.
⑤ 청춘! 그것은 듣기만 해도 설레는 말이다.

고난도

10 〈보기〉의 밑줄 친 단어를 탐구한 내용으로 적절하지 <u>않은</u> 것은?

┌─ 보기 ─┐
<u>와</u>! 오늘 반찬은 내가 좋아하는 것들뿐이네.
└────────┘

① 조사 없이 홀로 쓰일 수 있다.
② 혼자서도 문장을 이룰 수 있다.
③ 말하는 사람이 느끼는 기쁨과 즐거움을 나타낸다.
④ 상황을 보다 생생하고 실감나게 전달하는 데 기여한다.
⑤ 이어지는 체언의 내용을 자세히 수식해 주는 기능을 한다.

> **문제 해결의 🔑** 〈보기〉의 밑줄 친 단어가 우리말의 9개 품사 중 무엇에 해당하는지 먼저 파악해 보자. 그리고 각각의 선택지에 담긴 설명이 그 품사를 이해한 내용으로 적절한지, 특히 〈보기〉의 밑줄 친 단어의 특징으로 적절한지 판단해 본다.

고1 학력평가

01 〈보기〉를 바탕으로 '조사'의 특징을 이끌어낸 것으로 적절하지 <u>않은</u> 것은?

〔보기〕

ㄱ. 동생이 책을 읽는다. / 여기가 천국이다.
ㄴ. 엄마와 나는 영화를 보았다. / 나랑 동생은 학교로 갔다.
ㄷ. 오늘은 물만 마셨다. / 오늘은 물도 마셨다.
ㄹ. 꽃이 예쁘게도 피어 있다. / 천천히만 가거라.
ㅁ. 이것이 좋다. / 이것 좋다. / 이것만으로도 좋다.

① ㄱ: 앞의 체언이 문장에서 일정한 자격을 갖도록 해 준다.
② ㄴ: 두 체언을 같은 자격으로 이어 준다.
③ ㄷ: 앞의 체언을 다른 품사로 만들어 준다.
④ ㄹ: 체언 이외에 용언이나 부사 뒤에 붙어 쓰이기도 한다.
⑤ ㅁ: 생략하거나 둘 이상 겹쳐 쓰이기도 한다.

고2 학력평가

02 밑줄 친 말 중 ㉠의 예로 적절하지 <u>않은</u> 것은?

〔보기〕

조사는 주로 체언에 붙어서, 그 체언이 문장 중의 다른 단어와 맺는 관계를 나타내거나 특별한 뜻을 더해 주는 단어이다. 조사는 체언이 문장 속에서 다른 말과 맺는 관계를 표현하는 격 조사, 둘 이상의 체언을 같은 자격으로 이어서 하나의 명사구를 형성하는 접속 조사, ㉠앞말에 특별한 뜻을 더해 주는 보조사로 구분된다.

① 오직 새소리만 들렸다.
② 시험까지 한 달도 안 남았다.
③ 나는 개와 고양이를 좋아한다.
④ 할아버지께서는 신문을 보셨다.
⑤ 그는 평생 가족밖에 모르고 살았다.

고2 학력평가

03 〈보기〉의 ㉠~㉤에 대해 이해한 내용으로 적절하지 <u>않은</u> 것은?

〔보기〕

[선생님의 설명]

보조사 '도'는 쓰임새와 의미가 다양해요. 체언뿐만 아니라 연결 어미나 부사, 조사와도 결합할 수 있어요. 또 다양한 문장 성분 자리에 사용되어 '더함'이나 '동격'의 의미를 덧붙입니다. '놀라움의 감정'을 강조하기도 하고, '다른 경우는 더 말할 필요도 없다'는 의미를 나타내기도 하지요. 다음 수업 자료를 보면서 '도'의 다양한 쓰임새와 의미를 알아볼까요?

[수업 자료]

우리 가족들은 오랜만에 시골에 계신 할아버지 댁을 방문했다. 나는 사촌 동생들과 저녁때까지 신나게 뛰어 놀고 내가 좋아하는 ㉠축구도 함께 했다. 주변이 점점 어두워져서 집에 들어왔더니 어머니께서 저녁을 준비하고 계셨다. ㉡평소에도 잘 먹지 않던 나물 반찬이 많아 밥만 먹고 있었더니 할머니께서는 ㉢반찬도 먹으라며 나무라셨다. 저녁을 대충 먹고 사촌 동생들과 함께 고구마를 ㉣깎아도 먹고 구워도 먹었다. 배가 부르자 피곤이 밀려와서 씻기는커녕 옷을 ㉤갈아입지도 못하고 잠들어 버렸다.

① ㉠: 보조사 '도'는 목적어 자리에 쓰일 수 있군.
② ㉡: 보조사 '도'는 다른 조사와 결합이 가능하군.
③ ㉢: 보조사 '도'는 놀라움의 감정을 강조하는 의미를 지니고 있군.
④ ㉣: 보조사 '도'를 통해 두 가지 행위가 동등하게 일어남을 알 수 있군.
⑤ ㉤: 보조사 '도'를 통해 다른 일도 하지 못했다는 것을 알 수 있군.

04 〈보기〉를 바탕으로 목적격 조사에 대해 탐구한 내용으로 적절하지 <u>않은</u> 것은?

〔보기〕

- 목적어는 타동사에 의해 표현되는 행위의 대상을 나타내는 문장 성분으로 '체언+목적격 조사(을/를)'의 형태로 성립된다.

  ⑩ 나는 독서를 즐긴다. / 그는 책을 사랑한다.

  ㄱ. 그는 <u>누굴</u> 더 사랑할까?
  ㄴ. 나는 <u>사과는</u> 좋아해. / 나는 <u>사과를</u> 좋아해.
  ㄷ. 나는 <u>너만을</u> 좋아해. / 나는 <u>너를</u> 좋아해.
  ㄹ. 나는 <u>영수와</u> 만났다. / 나는 <u>영수를</u> 만났다.
  ㅁ. 선생님께서 <u>책을 열 권을</u> 주셨다.

① ㄱ: 목적격 조사가 'ㄹ'의 형태로 나타나기도 하는구나.
② ㄴ: 목적격 조사의 자리에 보조사 '는'이 쓰이기도 하는구나.
③ ㄷ: 체언과 목적격 조사 사이에 다른 보조사 '만'이 올 수도 있구나.
④ ㄹ: 부사격 조사 '와'를 목적격 조사로 바꾸어 쓰기도 하는구나.
⑤ ㅁ: 한 문장에서 목적격 조사가 두 번 나오더라도 이를 생략해서는 안 되겠구나.

Q 〈보기〉에 제시된 국어사전 정보를 완성한다고 할 때, ㉠~㉤에 대한 설명으로 적절하지 <u>않은</u> 것은?

〔보기〕

과 『조사』(받침 있는 체언 뒤에 붙어)

1
① 다른 것과 비교하거나 기준으로 삼는 대상임을 나타내는 격 조사. ¶ 막내는 큰형과 닮았다. / ____㉠____
② 일 따위를 함께 함을 나타내는 격 조사. ¶ 나는 방에서 동생과 조용히 공부했다. / ____㉡____
③ 상대로 하는 대상임을 나타내는 ____㉢____. ¶ 그는 거대한 폭력 조직과 맞섰다.

2 둘 이상의 사물을 같은 자격으로 이어 주는 접속 조사. ¶ 닭과 오리는 동물이다. / 책과 연필을 가져와라.

유의어 하고, ____㉣____
형태 정보 받침 없는 체언 뒤에는 '____㉤____'가 붙는다.

① ㉠에는 '그는 낯선 사람과 잘 사귄다.'를 넣을 수 있다.
② ㉡에는 '그는 형님과 고향에 다녀왔다.'를 넣을 수 있다.
③ ㉢에 들어갈 말은 '격 조사'이다.
④ ㉣에 '이랑'이 들어갈 수 있다.
⑤ ㉤에 들어갈 말은 '와'이다.

01 품사에 대한 설명으로 가장 적절한 것은?

① 우리말의 품사는 모두 여덟 가지이다.
② 관형사와 형용사를 묶어 수식언이라 한다.
③ 품사는 단어를 기능, 형태, 의미에 따라 나눈 갈래이다.
④ 문장에서 주로 서술어로 쓰이는 것은 체언과 관계언이다.
⑤ 문장에서 쓰임에 따라 형태가 변하는 것은 부사와 형용사이다.

02 〈보기〉의 ㉠~㉤에 대한 설명으로 가장 적절한 것은?

〔보기〕
사회자: ㉠여러분, 이제 ㉡자유롭게 질문해 주세요.
청중: ㉢저, 밥㉣은 언제 ㉤먹나요?

① ㉠은 상대방을 부르는 말이므로 감탄사이다.
② ㉡은 용언인 '질문해'를 수식하므로 부사이다.
③ ㉢은 말하는 이가 자기 자신을 낮추어 가리키는 대명사이다.
④ ㉣은 체언인 '밥'을 수식하는 관형어이다.
⑤ ㉤은 대상의 움직임을 나타내므로 동사이다.

03 밑줄 친 단어의 품사를 잘못 나타낸 것은?

① 여보세요, 전화 바꿨습니다. – 감탄사
② 아직 촛불을 켤 때가 아닙니다. – 부사
③ 모든 사람을 만족시키는 제품은 없다. – 관형사
④ 정수야, 채소 가게에서 당근 좀 사다 줄래? – 조사
⑤ 필통에 연필 두세 자루씩은 넣어 가지고 다녀라. – 수사

04 〈보기〉의 [가]를 바탕으로 [나]를 분석한 내용으로 적절하지 <u>않은</u> 것은?

〔보기〕
[가] 단어는 세 가지 기준에 따라 분류할 수 있다. 첫째, ㉠불변어, 가변어로, 둘째, ㉡체언, 용언, 수식언, 관계언, 독립언으로, 셋째, ㉢명사, 대명사, 수사, 동사, 형용사, 관형사, 부사, 조사, 감탄사로 나눌 수 있다.

[나] 열에 아홉은 매우 착실한 학생이다.

① ㉠과 같이 나누면 '착실한'과 '이다'는 가변어이다.
② ㉡과 같이 나누면 '열'과 '학생'은 체언이다.
③ ㉡과 같이 나누면 '은'과 '이다'는 관계언이다.
④ ㉢과 같이 나누면 '아홉'과 '학생'은 품사가 같다.
⑤ ㉢과 같이 나누면 '매우'와 '착실한'은 다른 품사이다.

05 〈보기〉에 대한 설명으로 적절하지 <u>않은</u> 것은?

〔보기〕
얘, 저 고양이는 성격이 참 온순하대.

① 〈보기〉에 쓰인 명사의 개수는 모두 2개이다.
② 〈보기〉의 단어 중 형태가 변하는 단어는 모두 2개이다.
③ 〈보기〉에는 체언에 해당하는 품사 중 한 가지만 쓰였다.
④ 〈보기〉의 '저'와 '참'은 각각 다른 품사를 꾸며 주는 기능을 한다.
⑤ 〈보기〉에는 체언, 용언, 수식언, 관계언, 독립언이 모두 사용되었다.

[고1 학력평가]

06 다음은 문법 수업의 내용을 정리한 학생의 노트이다. 이를 바탕으로 〈보기〉를 탐구한 내용으로 적절하지 <u>않은</u> 것은?

> 변화 여부
> 단어의 분류 기준 ┬ 문장 안에서 수행하는 기능
> └ 단어가 지닌 의미

┌ **보기** ┐
• 우리도 두 팔을 넓게 벌려 원 하나를 이루었다.
• 동생이 나무로 된 탁자에 그린 꽃만 희미하다.
└────────┘

① '도'와 '만'은 형태가 변하지 않는 단어이다.
② '이루었다'와 '그린'은 형태가 변하는 단어이다.
③ '두'와 '하나'는 문장 안에서 수식의 기능을 하는 단어이다.
④ '나무'와 '꽃'은 사물의 이름을 나타내는 단어이다.
⑤ '넓게'와 '희미하다'는 대상의 상태를 나타내는 단어이다.

07 밑줄 친 두 단어의 품사가 서로 다른 것은?

① 너는 저기로 가서 서 있어라.
② 활짝 웃는 소녀의 모습이 참 곱다.
③ 두껍아, 두껍아, 헌 집 줄게, 새 집 다오.
④ 집으로 가서 가족들에게 이 소식을 전해라.
⑤ 엉금엉금 기어가던 아기는 그만 깜짝 놀랐다.

08 〈보기〉의 밑줄 친 단어들의 공통점으로 적절한 것은?

┌ **보기** ┐
• 하나는 적고 둘은 많다.
• 아뿔싸, 내가 미처 그 생각을 못 했구나.
• 석 달 열흘 동안 간절히 기도를 드렸다.
• 사람으로서 마땅히 해야 할 일을 했을 뿐입니다.
└────────┘

① 형태가 변하지 않는다.
② 다른 말을 수식하는 역할을 한다.
③ 문장에 쓰인 단어들의 관계를 나타낸다.
④ 문장에서 주로 주어나 목적어로 사용된다.
⑤ 다른 단어와 관계를 맺지 않고 독립적으로 쓰인다.

09 〈보기〉의 문장에 사용된 단어의 품사에 대한 설명으로 가장 적절한 것은?

┌ **보기** ┐
우리 언니가 빨간 딸기를 한 바구니 땄다.
└────────┘

① 체언에 속하는 명사, 대명사, 수사가 모두 사용되었다.
② 수식언에 해당하는 관형사와 부사가 모두 사용되었다.
③ 문장에서 쓰일 때 형태가 변하는 단어의 개수는 2개이다.
④ 홀로 쓰이지 못하고 다른 말에 붙어서 쓰이는 단어의 개수는 3개이다.
⑤ 문장에서 다른 단어와 관계를 맺지 않고 독립적으로 쓰이는 단어가 있다.

10 〈보기〉에 사용된 단어의 품사를 순서대로 쓰시오.

┌ **보기** ┐
아! 옛 추억이 새록새록 솟아오른다.
└────────┘

Ⅱ 단어, 어휘

II 단어, 어휘

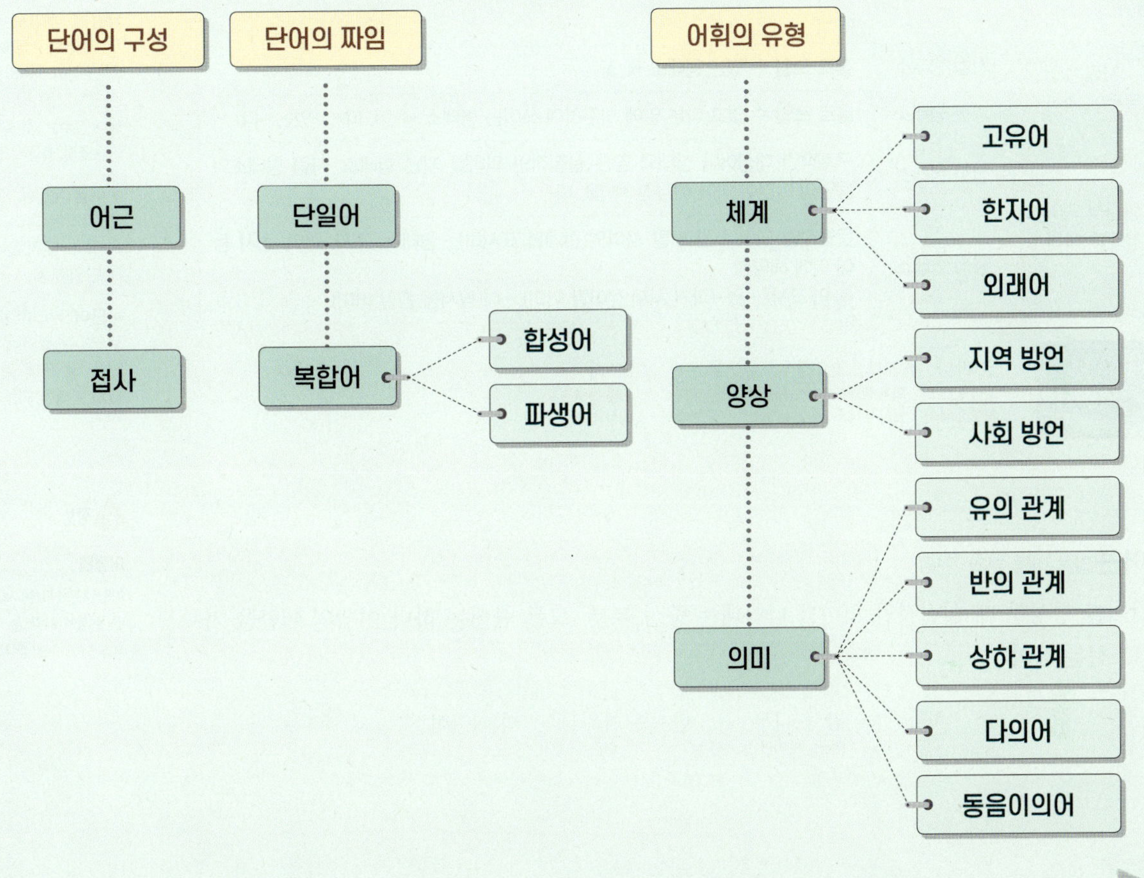

학습 목표 단어의 짜임과 새말의 형성 과정을 탐구하고 이를 국어생활에 활용해야 해. 또한 어휘의 체계와 양상, 의미 관계를 탐구하고 적절한 어휘 사용에 활용해야 해!

DAY 05 형태소, 어근, 접사

| 교과 연계 | 고등학교 언어와 매체 _ 단어의 짜임과 새말 형성

개념 정리

○ 형태소(형상 형形 모양 태態 본디 소素)

뜻을 가진 가장 작은 말의 단위

예) [문장◆] 꽃이 피었다. → [어절◆] 꽃이/피었다 → [단어◆] 꽃/이/피었다 → [형태소] 꽃/이/피–/–었–/–다

・종류

자립성 유무에 따라	자립 형태소	홀로 쓰일 수 있는 형태소 예) 꽃
	의존 형태소	홀로 쓰일 수 없고 다른 말에 의존하여 쓰이는 형태소 예) 이, 피–, –었–, –다
실질적 의미 유무에 따라	실질 형태소	구체적인 대상이나 상태와 같은 실질적인 의미를 지닌 형태소. 자립 형태소와 용언의 어간이 이에 해당함. 예) 꽃, 피–
	형식 형태소	문법적인 의미나 말과 말 사이의 관계를 표시하는 형태소. 조사, 어미, 접사 등이 이에 해당함. 예) 이(조사), –었–(과거 시제 선어말 어미), –다(평서형 종결 어미)

바다 / 가 / 매우 / 푸르– / –다
자립 형태소 / 의존 형태소 / 자립 형태소 / 의존 형태소 / 의존 형태소
실질 형태소 / 형식 형태소 / 실질 형태소 / 실질 형태소 / 형식 형태소

○ 어근(말씀 어語 뿌리 근根)

단어를 형성할 때 실질적인 의미를 나타내는 중심 부분. 모든 단어는 하나 이상의 어근을 가짐.(조사는 제외)

하늘 / 감 + 나무 / 한– + 겨울 / 먹–+–이
어근 / 어근 어근 / 어근 / 어근

○ 접사(이을 접接 말씀 사辭)

어근의 앞이나 뒤에 붙어 그 의미를 제한하거나 주변을 보충하는 부분

・종류

접두사	어근의 앞에 붙는 접사. 어근의 뜻을 한정하며 대개 어근의 품사를 바꾸지 못함. 예) 홀아비(짝이 없이 혼자뿐인), 막차(마지막), 풋사과(처음 나온, 덜 익은)
접미사	어근의 뒤에 붙는 접사. 어근의 뜻을 더해 주고 어근의 품사를 바꾸기도 함. 예) 장난꾸러기(그것이 심하거나 많은 사람), 덮개(그러한 행위를 하는 간단한 도구, 품사를 바꿈.)

민– + 무늬 / 선– + 잠 / 기름 + –지다 / 높–+–이
접두사 / 접두사 / 접미사 / 접미사
('그것이 없음'이라는 뜻) / ('충분치 않은'이라는 뜻) / (명사 → 형용사) / (형용사 → 명사(부사))

◆ 문장 생각이나 감정을 말과 글로 표현할 때 완결된 내용을 나타내는 최소의 단위. 주어와 서술어를 갖추고 있는 것이 원칙이나 때로 이런 것이 생략될 수도 있음.
예) ・철수는 몇 살이니?
　・정말 어른스럽구나!

◆ 어절 문장을 구성하고 있는 각각의 마디. 문장 성분의 최소 단위로서 띄어쓰기의 단위가 됨.

◆ 단어 분리하여 자립적으로 쓸 수 있거나, 자립할 수 있는 말 뒤에 붙어 앞말과 쉽게 분리가 되는 말(조사)

 정보

이형태

이형태는 의미는 서로 동일하지만 환경에 따라 둘 이상의 모습으로 나타나는 형태소를 말해요.

 정보

접사 구별 방법

형태가 같은 경우 접사인지 아닌지 구별하기 위해서는 그것이 어근에 붙어 의미를 한정하거나 품사를 변화시키는지 확인해야 해요.
예) ┌ 날고기('말리거나 익히거나 가공하지 않은'의 뜻을 더함.) → 접사 (○)
　└ 날짐승('날다'라는 실질적 의미 제시) → 접사 (×)
　┌ 공부하다(명사에 붙어 동사로 만듦.) → 접사 (○)
　└ 공부를 하다(동사) → 접사 (×)

개념 확인 문제

01 다음 빈칸에 들어갈 알맞은 말을 쓰시오.

(1) (　　　　)은/는 뜻을 가진 가장 작은 말의 단위로, 더 이상 나누면 뜻을 잃는다.

(2) 단어에서 실질적인 의미를 나타내는 중심이 되는 부분을 (　　　　)(이)라고 하고, 이에 붙어서 그 의미를 보충하거나 주변을 제한하는 부분을 (　　　　)(이)라고 한다.

02 다음 설명이 맞으면 ○, 틀리면 ×에 표시하시오.

(1) 모든 단어는 하나 이상의 접사를 갖는다. 　（ ○ , × ）

(2) 형식 형태소는 모두 자립 형태소에 해당한다.
　（ ○ , × ）

(3) 의존 형태소이면서 실질 형태소인 것은 용언의 어간이다. 　（ ○ , × ）

03 〈보기〉의 단어들을 형태소의 개수에 따라 분류하시오.

> **보기**
>
> | 밤나무 | 오가다 | 있다 |
> | 저녁 | 팔다리 | 새하얗다 |

(1) 1개

____

(2) 2개

____

(3) 3개

____

04 다음 문장을 형태소로 분석하시오.

> 오늘은 날씨가 맑을 것 같다.

05 다음 밑줄 친 부분의 형태소의 종류를 고르시오.

(1) 밥이 식었다.
　(자립 , 의존) / (실질 , 형식)

(2) 토끼가 귀엽다.
　(자립 , 의존) / (실질 , 형식)

(3) 언니는 떡볶이를 먹고 있다.
　(자립 , 의존) / (실질 , 형식)

06 하나의 어근을 가진 단어가 아닌 것은?

① 따님　　　② 피땀　　　③ 부르다
④ 어머니　　⑤ 풋고추

07 다음 단어에 쓰인 접사를 찾아 밑줄을 그으시오.

(1) 먹보　　　　　　(2) 선생님
(3) 짓밟다　　　　　(4) 치솟다

08 ㉠~㉣ 중 접두사가 사용된 단어를 모두 찾아 그 기호를 쓰시오.

> • 가을 ㉠햇살에 곡식들이 익어 간다.
> • 추석에는 차례상에 ㉡햇과일을 올린다.
> • ㉢날음식을 잘못 먹으면 식중독에 걸린다.
> • 짐승들이 과일을 쪼아 먹어 ㉣피해가 크다.

내신 대비 문제

01 형태소에 대한 설명으로 적절하지 <u>않은</u> 것은?

① 뜻을 가진 가장 작은 말의 단위이다.
② 모든 자립 형태소는 실질 형태소이다.
③ 실질 형태소 중에는 의존 형태소인 것도 있다.
④ 모든 자립 형태소와, 형식 형태소 중 조사는 단어에 해당한다.
⑤ 홀로 쓰일 수 없는 접사들끼리 서로 결합하여 단어를 형성할 수 없다.

02 단어의 형태소 분석이 적절하지 <u>않은</u> 것은?

① 개울물: 개울 + 물
② 시나브로: 시나브로
③ 검붉다: 검– + 붉– + –다
④ 시퍼렇다: 시– + 퍼–+ –렇다
⑤ 예뻤다: 예쁘– + –었– + –다

03 문장을 이루는 형태소의 개수가 가장 많은 것은?

① 나는 물고기를 잡으러 간다.
② 너는 항상 나의 좋은 친구야.
③ 작은아버지께 세배를 하겠다.
④ 하늘은 높고 말이 살찌는 가을!
⑤ 토끼와 거북은 달리기 시합을 한다.

04 다음 문장에 대한 설명으로 적절하지 <u>않은</u> 것은?

> 이모는 엄마를 닮아서 참 좋다.

① 형태소의 개수는 9개이다.
② 홀로 쓰일 수 있는 형태소는 3개이다.
③ 문법적인 뜻을 지닌 형태소는 4개이다.
④ 의존 형태소로만 이루어진 단어는 2개이다.
⑤ 실질적인 뜻을 지니면서 홀로 쓰이지 못하는 형태소는 3개이다.

05 다음 문장을 형태소로 분석하고, 이를 〈조건〉에 따라 분류하시오.

> 꽃밭에 붉은 장미가 가득 피었다.

조건
자립성 유무에 따른 형태소의 종류별로 형태소를 분류할 것.

06 밑줄 친 단어 중 접미사가 사용되지 <u>않은</u> 것은?

① 다음 글을 읽고 <u>물음</u>에 답하시오.
② 목표를 세워 <u>꾸준</u>하게 공부하다.
③ 운전할 때는 <u>앞뒤</u>를 잘 살펴야 한다.
④ 이 건물의 <u>높이</u>는 무려 300미터이다.
⑤ 우리는 <u>선생</u>님 말씀에 주의를 기울였다.

07 밑줄 친 부분이 단어의 어근에 해당하는 것은?

① 결과보다는 노력이 더욱 값<u>지다</u>.
② 더워서 <u>민</u>소매 옷을 입고 다닌다.
③ 날<u>것</u>을 먹으면 배탈이 날 수 있다.
④ <u>풋</u>나물과 보리밥을 실컷 먹었노라.
⑤ <u>선</u>무당이 사람 잡는다는 말이 있다.

08 〈보기〉에서 설명하는 단어의 구성 요소가 사용된 예로 적절한 것은?

> **보기**
> • 어근의 앞에 붙는다.
> • 어근의 뜻을 한정하며, 대개 어근의 품사를 바꾸지는 못한다.

① 지우개
② 나무꾼
③ 덧버선
④ 아드님
⑤ 겁쟁이

09 밑줄 친 말의 의미로 적절하지 <u>않은</u> 것은?

① 재떨이에 담배를 <u>짓</u>눌러 껐다.
　－ 함부로, 마구
② 무고한 백성들이 <u>개</u>죽음을 낭하였나.
　－ 질이 떨어지는
③ 우리의 노력은 결국 <u>헛</u>수고로 끝났다.
　－ 보람 없는
④ 그는 결국 아내를 잃고 <u>홀</u>몸이 되었다.
　－ 짝이 없이 혼자뿐인
⑤ 미인은 잠<u>꾸러기</u>라는 말도 있지 않니?
　－ 그것이 많은 사람

10 다음 문장을 분석한 내용으로 가장 적절한 것은?

> 초봄이 되면 얼음은 녹고 동물도 겨울잠에서 깬다.

① 자립 형태소는 '동물', '겨울잠'뿐이다.
② '겨울잠'은 어근과 접사로 이루어진 단어이다.
③ '초봄'과 '얼음'은 각각 접두사와 접미사를 포함하고 있다.
④ 형식 형태소 중 단어에 해당하는 것은 '이', '은', '에서'의 3개이다.
⑤ 의존 형태소이면서 실질 형태소인 것은 '되-', '얼-', '녹-', '깬-'의 4개이다.

> **문제 해결의 🗝** 제시된 문장을 뜻을 가진 가장 작은 단위인 형태소로 분석해 보는 과정이 가장 먼저 이루어져야 한다. 또한 한 단어를 이루고 있는 각각의 부분이 실질적인 의미를 지닌 어근인지, 어근에 붙어서 의미를 더하는 접사인지 판단하는 것도 중요하다.

01 〈보기〉에서 선생님의 질문에 대한 학생의 대답으로 가장 적절한 것은?

보기

선생님: 형태소는 뜻을 가진 가장 작은 말의 단위를 뜻하는 말입니다. 형태소는 다음의 두 기준에 따라 자립 형태소와 의존 형태소, 실질 형태소와 형식 형태소로 나눌 수 있습니다.

| 홀로 쓰일 수 있는가? | 실질적 의미가 있는가? |

예 / 아니요   예 / 아니요

자립 형태소   의존 형태소   실질 형태소   형식 형태소

다음은 아래 '예문'을 형태소 단위로 나누고, 위 기준에 따라 분석한 결과입니다.

- 예문: 경찰이 도둑을 잡았다.
- 형태소 분석 결과

형태소 구분 기준	경찰	이	도둑	을	잡–	–았–	–다
홀로 쓰일 수 있는가?	예	아니요	예	㉡	아니요	아니요	아니요
실질적 의미가 있는가?	㉠	아니요	예	아니요	㉢	아니요	아니요

㉠~㉢에 들어갈 대답을 모두 바르게 짝지어 볼까요?

	㉠	㉡	㉢
①	예	예	예
②	예	아니요	예
③	예	아니요	아니요
④	아니요	예	예
⑤	아니요	아니요	아니요

02 다음은 학생들이 '–쟁이'와 '–장이'에 대해 탐구한 내용이다. ㄱ~ㅁ에 제시된 탐구 결과 중 적절하지 <u>않은</u> 것은?

탐구 목표	어근의 뒤에 붙어 새로운 단어를 만드는 접미사 중 '–쟁이'와 '–장이'의 의미와 쓰임을 구분해 사용할 수 있다.

탐구 자료	(1) 고집쟁이: 고집이 센 사람 　거짓말쟁이: 거짓말을 잘하는 사람 (2) 노래쟁이: '가수(歌手)'를 낮잡아 이르는 말 　그림쟁이: '화가(畫家)'를 낮잡아 이르는 말 (3) 땜장이: 땜질을 직업으로 하는 사람 　옹기장이: 옹기 만드는 일을 직업으로 하는 사람

탐구 결과	• (1)의 '–쟁이'의 의미는 '어떤 속성을 많이 가진 사람'으로 볼 수 있다. ················· ㄱ • (2)와 (3)은 둘 다 직업과 관련된 말이지만, '기술자'를 의미할 때는 '–장이'를 쓴다. ·· ㄴ • (1)~(3)을 볼 때, '–쟁이'와 '–장이'는 모두 명사와 결합하여 새로운 단어를 만든다. ·· ㄷ • (1)~(3)을 볼 때, '–쟁이'와 '–장이'는 모두 어근의 품사를 변화시키지 않는 접미사이다. ·· ㄹ • (1), (2), (3)의 예로 '욕심쟁이', '대장쟁이', '중매장이'를 각각 추가할 수 있다. ········· ㅁ

① ㄱ　　② ㄴ　　③ ㄷ　　④ ㄹ　　⑤ ㅁ

03 〈보기〉의 설명을 참고할 때 [A]에 대한 설명으로 적절한 것은?

─〔보기〕─

일정한 뜻을 지닌 가장 작은 말의 단위를 '형태소'라고 한다. '사과를 먹는다'는 '사과', '를', '먹-', '-는-', '-다'의 다섯 개의 형태소로 분석된다. 형태소 중에는 '사과'처럼 혼자 쓰일 수 있는 것이 있고 '를', '먹-', '-는-', '-다'처럼 반드시 다른 형태소와 결합하여 쓰이는 것이 있는데, 전자를 '자립 형태소'라고 하고 후자를 '의존 형태소'라고 한다.

• 하늘에 별이 많다. .... [A]

① '하늘에'는 세 개의 형태소로 구성되었다.
② '별이'는 자립 형태소만으로 구성되었다.
③ '많다'는 자립 형태소와 의존 형태소로 구성되었다.
④ '에'와 '이'는 모두 자립 형태소이다.
⑤ '별이 많다'에는 세 개의 의존 형태소가 있다.

Q 밑줄 친 말이 〈보기〉의 ㉠에 해당하지 <u>않는</u> 것은?

─〔보기〕─

형태소는 의미를 가진 최소 단위이다. 하나의 형태소가 실제로 쓰일 때에는 그 앞뒤에 어떤 말이 있느냐에 따라 둘 이상의 모습으로 나타나기도 하는데, 그 모습들을 이형태(異形態)라고 한다. 예컨대 주격 조사는 앞말이 자음으로 끝날 때 '이'로 나타나고 모음으로 끝날 때 '가'로 나타난다. 따라서 '이'와 '가'는 ㉠이형태 관계에 있는 것이다.

① ┌ 공연을 보러 우리는 광주<u>에</u> 왔다.
  └ 나를 만나러 친구들이 경주<u>에서</u> 왔다.

② ┌ 동수는 물감<u>으로</u> 인물화를 그렸다.
  └ 진희는 크레파스<u>로</u> 그림을 그렸다.

③ ┌ 시간이 조금 남았으니 탁구<u>나</u> 치자.
  └ 시간이 조금 남았으니 수영<u>이나</u> 하자.

④ ┌ 정성이 담긴 선물을 받<u>으면</u> 기쁩니다.
  └ 정성을 담은 선물을 주<u>면</u> 자기도 기쁩니다.

⑤ ┌ 미끄러지지 않도록 단단히 잡<u>아라</u>.
  └ 체하지 않도록 천천히 씹어 먹<u>어라</u>.

DAY 06 단일어와 복합어

| 교과 연계 | 고등학교 언어와 매체 _ 단어의 짜임과 새말 형성

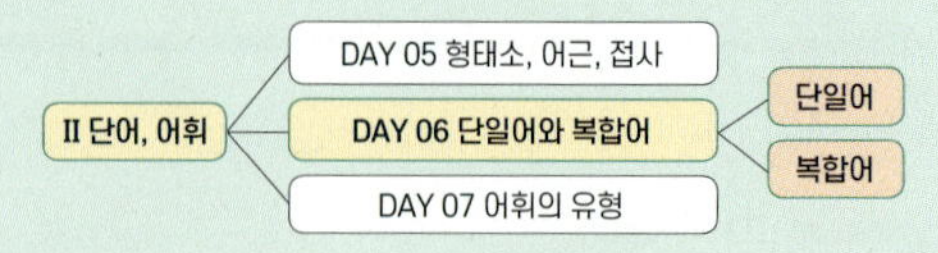

개념 정리

○ 단일어(홀 단單 한 일一 말씀 어語)

하나의 어근으로 이루어진 단어

단어 ─ **단일어** ─ 하나의 어근
복합어 ─ **합성어** ─ 어근+어근
파생어 ─ 접두사+어근 / 어근+접미사

· 종류

어근 하나로만 형성된 경우	단어를 이루는 형태소가 실질 형태소인 어근 1개임. 예 사랑, 하늘, 딸기
단순한 '어간 + 어미'의 활용 형으로 형성된 경우	단어를 이루는 여러 형태소 중 실질 형태소는 어간 1개임. 예 막다(막– + –다), 막았다(막– + –았– + –다)

○ 복합어(겹칠 복複 합할 합合 말씀 어語)

둘 이상의 어근끼리 결합되었거나, 어근에 접사가 결합된 단어. 합성어와 파생어로 나뉨.

○ 합성어(합할 합合 이룰 성成 말씀 어語)

접사 없이 두 개 이상의 어근이 결합하여 형성된 단어

· 종류

① 배열 관계에 따른 분류

통사적 합성어	어근의 결합 방식이 우리말의 일반적인 단어 배열법과 일치하는 합성어 예 논밭, 새해, 잘하다, 뛰어가다: 뛰– + –어 + 가– + –다(연결 어미로 이어진 경우) 어간 연결 어미 어간 종결 어미
비통사적 합성어	어근의 결합 방식이 우리말의 일반적인 단어 배열법과 일치하지 않는 합성어 예 덮밥(관형사형 어미 '–은'이 생략된 경우), 뛰놀다(연결 어미 '–어'가 생략된 경우)

② 결합 관계에 따른 분류

대등 합성어	어근이 대등하게 본래의 뜻을 유지하는 합성어 예 팔다리, 높푸르다, 여닫다
종속 합성어	한쪽의 어근이 다른 한쪽을 수식하는 합성어 예 봄비, 가죽신, 쇠사슬
융합 합성어	어근들이 완전히 하나로 융합하여 새로운 의미를 나타내는 합성어 예 빈말(실속 없이 헛된 말), 바늘방석(앉아 있기에 아주 불안스러운 자리)

○ 파생어(갈래 파派 날 생生 말씀 어語)

어근에 접사가 결합하여 형성된 단어

접두 파생어	접두사가 어근에 붙어 만들어지는 파생어. 접두사는 어근에 특정한 의미를 더해 주거나 강조하며, 대개 어근의 품사를 바꾸지 않음. 예 맨발, 헛디디다, 새빨갛다
접미 파생어	접미사가 어근에 붙어 만들어지는 파생어. 접미사는 어근에 특정한 의미를 더해 주며, 어근의 품사를 바꾸기도 함. 예 덮개, 먹보, 선생님

 **정보**

복합어의 형성 과정에서의 어근 변화

합성어나 파생어의 형성 과정에서 어근의 원래 모습이 바뀌는 경우도 있어요.
예 · 가깝다 + –이 → 가까이 ('ㅂ' 탈락)
· 울다 + 짖다 → 우짖다 ('ㄹ' 탈락)

정보

어간과 어근

어간과 어근은 일치하기도 하지만 그렇지 않기도 해요. '막다'의 경우 '막–'은 어간인 동시에 어근이지만, '막히다'의 경우 어간은 '막히–'로 이는 어근 '막–'에 피동의 의미를 지닌 접사 '–히–'가 결합된 것이에요. 따라서 '막히다'는 어간과 어근이 일치하지 않으며 단일어가 아닌 파생어로 분류해요.

◆ **연결 어미** 어간에 붙어 다음 말에 연결하는 구실을 하는 어미
예 '–고', '–(으)며', '–아/어', '–(으)니' 등

◆ **관형사형 어미** 관형사처럼 체언을 수식하는 역할을 할 수 있게 하는 어미

 **정보**

표기에 주의해야 할 파생어

'멋장이'인가, '멋쟁이'인가?
/ '미장이'인가, '미쟁이'인가?
· – 장이: '그것과 관련된 기술을 가진 사람'이라는 뜻을 더하는 접미사 예 칠장이, 양복장이
· – 쟁이: '그것이 나타내는 속성을 많이 가진 사람'이라는 뜻을 더하는 접미사 예 겁쟁이
→ '멋쟁이'와 '미장이'로 표기하는 것이 맞아요.

개념 확인 문제

01 다음 빈칸에 들어갈 알맞은 말을 쓰시오.

(1) 하나의 어근으로 이루어진 단어를 (　　　　)(이)라 한다.

(2) 접사 없이 두 개 이상의 어근이 결합하여 이루어진 단어를 (　　　　), 어근에 접사가 결합하여 이루어진 단어를 (　　　　)(이)라 하며, 이 둘을 묶어 (　　　　)(이)라 한다.

02 다음 단어들을 주어진 기준에 따라 분류하시오.

> 마개　군말　무지개　비바람　안팎　어머나

(1) 단일어: ________________

(2) 합성어: ________________

(3) 파생어: ________________

03 다음 단어의 어근을 모두 찾아 쓰시오.

(1) 가위: ________________

(2) 시어머니: ________________

(3) 복숭아나무: ________________

(4) 반짝거리다: ________________

04 ㉠, ㉡ 중 파생어인 단어의 기호를 쓰시오.

> • ㉠산나물은 봄철 별미이다.
> • ㉡군살이 쪄서 운동을 시작했다.

____

05 다음 설명이 맞으면 ○, 틀리면 ×에 표시하시오.

(1) 접두사는 하나의 단어로 인정된다. 　　　(○ , ×)

(2) 접미사는 어근의 뒤에 붙어 특정한 의미를 더하는 기능을 한다. 　　　(○ , ×)

(3) 어근과 어근이 결합할 때 그 본래의 형태가 바뀌는 경우가 있다. 　　　(○ , ×)

06 다음 단어들의 유형을 찾아 바르게 연결하시오.

(1) 맨주먹　·　　　　· ㉠ 단일어

(2) 우두커니　·　　　· ㉡ 합성어

(3) 이리저리　·　　　· ㉢ 파생어

07 다음 합성어들을 결합 관계에 따라 구분하시오.

> 마소　　손수건　　춘추
> 논밭　　종이컵　　보릿고개

(1) 대등 합성어: ________________

(2) 종속 합성어: ________________

(3) 융합 합성어: ________________

08 접사가 어근의 품사를 바꾸는 경우에 해당하는 것은?

① 돌배　　② 먹이　　③ 맏아들
④ 군식구　　⑤ 풋사랑

01 단어의 형성에 대한 설명으로 적절하지 <u>않은</u> 것은?

① 단일어는 하나의 형태소로만 이루어진 단어이다.
② 복합어는 합성어와 파생어를 포괄하는 개념이다.
③ 단어는 형성 방법에 따라 단일어와 복합어로 나뉜다.
④ 합성어는 접사 없이 어근만 두 개 이상 결합된 단어이다.
⑤ 어근의 앞이나 뒤에 접사가 붙어 이루어진 단어를 파생어라 한다.

02 밑줄 친 단어 중 단일어에 해당하는 것은?

① <u>겁쟁이</u>처럼 도망가지 마라.
② <u>구름</u>이 자주 끼면 비가 온다.
③ 싸움이 나자 <u>구경꾼</u>들이 몰려들었다.
④ <u>소나무</u>처럼 늘 푸른 마음을 갖고 싶다.
⑤ <u>오가는</u> 사람들마다 서로 반갑게 인사한다.

03 다음 단어의 짜임을 분석한 내용이 적절한 것은?

① 시냇물: 시냇(어근) + 물(어근) → 합성어
② 군소리: 군(어근) + 소리(어근) → 합성어
③ 햇보리: 해(어근) + 보리(어근) → 합성어
④ 참사랑: 참-(접사) + 사랑(어근) → 파생어
⑤ 돌다리: 돌-(접사) + 다리(어근) → 파생어

04 밑줄 친 단어의 짜임과 문장에서 사용된 의미가 적절하지 <u>않은</u> 것은?

① 해방을 맞이하여 잃어버린 <u>강산</u>을 되찾았다.
　→ 강 + 산: 자연의 경치
② <u>쥐뿔</u>도 없으면서 욕심은 왜 이리 많은 거니?
　→ 쥐 + 뿔: 아주 보잘것없거나 규모가 작은 것
③ 아저씨께 <u>춘추</u>가 어떻게 되시는지 여쭤보았다.
　→ 춘 + 추: 어른의 나이를 높여 이르는 말
④ 김 회장은 부인 앞에서 <u>종이호랑이</u>나 다름없다.
　→ 종이 + 호랑이: 겉보기에는 힘이 셀 것 같으나 사실은 아주 약한 것
⑤ 사원들이 <u>피땀</u>으로 회사를 키워 놓았는데, 불황으로 도산하고 말았다.
　→ 피 + 땀: 무엇을 이루기 위하여 애쓰는 노력과 정성

05 〈보기〉에서 밑줄 친 단어의 짜임을 〈조건〉에 맞게 설명하시오.

〔보기〕
　바다의 <u>깊이</u>를 재는 것은 매우 어려운 일이다.

〔조건〕
• 합성어인지 파생어인지를 이유와 함께 제시할 것.
• 단어 형성 과정에서 나타나는 품사 변화를 언급할 것.

06 합성어를 만드는 과정에서 원래 어근의 모습이 바뀌는 경우에 해당하지 <u>않는</u> 것은?

① 밤낮   ② 좁쌀
③ 안팎   ④ 대여섯
⑤ 까막까치

07 〈보기〉의 단어들이 지닌 공통점으로 적절한 것은?

> **보기**
>
> 여닫다   마소   바느질

① 하나의 어근으로 이루어져 있다.
② 두 개의 어근이 결합하여 형성되었다.
③ 어근의 품사를 바꾸는 접사가 사용되었다.
④ 한쪽의 어근이 다른 한쪽의 어근을 수식하고 있다.
⑤ 형태소가 결합하는 과정에서 특정 음운이 탈락하였다.

08 다음 단어들 중 파생어로만 묶인 것은?

① 맨손, 날개, 잡히다
② 울보, 치솟다, 놀이터
③ 외아들, 고추장, 손발
④ 칠장이, 논밭, 복스럽다
⑤ 이슬비, 퐁당퐁당, 예닐곱

09 〈보기〉의 ㉠에 해당하는 단어로 적절한 것은?

> **보기**
>
> ㉠비통사적 합성어란 우리말의 일반적인 어순이나 단어 배열법에 어긋나는 합성어를 말한다.

① 다른 해결책이 있는지 더 알아보자.
② 점심으로 해산물 덮밥을 주문하였다.
③ 이리저리 헤엄치는 물고기를 구경하였다.
④ 슬픈 영화를 보고 나니 절로 눈물이 흐른다.
⑤ 공부를 잘하는 것보다 열심히 하는 것이 중요하다.

고난도

10 다음 내용에 해당하는 예가 적절하게 연결되지 <u>않은</u> 것은?

① 단일어는 하나의 어근으로 이루어져 있다.
  → 아무래도 오늘 저녁에는 비가 오겠다.
② 접미사는 품사를 바꾸는 기능을 하기도 한다.
  → 사건의 전말을 낱낱이 밝히겠다.
③ 접두사는 어근의 앞에 붙어 그 뜻을 제한한다.
  → 불을 쓸 수 없어서 생쌀을 먹으면서 버티고 있다.
④ 어근과 어근이 결합할 때 형태가 바뀌기도 한다.
  → 가을 하늘이 파랗게 빛나다.
⑤ 어근들이 결합하여 새로운 의미를 생성하기도 한다.
  → 명절에는 가까운 집안끼리 모인다.

> **문제 해결의 🔑** 제시된 내용에서 설명하는 내용을 먼저 파악한 후, 그 예에 해당하는 단어를 분석해 본다. 단어의 짜임, 의미, 기능, 형태 변화 등을 파악해야 한다.

고1 학력평가

01 〈보기〉를 바탕으로 단어 형성에 대해 이해한 내용으로 적절하지 <u>않은</u> 것은?

〔보기〕

　단어의 실질적인 의미를 나타내는 중심 부분을 어근이라 하고, 일부 어근에 붙어서 그 의미를 제한하며 어근과 달리 독립적으로 쓰이지 못하는 주변 부분을 접사라고 한다. 단어는 구성 방식에 따라 하나의 어근으로 이루어진 단일어, 어근과 어근이 결합한 합성어, 어근과 접사가 결합한 파생어로 구분할 수 있다.

① '새해'는 접사와 어근이 결합한 파생어이다.
② '밤낮'은 어근과 어근이 결합한 합성어이다.
③ '구경꾼'은 어근과 접사가 결합한 파생어이다.
④ '이슬비'는 어근과 어근이 결합한 합성어이다.
⑤ '민들레'는 하나의 어근으로 이루어진 단일어이다.

고1 학력평가

02 〈보기 1〉을 참고하여 〈보기 2〉의 ㉠~㉢에 대해 탐구한 내용으로 적절한 것은?

〔보기 1〕

• 단어를 형성할 때, 실질적인 의미를 나타내는 중심 부분을 어근이라 하고, 그 뜻을 제한하는 주변 부분을 접사라고 한다.
• 하나의 어근으로 된 단어를 단일어라 한다. 둘 이상의 어근으로 이루어진 단어는 합성어라 하고, 어근과 접사가 결합하여 이루어진 단어를 파생어라고 한다.

〔보기 2〕

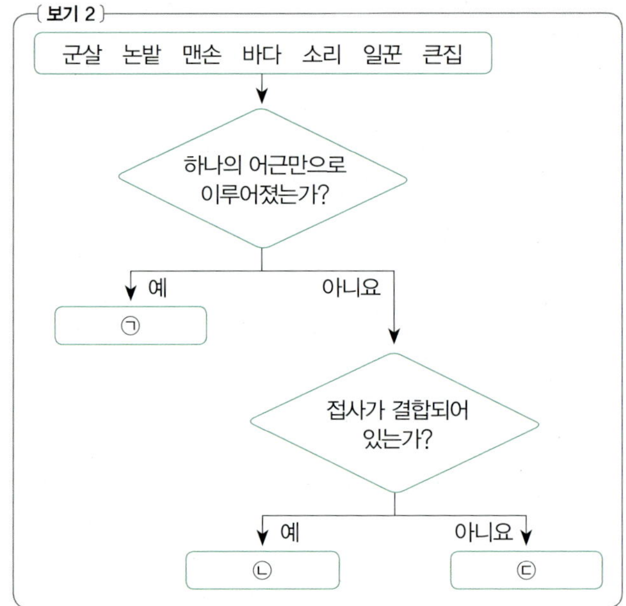

① '바다'와 '일꾼'은 ㉠에 해당해.
② '군살'과 '맨손'은 ㉡에 해당해.
③ '논밭'과 '일꾼'은 ㉡에 해당해.
④ '소리'와 '큰집'은 ㉢에 해당해.
⑤ '군살'과 '논밭'은 ㉢에 해당해.

고1 학력평가

03 〈보기 1〉의 설명을 참고할 때, 〈보기 2〉의 ㉠~㉣ 중 합성어에 해당하는 말을 바르게 고른 것은?

〔보기 1〕

　하나의 형태소로 이루어진 단어를 단일어라고 하고, 둘 이상의 형태소로 이루어진 단어를 복합어라고 한다. 복합어에는 두 종류가 있다. '손(어근)+수레(어근)'와 같이 둘 이상의 어근으로 이루어진 단어는 합성어이고, '사냥(어근)+꾼(접사)'과 같이 어근에 접사가 결합되어 만들어진 단어는 파생어이다.

〔보기 2〕

　㉠물고기가 그려진 ㉡지우개가 어디로 갔을까? ㉢심술쟁이 동생이 또 ㉣책가방에 숨겼을 거야. 그래 보았자 이 누나는 금방 찾는데.

① ㉠, ㉡　　　② ㉠, ㉣　　　③ ㉡, ㉢
④ ㉡, ㉣　　　⑤ ㉢, ㉣

고2 학력평가

04 〈보기〉의 ㉠~㉤에 들어갈 어휘의 예로 적절하지 않은 것은?

〔보기〕

　합성어는 어근의 배열 양상에 따라 통사적 합성어와 비통사적 합성어로 나뉜다. 어근의 배열이 우리말의 일반적인 문장 구성 방식과 일치하는 것을 통사적 합성어라 하고, 그렇지 않은 것을 비통사적 합성어라 한다. 합성어에서 어근의 구체적 결합 양상은 다음과 같다.

　〈통사적 합성어의 유형과 예〉
　• 체언+체언: 밤낮
　• 체언+용언: 　　㉠
　• 관형사+체언: 　　㉡
　• 용언의 관형사형+체언: 　　㉢

　〈비통사적 합성어의 유형과 예〉
　• 부사+체언: 보슬비
　• 용언의 어간+체언: 　　㉣
　• 용언의 어간+용언의 어간: 　　㉤

① ㉠: 낯설다　　② ㉡: 첫사랑　　③ ㉢: 뜬소문
④ ㉣: 덮밥　　⑤ ㉤: 앞서다

수능 맛보기

Q 〈보기〉의 ㉠에 해당하는 예로 적절한 것은?

〔보기〕

　합성어는 어근과 어근이 결합하여 형성되는데, 어근들의 결합 방식에 따라 다음과 같이 둘로 나눌 수 있다.

　• 통사적 합성어: 어근들의 결합 방식이 일반적인 문장 구성 방식과 같은 합성어
　• ㉠비통사적 합성어: 어근들의 결합 방식이 일반적인 문장 구성 방식과 다른 합성어

① 아이들이 뛰노는 소리가 밖에서 들렸다.
② 서로 몰라볼 정도로 세월이 많이 흘렀다.
③ 저마다의 타고난 소질을 계발하는 것이 중요하다.
④ 지난달부터 공부를 열심히 했더니 자신감이 생겼다.
⑤ 망치질을 자주 하다 보니 손바닥에 굳은살이 박였다.

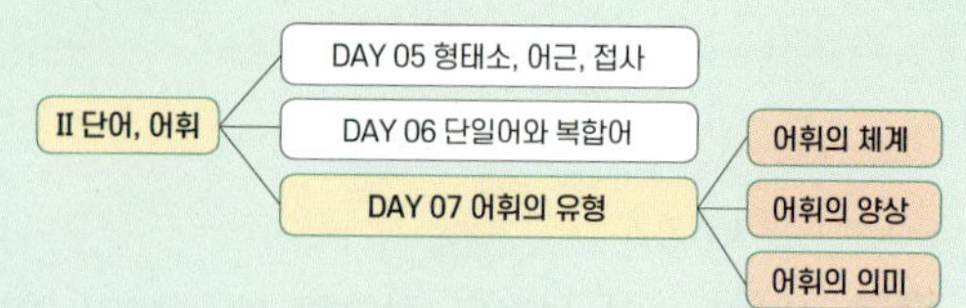

DAY 07 어휘의 유형

| 교과 연계 | 중학교 국어 1학년 _ 어휘의 체계와 양상의 활용
고등학교 언어와 매체 _ 품사와 단어의 특성

개념 정리

○ 어휘의 체계(몸 체體 맬 계系)

어휘는 일정한 범위 안에서 쓰이는 단어들의 집합임. 우리말의 어휘는 어종(語種)에 따라 다음과 같이 분류할 수 있음.

고유어	• 개념: 우리말에 본래부터 있던 말이나 그것에 기초하여 새로 만들어진 말 • 특성: 우리 민족 고유의 문화, 정서, 감각을 드러내는 표현이 많음. → 우리의 삶과 감정을 표현하기에 적절하며, 정서적 감수성을 풍부하게 함. ㉲ 바지, 사랑, 꽃다발

한자어	• 개념: 중국의 한자를 바탕으로 하여 만들어진 말 • 특성: ① 고유어에 비해 더 구체적인 의미를 지닌 경우가 많아 고유어를 보완하는 역할을 함. ② 추상적인 개념이나 전문 분야의 개념을 나타내는 표현이 많음. ③ 일본식 한자어, 한국식 한자어도 있음. ㉲ 양복(洋服), 학교(學校), 내일(來日)	• 순기능: 우리말을 풍부하게 함. • 역기능 ① 남용할 경우 의사소통을 어렵게 함. ② 우리말의 정체성을 해침. • 사용 시 주의점 ① 무분별한 수용을 경계하고, 되도록 고유어로 순화하여 사용할 것 ㉲ 라이벌(rival) → 맞수 ② 상황에 맞는 어휘를 적절하게 사용할 것
외래어	• 개념: 외국에서 들어와 우리말처럼 쓰이는 말 • 특성: ① 외국 문화와 함께 들어온 새로운 사물이나 현상을 나타내는 말이 많음. ② 유입되는 어휘의 수가 점차 증가하고 있음. ㉲ 원피스(One-piece), 버스(bus), 핫도그(hot dog)	

 누룽지
고유어

 냉면(冷麵)
한자어

 수프(soup)
외래어

○ 어휘의 양상(모양 양樣 서로 상相)

방언은 한 언어에서 사용 지역 또는 사회 계층에 따라 달라진 말을 이름. 방언은 다음과 같이 분류할 수 있음.

지역 방언	• 개념: 지역에 따라 다르게 쓰는 말 • 특성: ① 각 지역의 고유한 정서와 문화를 담고 있음. ② 우리말 어휘를 풍부하게 하며, 우리말의 다양성을 보여 주는 자료가 됨. ③ 같은 지역 사람들끼리 사용하는 경우 유대감과 친밀감을 느낄 수 있음. ㉲ '조금'의 방언: 쪼깨, 조기, 쬐까, 쒜기, 호꼼, 조간 등
사회 방언	• 개념: 사회적 요인(성별, 세대, 직업 등)에 따라 다르게 쓰는 말. 전문어나 은어 • 특성: ① 같은 집단에 속한 사람들끼리의 효율적인 의사소통에 기여함. ② 집단 구성원들 간의 소속감과 친밀감을 강화함. ㉲ 생선(생일 선물), 레가토(legato: 악보에서, 둘 이상의 음을 이어서 부드럽게 연주하라는 말)

손자: 할아버지, 저 어제 도서관에서 <u>열공</u>하다 깜놀했잖아요.
　　　　　　　　　　　　　　　　세대에 따른 사회 방언

할아버지: 응? 니 지금 <u>뭐라카노</u>?
　　　　　　　　　　　지역 방언

◆ **순화** 언어에서 불순한 요소를 없애고 깨끗하고 바르게 다듬는 것을 의미함. 우리말에서 순화의 대상이 되는 것은 다음과 같음.
• 비규범적인 말
• 한자어와 외래어
• 지나치게 어려운 말

꿀 정보

표준어

표준어는 한 나라의 공용어로, 그 나라의 표준이 되는 말이에요. 공식적인 자리에서는 방언이 아니라 표준어를 사용해야 해요. 우리나라에서 표준어는 교양 있는 사람들이 두루 쓰는 현대 서울말로 정함을 원칙으로 하므로, 지역 방언 및 은어나 속어(통속적으로 쓰는 저속한 말) 등은 표준어가 될 수 없어요.

◆ **전문어** 학술이나 기타 전문 분야에서 특별한 의미로 쓰는 말 ㉲ 법률, 의학, 과학, 음악 용어 등

◆ **은어** 어떤 계층이나 부류의 사람들이 다른 사람들이 알아듣지 못하도록 자기네 구성원들끼리만 빈번하게 사용하는 말 ㉲ 심마니어: 뿌리시니(산삼), 달코(어린 삼), 모래미(쌀밥)

개념 확인 문제

01 다음 빈칸에 들어갈 알맞은 말을 쓰시오.

(1) (　　　　)은/는 우리말에 본래부터 있던 말이나 그것에 기초하여 새로 만들어진 말이다.

(2) (　　　　)은/는 중국의 한자를 바탕으로 하여 만들어진 말이다.

(3) (　　　　)은/는 외국에서 들어와 우리말처럼 쓰이는 말이다.

02 다음 설명이 맞으면 ○, 틀리면 ×에 표시하시오.

(1) 우리의 전통 문화와 정서를 나타내기에 가장 적합한 것은 한자어이다. (○, ×)

(2) 우리말의 한자어는 우리나라에서 만들어진 것들만을 가리킨다. (○, ×)

(3) 외래어는 외국 문화와 함께 유입되는 경우가 많다. (○, ×)

03 ⟨보기⟩의 어휘들을 다음 기준에 따라 분류하시오.

⎡보기⎤
버선　블라우스　양복　운동화　슬리퍼　치마

(1) 고유어: ________________

(2) 한자어: ________________

(3) 외래어: ________________

04 순화의 대상으로 보기 <u>어려운</u> 단어는?

① 네티즌　　② 호우(豪雨)　　③ 스위치

④ 꽃다발　　⑤ 식자재(食資材)

05 ⟨보기⟩의 ㉠, ㉡에 들어갈 알맞은 말을 각각 2어절로 쓰시오.

⎡보기⎤
지역에 따라 다르게 쓰는 말을 (　㉠　)(이)라 하고, 사회적 요인에 따라 다르게 쓰는 말을 (　㉡　)(이)라 한다.

㉠: ________________　　㉡: ________________

06 다음 설명이 맞으면 ○, 틀리면 ×에 표시하시오.

(1) 공식적인 자리에서 쓰도록 정해진 것은 표준어이다. (○, ×)

(2) 지역 방언을 사용하는 사람들끼리는 유대감을 느낄 수 있다. (○, ×)

(3) 전문어는 집단 외부의 사람들에게 비밀을 유지하기 위해 사용하는 말이다. (○, ×)

07 ⟨보기⟩에서 사회 방언이 생겨난 사회적 요인을 모두 고르시오.

⎡보기⎤
국적　　성별　　세대　　지역　　직업

____

08 지역 방언을 사용하기에 적절한 상황을 모두 고르시오.

① 소설의 개요를 작성할 때

② 외국인 대상의 한국어 교재를 만들 때

③ 향토적 정서를 담은 문학 작품을 쓸 때

④ 고향 방문을 환영하는 현수막을 제작할 때

⑤ 지역 소속 팀의 야구 경기를 전국에 중계할 때

어휘의 유형

◎ 어휘의 의미(뜻 의意 맛 미味)

1. 유의 관계, 반의 관계, 상하 관계

유의 관계	• 개념: 단어들의 의미가 서로 비슷한 관계 • 특성: 기본 의미는 유사하나, 가리키는 대상이 다르거나 미묘한 느낌의 차이가 있어서 바꾸어 쓰기 어려운 경우도 있음. 예 • 교환 가능: 서점 – 책방　• 교환 불가능: 밥 – 맘마 – 진지
반의 관계	• 개념: 단어들의 의미가 서로 대립되는 관계 • 특성: ① 한 쌍의 단어 사이에 공통적인 의미 요소가 있으면서 한 가지 의미 요소만 다름. 　　　② 문장에서 어떤 말과 어울려 쓰이는지에 따라 반의어가 달라짐. 　　　예 서다: (시계가) 서다 ↔ (시계가) 가다 / (토끼 귀가) 서다 ↔ (토끼 귀가) 눕다 • 반의 관계의 종류 　├ 모순 관계: 각각의 의미 사이에 중간항이 없는 대립 관계 　│　　　예 남자 – 여자 / 있다 – 없다 　└ 반대 관계: 각각의 의미 사이에 중간항이 있는 대립 관계 　　　　　예 사랑 – 미움 / 크다 – 작다
상하 관계	• 개념: 한 단어의 의미가 다른 단어의 의미를 포함하거나 다른 단어의 의미에 포함되는 의미 관계. 포함하는 단어를 상위어(상의어), 포함되는 단어를 하위어(하의어)라 함. • 특성: ① 상위어는 하위어에 비해 의미가 일반적, 포괄적임. 　　　② 하위어는 상위어에 비해 의미가 개별적, 구체적임. 　　　예 예술 ⊃ 문학 ⊃ 소설 ⊃ 고전 소설

2. 동음이의어와 다의어

동음이의어	• 개념: 단어들의 소리는 같으나 의미가 서로 다른 단어를 '동음이의어'라고 함. • 특성: ① 중심적 의미*가 서로 다름. 　　　② 사전에 각각 다른 단어로 수록됨. 　　　예 • 이상(以上): 수량이나 정도가 일정한 기준보다 더 많거나 나음. 　　　　• 이상(理想): 생각할 수 있는 범위 안에서 가장 완전하다고 여겨지는 상태 　　　　• 이상(異常): 정상적인 상태와 다름.
다의어	• 개념: 하나의 단어에 두 가지 이상의 의미를 가진 단어를 '다의어'라고 함. • 특성: ① 하나의 중심적 의미와, 여기에서 나온 여러 개의 주변적 의미*가 있음. 　　　② 사전에 하나의 단어로 수록됨. 　　　예 날: 1. 지구가 한 번 자전하는 동안. 자정에서 다음 자정까지의 동안으로 24시간이다. 　　　　　2. 하루 중 환한 동안 　　　　　3. 그날그날의 비, 구름, 바람, 기온 따위가 나타나는 기상 상태

엄마: 벌써 아침이란다. 어서 아침 먹고 학교 가야지?
　　　　　　　다의어

다혜: 네, 그런데 저 배가 고프니까 후식으로 배도 주세요.
　　　　　　　　　　동음이의어

정보

동의어

서로 소리는 다르지만 의미가 같은 단어를 말해요. 그러나 의미가 같다는 것은 같은 지시 대상을 가리킨다든가 가장 중심적인 기본 의미가 같다는 것이지, 하나의 문장에서 자유롭게 바꾸어 써도 전혀 어색하지 않다는 뜻은 아니에요. 따라서 동의어는 유의관계를 이루는 말로 이해하는 것이 적절해요.

◆ **중심적 의미** 한 단어가 여러 의미를 지닐 때 그중 가장 기본적이고 핵심적인 의미
예 '머리'의 중심 의미: 사람이나 동물의 목 위의 부분

◆ **주변적 의미** 중심적 의미에서 확장된 그 밖의 의미
예 '머리'의 주변 의미
　– 생각하고 판단하는 능력
　– 머리에 난 털
　– 단체의 우두머리

정보

동음이의어와 다의어의 구분

두 단어가 의미상 관련(연상, 확장)이 있다면 다의어이고, 의미상 관련이 없다면 동음이의어예요.

개념 확인 문제

01 다음 빈칸에 들어갈 알맞은 말을 쓰시오.

(1) (   )은/는 단어들의 의미가 서로 비슷한 관계이나.

(2) (   )은/는 단어들의 의미가 서로 대립되는 관계이다.

(3) 한 단어의 의미가 다른 단어의 의미를 포함하는 말을 (   ), 한 단어의 의미가 다른 단어의 의미에 포함되는 말을 (   )(이)라고 한다.

02 다음 설명이 맞으면 ○, 틀리면 ×에 표시하시오.

(1) 유의 관계에 있는 단어들은 모두 서로 바꾸어 쓸 수 있다.   (○ , ×)

(2) 반의 관계는 한 쌍의 단어 사이가 의미상의 특징을 공유하면서 한 가지 요소만 다른 경우를 말한다.
                                                  (○ , ×)

(3) 상위어는 하위어보다 의미가 개별적, 구체적이다.
                                                  (○ , ×)

03 ㉠과 ㉡의 의미 관계를 〈보기〉에서 골라 쓰시오.

> **보기**
>
> 반의 관계   상하 관계   유의 관계

(1) 나는 목소리가 ㉠크지만 친구는 ㉡작다.

____

(2) 댁의 아이는 참 ㉠똑똑하고 ㉡영특하네요.

____

(3) 동생은 항상 ㉠과일이나 과자, 떡 같은 ㉡군것질거리를 먹고 있다.

____

04 다음 빈칸에 들어갈 알맞은 말을 쓰시오.

(1) (   )은/는 두 가지 이상의 의미를 가진 말이다.

(2) 동음이의어는 (   )은/는 같으나 (   )이/가 서로 다른 말이다.

05 밑줄 친 두 말이 동음이의어가 <u>아닌</u> 것은?

① 모자를 <u>쓰다</u>. / 일기를 <u>쓰다</u>.

② 낮이 잘 <u>들다</u>. / 짐을 대신 <u>들다</u>.

③ 고추가 <u>맵다</u>. / 시집살이가 <u>맵다</u>.

④ 버스를 <u>타고</u> 가다. / 장작이 <u>타고</u> 있다.

⑤ 목소리가 <u>풀</u>이 죽다 / 소에게 <u>풀</u>을 먹이다.

06 빈칸에 공통으로 들어갈 말을 쓰시오.

> • (   )을/를 다쳐서 걷기 힘들다.
> • 강을 건널 수 있도록 큰 (   )을/를 놓았다.

____

07 빈칸에 들어갈 알맞은 내용을 순서대로 쓰시오.

> • 넘어져서 ㉠머리를 다쳤다.
> • 이 학생은 ㉡머리가 참 좋답니다.
> • ㉢머리를 못 감았더니 너무 간지럽다.
> → ㉠~㉢ 중 중심적 의미로 사용된 것은 (   )이며, 나머지는 여기에서 확장된 (   ) 의미로 사용되었다.

____

08 ㉠~㉣ 중 다의 관계에 있지 <u>않은</u> 것을 쓰시오.

> • 배움의 ㉠길에 끝이란 없다.
> • ㉡길이 잘 든 강아지라 매우 점잖다.
> • 명절이라 차가 많아서 ㉢길이 막힌다.
> • 집에 돌아오는 ㉣길에 친구를 만났다.

____

01 우리말 어휘에 대한 설명으로 적절하지 <u>않은</u> 것은?

① 외래어와 한자어는 우리말 어휘를 보충해 줄 수 있다.
② 외래어와 한자어를 남용할 경우 의사소통이 어려워
질 수 있다.
③ 고유어는 우리말에 본래부터 있던 말로, 새롭게 생겨
나지는 않는다.
④ 우리가 사용하는 한자어 중에는 우리나라에서 만들
어진 것들도 있다.
⑤ 외래어는 외국에서 들어와 우리말처럼 쓰이는 말로,
그 비중이 점차 늘어나고 있다.

02 〈보기〉에서 알 수 있는 한자어의 특성으로 가장 적절
한 것은?

┌ 보기 ┐
• 라디오를 <u>고치다</u> – 수리(修理)하다
• 가방을 <u>고치다</u> – 수선(修繕)하다
• 충치를 <u>고치다</u> – 치료(治療)하다
• 잘못된 문장을 <u>고치다</u> – 수정(修正)하다
• 법률을 <u>고치다</u> – 개정(改正)하다
└────────────────┘

① 한자어는 고유어에 비해 내용을 이해하기 쉽다.
② 한자어는 고유어에 비해 좀 더 분화된 의미를 가지고
있다.
③ 한자어는 고유어에 비해 일반적인 개념을 나타내는
표현이 많다.
④ 한자어는 고유어가 표현하지 못하는 새로운 문물을
나타낼 수 있다.
⑤ 한자어는 고유어와 마찬가지로 우리 민족의 정서를
효과적으로 드러낼 수 있다.

03 밑줄 친 어휘 중 순화의 대상으로 보기 <u>어려운</u> 것은?

① 우리 카드 <u>게임</u> 같이 할래?
② 더 이상은 <u>안물안궁</u>입니다.
③ 많이 사면 <u>디스카운트</u> 좀 해 주실 건가요?
④ 빗방울 소리가 귓가에 봄이 왔다고 <u>속살거린다.</u>
⑤ <u>잔반</u>을 줄이기 위해서 음식은 먹을 만큼만 덜어 주
세요.

04 방언에 대한 설명으로 적절하지 <u>않은</u> 것은?

① 지역 방언을 사용하는 사람들은 서로 유대감과 친밀
감을 느끼게 된다.
② 지역 방언은 공적 상황에서 사용하는 표준어에 비해
뒤떨어지는 말이다.
③ 지역 방언은 문학 작품에서 향토적인 정서나 지방색
을 표현하는 수단이 된다.
④ 사회 방언은 직업, 세대, 성별, 집단 등에 따라 다르
게 쓰이는 말이다.
⑤ 사회 방언이나 지역 방언을 사용할 때는 상대방과 대
화 상황을 고려해야 한다.

🏷 서술형

05 〈보기〉의 (가), (나)에서 의사소통에 어려움이 생긴 이
유를 방언과 관련 지어 서술하시오.

┌ 보기 ┐
(가) (손자가 할아버지를 만나서)
손자: 오늘 엄빠한테 생선으로 문상 받았어요!
할아버지: 그게 무슨 소리냐?

(나) (제주도 여행 중에)
민박집 주인: 혼저 옵서예.
손님들: 여럿이 오면 안 되나요?
└──────────────────────────┘

🖉
____
____
____

06 〈보기〉의 예로 적절하지 <u>않은</u> 것은?

〔보기〕
　한 쌍의 말 사이에 서로 공통되는 의미 요소가 있으면서 동시에 서로 다른 한 개의 의미 요소가 있다.

① 삶 – 죽음　　② 시작 – 끝
③ 얼굴 – 낯　　④ 자주 – 가끔
⑤ 삼키다 – 뱉다

07 〈보기〉의 ㉠~㉢에 대한 설명으로 적절하지 <u>않은</u> 것은?

〔보기〕
　나는 ㉠개나 ㉡고양이 같은 ㉢동물을 좋아해.

① ㉠과 ㉡ 사이에는 의미의 상하 관계가 성립하지 않는다.
② ㉠은 의미상 ㉢을 포함하는 하위어이다.
③ ㉡은 ㉢에 비해 개별적, 구체적인 의미를 갖는다.
④ ㉢은 ㉠에 비해 의미가 일반적이고 포괄적이다.
⑤ ㉢은 의미상 ㉡을 포함하는 상위어이다.

08 〈보기〉의 ㉠~㉢ 간의 의미 관계로 적절한 것은?

〔보기〕
㉠**타다**[1] 불씨나 높은 열로 불이 붙어 번지거나 불꽃이 일어나다.
㉡**타다**[2] 탈것이나 짐승의 등 따위에 몸을 얹다.
㉢**타다**[3] 다량의 액체에 소량의 액체나 가루 따위를 넣어 섞다.
　　　　　⋮

① 유의 관계　　② 반의 관계
③ 상하 관계　　④ 다의 관계
⑤ 동음이의 관계

09 밑줄 친 말이 단어의 중심적 의미로 사용된 것은?

① 나는 이모의 손에서 자랐다.
② 아이들은 손을 흔들며 작별 인사를 했다.
③ 김 사장은 사기꾼의 손에 놀아나고 말았다.
④ 농번기에는 손이 달리는 상황이라 누군가의 도움이 절실하다.
⑤ 도미와 그의 아내는 왕의 손이 미치지 않는 곳으로 도망갔다.

10 밑줄 친 두 단어의 관계가 〈보기〉와 <u>다른</u> 것은?

〔보기〕
　일어날 때를 알리는 자명종 소리가 들린다.
　빨래를 해도 때가 지지 않을 만큼 옷이 더럽다.

① ⌈ 간에 붙었다 쓸개에 붙었다 하는구나.
　 ⌊ 소금이나 간장으로 국의 간을 맞춥니다.
② ⌈ 저 사람한테는 어쩐지 정이 안 간다.
　 ⌊ 네 생각이 정 그렇다면 말리지는 않겠다.
③ ⌈ 무전기가 낡아서 감이 좋지가 않다.
　 ⌊ 까치밥으로 가지에 감을 몇 개 남겨 두었다.
④ ⌈ 주인이 자리를 비워서 가게를 대신 보았다.
　 ⌊ 쉬는 날이라 극장에 가서 영화를 보았다.
⑤ ⌈ 병에 든 술과 싱싱한 과일을 마련하였다.
　 ⌊ 일만 하다 결국 병에 걸리고 나니 후회가 막심하다.

> **문제 해결의 🔑** 〈보기〉의 밑줄 친 두 단어가 어떤 관계에 있는지를 먼저 파악해야 한다. 두 단어는 소리가 같으므로 동음이의어이거나 다의어 둘 중 하나일 것이다. 두 단어가 의미상 관련이 있다면 다의어이고, 그렇지 않다면 동음이의어이다. 이와 같은 방법으로 선택지의 밑줄 친 두 단어의 관계도 파악하면 된다.

01 (가)~(다)에 대한 설명으로 적절하지 <u>않은</u> 것은?

① (가)는 상황에 따라 여러 가지 의미로 사용된다.
② (나)의 의미는 목적어에 의해서 제한적으로 해석된다.
③ (다)의 어휘들끼리는 문장에서 서로 바꿔 쓸 수 있다.
④ (다)는 문장에서 (가)로 바꿔 쓸 수 있다.
⑤ (다)는 (가)에 비해 세분화된 의미를 지닌다.

02 어휘의 의미 관계가 〈자료〉와 <u>다른</u> 것은?

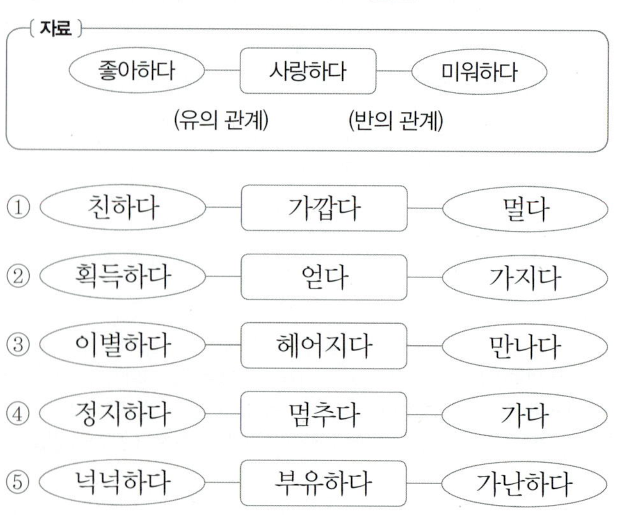

03 〈보기〉를 참고할 때, ㉠에 들어갈 수 있는 예문으로 적절하지 <u>않은</u> 것은?

보기

• 동음이의어: 소리는 같으나 뜻이 다른 단어. 국어사전에는 제각기 다른 표제어로 수록됨.

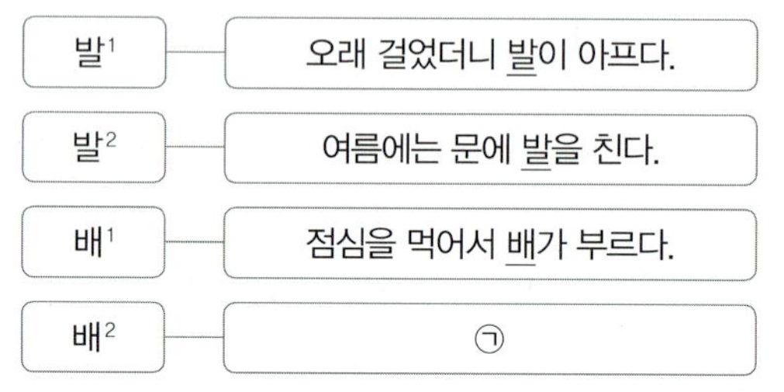

• 다의어: 두 가지 이상의 의미를 가진 단어. 같은 어원에서 나왔지만 뜻이 분화되면서 여러 가지 의미를 갖게 됨. 국어사전에는 하나의 표제어로 수록됨.

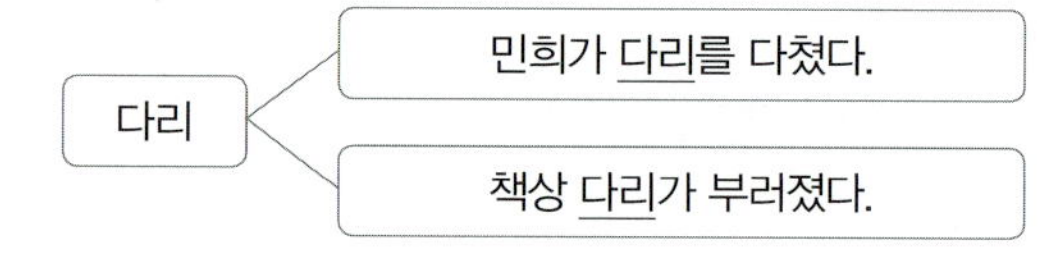

① 저 돌기둥은 배가 불룩하다.
② 이번 달에는 물가가 배로 올랐다.
③ 태풍 때문에 배가 뜨지 못하였다.
④ 할아버지는 달콤한 배를 좋아하신다.
⑤ 우리는 총장 배 야구 대회에서 우승을 하였다.

고2 학력평가

04 〈보기〉는 국어사전을 토대로 '입다'와 관련된 어휘 사이의 의미 관계를 그려 본 것이다. 다음 설명 중 적절하지 <u>않은</u> 것은?

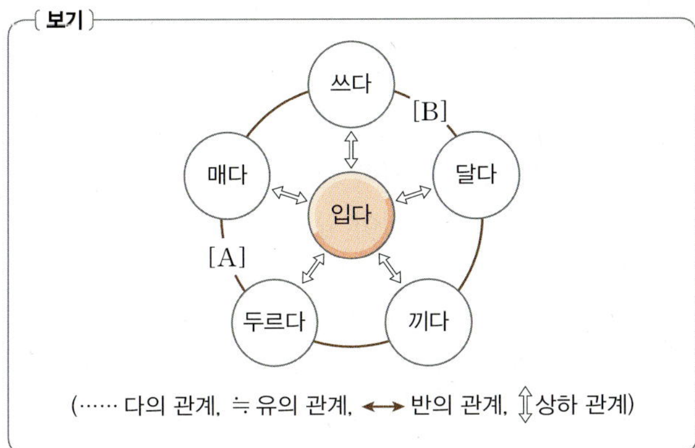

① '끼다'와 어울리는 대상은 장갑이나 반지 등이 있다.

② "이번 태풍으로 농가에서 큰 피해를 입다."의 '입다'는 〈보기〉의 '입다'와 다의 관계이다.

③ [A]에는 "스카프를 매다."와 "스카프를 두르다."가 모두 성립된다는 점에서 '≒'로 표시할 수 있다.

④ '입다'와 상하 관계에 있는 '쓰다'와 '달다'는 서로 반의 관계라는 점에서 [B]에는 '↔'이 표시된다.

⑤ "옷에 이름표를 달다."와 "옷에 이름표를 붙이다."가 통한다는 점에서 '붙이다'를 '입다'와 상하 관계로 볼 수 있다.

수능 맛보기

Q 〈보기〉의 ㉠, ㉡에 해당하는 예로 적절한 것은?

보기

학생: 선생님, 다음 두 문장을 보면 모두 '가깝다'가 쓰였는데 의미가 좀 다른 것 같아요.

(1) 우리 집은 학교에서 가깝다.

(2) 그의 말은 거의 사실에 가깝다.

선생님: (1)의 '가깝다'는 "어느 한 곳에서 다른 곳까지의 거리가 짧음."을 뜻하고, (2)의 '가깝다'는 "성질이나 특성이 기준이 되는 것과 비슷함."을 뜻한단다. 이는 본래 ㉠공간과 관련된 중심적 의미를 지니던 것이 ㉡추상화되어 주변적 의미도 지니게 된 것이라고 할 수 있지.

학생: 아, 그렇군요. 그러면 '가깝다'는 여러 의미를 지닌 단어로군요.

선생님: 그렇지. 그래서 '가깝다'는 다의어란다.

	㉠	㉡
①	물은 <u>낮은</u> 곳으로 흐른다.	환경에 대한 관심도가 <u>낮다</u>.
②	그는 성공할 가능성이 <u>크다</u>.	힘든 만큼 기쁨이 <u>큰</u> 법이다.
③	두 팔을 최대한 <u>넓게</u> 벌렸다.	도로 폭이 <u>넓어서</u> 좋다.
④	내 <u>좁은</u> 소견을 말씀드렸다.	마음이 <u>좁아서는</u> 곤란하다.
⑤	<u>작은</u> 힘이라도 보태고 싶다.	우리 학교는 운동장이 <u>작다</u>.

고1 학력평가

01 〈보기〉의 설명을 참고할 때, ㉠을 분석한 내용으로 적절하지 않은 것은?

〔보기〕
　'형태소'는 뜻을 가진 가장 작은 말의 단위이다. 형태소는 의미의 유무에 따라 구체적인 대상이나 동작, 상태를 표시하는 실질적인 의미를 지닌 실질 형태소와 문법적인 기능을 수행하는 형식 형태소로 나눌 수 있다. 그리고 자립성의 유무에 따라 다른 말에 기대어 쓰이지 않고 홀로 사용될 수 있는 자립 형태소와 다른 말에 기대어 사용되는 의존 형태소로 나눌 수 있다.

　㉠하늘이 매우 높고 푸르다.

① 자립 형태소는 모두 4개이다.
② 형식 형태소는 모두 3개이다.
③ 의존 형태소는 모두 5개이다.
④ 실질 형태소이면서 의존 형태소는 모두 2개이다.
⑤ 실질 형태소이면서 자립 형태소는 모두 2개이다.

02 〈보기〉를 바탕으로 단어 형성에 대해 이해한 내용으로 적절하지 않은 것은?

〔보기〕

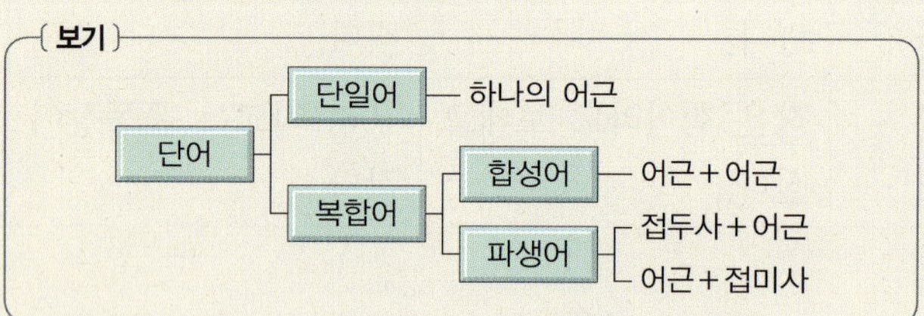

① '이슬비'는 어근과 어근이 결합한 합성어로군.
② 모든 단어에는 하나 이상의 어근이 들어 있군.
③ '새해'는 접두사와 어근이 결합한 파생어로 볼 수 있군.
④ '사냥꾼'은 어근에 접미사가 결합한 파생어에 해당하는군.
⑤ 하나의 어근으로 이루어진 단일어의 예로는 '민들레'를 들 수 있군.

03 밑줄 친 접사의 의미로 적절하지 않은 것은?

① 가위질: 그 도구를 가지고 하는 일
② 여름내: 그 기간의 처음부터 끝까지
③ 옹기장이: 그것과 관련된 기술을 가진 사람
④ 주책바가지: 물을 푸거나 물건을 담는 데 쓰는 그릇
⑤ 재롱둥이: 그러한 성질이 있거나 그와 긴밀한 관련이 있는 사람

04 〈보기〉에 해당하는 예로 적절한 것은?

〔보기〕
　어근과 어근이 결합하여 합성어를 이룰 때 제3의 새로운 의미가 되는 경우가 있다.

① 논밭을 소유하다.　② 아들딸을 기르다.
③ 길거리를 오가다.　④ 하늘이 높푸르다.
⑤ 마을이 쑥밭이 되다.

05 〈보기〉의 ㉠, ㉡을 이해한 내용으로 적절하지 않은 것은?

〔보기〕
• 노인은 학생들의 ㉠젊음이 부러웠다.
• 아이는 ㉡달리기를 하다가 그만 넘어졌다.

① ㉠은 어근과 접사가 결합한 파생어이다.
② ㉠의 어근의 본래 품사는 형용사이다.
③ ㉡의 어근의 본래 품사는 동사이다.
④ ㉡은 하나의 실질 형태소로 이루어진 단일어이다.
⑤ ㉠과 ㉡은 모두 명사에 해당한다.

06 〈보기〉의 ㉠, ㉡에 대한 설명으로 적절하지 <u>않은</u> 것은?

〈보기〉
사회자: ㉠전국의 시청자 여러분, 안녕하세요? 오늘은 부추를 이용한 지역 요리 대결이 펼쳐질 것입니다.
⋮
〈방송 후〉
출연자: 아따, 쪼까 피곤하당께.
사회자: ㉡오메, 울 엄니 피곤혀서 우짜쓰까. 오늘 허벌나게 욕봤당께요.

① ㉠은 공적 상황에서 표준어를 사용한 것이다.
② ㉠은 모든 사람과 원활하게 의사소통하기 위해 사용하는 말이다.
③ ㉡은 개인적 상황에서 지역 방언을 사용한 것이다.
④ ㉡은 집단 내부의 사람들끼리 비밀스럽게 대화하기 위한 말이다.
⑤ ㉠, ㉡을 통해 상황에 따라 표준어와 지역 방언을 적절히 선택하여 사용해야 함을 알 수 있다.

고1 학력평가

07 〈보기〉의 (가), (나)에 들어갈 내용으로 적절한 것은?

〈보기〉
단어는 문맥에 따라 여러 가지 뜻을 가진다. 그래서 반의어도 여럿이 될 수 있다. 예를 들어 '시계가 서다.'에서 '서다'의 반의어는 '가다'인데, '기강이 서다.'에서 '서다'의 반의어는 '무너지다'가 된다. '벗다'도 문맥에 따라 여러 가지 뜻을 가지기 때문에 반의어가 여럿이다.

단어	예문	반의어
	외투를 벗다.	입다
벗다	(가)	쓰다
	배낭을 벗다.	(나)

	(가)	(나)
①	누명을 벗다.	메다
②	안경을 벗다.	끼다
③	장갑을 벗다.	차다
④	모자를 벗다.	걸다
⑤	허물을 벗다.	들다

08 〈보기〉의 ㉠~㉣에 대한 설명으로 적절한 것은?

〈보기〉
㉠ 이빨 – 치아　　㉡ 맞다 – 틀리다
㉢ 과일 – 포도　　㉣ 생물 – 동물

① ㉠의 두 단어는 항상 서로 바꾸어 쓸 수 있다.
② ㉠과 같은 관계의 단어 쌍으로 '아버지 – 양친'을 들 수 있다.
③ ㉡은 의미가 서로 짝을 이루어 보완하는 관계에 있는 단어 쌍이다.
④ ㉢에서 '과일'은 '포도'를 포함하는 단어이다.
⑤ ㉣에서 '생물'은 '동물'보다 의미가 구체적이다.

09 우리말의 어휘 체계에 대한 설명으로 적절한 것은?

① 고유어는 예전부터 있던 우리말만을 가리킨다.
② 외국에서 사용되는 말은 모두 외래어라고 한다.
③ 고유어는 한자어에 비해 분화된 의미를 가지고 있다.
④ 우리말 어휘는 그 종류에 따라 고유어, 한자어, 외래어로 나눌 수 있다.
⑤ 한자어나 외래어는 우리말의 어휘를 풍부하게 만들어 주므로 적극적으로 사용해야 한다.

10 〈보기〉의 빈칸에 들어갈 알맞은 말을 골라 순서대로 쓰시오.

〈보기〉
• 사춘기 소년의 얼굴에 여드름이 ㉠나다.
• 그 사건에 대한 기사가 신문에 ㉡나다.

→ ㉠과 ㉡은 의미가 서로 관련이 (없으므로 / 있으므로) (다의어 / 동음이의어)에 해당하며, (하나의 / 별개의) 단어이다.

Ⅲ 국어생활과 담화

III 국어생활과 담화

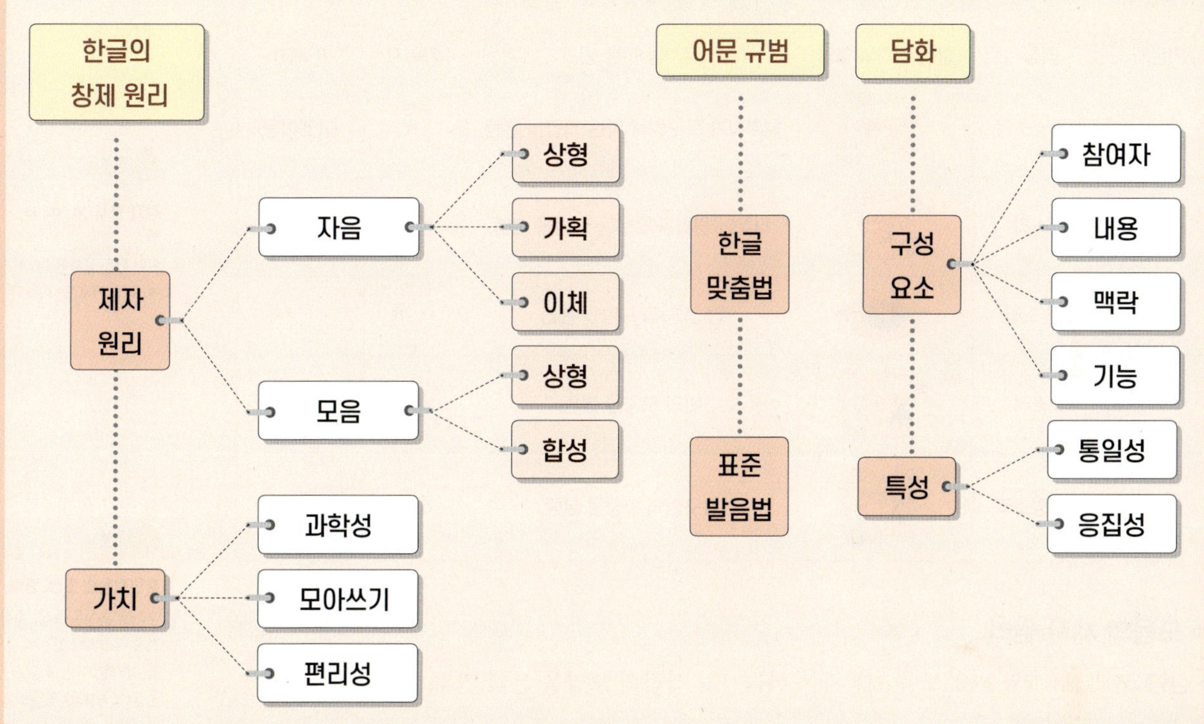

한글의 창제 원리
제자 원리
자음
상형
가획
이체
모음
상형
합성
가치
과학성
모아쓰기
편리성
어문 규범
한글 맞춤법
표준 발음법
담화
구성 요소
참여자
내용
맥락
기능
특성
통일성
응집성

학습 목표   국어 규범을 익히고, 담화의 개념과 특성을 이해하여 적절하고 효과적인 국어생활을 해야 해!

한글의 창제 원리

| 교과 연계 | **중학교 국어 2학년 _** 한글의 창제 원리
고등학교 언어와 매체 _ 국어의 규범과 국어생활

개념 정리

◦ 자음의 제자 원리

- **상형**(코끼리 상象 모양 형形): 자음 기본자는 각 자음을 발음할 때 발음 기관◆의 모양을 본떠 만듦.
- **가획**(더할 가加 그을 획劃): 기본자에 소리의 세기에 따라 획을 더하여 만듦.
- **이체**(다를 이異 몸 체體): 다른 원리에 따라 글자를 다른 모양으로 만듦.

기본자	명칭	발음 기관의 모양	글자를 만든 원리	가획자	이체자
ㄱ	어금닛소리		혀뿌리가 목구멍을 막는 모양을 본뜸.	ㅋ	ㆁ(옛이응)
ㄴ	혓소리		혀끝이 윗잇몸에 닿는 모양을 본뜸.	ㄷ, ㅌ	ㄹ
ㅁ	입술소리		입(입술)의 모양을 본뜸.	ㅂ, ㅍ	
ㅅ	잇소리		이의 모양을 본뜸.	ㅈ, ㅊ	ㅿ(반치음)
ㅇ	목구멍소리		목구멍의 모양을 본뜸.	ㆆ, ㅎ	

◦ 모음의 제자 원리

- **상형**(코끼리 상象 모양 형形): 모음 기본자는 하늘, 땅, 사람의 모양을 본떠 만듦.

기본자	·	―	ㅣ
글자를 만든 원리	하늘의 둥근 모양을 본뜸.	땅의 평평한 모양을 본뜸.	사람이 서 있는 모양을 본뜸.

- **합성**(합할 합合 이룰 성成): 모음 기본자를 서로 결합하여 만듦.
- 초출자: 기본자 '―, ㅣ'에 '·'를 한 번 합하여 만든 글자 ⑩ ㅗ, ㅜ, ㅏ, ㅓ
- 재출자: 초출자에 '·'를 한 번 더 더하여 만든 글자 ⑩ ㅛ, ㅠ, ㅑ, ㅕ

◦ 한글의 우수성과 가치

한글은 28개의 문자로 많은 소리를 표기할 수 있는 체계적이고 과학적인 문자임.

한글의 과학성	'ㄱ'보다 소리가 세게 나는 특성을 반영하여 'ㄱ'에 가획해 'ㅋ'을 만든 것처럼, 문자에 발음의 자질이 반영되어 있음.
모아쓰기	자음자와 모음자를 서로 결합하여 하나의 음절로 모아쓰는 방식을 취함.
발음의 편리성	하나의 글자가 하나의 소릿값을 가짐.

◆ **발음 기관** 음성을 내는 데 쓰는 신체의 각 부분. 성대, 목젖, 구개, 이, 잇몸, 혀 따위가 있음.

 **정보**

각자 병서 'ㄲ, ㄸ, ㅃ, ㅆ, ㅉ, ㆅ'

이미 만든 글자인 'ㄱ, ㄷ, ㅂ, ㅅ, ㅈ, ㆆ'을 가로로 나란히 쓴 것

 **정보**

훈민정음의 초성, 중성, 종성

우리말 음절은 초성, 중성, 종성으로 구성되어 있는데, 훈민정음을 창제할 때는 초성(자음자)과 중성(모음자)을 만들었고, 종성은 초성을 그대로 활용했어요. 이를 종성부용초성(終聲復用初聲: 종성은 초성을 다시 씀.)이라고 해요.

개념 확인 문제

01 다음 설명이 맞으면 ○, 틀리면 ×에 표시하시오.

(1) 자음과 모음은 상형의 원리로 기본자를 만들었다.

(○ , ×)

(2) 훈민정음의 종성은 초성으로 쓰는 글자를 다시 사용하였다. (○ , ×)

02 다음 빈칸에 들어갈 알맞은 말을 쓰시오.

(1) 자음의 기본자 'ㄱ, ㄴ, ㅁ' 등은 (   )의 원리에 따라 만들었다.

(2) 'ㅋ, ㅌ, ㅍ' 등은 자음의 기본자에 (   )하여 만든 글자이다.

03 다음 빈칸에 들어갈 알맞은 말을 쓰시오.

(1) 모음의 기본자 'ㅣ'는 (   )의 모양을 본떠 만들었다.

(2) 모음의 기본자 'ㅡ'는 (   )의 모양을 본떠 만들었다.

(3) 모음의 기본자 'ㆍ'는 (   )의 모양을 본떠 만들었다.

04 〈보기〉에서 설명하는 제자 원리에 따라 만들어진 글자는?

> ─〔보기〕─
> • 상형이나 가획의 원리를 따르지 않음.
> • 다른 원리에 따라 글자를 다른 모양으로 만듦.

① ㅿ   ② ㆆ   ③ ㅁ

05 다음 설명이 맞으면 ○, 틀리면 ×에 표시하시오.

(1) 'ㄱ'은 혀끝이 윗잇몸에 붙는 모양을 본떠 만든 글자이다. (○ , ×)

(2) 'ㅁ'은 입(입술)의 모양을 본떠 만든 글자이다. (○ , ×)

06 다음 글자의 제자 원리를 각각 쓰시오.

> ㉠ ㅂ   ㉡ ㅎ   ㉢ ㅅ

㉠:   ㉡:   ㉢:

07 다음 빈칸에 들어갈 알맞은 모음을 쓰시오.

(1) 기본자 'ㆍ'와 기본자 'ㅣ'를 더하여 만든 글자는 'ㅏ'와 (   )이다.

(2) 초출자 'ㅏ'에 기본자 'ㆍ'를 한 번 더 더하여 만든 글자는 (   )이다.

08 다음 글자의 제자 원리를 각각 쓰시오.

> ㉠ ㆍ   ㉡ ㅗ   ㉢ ㅠ

㉠:   ㉡:   ㉢:

01 한글의 제자 원리에 대한 설명으로 적절하지 <u>않은</u> 것은?

① 자음의 기본자는 5개, 모음의 기본자는 3개이다.
② 자음과 모음의 기본자는 모두 상형의 원리에 따라 만들었다.
③ 자음의 기본자보다 소리가 세게 나는 자음은 기본자에 획을 더하여 만들었다.
④ 모음의 기본자끼리 합하여 다른 모음자를 만들었다.
⑤ 모음의 초출자보다 소리가 세게 나는 모음은 초출자에 획을 더하여 만들었다.

02 자음의 제자 원리에 대한 설명으로 적절하지 <u>않은</u> 것은?

① 'ㅅ'은 이의 모양을 본떠 만든 글자이다.
② 'ㅇ'은 목구멍의 모양을 본떠 만든 글자이다.
③ 'ㅁ'은 입(입술)의 모양을 본떠 만든 글자이다.
④ 'ㄴ'은 혀끝이 입천장에 닿는 모양을 본떠 만든 글자이다.
⑤ 'ㄱ'은 혀뿌리가 목구멍을 막는 모양을 본떠 만든 글자이다.

03 〈보기〉의 제자 원리에 따라 만들어진 글자끼리 묶은 것은?

┌─ 보기 ─────────────────────┐
기본자에 소리의 세기에 따라 획을 더하여 만듦.
└────────────────────────────┘

① ㄷ, ㅂ, ㅿ   ② ㅅ, ㅿ, ㅎ
③ ㄷ, ㅿ, ㆁ   ④ ㅋ, ㅌ, ㆁ
⑤ ㅋ, ㅍ, ㅎ

04 〈보기〉의 설명에 해당하는 글자로 적절한 것은?

┌─ 보기 ─────────────────────┐
• 초성, 중성, 종성으로 이루어져 있다.
• 초성으로는 혀끝이 윗잇몸에 닿는 모양을 본떠 만든 글자를 쓴다.
• 중성으로는 사람의 모양을 본뜬 기본자와 하늘의 모양을 본뜬 기본자를 한 번 더하여 만든 글자를 쓴다.
• 종성으로는 이의 모양을 본떠 만든 기본자보다 소리가 거세게 나는 글자를 쓴다.
└────────────────────────────┘

① 농   ② 눈   ③ 답   ④ 낮   ⑤ 널

서술형

05 다음은 모음자를 만든 원리에 대한 설명이다. 빈칸에 들어갈 알맞은 말을 〈조건〉에 맞게 쓰시오.

기본자	·	하늘의 둥근 모양을 본떠서 만들었다.
	─	땅의 평평한 모양을 본떠서 만들었다.
	ㅣ	사람이 서 있는 모양을 본떠서 만들었다.
초출자	ㅗ, ㅏ, ㅜ, ㅓ	기본자를 한 번 더하여 만들었다.
재출자	ⓐ	ⓑ

┌─ 조건 ─────────────────────┐
• 제자 원리를 두 글자로 명확하게 언급할 것.
• '재출자로는 ⓐ이 있으며 ⓑ하여 만들었다.'의 구성으로 이루어진 완전한 문장으로 쓸 것.
└────────────────────────────┘

06 〈보기〉의 ㉠과 ㉡에 해당하는 글자를 바르게 연결한 것은?

〈보기〉
㉠: 자연의 모양을 본떠서 만들었다.
㉡: 기본자끼리 한 번 합하여 만들었다.

	㉠	㉡
①	ㅡ	ㅠ
②	ㅜ	·
③	·	ㅏ
④	ㅗ	ㅏ
⑤	·	ㅑ

07 자음의 제자 원리가 나머지와 다른 것은?

① ㄷ ② ㅎ ③ ㅍ ④ ㅈ ⑤ ㄹ

08 〈보기〉에서 설명하는 자음과 같은 위치에서 발음되지만 더 세게 발음하는 글자는?

〈보기〉
발음할 때의 입(입술)의 모양을 본떠 만든 글자

① ㅌ ② ㄷ ③ ㅂ ④ ㅈ ⑤ ㅎ

09 〈보기〉의 질문에 대한 대답으로 적절하지 <u>않은</u> 것은?

〈보기〉
선생님: 오늘 수업 시간에 배운 '훈민정음의 자음'에 대해 정리해 보겠습니다. 누가 발표해 볼까요?

① 자음자는 초성으로도 쓰였지만 종성에도 쓰였어요.
② 자음의 제자 원리로는 상형, 가획, 이체의 원리가 있어요.
③ 상형의 원리에 따라서 'ㄱ, ㄴ, ㅁ, ㅅ, ㅇ'의 다섯 글자를 만들었어요.
④ 'ㄱ'보다 센 소리를 나타내기 위해 획을 추가하여 'ㅋ'을 만들었어요.
⑤ 'ㅇ'보다 센 소리를 나타내기 위해 획을 추가하여 'ㆆ'을 만들었어요.

고난도

10 다음 글자에 쓰인 자음과 모음의 제자 원리가 올바르게 연결되지 <u>않은</u> 것은?

	글자	자음	모음
①	느	혀끝이 윗잇몸에 닿는 모양을 본떠서 만듦.	평평한 땅의 모양을 본떠서 만듦.
②	퍼	입술소리에 소리의 세기에 따라 획을 더하여 만듦.	모음 기본자 '·'와 'ㅣ'를 한 번 결합하여 만듦.
③	로	다른 원리에 따라 글자를 다른 모양으로 만듦.	모음 기본자 'ㅡ'에 '·'를 한 번 결합하여 만듦.
④	야	목구멍의 모양을 본떠서 만듦.	초출자 'ㅏ'에 기본자 '·'를 한 번 더 결합하여 만듦.
⑤	므	입(입술)의 모양을 본떠서 만듦.	서 있는 사람의 모양을 본떠서 만듦.

문제 해결의 🗝 각 글자에 쓰인 자음과 모음이 무엇인지 먼저 분석해 보자. 그리고 상형, 가획, 이체, 합성의 원리를 떠올리며 각 음운이 어떤 원리에 따라 만들어졌는지 파악해 보자.

01 〈보기〉는 수업의 일부이다. 선생님의 설명을 참고할 때 ㉠에 해당하는 것은?

〔보기〕

선생님: 훈민정음의 초성 중 기본자는 발음 기관의 모양을 본뜨는 '상형'의 원리로 만들어졌어요. 'ㄱ'은 혀뿌리가 목구멍을 막는 모양을, 'ㄴ'은 혀가 윗잇몸에 닿는 모양을, 'ㅁ'은 입 모양을, 'ㅅ'은 이[齒] 모양을, 'ㅇ'은 목구멍 모양을 본뜬 것이에요. 기본자에 소리의 세기에 따라 획을 더하는 '가획'의 원리를 적용하여 가획자 'ㅋ, ㄷ, ㅌ, ㅂ, ㅍ, ㅈ, ㅊ, ㆆ, ㅎ'을 만들었고, 상형이나 가획의 원리를 적용하지 않고 별도로 이체자 'ㆁ, ㄹ, ㅿ'을 만들었지요. 중성은 하늘, 땅, 사람의 모양을 본떠서 기본자 'ㆍ, ㅡ, ㅣ'를 만들고, '합성'의 원리를 적용하여 초출자 'ㅗ, ㅏ, ㅜ, ㅓ'와 재출자 'ㅛ, ㅑ, ㅠ, ㅕ'를 만들었어요. 종성은 초성의 글자를 다시 사용했답니다. 그러면 선생님과 함께 카드놀이를 하며 훈민정음에 대하여 공부해 봅시다. ㉠아래의 카드 중 [조건]을 모두 만족하는 글자 카드를 찾아볼까요?

• 초성: 이[齒] 모양을 본뜬 기본자에 가획하여 만든 글자
• 중성: 초출자 'ㅗ'에 기본자 'ㆍ'를 결합하여 만든 글자
• 종성: 상형이나 가획의 원리를 적용하지 않고 별도로 만든 글자

① 별 ② 졸 ③ 심 ④ 창 ⑤ 둥

02 〈보기〉를 바탕으로 ⓐ~ⓒ에 대해 이해한 내용으로 적절하지 않은 것은?

〔보기〕

[자료]

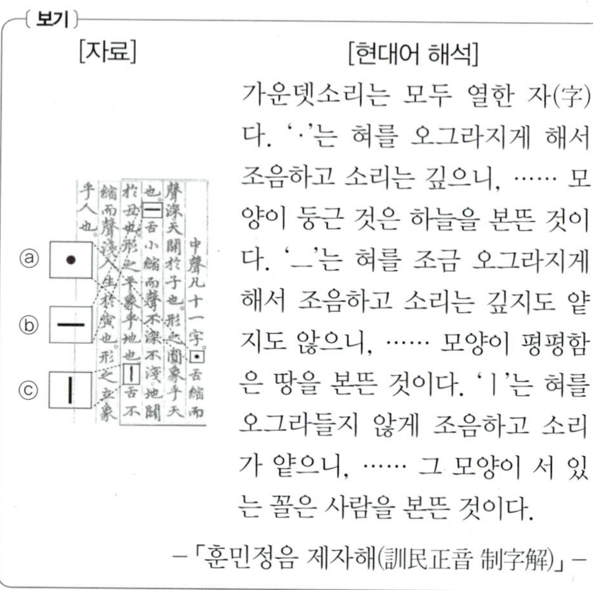

[현대어 해석]

가운뎃소리는 모두 열한 자(字)다. 'ㆍ'는 혀를 오그라지게 해서 조음하고 소리는 깊으니, …… 모양이 둥근 것은 하늘을 본뜬 것이다. 'ㅡ'는 혀를 조금 오그라지게 해서 조음하고 소리는 깊지도 얕지도 않으니, …… 모양이 평평함은 땅을 본뜬 것이다. 'ㅣ'는 혀를 오그라들지 않게 조음하고 소리가 얕으니, …… 그 모양이 서 있는 꼴은 사람을 본뜬 것이다.

– 「훈민정음 제자해(訓民正音 制字解)」 –

① ⓐ는 ⓒ와 달리 발음할 때 얕은 소리가 나겠군.
② ⓑ는 ⓐ와 달리 글자 모양이 평평하게 생겼군.
③ ⓒ는 ⓐ와 달리 발음할 때 혀가 오그라들지 않겠군.
④ ⓐ, ⓑ, ⓒ는 모두 가운뎃소리 열한 자에 포함되는군.
⑤ ⓐ, ⓑ, ⓒ는 대상의 모양을 본뜬 것이라는 공통점이 있군.

03 다음은 '훈민정음'에 대한 발표를 위해 학생들이 수집한 자료이다. 자료의 활용 방안으로 적절하지 <u>않은</u> 것은?

[초성자]

조음 위치에 따른 분류	기본자	가획자	이체자
어금닛소리	ㄱ	ㅋ	ㆁ
혓소리	ㄴ	ㄷ, ㅌ	ㄹ
입술소리	ㅁ	ㅂ, ㅍ	
잇소리	ㅅ	ㅈ, ㅊ	ㅿ
목구멍소리	ㅇ	ㆆ, ㅎ	

[중성자]

기본자	초출자	재출자
ㆍ, ㅡ, ㅣ	ㅗ, ㅏ, ㅜ, ㅓ	ㅛ, ㅑ, ㅠ, ㅕ

[종성자]

종성에는 초성 글자를 다시 쓴다.

① 같은 위치에서 소리 나는 기본자와 가획자는 형태상의 유사성이 있음을 설명한다.
② 이체자는 가획자에 한 번 더 획을 더하여 만들었다는 점을 설명한다.
③ 가획자는 기본자에 획을 더하는 방식으로 만들었다는 점을 설명한다.
④ 모음의 초출자와 재출자는 기본자의 결합으로 만들어졌다는 점을 설명한다.
⑤ 받침에 쓰는 자음을 추가로 만들지 않음으로써 문자 운용의 효율성을 높일 수 있었음을 설명한다.

Q 〈보기 1〉의 학생 의견과 관련된 한글의 제자 원리를 〈보기 2〉에서 찾아 바르게 짝지은 것은?

[보기 1]

학습 활동: 오늘날 우리가 한글을 사용하면서 생각한 바를 각자 정리하여 발표해 봅시다.

• 학생 1: 'ㄱ'의 글자 모양이 그 소리를 낼 때 혀뿌리가 목구멍을 막는 모양과 관련된다니 한글은 정말 대단해요.
• 학생 2: 휴대 전화 자판 중에는 'ㆍ, ㅡ, ㅣ'를 나타내는 3개의 자판만으로 모든 모음자를 입력하는 것도 있어서 참 편리해요.
• 학생 3: 〈예사소리〉-〈거센소리〉-〈된소리〉의 관계가 〈A〉-〈A에 획 추가〉-〈AA〉로 글자 모양에 나타나 있어서 참 체계적인 문자인 것 같아요.
• 학생 4: 'ㅁ'과 'ㅁ'에 획을 추가해서 만든 자음자들은 'ㅁ' 모양을 공통으로 포함하고 있는데, 이때 포함된 'ㅁ' 모양은 이들 자음자들의 공통된 소리 특징을 반영한 것이에요.
• 학생 5: 한글은 음절 단위로 모아쓰기를 하면서도 받침 글자를 따로 만들지 않았어요. 만약 그렇지 않았다면 지금보다 글자 수가 훨씬 많아졌을 거예요.

[보기 2]

한글의 제자 원리

가. 초성자와 중성자의 기본자는 상형의 원리로 만들었다.
나. 기본자에 가획하여 새로운 초성자를 만들었다.
다. 초성자를 나란히 써서 또 다른 초성자로 사용하였다.
라. 기본자 외의 8개 중성자는 기본자를 합하여 만들었다.

① 학생 1 - 가, 나
② 학생 2 - 다, 라
③ 학생 3 - 나, 다
④ 학생 4 - 나, 라
⑤ 학생 5 - 가, 라

한글 맞춤법

| 교과 연계 | 중학교 국어 1학년 _ 단어의 정확한 발음과 표기
고등학교 언어와 매체 _ 국어의 규범과 국어생활

개념 정리

◎ 한글 맞춤법의 기본 원칙

• 제1항: 한글 맞춤법은 표준어를 소리대로 적되, 어법◆에 맞도록 함을 원칙으로 한다.

하늘 정말 푸르다. 꽃도 정말 아름다워.
소리 나는 대로 적는 표기   원형을 밝혀 적는 표기

◆ **어법** 말의 일정한 법칙. '어법에 맞도록' 적으라는 것은 다르게 발음되더라도 같은 단어라면 형태소의 본 모양인 원형을 밝혀 적으라는 뜻임.

◎ 한글 맞춤법 빈출 규정

제2항	문장의 각 단어는 띄어 씀을 원칙으로 함.	예 푸른 하늘
제5항	한 단어 안에서 뚜렷한 까닭 없이 나는 된소리는 다음 음절의 첫소리를 된소리로 적음. – 두 모음 사이에서 나는 된소리 – 'ㄴ, ㄹ, ㅁ, ㅇ' 받침 뒤에서 나는 된소리	예 어깨, 오빠 예 번쩍, 듬뿍
제15항	용언의 어간◆과 어미◆는 구별하여 적음.	예 웃다, 웃어, 웃으니
제19항	어간에 '–이'나 '–음/–ㅁ'이 붙어서 명사 된 것과 '–이'나 '–히'가 붙어서 부사 된 것은 그 어간의 원형을 밝히어 적음. 다만, 어간에 '–이'나 '–음'이 붙어서 명사로 바뀐 것이라도 그 어간의 뜻과 멀어진 것은 원형을 밝히어 적지 않음.	예 길이, 얼음 예 같이, 익히 예 거름(비료)
제27항	둘 이상의 단어가 어울리거나 접두사가 붙어서 이루어진 말은 각각 그 원형을 밝히어 적음.	예 꽃잎, 새파랗다
제28항	끝소리가 'ㄹ'인 말과 딴 말이 어울릴 적에 'ㄹ' 소리가 나지 아니하는 것은 아니 나는 대로 적음.	예 화살, 다달이
제41항	조사◆는 그 앞말에 붙여 씀.	예 나는 학급의 회장이다.

◆ **어간** 동사, 형용사가 활용할 때 변하지 않는 부분
예 가다, 가고, 가니 등

◆ **어미** 동사, 형용사가 활용할 때 바뀌면서 어간 뒤에 결합하는 부분
예 가다, 가고, 가니 등

◆ **조사** 주로 명사, 대명사, 수사에 결합하여 앞의 말과 다른 말의 문법적 관계를 드러내는 단어

인하: 바느질을 하다가 다치지 않게 조심하자. / 진아: 수업 시간에 같이 배운 대로 하면 될 거야.
제28항   제2항   제41항 제19항

◎ 헷갈리는 표기

되/돼	'되어'로 풀 수 있다면 '돼'로, 풀 수 없다면 '되'로 적음.	예 학생이 된다. / 그러면 안 돼.
뵈/봬	'뵈어'로 풀 수 있다면 '봬'로, 풀 수 없다면 '뵈'로 적음.	예 그분을 뵈면 눈물이 난다. / 내일 봬요.
–대/데	'–대'는 '–다고 해'가 줄어든 말, '–데'는 경험한 일을 이야기할 때 쓰는 말이므로 의미에 맞게 써야 함.	예 성준이가 백 점을 받았대. / 경주에 갔었는데….
나아/낳아	'나아'는 '낫다(병이나 상처 따위가 고쳐져 본래대로 되다.)'의 활용형, '낳아'는 '낳다(배 속의 아이, 새끼, 알을 몸 밖으로 내놓다.)'의 활용형이므로 의미에 맞게 써야 함.	예 얼른 감기가 나았으면 좋겠다. / 개가 새끼를 낳았다.

꿀 정보

띄어쓰기 관련 조항 제47항

보조 용언은 띄어 씀을 원칙으로 하되, 경우에 따라 붙여 씀도 허용해요. 단, 앞말에 조사가 붙거나 앞말이 합성 용언일 때, 중간에 조사가 들어갈 때는 띄어 써요.
예 눈이 올 듯하다(올듯하다).
눈이 올 듯도 하다.

개념 확인 문제

01 다음 빈칸에 들어갈 알맞은 말을 쓰시오.

> 한글 맞춤법은 표준어를 (   )대로 적되,
> (   )에 맞도록 함을 원칙으로 한다.

02 다음 설명이 맞으면 ○, 틀리면 ×에 표시하시오.

(1) '같-'에 '-이'가 붙어서 부사로 된 것은 '가치'로 적는다. (○ , ×)

(2) '믿-'에 '-음'이 붙어서 명사로 된 것은 '믿음'으로 적는다. (○ , ×)

03 다음 빈칸에 들어갈 알맞은 말을 고르시오.

(1) '넓이'는 어간 '넓-'에 '-이'가 붙어 (명사 , 부사)가 된 말이다.

(2) '실없이'는 어간 '실없-'에 '-이'가 붙어 (명사 , 부사)가 된 말이다.

04 〈보기〉의 규정이 적용된 예가 아닌 것은?

> **⌐보기⌐**
> 어간에 '-이'나 '-음/-ㅁ'이 붙어서 명사로 된 것과 '-이'나 '-히'가 붙어서 부사로 된 것은 그 어간의 원형을 밝히어 적는다.

① 먹이   ② 울음   ③ 거름(비료)

05 어법에 맞도록 표기한 단어가 아닌 것은?

① 같이   ② 지붕   ③ 붙이다

06 다음 중 용언의 어간과 어미를 구별하여 적은 단어를 모두 쓰시오.

> 먹어,   나아,   울어,   부니

07 다음 설명이 맞으면 ○, 틀리면 ×에 표시하시오.

(1) 한글 맞춤법에 따르면, '소적새'는 올바른 표기이다. (○ , ×)

(2) '훨씬'의 뒤 음절의 첫소리는 뚜렷한 까닭 없이 된소리로 나므로 '훨씬'으로 적는다. (○ , ×)

08 다음 문장을 올바르게 띄어 쓰시오.

> 나는너를많이좋아해.

01 〈보기〉의 ㉠과 ㉡의 예로 적절하지 <u>않은</u> 것은?

┌ 보기 ┐
제1항 한글 맞춤법은 ㉠표준어를 소리대로 적되, ㉡어법에 맞도록 함을 원칙으로 한다.

① ㉠: 연필
② ㉠: 안경
③ ㉠: 반듯이
④ ㉡: 넘어가다
⑤ ㉡: 오뚝이

02 다음 문장 중 띄어쓰기가 올바르지 <u>않은</u> 것은?

① 노력하는 자세가 필요하다.
② 햇살이 따뜻하게 느껴진다.
③ 꽃 처럼 예쁜 강아지가 왔다.
④ 날씨가 좋은 날에는 기분이 좋다.
⑤ 나는 글씨가 작은 책을 선호한다.

03 〈보기〉를 바탕으로 할 때, 표기가 적절하지 <u>않은</u> 것은?

┌ 보기 ┐
제5항 한 단어 안에서 뚜렷한 까닭 없이 나는 된소리는 다음 음절의 첫소리를 된소리로 적는다.
  – 두 모음 사이에서 나는 된소리
  – 'ㄴ, ㄹ, ㅁ, ㅇ' 받침 뒤에서 나는 된소리
  다만, 'ㄱ, ㅂ' 받침 뒤에서 나는 된소리는, 같은 음절이나 비슷한 음절이 겹쳐 나는 경우가 아니면 된소리로 적지 아니한다.

① 기쁘다
② 깍뚜기
③ 갑자기
④ 아깝다
⑤ 산뜻하다

04 〈보기〉의 예로 적절하지 <u>않은</u> 것은?

┌ 보기 ┐
제15항 용언의 어간과 어미는 구별하여 적는다.

① 먹어[먹-+-어]
② 먹여[먹이-+-어]
③ 먹이[먹-+-이]
④ 먹으니[먹-+-으니]
⑤ 먹은[먹-+-은]

05 다음 문장을 올바르게 띄어 쓰고, 그 근거를 〈조건〉에 맞게 쓰시오.

공부한만큼좋은결과를얻을것이다.

┌ 조건 ┐
• 한글 맞춤법을 근거로 활용할 것.
• '~다.'로 끝나는 완전한 문장으로 쓸 것.

06 밑줄 친 단어의 표기가 적절하지 <u>않은</u> 것은?

① <u>깊이</u>를 모를 정도로 깊다.
② <u>믿음</u>이 우리를 구원할 것이다.
③ 누구에게나 <u>앎</u>은 중요한 일이다.
④ 그 일의 중요성은 <u>익히</u> 알고 있다.
⑤ <u>놀음꾼</u>들은 새벽녘까지 도박을 즐겼다.

07 〈보기〉의 예로 적절하지 <u>않은</u> 것은?

〔보기〕
제27항　둘 이상의 단어가 어울리거나 접두사가 붙어서 된 말은 각각 그 원형을 밝히어 적는다.

① 뒤뜰
② 여닫다
③ 헛웃음
④ 꽃이랑
⑤ 샛노랗다

08 〈보기〉의 ㉠에 들어갈 단어로 적절하지 <u>않은</u> 것은?

〔보기〕
선생님: 한글 맞춤법 제28항에 근거하면, ㉠ 와/과 같이 끝소리가 'ㄹ'인 말과 딴 말이 어울릴 적에 'ㄹ' 소리가 나지 않는 것은 안 나는 대로 적습니다.

① 따님
② 싸전
③ 미닫이
④ 소나무
⑤ 반짇고리

09 밑줄 친 단어의 표기가 적절하지 <u>않은</u> 것은?

① 선생님, 내일 <u>봬요</u>.
② 감기 다 <u>나으면</u> 만나서 놀자.
③ 어제 진홍이가 다리를 <u>다쳤대</u>.
④ 버스에서 시끄럽게 하면 안 <u>되요</u>.
⑤ 작은이모가 귀여운 아기를 <u>낳았다</u>.

〔고난도〕

10 〈보기〉의 한글 맞춤법 규정을 적용한 것으로 적절하지 <u>않은</u> 것은?

〔보기〕
제5항　한 단어 안에서 뚜렷한 까닭 없이 나는 된소리는 다음 음절의 첫소리를 된소리로 적는다. ……… ⓐ
제15항　용언의 어간과 어미는 구별하여 적는다. … ⓑ
제19항　어간에 '-이'나 '-음/-ㅁ'이 붙어서 명사로 된 것과 '-이'나 '-히'가 붙어서 부사로 된 것은 그 어간의 원형을 밝히어 적는다. ………………… ⓒ
제27항　둘 이상의 단어가 어울리거나 접두사가 붙어서 된 말은 각각 그 원형을 밝히어 적는다. …… ⓓ
제28항　끝소리가 'ㄹ'인 말과 딴 말이 어울릴 적에 'ㄹ' 소리가 나지 아니하는 것은 아니 나는 대로 적는다. ………………………………………… ⓔ

① '아빠'는 ⓐ의 규정을 적용한 것이군.
② '잡아'는 ⓑ의 규정을 적용한 것이군.
③ '마음'은 ⓒ의 규정을 적용한 것이군.
④ '풋사과'는 ⓓ의 규정을 적용한 것이군.
⑤ '나날이'는 ⓔ의 규정을 적용한 것이군.

문제 해결의 🗝 먼저 선택지에 제시된 단어 표기의 적절성을 판단해야 해. 표기가 모두 적절하다면, 해당 표기가 연결된 한글 맞춤법 조항으로 설명할 수 있는 표기인지 점검해 보자.

고1 학력평가

01 다음 대화를 바탕으로 〈보기〉의 밑줄 친 단어에 대해 설명한 것으로 적절하지 <u>않은</u> 것은?

학생: 선생님, 한글 맞춤법 제1항에 표준어를 소리대로 적는다고 되어 있는데, 이건 표준어를 발음 형태대로 적는다는 뜻이에요?

선생님: 맞아, 그러면 표기할 때 편하지. 그런데 뜻이 얼른 파악되지 않는 경우도 있어. 그래서 어법에 맞도록 한다는 또 하나의 원칙이 붙어 있어.

학생: 어법에 맞도록 한다는 건 무슨 의미예요?

선생님: 어근의 형태를 파악하기 쉽도록 각 형태소의 본 모양을 밝히어 적는다는 말이야.

〔보기〕
가-1. 지리산은 전라, 충청, 경상도 어름에 있다.
가-2. 썰매를 타고 얼음을 지쳤다.
나-1. 자세를 반듯이 해라.
나-2. 오늘 반드시 다 마치도록 해라.

① 가-1은 소리대로 적어 표기하기에 편리하다.
② 가-2는 의미 파악이 쉽도록 어법에 맞게 적은 것이다.
③ 가-1, 가-2는 발음만으로는 의미를 구분할 수 없다.
④ 나-1처럼 형태소의 본 모양을 적으면 뜻이 쉽게 파악된다.
⑤ 나-2는 어근의 본뜻이 파악되도록 어법에 맞게 적은 것이다.

고1 학력평가

02 〈보기 1〉을 참고하여 〈보기 2〉의 '밖에'를 탐구한 내용으로 적절하지 <u>않은</u> 것은?

〔보기 1〕
【한글 맞춤법】
제2항 문장의 각 단어는 띄어 씀을 원칙으로 한다.
제41항 조사는 그 앞말에 붙여 쓴다.

〔보기 2〕
(ㄱ) 우리는 웃을 수밖에 없었다.
(ㄴ) 아이들은 잠시 밖에 나가 있어야 했다.

① (ㄱ)의 '밖에'는 조사로 보아야겠군.
② (ㄱ)의 '밖에'를 붙여 쓴 것은 부정을 나타내는 말과 함께 쓰일 때이군.
③ (ㄴ)의 '밖에'는 명사와 조사의 결합으로 보아야겠군.
④ (ㄴ)의 '밖'은 (ㄱ)과 달리 '바깥'과 바꾸어 쓸 수 있겠군.
⑤ (ㄱ)과 (ㄴ) 모두 '밖에'는 '밖'과 '에'의 두 단어로 보아야겠군.

고2 학력평가

03 〈보기 1〉을 바탕으로 〈보기 2〉를 탐구한 내용으로 적절하지 <u>않은</u> 것은?

┌ 보기 1 ┐

−대: [Ⅰ] 어떤 사실을 주어진 것으로 치고, 그 사실에 대한 의문을 나타내는 종결 어미. 놀라거나 못마땅하게 여기는 뜻이 섞여 있음.
[Ⅱ] '−다고 해'가 줄어든 말로, 남이 말한 내용을 간접적으로 전달할 때 쓰임.
−데: 과거 어느 때에 직접 경험하여 알게 된 사실을 현재의 말하는 장면에 그대로 옮겨 와서 말함을 나타내는 종결 어미. '−더라'와 같은 의미를 전달할 때 쓰임.

┌ 보기 2 ┐

ㄱ. A: 여보, 승우는 오늘도 야근이래요.
　　B: 회사에 무슨 일이 그렇게 많<u>대</u>?

ㄴ. A: 오늘은 날씨가 선선하고 좋네.
　　B: 기상 예보를 들었는데 내일부터 다시 덥<u>대</u>.

ㄷ. A: 너, 혜정이 노래 들은 적 있니?
　　B: 응, 노래 진짜 잘하<u>데</u>.

① ㄱ의 '−대'는 '승우는 회사에서 할 일이 많다.'는 사실을 바탕으로 하고 있군.
② ㄱ의 '−대'는 어떤 사실에 대한 의문을 나타내는 종결 어미로, 못마땅하게 여기는 뜻이 섞여 있군.
③ ㄴ의 '−대'는 남이 말한 내용을 간접적으로 전달할 때 쓰이는군.
④ ㄷ의 '−데'는 과거 어느 때 직접 경험한 사실을 현재로 옮겨 와서 말할 때 쓰이는군.
⑤ ㄴ의 '−대'는 '−다고 해'로, ㄷ의 '−데'는 '−더라'로 바꾸면 의미가 달라지는군.

수능 맛보기

Q 〈보기〉를 바탕으로 한글 맞춤법에 대해 탐구한 내용으로 적절하지 <u>않은</u> 것은?

┌ 보기 ┐

제5항

㉮ 한 단어 안에서 뚜렷한 까닭 없이 나는 된소리는 다음 음절의 첫소리를 된소리로 적는다.
예 어깨, 잔뜩, 살짝, 듬뿍, 몽땅
㉯ 다만, 'ㄱ, ㅂ' 받침 뒤에서 나는 된소리는, 같은 음절이나 비슷한 음절이 겹쳐 나는 경우가 아니면 된소리로 적지 아니한다.
예 국수, 법석

제27항

㉰ 둘 이상의 단어가 어울리거나 접두사가 붙어서 이루어진 말은 각각 그 원형을 밝히어 적는다.
예 칼날, 꽃잎, 맏사위, 홑이불

① ㉮를 보니 모음 뒤나 'ㄴ, ㄹ, ㅁ, ㅇ' 받침 뒤에서 나는 된소리가 소리 나는 대로 표기되어 있군.
② '납짝'이 아니라 '납작'으로 적는 것은 ㉯의 '법석'을 표기할 때 적용된 규정을 따른 것이군.
③ '짭잘하다'가 아니라 '짭짤하다'로 적는 것은 ㉯의 비슷한 음절이 겹쳐 나는 경우에 해당하기 때문이군.
④ '물뼝'이 아니라 '물병'으로 적는 것은 ㉰의 '칼날'을 표기할 때 적용된 규정을 따른 것이군.
⑤ '깍뚜기'가 아니라 '깍두기'로 적는 것은 ㉰의 '맏사위'를 표기할 때 적용된 규정을 따른 것이군.

표준 발음법

| 교과 연계 | 중학교 국어 2학년 _ 단어의 정확한 발음과 표기
고등학교 언어와 매체 _ 국어의 규범과 국어생활

개념 정리

○ 표준 발음법의 기본 원칙

제1항	표준 발음법은 표준어의 실제 발음을 따르되, 국어의 전통성*과 합리성*을 고려하여 정함을 원칙으로 함.

어제 밤에 밤을 먹었어.
　　[밤]　　[밤:] → 소리의 길이를 구별해 온 전통

◆ **전통성** 역사적으로 소리의 높이나 길이를 구별해 온 전통을 지킨다는 뜻

◆ **합리성** 국어의 규칙 내지는 법칙에 따라서 표준 발음을 합리적으로 정한다는 뜻

○ 표준 발음법 빈출 규정 ① – 이중 모음

제5항	'ㅑ ㅒ ㅕ ㅖ ㅘ ㅙ ㅛ ㅝ ㅞ ㅠ ㅢ'는 이중 모음으로 발음함. 다만 1. 용언의 활용형에 나타나는 '져, 쪄, 쳐'는 [저, 쩌, 처]로 발음함. 다만 2. '예, 례' 이외의 'ㅖ'는 [ㅔ]로도 발음함. 다만 3. 자음을 첫소리로 가지고 있는 음절의 'ㅢ'는 [ㅣ]로 발음함. 다만 4. 단어의 첫음절 이외의 '의'는 [ㅣ]로, 조사 '의'는 [ㅔ]로 발음함도 허용함.	예 오셔[오셔] 예 가져[가저] 예 메별[메별/메별] 예 늴리리[닐리리] 예 주의[주:의/주:이] 예 나의[나의/나에] 옷

예의를 갖추어 서로를 대하자. 엄마의 희망사항이야.
[예의/에이]　　　　　[엄마의/엄마에] [히망]　　[이야]

○ 표준 발음법 빈출 규정 ② – 받침소리

제8항	받침소리로는 'ㄱ, ㄴ, ㄷ, ㄹ, ㅁ, ㅂ, ㅇ'의 7개 자음만 발음함.	예 강[강], 밤[밤]
제9항	받침 'ㄲ, ㅋ', 'ㅅ, ㅆ, ㅈ, ㅊ, ㅌ', 'ㅍ'은 어말 또는 자음 앞에서 각각 대표음 [ㄱ, ㄷ, ㅂ]으로 발음함.	예 밖[박], 옷[옫], 앞[압]
제10항	겹받침 'ㄳ', 'ㄵ', 'ㄼ, ㄽ, ㄾ', 'ㅄ'은 어말 또는 자음 앞에서 각각 [ㄱ, ㄴ, ㄹ, ㅂ]으로 발음함. 다만, '밟-'은 자음 앞에서 [밥]으로 발음하고 '넓-'은 '넓죽하다', '넓둥글다'의 경우에 [넙]으로 발음함.	예 몫[목], 앉다[언따], 핥다 [할따], 값[갑] 예 밟다[밥:따], 넓둥글다 [넙뚱글다]
제11항	겹받침 'ㄺ, ㄻ, ㄿ'은 어말 또는 자음 앞에서 각각 [ㄱ, ㅁ, ㅂ]으로 발음함. 다만, 용언의 어간 말음 'ㄺ'은 'ㄱ' 앞에서 [ㄹ]로 발음함.	예 읽다[익따], 삶다[삼:따], 읊다[읍따] 예 맑게[말께]
제13항	홑받침이나 쌍받침이 모음으로 시작된 조사나 어미, 접미사*와 결합되는 경우에는, 제 음가대로 뒤 음절 첫소리로 옮겨 발음함.	예 꽃에[꼬체], 닦아[다까]
제14항	겹받침이 모음으로 시작된 조사나 어미, 접미사와 결합되는 경우에는, 뒤엣것만을 뒤 음절 첫소리로 옮겨 발음함. (이 경우 'ㅅ'은 된소리로 발음함.)	예 젊어[절머], 값을[갑쓸]
제15항	받침 뒤에 모음 'ㅏ, ㅓ, ㅗ, ㅜ, ㅟ'들로 시작되는 실질 형태소가 연결되는 경우에는, 대표음으로 바꾸어서 뒤 음절 첫소리로 옮겨 발음함.	예 밭 아래[바다래], 꽃 위 [꼬뒤]

◆ **접미사** 어근 뒤에 결합하여 새로운 단어를 형성하는 기능을 하는 형식 형태소
예 멋쟁이, 구경꾼, 잠보

 **정보**

연음

앞말의 받침을 뒷말의 초성으로 연음시킬 때, 뒷말이 형식 형태소라면 그대로 옮겨 발음하고, 실질 형태소라면 대표음으로 바꾸어서 옮겨 발음해야 해요.

바닥이 넓은 바구니 안에 꽃이 한껏 많이 들어 있다.
[바다기] [널븐]　　　[꼬치] [한껃]　　　[드러] [읻따]

개념 확인 문제

01 다음 빈칸에 들어갈 알맞은 말을 쓰시오.

> **표준 발음법 제1항** 표준 발음법은 표준어의 (　　　) 을/를 따르되, 국어의 전통성과 (　　　)을/를 고려 하여 정함을 원칙으로 한다.

02 〈보기〉의 ㉠~㉢의 표준 발음을 쓰시오.

> ┌ 보기 ┐
> ㉠ 넋　　　㉡ 값　　　㉢ 흙

㉠: ________　　㉡: ________　　㉢: ________

03 다음 단어들의 공통된 받침 발음을 쓰시오.

> 낮　밭　빛　옻

____

04 다음 설명이 맞으면 ○, 틀리면 ×에 표시하시오.

(1) '예, 례' 이외의 'ㅖ'는 [ㅖ] 또는 [ㅔ]로 발음한다.
(○ , ×)

(2) 받침소리로는 'ㄱ, ㄴ, ㄷ, ㄹ, ㅁ, ㅂ, ㅅ, ㅇ'의 8개 자음만 발음한다.
(○ , ×)

05 〈보기〉의 밑줄 친 부분의 올바른 발음을 순서대로 쓰시오.

> ┌ 보기 ┐
> • 오늘 저녁은 닭고기야.
> • 얼른 앉아.
> • 모양이 넓둥글다.

____

06 다음 빈칸에 들어갈 알맞은 말을 쓰시오.

(1) 용언의 활용형에 나타나는 '져, 쪄, 쳐'는 (　　　) (으)로 발음한다.

(2) (　　　)을/를 첫소리로 가지고 있는 음절의 'ㅢ'는 [ㅣ]로 발음한다.

07 다음 설명이 맞으면 ○, 틀리면 ×에 표시하시오.

(1) 겹받침 뒤에 모음으로 시작된 조사나 어미, 접미사 가 결합하면 겹받침의 뒤엣것만 뒤 음절 첫소리로 옮겨 발음한다. (○ , ×)

(2) 받침 뒤에 모음 'ㅏ, ㅓ, ㅗ, ㅜ, ㅟ'들로 시작되는 실 질 형태소가 결합하면 앞말의 받침을 대표음으로 바 꾸어 뒤 음절 첫소리로 옮겨 발음한다. (○ , ×)

08 다음 단어의 올바른 발음을 모두 쓰시오.

> 우리의 협의

____

01 〈보기〉를 바탕으로 할 때, 발음이 적절하지 <u>않은</u> 것은?

> **보기**
>
> 모음 'ㅢ'는 이중 모음으로 발음한다. 다만, 단어의 첫 음절 이외의 '의'는 [ㅣ]로 발음하는 것이 원칙이지만 [ㅣ]로 발음하는 것도 허용한다. 또한 자음을 첫소리로 가지고 있는 'ㅢ'는 [ㅣ]로 발음하며, 조사 '의'는 [ㅢ]로 발음하는 것이 원칙이지만 [ㅔ]로 발음하는 것도 허용한다.

① 의사[의사] ② 띄다[띠:다]
③ 논의[노늬/노니] ④ 희망[히망]
⑤ 나의[나의/나에]

02 〈보기〉를 바탕으로 할 때, 밑줄 친 부분의 발음이 적절하지 <u>않은</u> 것은?

> **보기**
>
> • 용언의 활용형에 나타나는 '져, 쪄, 쳐'는 [저, 쩌, 처]로 발음한다.
> • '예, 례' 이외의 'ㅖ'는 [ㅔ]로도 발음한다.

① <u>예</u>[예:]를 갖추는 것은 중요하다.
② <u>은혜</u>[은혜/은헤]를 갚으러 왔습니다.
③ 쑥떡을 <u>쪄서</u>[쩌서] 저녁으로 먹었다.
④ 그 음식을 이리 <u>가져</u>[가져/가저] 오세요.
⑤ <u>계이름</u>[계이름/게이름]을 외우는 것은 쉽지 않다.

03 단어의 발음이 적절하지 <u>않은</u> 것은?

① 옻[옫] ② 잎[입]
③ 솥[솟] ④ 곧[곧]
⑤ 감[감:]

04 〈보기〉를 바탕으로 할 때, 밑줄 친 부분의 발음이 적절하지 <u>않은</u> 것은?

> **보기**
>
> **표준 발음법 제15항** 받침 뒤에 모음 'ㅏ, ㅓ, ㅗ, ㅜ, ㅟ'들로 시작되는 실질 형태소가 연결되는 경우에는, 대표음으로 바꾸어서 뒤 음절 첫소리로 옮겨 발음한다.

① 부엌 안[부어칸]이 덥다.
② 밭 위[바뒤]로 비가 내린다.
③ 늪 앞[느밥]에 조용히 서 있다.
④ 이 음식은 정말 맛없다[마덥따].
⑤ 그 말을 듣고 <u>헛웃음</u>[허두슴]이 나왔다.

서술형

05 밑줄 친 부분의 올바른 발음을 쓰고, 그렇게 발음해야 하는 근거를 〈조건〉에 맞게 쓰시오.

> <u>꽃이랑</u> 나무를 샀어.

> **조건**
>
> • 표준 발음법 제13항을 근거로 활용할 것.
>   – 표준 발음법 제13항: 홑받침이나 쌍받침이 모음으로 시작된 조사나 어미, 접미사와 결합되는 경우에는 제 음가대로 뒤 음절 첫소리로 옮겨 발음한다.
> • '꽃이랑'의 올바른 발음은 [   ]이고, 그렇게 발음해야 하는 근거는 ─기 때문이다'의 형식으로 구성된 완전한 문장으로 쓸 것.

06 〈보기〉의 ㉠~㉣의 발음이 올바른 것들로만 묶인 것은?

───〔보기〕───
• 신발의 ㉠값이[갑씨] 저렴하다.
• 개가 상처를 ㉡핥는다[한는다].
• 아빠의 장점을 ㉢닮고[담:꼬] 싶다.
• ㉣넓고[넙꼬] 큰 바다가 좋아.

① ㉠, ㉡   ② ㉠, ㉢
③ ㉠, ㉣   ④ ㉡, ㉢
⑤ ㉡, ㉣

07 밑줄 친 부분의 발음이 적절하지 않은 것은?

① 방 안에는 아무도 없다[업:따].
② 빵의 모양이 아주 넓죽하다[널쭈카다].
③ 덤을 얹어[언저] 주면 바로 구매할게요.
④ 가운데 그어진 선을 밟으면[발브면] 안돼.
⑤ 흙의[흘기/흘게] 감촉이 너무나 부드럽다.

08 밑줄 친 부분 중 〈보기〉에 해당하는 예로 가장 적절한 것은?

───〔보기〕───
　받침 뒤에 모음 'ㅏ, ㅓ, ㅗ, ㅜ, ㅟ'들로 시작되는 실질 형태소가 연결되는 경우에는, 대표음으로 바꾸어서 뒤 음절 첫소리로 옮겨 발음한다.

① 겉옷이 빗물에 젖었다.
② 사과를 깎아 내 오너라.
③ 앞으로 정말 열심히 공부해야지.
④ 땅 가운데에서 물이 솟아 나왔다.
⑤ 어버이날 기념으로 편지를 열심히 썼어.

09 밑줄 친 부분의 발음이 나머지와 다른 것은?

① 맑다   ② 맑지
③ 맑게   ④ 맑도록
⑤ 맑다가

10 다음 질문에 대한 답변이 적절하지 않은 것은?

	질문	답변
①	'제례'의 올바른 발음은?	'례'는 [ㅔ]로 발음하는 것이 허용되지 않기 때문에 [제례]로 발음해야 해요.
②	'자본주의'를 [자본주이]로 발음할 수 있는 이유는?	첫음절 이외의 '의'는 [ㅣ]로 발음하는 것도 허용되기 때문이에요.
③	'흙과'는 [흑꽈]로, '긁고'는 [글꼬]로 발음되는 이유는?	'ㄺ'은 [ㄱ]으로 발음하는 것이 원칙이나, 용언 어간 말음 'ㄺ'은 'ㄱ' 앞에서 [ㄹ]로 발음하기 때문이에요.
④	'숯 위에'를 [수 뒤에]로 발음하는 이유는?	홑받침 뒤에 모음으로 시작하는 실질 형태소가 오면 대표음으로 바꾸어서 연음해 발음해야 하기 때문이에요.
⑤	'무릎이'의 올바른 발음은?	받침 'ㅍ'은 모음으로 시작하는 조사와 결합하였을 때 대표음 [ㅂ]으로 바뀌어 연음되기 때문에 [무르비]로 발음해야 해요.

문제 해결의 🔑 같은 음절이라도 음절의 위치, 문법적 특징 등에 따라 그 발음이 달라지기 때문에 품사, 형태소 등의 특징을 따져본 뒤, 이를 근거로 올바른 발음을 파악해 보자.

심화 학습 문제

〔고2 학력평가〕

01 〈보기〉는 표준 발음에 대한 규정의 일부이다. 이를 바탕으로 할 때 발음이 적절하지 <u>않은</u> 것은?

〔보기〕

제8항 받침소리로는 'ㄱ, ㄴ, ㄷ, ㄹ, ㅁ, ㅂ, ㅇ'의 7개 자음만 발음한다.

제9항 받침 'ㄲ, ㅋ', 'ㅅ, ㅆ, ㅈ, ㅊ, ㅌ', 'ㅍ'은 어말 또는 자음 앞에서 각각 대표음 [ㄱ, ㄷ, ㅂ]으로 발음한다.

제10항 겹받침 'ㄳ', 'ㄵ', 'ㄼ, ㄽ, ㄾ', 'ㅄ'은 어말 또는 자음 앞에서 각각 [ㄱ, ㄴ, ㄹ, ㅂ]으로 발음한다. 다만, '밟-'은 자음 앞에서 [밥]으로 발음한다.

제11항 겹받침 'ㄺ, ㄻ, ㄿ'은 어말 또는 자음 앞에서 각각 [ㄱ, ㅁ, ㅂ]으로 발음한다. 다만, 용언의 어간 말음 'ㄺ'은 'ㄱ' 앞에서 [ㄹ]로 발음한다.

제13항 홑받침이나 쌍받침이 모음으로 시작된 조사나 어미, 접미사와 결합되는 경우에는, 제 음가대로 뒤 음절 첫소리로 옮겨 발음한다.

① 이제야 동녘에서[동녀게서] 해가 떠오른다.

② 그는 꽃밭[꼳빧] 근처에서 기다리고 있었다.

③ 비가 그치고 난 후 날씨가 맑게[말께] 개었다.

④ 그녀는 하얀 눈을 밟고[밥:꼬] 앞으로 나아갔다.

⑤ 아버지의 외곬[외골] 인생은 마침내 빛을 보았다.

〔고2 학력평가〕

02 〈보기〉의 '표준 발음법'을 바르게 적용하지 <u>못한</u> 것은?

〔보기〕

제10항 겹받침 'ㄳ', 'ㄵ', 'ㄼ, ㄽ, ㄾ', 'ㅄ'은 어말 또는 자음 앞에서 각각 [ㄱ, ㄴ, ㄹ, ㅂ]으로 발음한다. 다만, '밟-'은 자음 앞에서 [밥]으로 발음한다.

제11항 겹받침 'ㄺ, ㄻ, ㄿ'은 어말 또는 자음 앞에서 각각 [ㄱ, ㅁ, ㅂ]으로 발음한다. 다만, 용언의 어간 말음 'ㄺ'은 'ㄱ' 앞에서 [ㄹ]로 발음한다.

제14항 겹받침이 모음으로 시작된 조사나 어미, 접미사와 결합되는 경우에는, 뒤엣것만을 뒤 음절 첫소리로 옮겨 발음한다.(이 경우, 'ㅅ'은 된소리로 발음함.)

① '넓지'는 제10항에 의거하여 [널찌]로 발음해야겠군.

② '옮겨'는 제11항에 의거하여 [옴겨]로 발음해야겠군.

③ '읽고'는 제11항에 의거하여 [일꼬]로 발음해야겠군.

④ '값이'는 제14항에 의거하여 [갑시]로 발음해야겠군.

⑤ '훑어'는 제14항에 의거하여 [훌터]로 발음해야겠군.

고2 학력평가

03 〈보기〉의 표준 발음법을 참고하여 단어의 올바른 발음을 탐구한 내용으로 적절하지 <u>않은</u> 것은?

─〔보기〕─

[표준 발음법]

제13항 홑받침이나 쌍받침이 모음으로 시작된 조사나 어미, 접미사와 결합되는 경우에는, 제 음가대로 뒤 음절 첫소리로 옮겨 발음한다.

제14항 겹받침이 모음으로 시작된 조사나 어미, 접미사와 결합되는 경우에는, 뒤엣것만을 뒤 음절 첫소리로 옮겨 발음한다.

① '깎아'는 [깍가]로 발음해야 한다.
② '읊어'는 [을퍼]로 발음해야 한다.
③ '여덟을'은 [여덜블]로 발음해야 한다.
④ '덮이다'는 [더피다]로 발음해야 한다.
⑤ '부엌이'는 [부어키]로 발음해야 한다.

고3 학력평가

04 〈보기〉는 '끝말잇기' 놀이에서 제시된 단어들이다. 표준 발음법을 참고할 때, 단어의 표기대로만 발음해야 하는 것을 모두 고른 것은?

─〔보기〕─

예의 → 의의 → 의무 → 무예 → 예절 → 절의

표준 발음법

- 'ㅑ, ㅒ, ㅕ, ㅖ, ㅘ, ㅙ, ㅛ, ㅝ, ㅞ, ㅠ, ㅢ'는 이중 모음으로 발음한다.
- 다만 2. '예, 례' 이외의 'ㅖ'는 [ㅔ]로도 발음한다.
  예 지혜[지혜/지혜]
- 다만 4. 단어의 첫음절 이외의 '의'는 [ㅣ]로, 조사 '의'는 [ㅔ]로 발음함도 허용한다.
  예 주의[주의/주이]

① 예의, 의의, 의무
② 예의, 무예, 절의
③ 의무, 무예, 예절
④ 의의, 의무, 무예
⑤ 무예, 예절, 절의

수능 맛보기

Q 다음은 표준 발음에 관한 인터넷 게시판의 질문과 답변이다. (가)에 들어갈 내용으로 적절한 것은?

질문: '앞앞이'는 [아바피]로 발음하는 게 맞나요? 같은 받침 'ㅍ'인데 [ㅍ]과 [ㅂ]으로 그 발음이 달라지는 이유가 궁금해요.

답변: '앞앞' 뒤에 모음으로 시작되는 형식 형태소가 올 때는 마지막 받침 'ㅍ'을 ㉠제 음가대로 뒤 음절의 첫소리로 옮겨 발음합니다. 반면, '앞'과 '앞'이 결합한 '앞앞'처럼 받침이 있는 말 뒤에 모음 'ㅏ, ㅓ, ㅗ, ㅜ, ㅟ'들로 시작되는 실질 형태소가 오게 되면 그 받침을 ㉡대표음으로 바꾸어서 뒤 음절의 첫소리로 옮겨 발음합니다. 그래서 '앞앞이'는 [아바피]로 발음됩니다. ㉠과 ㉡에 해당하는 구체적인 예를 살펴보면 다음과 같습니다.

(가)

① '무릎이야'는 ㉠에 해당하고 '무릎 아래'는 ㉡에 해당합니다.
② '서녘이나'는 ㉠에 해당하고 '서녘에서'는 ㉡에 해당합니다.
③ '겉으로'와 '겉아가미'는 모두 ㉠에 해당합니다.
④ '배꽃이'와 '배꽃 위'는 모두 ㉡에 해당합니다.
⑤ '빚에'와 '빚이며'는 모두 ㉡에 해당합니다.

담화

| 교과 연계 | 중학교 국어 2학년 _ 담화의 개념과 특성
고등학교 언어와 매체 _ 담화의 특성과 국어생활

개념 정리

○ 담화(말씀 담談 이야기 화話)

구체적인 의사소통 상황에서 문장 단위로 나타나는 생각이나 정보인 발화의 연속체*

• 구성 요소

① **담화 참여자:** 말하는 이(글쓴이)인 화자, 듣는 이(읽는 이)인 청자

② **담화의 내용:** 의사소통을 통해 주고받는 내용

③ **맥락***: 의사소통에 영향을 미치는 여러 가지 배경이나 환경

상황 맥락	특징	담화에 직접적으로 영향을 미침.
	종류	• 말하는 이(글쓴이)와 듣는 이(읽는 이)의 처지와 상황 • 의사소통이 이루어지는 구체적인 시간과 공간 • 담화의 주제, 목적(친교, 설득, 정보 제공 등)
사회·문화적 맥락	특징	담화에 간접적으로 영향을 미침.
	종류	• 의사소통이 이루어지는 사회·문화적 배경 • 공동체의 가치, 관습, 이념 등 • 지역, 세대, 성별, 문화 등

승진: 오랜만에 공원에 오니 정말 좋다.
→ 친교의 의도와 목적(상황 맥락)
성미: 맞아. 나도 작년 이후로 처음 오는 것 같아.

주인: (진수성찬을 앞에 두고) 차린 건 없지만 많이 먹어요.
→ 문화권별 특징에 따른 차이(사회·문화적 맥락)
외국인: (이렇게 음식이 많은 데 차린 게 없다고?)

○ 담화의 특성

통일성	개념	발화나 문장들이 하나의 주제 아래에서 유기적*으로 연결되어 있는 특성
응집성	개념	발화나 문장들이 형식적인 면에서 긴밀하게 연결되어 있는 특성
	실현 방법 지시 표현	담화 상황 속의 대상을 본래의 명칭이 아닌 다른 말로 가리키는 표현 예 (들고 있는 책을 가리키며) 이거 읽어 봤어?
	대용 표현	담화 내용 중 이미 말한 내용이나 뒤에 언급될 내용 대신 사용되는 표현 예 미술관에 갈 거야. 거기에 내가 좋아하는 그림이 있어.
	접속 표현	발화와 발화, 문장과 문장을 이어 주며 그 사이의 의미 관계를 드러내는 표현 예 비가 왔다. 그래서 우산을 챙겼다.

태호: 공원 정말 좋다. 여기 와 본 적 있어?
　　　　　　　　　　지시 표현
주연: 응, 그런데 기억은 잘 안 나. 아, 그거 아니? 여기 여름엔 수국이 많이 피어.
　　　접속 표현　　　　　　　　　　대용 표현

◆ **연속체** 연속해서 이어지는 형태

◆ **맥락** 사물 따위가 서로 이어져 있는 관계나 연관

◆ **유기적** 생물체처럼 전체를 구성하고 있는 각 부분이 서로 밀접하게 관련을 가지고 있어서 떼어 낼 수 없는 것

 정보

지시 표현과 대용 표현

지시 표현과 대용 표현은 그 형태가 동일한 경우가 많기 때문에 혼동할 수 있어요. 지시 표현은 의사소통 상황에서 사람, 사물, 장소 등을 가리키는 표현, 대용 표현은 발화나 내용, 문장을 가리키는 표현이라고 생각하면 구분하기 쉬워요.

지시 및 대용 표현의 예
그것, 이것, 저것, 이, 그, 저, 이러한, 저러한 등
접속 표현의 예
그러나(대조), 그래서(인과), 그러므로(인과), 그럼에도(상반, 양보) 등

개념 확인 문제

01 다음 빈칸에 들어갈 알맞은 말을 쓰시오.

> (　　　　)(이)란 구체적인 의사소통 상황에서 문장 단위로 나타나는 생각이나 정보인 발화의 연속체이다.

02 다음 설명이 맞으면 ○, 틀리면 ×에 표시하시오.

(1) 담화에 직접적인 영향을 미치는 것은 상황 맥락이다.
(　○ , ×)
(2) 하나의 완전한 담화가 되기 위해서는 담화 참여자와 내용만 있으면 된다. (　○ , ×)
(3) 담화 내용 속의 대상을 다른 말로 가리키는 표현을 대용 표현이라고 한다. (　○ , ×)

03 〈보기〉에서 사회·문화적 맥락에 해당하는 것을 모두 찾아 쓰시오.

> **보기**
> 주제, 역사적·사회적 상황, 화자, 장소, 공동체의 관습, 시간

04 다음 중 담화의 구성 요소가 <u>아닌</u> 것은?

① 화자　　　　② 내용　　　　③ 발음

05 다음 빈칸에 들어갈 알맞은 말을 쓰시오.

> (　　　　)(이)란 발화나 문장이 하나의 주제 아래에서 유기적으로 연결되어 있는 특성이고, (　　　　)(이)란 발화나 문장들이 형식적인 면에서 긴밀하게 연결되어 있는 특성이다.

06 다음 중 응집성을 높이는 표현의 유형이 <u>다른</u> 것은?

① 그것　　　　② 여기　　　　③ 그래서

07 〈보기〉의 ㉠과 ㉡에서 담화의 응집성을 높여 주는 표현을 각각 찾아 쓰시오.

> **보기**
> ㉠ (필통을 내밀며) 윤주야, 이것 가져가.
> ㉡ 열심히 뛰어 왔어. 그런데 지각이네.

㉠: ＿＿＿＿＿＿　　㉡: ＿＿＿＿＿＿

08 〈보기〉의 ㉠, ㉡이 응집성의 실현 방법 중 각각 어떤 표현에 해당하는지 쓰시오.

> **보기**
> 은수야, ㉠이 컵은 엄마 가져다 드려. ㉡그리고 책 좀 가져와 주겠니?

㉠: ＿＿＿＿＿＿　　㉡: ＿＿＿＿＿＿

내신 대비 문제

01 담화의 특성에 대한 설명으로 적절하지 <u>않은</u> 것은?

① 담화는 문장이나 발화가 연속된 단위이다.
② 말하는 이와 듣는 이는 항상 고정되어 있다.
③ 담화의 의미는 맥락에 따라 달라질 수 있다.
④ 시간·공간적 상황은 담화에 영향을 미친다.
⑤ 담화의 구성 요소로는 참여자, 내용, 맥락이 있다.

02 담화와 맥락에 대한 설명으로 적절하지 <u>않은</u> 것은?

① 원활한 의사소통을 위해서는 맥락을 고려해야 한다.
② 담화의 맥락에는 상황 맥락과 사회·문화적 맥락이 있다.
③ 발화나 문장의 의미를 파악할 때는 말하는 이의 의도와 목적을 고려해야 한다.
④ 담화에 직접적으로 영향을 미치는 맥락으로는 화자, 청자, 지역, 성별 등이 있다.
⑤ 담화에 간접적으로 영향을 미치는 맥락으로는 역사적·사회적 배경, 이념 등이 있다.

03 밑줄 친 단어가 접속 표현에 해당하지 <u>않는</u> 것은?

① 비가 왔다. <u>그래서</u> 우산을 챙겼다.
② 하늘이 맑다. <u>그런데</u> 비가 내린다.
③ 그는 거짓말을 했다. 사실이 <u>그러하다</u>.
④ 배가 고프다. <u>그러므로</u> 밥을 먹어야겠다.
⑤ 나는 그를 좋아한다. <u>그러나</u> 그는 아니다.

04 〈보기〉의 ㉠~㉤에 대한 설명으로 적절하지 <u>않은</u> 것은?

〔보기〕
한결: 유선아, 손에 들고 있는 ㉠그거 뭐야?
유선: 아, ㉡이거. 어제 새로 산 노트야. 뭘 살지 고민하다가 두 개 샀는데, 오늘은 ㉢이것 하나만 가져 왔어.
한결: 나도 마침 노트를 다 썼어. 학교 앞 문구점에서 샀지? 나도 오늘 ㉣거기에 가야겠다.
유선: ㉤그거 좋은 생각이다.

① ㉠: 담화 상황 속의 사물을 가리키는 지시 표현이다.
② ㉡: 자신이 가지고 있는 사물을 가리키는 지시 표현이다.
③ ㉢: ㉠과는 동일하고 ㉡과는 다른 대상을 가리키는 지시 표현이다.
④ ㉣: 이전 발화에서 언급된 장소를 가리키는 대용 표현이다.
⑤ ㉤: 담화 상황에서 이미 언급된 내용을 가리키는 대용 표현이다.

서술형

05 ㉠~㉢의 상황에서 아래 문장의 의미를 각각 쓰고, 그 의미가 다르게 해석되는 이유를 〈조건〉에 맞게 쓰시오.

〔조건〕
• 구체적인 상황 맥락을 언급할 것.
• '-기 때문이다.' 구조의 완성된 문장으로 쓸 것.

06 〈보기〉의 발화의 의미를 구체적으로 파악할 수 없는 이유로 가장 적절한 것은?

〔보기〕
경완: 잘 부탁드리겠습니다.
슬기: 네, 알겠습니다.

① 청자가 존재하지 않기 때문이다.
② 화자가 누구인지 알 수 없기 때문이다.
③ 역사적 상황을 고려하지 않았기 때문이다.
④ 지나치게 어려운 단어를 사용했기 때문이다.
⑤ 대화가 이루어지는 구체적인 상황 맥락을 모르기 때문이다.

07 〈보기〉의 ㉠, ㉡에 들어갈 접속 표현으로 가장 적절한 것끼리 연결된 것은?

〔보기〕
밥을 너무 많이 먹었다. (㉠) 배가 불렀다.
(㉡) 자꾸만 음식을 더 먹고 싶었다.

	㉠	㉡
①	그러나	그래서
②	그러므로	그래서
③	그래서	그럼에도
④	그래서	그러므로
⑤	그리고	그러나

08 〈보기〉의 밑줄 친 단어 중 담화 상황 속의 대상을 지칭하는 표현이 아닌 것은?

〔보기〕
영대: 수인아! 내가 그쪽으로 갈게.
수인: 아냐, 거기에 있어. 나 이것만 챙겨 갈게.
영대: 앗, 나도 이거 챙겨야 하는데.
수인: 그래? 그러면 얼른 건너와.

① 그쪽 ② 거기 ③ 이것
④ 이거 ⑤ 그러면

09 〈보기〉의 상황을 고려했을 때, ⓐ의 의미로 가장 적절한 것은?

〔보기〕
상황: 민재가 교통사고를 당해 병원에 입원했다는 것을 아무에게도 알리지 않은 상황에서 갑작스레 윤희가 병문안을 옴.

민재: ⓐ윤희야, 어떻게 왔어?

① 누구랑 같이 왔어?
② 병원에 언제 도착했어?
③ 무슨 용건으로 병원까지 찾아왔어?
④ 먼 곳에 있는 병원인데 무엇을 타고 왔어?
⑤ 내가 병원에 입원한 것을 어떻게 알고 왔어?

고난도

10 〈보기〉의 담화에 대한 설명으로 적절하지 <u>않은</u> 것은?

〔보기〕
동영: 이 옷 어때?
태현: 그거 너한테 잘 어울릴 것 같아.
동규: 나도 동의해. 이 옷은 어때? 일단 입어 보려고.
태현: 그래. 그게 낫겠다.

① '동영', '태현', '동규'는 담화의 구성 요소에 해당한다.
② '이'는 담화 상황 속의 대상을 가리키는 지시 표현이다.
③ '이'와 '그거'는 화자에 따라 다르게 표현되었지만 동일한 대상을 가리키는 표현이다.
④ '그게'는 이미 말한 내용을 대신 드러내는 표현으로 담화의 응집성을 높인다.
⑤ 이 담화의 의미를 파악하려면 상황 맥락보다는 사회·문화적 맥락을 더 고려해야 한다.

> **문제 해결의 🗝** 담화의 구성 요소를 바탕으로 담화의 의미를 파악해 보자. 담화의 의미를 파악할 때 특히 영향을 미치는 요소가 무엇인지 생각해 보자.

고1 학력평가

01 〈보기〉의 ㉠∼㉺에 대한 설명으로 적절하지 <u>않은</u> 것은?

> ─〔보기〕─
>
> 학생: 안녕하세요? 인터뷰 때문에 원장님을 ㉠뵈러 왔습니다.
>
> 직원: 지금 ㉡계시긴 한데 혹시 미리 약속은 하셨나요?
>
> 학생: ㉢이틀 전에 제가 원장님과 통화를 했는데, 오늘 오라고 ㉣말씀하셨어요.
>
> 직원: 아, 그러세요? ㉤저쪽으로 들어가시면 됩니다.
>
> 학생: (노크 후 방 안으로 들어서며) 원장님, 안녕하세요? 오늘 뵙기로 한 김○○입니다.
>
> 원장: 아, ㉥김 선생님 따님이군요. ㉦지난번에 전화로 약속을 잡았었죠? 이쪽에 앉으세요.
>
> 학생: 고맙습니다. 그럼 그때 ㉧말씀을 드렸던 주제로 인터뷰를 시작하겠습니다.

① ㉠과 ㉡은 동일한 인물을 높이기 위해 사용한 표현이다.

② ㉢과 ㉦은 동일한 날을 지칭하는 표현이다.

③ ㉣과 ㉧은 화자가 자신의 행위를 낮추기 위해 사용한 표현이다.

④ ㉤은 화자와 청자로부터 멀리 떨어진 곳을 지시하는 표현이다.

⑤ ㉥은 현재의 담화 상황에 참여하지 않는 인물을 지칭하는 표현이다.

고2 학력평가

02 〈보기〉의 설명을 바탕으로 예문을 이해한 내용으로, 적절하지 <u>않은</u> 것은?

> ─〔보기〕─
>
> 설명
>
> 하나 이상의 발화가 유기적으로 연결된 것을 담화(談話)라고 한다. 담화를 정확하고 적절하게 이해하기 위해서는 담화 내부의 ⓐ언어적 맥락뿐만 아니라 비언어적 맥락 또한 파악해야 한다. 비언어적 맥락에는 담화가 이루어지는 시간, 장소, 목적 등을 포함하는 ⓑ상황 맥락과 국가, 제도, 문화 등을 포함하는 사회·문화적 맥락이 있다.
>
> 예문
>
> **[가] 쌀쌀한 교실에서**
>
> 선희: 조금 춥구나!
>
> 철호: 나도 조금 추워!
>
> 영수: 창문 닫아 줄까? ·····················㉠
>
> 철호: 고마워. 일어나기가 귀찮아서 참고 있었어. … ㉡
>
> 선희: 영수야, 난 그냥 조금 쌀쌀해서 한 말이었어. ·····················㉢
>
> **[나] 사람들로 붐비는 버스에서**
>
> 승객 1: 내립시다.
>
> 승객 2: 전 이번에 안 내리는데요. ·················㉣
>
> 승객 1: 좀 비켜 달라고요! ·····························㉤

① ㉠: '영수'는 '선희'와 '철호'의 발화를 ⓑ를 중심으로 이해하였다.

② ㉡: '철호'는 '영수'가 자신의 발화를 ⓑ를 중심으로 정확히 이해했음을 알려 주었다.

③ ㉢: '선희'는 '영수'에게 앞선 자신의 발화가 ⓐ를 중심으로 이해되어야 함을 밝혔다.

④ ㉣: '승객 2'는 '승객 1'의 발화를 ⓑ를 중심으로 이해하였다.

⑤ ㉤: '승객 1'은 '승객 2'가 ⓐ를 중심으로 이해하도록 말하였다.

03 〈보기 1〉을 참고하여 〈보기 2〉를 이해한 내용으로 적절하지 <u>않은</u> 것은?

〔보기 1〕

실제 발화의 의미는 말하는 이, 듣는 이, 장면 등 담화를 구성하고 있는 다양한 요소들을 고려해야만 제대로 이해할 수 있다. 발화에서의 지시 표현은 시간적, 공간적 장면이 있어야 그 의미를 정확히 이해할 수 있고, 높임 표현도 구체적인 발화 상황을 고려했을 때 인물들 사이의 상하 관계나 친소 관계를 정확하게 파악할 수 있다. 또한 확신이나 추정 등 말하는 이의 심리적 태도나 의도, 생략된 내용 등을 정확하게 파악하려면 담화 맥락과 상황을 고려해야 한다.

〔보기 2〕

영희: 여기 있던 빵 누가 치웠어? (철수를 쳐다보며) ㉠네가 먹었지?
철수: 아니, 내가 먹은 건 아니고 아까 희수가 배고프다고 해서 줬어.
영희: 아이고, ㉡참 잘하셨네요.
철수: 그 빵이 네 빵이었어? 미안해. ㉢대신 이 과자라도 먹을래?
영희: 그거? 그래, ㉣먹을래. (과자를 먹다가 건네며) 근데 넌 배 안 고파?
철수: ㉤난 점심 먹었어.

① ㉠: 영희의 행위를 고려할 때 '먹었지?'라는 표현은 어떤 사실에 대해 의심하면서 이를 확인하려는 심리를 전달한다.
② ㉡: 발화 상황을 고려할 때 '참 잘하셨네요.'는 표현된 진술과 발화의 의도가 일치하지 않음을 알 수 있다.
③ ㉢: 이어지는 영희의 반응을 고려할 때 '이'라는 지시 표현은 '과자'가 철수보다는 영희에게 가까운 위치에 있음을 나타낸다.
④ ㉣: 철수의 직전 발화 내용을 고려할 때 행위의 주체와 대상이 생략되었음을 알 수 있다.
⑤ ㉤: 과자를 건네는 영희의 행위와 마지막 물음에 담긴 의도를 고려할 때 제안을 거절하려는 철수의 심리가 담겨 있다.

Q 〈보기〉의 ㉠~◎에 대한 설명으로 적절하지 <u>않은</u> 것은?

〔보기〕

(엄마와 아들이 둘이서 걸어가며)
아들: 엄마, 올해 마지막 날 엄마와 쇼핑 나와서 참 좋아요.
엄마: ㉠엄마도 영수랑 같이 나오니까 참 좋다.
아들: 어, 저거 뭐지? 엄마, 저 옷 가게 광고판 좀 보세요.
엄마: 뭐? ㉡저거?
아들: 네, ㉢저거요. '2015년 12월 30일, ㉣오늘 하루만 50% 할인'이라고 쓰여 있는데요.
엄마: 그래? 그러면 ㉤어제였네. ㉥누나 옷 사야 되는데.
아들: 엄마, 그 옆 가게는 오늘까지 할인하는데요. 그런데 제 옷도 사 주시면 안 돼요?
엄마: 그래. 알았어, ㉦우리 아들. ◎영수도 옷 사 줘야지.
아들: 와, 잘됐다. 다음 주 여행 갈 때 입고 가야겠다.

① ㉠과 ㉥은 청자의 관점에서 사용한 지칭어이다.
② ㉠과 ㉦은 현재의 담화 상황에 참여하고 있는 사람을 가리킨다.
③ ㉡과 ㉢은 동일한 대상을 가리킨다.
④ ㉣과 ㉤은 동일한 날을 가리킨다.
⑤ ㉥과 ◎은 화자와 청자를 제외한 제삼자를 가리킨다.

01

〈보기〉를 바탕으로 훈민정음 자음자의 제자 원리에 대해 탐구한 것으로 적절하지 <u>않은</u> 것은?

	어금닛 소리	혓소리	입술소리	잇소리	목구멍 소리
상형	ㄱ	ㄴ	ㅁ	ㅅ	ㅇ
가획	ㅋ	ㄷ, ㅌ	ㅂ, ㅍ	ㅈ, ㅊ	ㆆ, ㅎ
이체	ㆁ	ㄹ		ㅿ	

① 'ㄷ'은 기본자 'ㄴ'에 획을 더해 만든 것이군.
② 'ㅍ'은 기본자 'ㅁ'에 획을 더해 만든 것이군.
③ 'ㅿ'은 기본자 'ㅅ'에 획을 더해 만든 것이군.
④ 'ㄹ'은 'ㄴ', 'ㄷ, ㅌ'과는 다른 원리로 만든 것이군.
⑤ 'ㅅ'은 발음할 때의 이의 모양을 본떠 만든 것이군.

02

훈민정음의 모음자에 대한 설명으로 적절하지 <u>않은</u> 것은?

① 기본자 'ㆍ'는 자연의 모양을 본떠 만들었다.
② 기본자 'ㅣ'와 'ㅡ'는 사람의 모양을 본떠 만들었다.
③ 모음을 만든 원리로는 상형의 원리와 합성의 원리가 있다.
④ 'ㅏ, ㅓ, ㅗ, ㅜ'는 기본자 'ㅣ', 'ㅡ'에 기본자 'ㆍ'를 결합하여 만든 글자이다.
⑤ 'ㅑ, ㅕ, ㅛ, ㅠ'는 'ㅏ, ㅓ, ㅗ, ㅜ'에 기본자 'ㆍ'를 결합하여 만든 글자이다.

03

다음 중 밑줄 친 단어의 표기가 적절하지 <u>않은</u> 것은?

① <u>가을비</u>가 추적추적 내리고 있다.
② 저희가 <u>아드님</u>을 잘 보살필게요.
③ 연필을 오래 잡으니 손이 아팠다.
④ 방의 <u>넓이</u>가 생각했던 것보다 넓었다.
⑤ 수영이가 그러는데 어제 밤 늦게 공원에 갔다 <u>왔데</u>.

04

〈보기〉를 바탕으로 한글 맞춤법에 대해 탐구한 내용으로 적절하지 <u>않은</u> 것은?

제5항 한 단어 안에서 뚜렷한 까닭 없이 나는 된소리는 다음 음절의 첫소리를 된소리로 적는다.
　　1. 두 모음 사이에 나는 된소리 ·················· ⓐ
　　2. 'ㄴ, ㄹ, ㅁ, ㅇ' 받침 뒤에서 나는 된소리 ········ ⓑ
　　다만, 'ㄱ, ㅂ' 받침 뒤에서 나는 된소리는, 같은 음절이나 비슷한 음절이 겹쳐 나는 경우가 아니면 된소리로 적지 아니한다. ·················· ⓒ

① [으뜸]으로 소리 나는 말은 ⓐ에 따라 '으뜸'으로 표기해야겠군.
② [거꾸로]로 소리 나는 말은 ⓐ에 따라 '거꾸로'로 표기해야겠군.
③ [살짝]으로 소리 나는 말은 ⓑ에 따라 '살짝'으로 표기해야겠군.
④ [씩씩]으로 소리 나는 말은 ⓑ에 따라 '씩씩'으로 표기해야겠군.
⑤ [낙찌]로 소리 나는 말은 ⓒ에 따라 '낙지'로 표기해야겠군.

05

표준 발음법에 대한 탐구 내용으로 적절하지 <u>않은</u> 것은?

① '아이'는 [아이]로, '야구'는 [야구]로 발음해야 하는군.
② 똑같은 모음이지만, '예'는 [예]로만 발음해야 하는 반면 '혜'는 [헤]로도 발음할 수 있군.
③ '의사'는 [의사]로 발음하지만, '희열'은 [히열]으로 발음해야 하는군.
④ '나의 고향은'에서의 '나의'는 [나의]와 [나에]로 모두 발음할 수 있군.
⑤ '공을 쳐서 넘겼다.'라는 문장의 '쳐서'는 [처서]와 [쳐서]로 모두 발음할 수 있군.

06 〈보기〉를 참고하여 발음한 것으로 적절한 것은?

> [보기]
> • 받침소리는 'ㄱ, ㄴ, ㄷ, ㄹ, ㅁ, ㅂ, ㅇ'으로 발음된다.
> • 겹받침에 관한 발음 규정은 다음과 같다.
> – 겹받침 'ㄳ', 'ㄵ', 'ㄼ, ㄽ, ㄾ', 'ㅄ'의 경우 [ㄱ, ㄴ, ㄹ, ㅂ]으로 발음한다. 다만 '밟다'만은 예외적으로 [밥ː따]로 발음한다.
> – 겹받침 'ㄺ', 'ㄻ', 'ㄿ'의 경우 [ㄱ, ㅁ, ㅂ]으로 발음한다. 다만 용언의 어간 말음 'ㄺ'은 'ㄱ' 앞에서 [ㄹ]로 발음한다.

① '넓고'는 [넙꼬]로 발음해야겠군.
② '닭고'는 [닥ː꼬]로 발음해야겠군.
③ '묽고'는 [묵꼬]로 발음해야겠군.
④ '읊고'는 [을ː꼬]로 발음해야겠군.
⑤ '훑고'는 [훈꼬]로 발음해야겠군.

07 〈보기〉의 ㉠~㉤에 대한 설명으로 적절하지 않은 것은?

> [보기]
> 지수: 성모야, 내가 낀 장갑 어때?
> 성모: ㉠그것 참 예쁘네. 어디서 샀어?
> 지수: 우리 언니가 생일 선물로 준 건데, 우리 동네 시장에 있는 가게에서 샀대. 거기 가르쳐 줄까?
> 성모: ㉡여기서 쉽게 찾아갈 수 있을까?
> 지수: ㉢저기 학교 앞 정류소에서 11번 버스를 타고 다섯 번째 정류소에서 내리면 편의점이 있을 거야. ㉣거기서 우측 골목으로 조금 더 가면 바로 ㉤그곳이야.

① ㉠은 '지수'가 끼고 있는 '장갑'을 가리키는 말이다.
② ㉡은 '성모'와 '지수'가 대화하고 있는 장소를 가리키는 말이다.
③ ㉢은 듣는 이인 '성모'와 가까이 있는 장소를 가리키는 말이다.
④ ㉣은 대화 상황에서 눈에 보이지 않는 장소로, '편의점'을 가리키는 말이다.
⑤ ㉤은 '지수'의 언니가 장갑을 산 '가게'를 가리키는 말이다.

08 다음 담화에 대한 설명으로 적절하지 않은 것은?

> (교무실에서)
> 교사: (화난 목소리로 지각한 학생에게) 지금이 몇 시야?
> 학생: 열 시요. / 교사: 뭐라고?

① 세 개의 발화로 구성된 담화이다.
② 구체적인 공간, 시간적 배경을 알 수 있다.
③ 담화 참여자, 내용, 맥락이 모두 갖추어진 담화이다.
④ 화자와 청자는 교사와 학생이며, 발화에 따라 그 역할이 바뀐다.
⑤ '학생'은 교사의 발화 의도를 적절히 파악하고 있다.

09 〈보기〉의 담화에서 의사소통이 원활히 이루어지지 않은 이유로 가장 적절한 것은?

> [보기]

① 화자와 청자의 관계가 원만하지 않기 때문이다.
② 화자가 단어의 의미에서 벗어난 표현을 했기 때문이다.
③ 화자가 자신의 의도를 제대로 표현하지 못했기 때문이다.
④ 언어 관습과 문화라는 맥락을 공유하고 있지 않기 때문이다.
⑤ 발화가 이루어진 시간에 맞는 적절한 표현이 아니기 때문이다.

10 다음 내용을 포함하는 담화의 구성 요소를 쓰시오.

> 성별, 역사적·문화적 상황, 세대 공동체의 가치

IV 음운

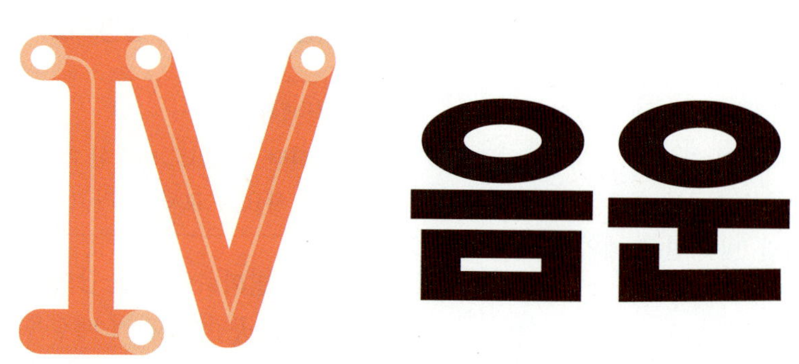

Ⅳ 음운

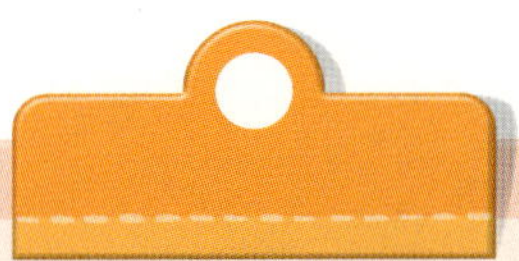

- 음운 체계
  - 모음
    - 단모음
    - 이중 모음
  - 자음
    - 파열음
    - 파찰음
    - 마찰음
    - 비음
    - 유음
- 음운 변동
  - 교체
    - 음절의 끝소리 규칙
    - 자음 동화
    - 구개음화
    - 된소리되기
    - 'ㅣ' 모음 역행 동화
  - 탈락
    - 자음 탈락
      - 자음군 단순화
      - 'ㅎ' 탈락
      - 'ㄹ' 탈락
    - 모음 탈락
      - 'ㅡ' 탈락
      - 동음 탈락
  - 첨가
    - 'ㄴ' 첨가
    - 반모음 첨가
  - 축약
    - 자음 축약

학습 목표 음운의 체계와 그 특성을 이해하고, 음운 변동에 대해 탐구해야 해!

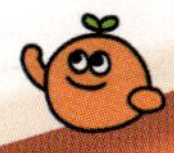

모음 체계

| 교과 연계 | 중학교 국어 2학년 _ 음운의 체계와 특성
고등학교 언어와 매체 _ 음운의 체계와 변동

개념 정리

● **모음**(어머니 모母 소리 음音)

발음할 때 공기의 흐름이 발음 기관의 방해를 받지 않고 나는 소리

발음 기관의 움직임 여부에 따라		
	단모음	발음할 때 입술이나 혀가 고정되어 움직이지 않는 모음 예 ㅏ, ㅐ, ㅓ, ㅔ 등
	이중 모음	발음할 때 입술의 모양이나 혀의 위치가 달라지는 모음 예 ㅑ, ㅒ, ㅘ, ㅙ 등

● **단모음**(홀 단單 어머니 모母 소리 음音)

발음할 때 입술이나 혀가 고정되어 움직이지 않는 모음

혀의 최고점의 위치	전설 모음		후설 모음	
혀의 높이 / 입술의 모양	평순 모음	원순 모음	평순 모음	원순 모음
고모음	ㅣ	ㅟ	ㅡ	ㅜ
중모음	ㅔ	ㅚ	ㅓ	ㅗ
저모음	ㅐ		ㅏ	

① 혀의 최고점의 위치에 따른 분류: 발음할 때 혀의 최고점이 입천장의 중간 부분보다 앞에 있는 전설 모음, 뒤쪽에 있는 후설 모음으로 나눔.

② 혀의 높이에 따른 분류: 발음할 때 혀의 위치가 높은 고모음, 혀의 위치가 중간인 중모음, 혀의 위치가 낮은 저모음으로 나눔.

③ 입술의 모양에 따른 분류: 발음할 때 입술이 평평한 상태가 되는 평순 모음, 입술을 동그랗게 오므린 상태가 되는 원순 모음으로 나눔.

● **이중 모음**(두 이二 거듭 중重 어머니 모母 소리 음音)

발음할 때 입술의 모양이나 혀의 위치가 달라지는 모음. 반모음*과 단모음의 결합으로 이루어짐.

'ㅣ[j]'계 이중 모음	반모음 'ㅣ'와 단모음 'ㅏ, ㅓ, ㅗ, ㅜ, ㅐ, ㅔ'의 결합 → ㅑ, ㅕ, ㅛ, ㅠ, ㅒ, ㅖ
'ㅗ/ㅜ[w]'계 이중 모음	반모음 'ㅗ/ㅜ'와 단모음 'ㅏ, ㅓ, ㅐ, ㅔ'의 결합 → ㅘ, ㅝ, ㅙ, ㅞ

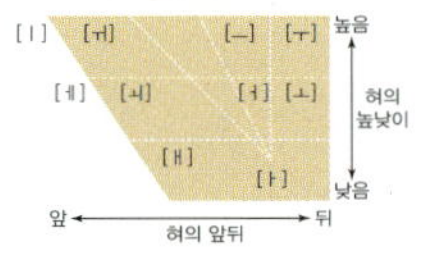

◆ **단모음 사각도**

◆ **반모음** 단모음과 결합하여 이중 모음을 이루는 모음. 단모음보다 짧게 발음됨.

정보

이중 모음 'ㅢ'

이중 모음 'ㅢ'는 결합한 모음 중 어느 것을 반모음으로 볼지 의견이 다양해요. 또한 이중 모음 'ㅢ'는 첫소리가 자음인지 모음인지에 따라, 단어의 첫음절인지 둘째 음절 이하인지에 따라, 조사로 쓰임의 여부에 따라 그 발음이 달라지기도 해요.

개념 확인 문제

01 다음 설명이 맞으면 ○, 틀리면 ×에 표시하시오.

(1) 모음은 발음할 때 공기의 흐름이 발음 기관의 방해를 받지 않는다. (○ , ×)

(2) 모음은 발음할 때 발음 기관의 움직임 여부에 따라 단모음과 이중 모음으로 나눈다. (○ , ×)

02 다음 빈칸에 들어갈 알맞은 말을 쓰시오.

(1) 단모음은 혀의 최고점의 위치, 혀의 높이, (　　　　)을/를 기준으로 분류한다.

(2) 단모음은 혀의 최고점의 위치를 기준으로 했을 때 전설 모음과 (　　　　)(으)로 나눌 수 있다.

03 다음 빈칸에 들어갈 알맞은 말을 쓰시오.

(1) (　　　　)은/는 입술이 평평한 상태에서 발음하는 모음이다.

(2) (　　　　)은/는 입술을 동그랗게 오므린 상태에서 발음하는 모음이다.

04 '혀의 높이'를 기준으로 할 때 ㉠~㉢이 어떤 모음인지 각각 쓰시오.

㉠ ㅡ	㉡ ㅏ	㉢ ㅓ

㉠: ________　　㉡: ________　　㉢: ________

05 '혀의 최고점의 위치'를 기준으로 할 때 ㉠~㉢이 어떤 모음인지 각각 쓰시오.

㉠ ㅔ	㉡ ㅏ	㉢ ㅐ

㉠: ________　　㉡: ________　　㉢: ________

06 〈보기〉의 특징을 가지는 모음이 <u>아닌</u> 것은?

> **보기**
> 발음할 때 입술의 모양이 동그랗게 오므린 상태가 된다.

① ㅚ　　　　② ㅜ　　　　③ ㅏ

07 발음할 때 입술의 모양이나 혀의 위치가 달라지는 모음을 모두 찾아 쓰시오.

ㅣ ㅘ ㅐ ㅖ ㅑ ㅛ

____

08 이중 모음의 성격이 나머지와 <u>다른</u> 것은?

① ㅠ　　　　② ㅙ　　　　③ ㅒ

01 모음 체계에 대한 설명으로 적절하지 <u>않은</u> 것은?

① 모음은 발음할 때 공기의 흐름이 방해를 받지 않는다.
② 단모음 10개는 총 세 가지 기준에 의해 분류할 수 있다.
③ 이중 모음 11개는 반모음과 반모음의 결합으로 이루어진다.
④ 모음 중에서 발음할 때 입술 모양이나 혀의 위치가 바뀌는 모음을 이중 모음이라 한다.
⑤ 모음 중에서 발음할 때 입술 모양이나 혀의 위치가 바뀌지 않는 모음을 단모음이라 한다.

02 모음 체계에 대한 학생들의 대화 내용으로 적절하지 <u>않은</u> 것은?

① 준식: 'ㅜ', 'ㅚ'는 입술을 동그랗게 오므려 발음하는 모음이야.
② 태윤: 'ㅏ'는 혀의 최고점을 뒤에 놓은 상태에서 발음하는 모음이야.
③ 은미: 'ㅛ', 'ㅟ'는 발음할 때 발음 기관의 모양이 달라지는 모음이야.
④ 수아: 'ㅡ', 'ㅣ'는 모두 혀의 높이를 가장 높이 해서 발음하는 모음이야.
⑤ 예성: 'ㅔ'는 'ㅗ'와 달리 입술이나 혀를 움직이지 않고 발음하는 모음이야.

03 〈보기〉에서 설명하는 모음으로 적절하지 <u>않은</u> 것은?

> **보기**
> 우리말의 모음 중 일부는 반모음과 단모음의 결합으로 이루어진 것으로, 발음할 때 입술 모양이나 혀의 위치를 바꾸어 발음해야 한다.

① ㅖ ② ㅑ ③ ㅒ ④ ㅙ ⑤ ㅝ

04 〈보기〉의 ㉠에 들어갈 수 있는 모음으로 가장 적절한 것은?

> **보기**
> 우리말의 이중 모음은 입술 모양이나 혀의 위치를 바꾸어 발음해야 한다. 그중 '(㉠)'와 같은 이중 모음은 처음에는 입술 모양을 동그랗게 오므렸다가 나중에는 평평하게 펴서 발음해야 한다.

① ㅜ ② ㅒ ③ ㅑ ④ ㅘ ⑤ ㅖ

서술형

05 〈보기〉에 제시된 두 모음을 발음할 때의 공통점과 차이점을 〈조건〉에 맞게 쓰시오.

> **보기**
> ㅓ, ㅗ

> **조건**
> • 공통점과 차이점 모두 단모음의 분류 기준을 활용하여 쓸 것.
> • 완결된 형태의 문장으로 쓸 것.

06 〈보기〉의 조건을 모두 만족하는 모음으로 적절한 것은?

〔보기〕
• 혀의 높이를 높여서 발음해야 함.
• 입술을 동그랗게 오므리면서 발음해야 함.
• 혀의 최고점을 입천장의 중간점보다 뒤쪽에 둔 상태로 발음해야 함.

① ㅔ   ② ㅜ   ③ ㅣ   ④ ㅐ   ⑤ ㅡ

07 〈보기〉의 학생의 질문에 대한 답변으로 가장 적절한 것은?

〔보기〕
학생: 선생님, '저'와 달리 '자'를 정확하게 발음하려면 어떻게 해야 할까요?

① 입술 모양을 보다 평평하게 만들어야 해.
② 입술 모양을 동그랗게 해서 오므려야 해.
③ 뒤에 놓인 혀의 위치를 앞으로 바꾸어야 해.
④ 혀의 높이를 낮추면서 입을 크게 벌려야 해.
⑤ 혀의 높이를 높이면서 입을 작게 만들어야 해.

08 〈보기〉에서 설명하는 단어로 가장 적절한 것은?

〔보기〕
첫 음절은 입술을 평평하게 했다가 동그랗게 바꾸어 발음하고, 둘째 음절은 평평한 입술 모양으로 입을 크게 하여 입술 모양을 바꾸지 않고 발음한다.

① 아이   ② 여유
③ 우와   ④ 유아
⑤ 유예

09 〈보기〉에 제시된 모음들의 공통점으로 가장 적절한 것은?

〔보기〕
ㅔ, ㅚ, ㅓ, ㅗ

① 입술을 평평하게 만들어 발음해야 한다.
② 혀의 높이를 중간에 두고 발음해야 한다.
③ 혀의 높이를 제일 아래에 두고 발음해야 한다.
④ 입술을 동그란 모양으로 만들어 발음해야 한다.
⑤ 혀의 가장 높은 부분을 입천장의 앞쪽에 두고 발음해야 한다.

〔고난도〕

10 〈보기〉의 ⓐ~ⓒ에 들어갈 내용이 각각 바르게 연결된 것은?

〔보기〕
'ㅣ'와 'ㅔ'는 (ⓐ)에 따라 그 차이가 결정되며, 'ㅡ'와 'ㅜ'는 (ⓑ)에 따라 그 차이가 결정된다. 그리고 'ㅚ'와 'ㅗ'는 (ⓒ)에 따라 그 차이가 결정된다.

	ⓐ	ⓑ	ⓒ
①	입술의 모양	혀의 앞뒤 위치	혀의 높이
②	입술의 모양	혀의 높이	혀의 앞뒤 위치
③	혀의 높이	입술의 모양	혀의 앞뒤 위치
④	혀의 높이	혀의 앞뒤 위치	입술의 모양
⑤	혀의 앞뒤 위치	입술의 모양	혀의 높이

문제 해결의 🔑 단모음 10개를 구분하는 분류 기준 세 가지를 떠올려 보고, 각 모음이 세 가지 기준에 따라 어떻게 분류되는지 생각해 보자. 그리고 각 모음의 공통점과 차이점을 파악해 보자.

01 〈자료〉의 방식으로 단모음을 분류하였을 때 ㉠에 해당하는 것은?

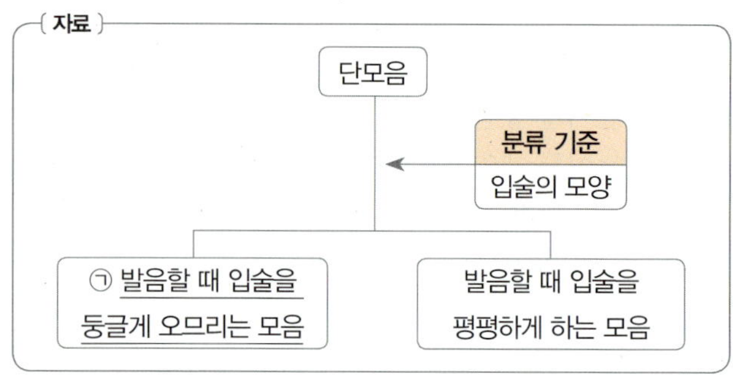

① ㅐ   ② ㅔ   ③ ㅜ   ④ ㅡ   ⑤ ㅣ

02 다음 표를 참고할 때, 〈보기〉의 놀이에서 승리할 수 있는 카드는?

혀의 앞뒤	전설 모음		후설 모음	
입술의 모양 혀의 높이	평순	원순	평순	원순
고모음	ㅣ	ㅟ	ㅡ	ㅜ
중모음	ㅔ	ㅚ	ㅓ	ㅗ
저모음	ㅐ		ㅏ	

〔보기〕

◎ 한글 모음 놀이의 승리 조건

– 아래의 조건을 모두 만족하는 모음 카드를 제시할 것

• 입천장의 중간점을 기준으로 혀의 가장 높은 부분을 앞쪽에 둔 상태로 발음하는 모음
• 입술을 평평하게 해서 발음하는 모음
• 입을 조금 벌리고 혀가 입천장에 닿을 만큼 높은 상태로 발음하는 모음

① ㅔ   ② ㅜ   ③ ㅣ   ④ ㅟ   ⑤ ㅏ

03 다음의 단모음 체계표를 참고할 때, 〈보기〉의 ㉠에 들어갈 말로 적절한 것은?

혀의 앞뒤 위치	전설 모음		후설 모음	
입술의 모양 혀의 높낮이 (입을 벌리는 정도)	평순 모음	원순 모음	평순 모음	원순 모음
고모음(폐모음)	ㅣ	ㅟ	ㅡ	ㅜ
중모음(반개모음)	ㅔ	ㅚ	ㅓ	ㅗ
저모음(개모음)	ㅐ		ㅏ	

〔보기〕

수정: 내가 잘 했어야 했는데.

민기: 뭐? 내가 잘 했어야 한다고? 어떻게 그렇게 말하니?

수정: 아니. 니가 못 했다는 게 아니라 내가 잘 했어야 했는데 그렇지 못해서 미안하다고.

민기: 아아, 내가 오해했구나. 나는 '네가 잘 했어야 했는데.'로 들었어. 그런데 '니가'는 잘못된 표현 아니야?

수정: 맞아. 그런데 '내'와 '네'가 혼동되니까 현실적으로 '니가'를 사용하기도 하지.

민기: 아, 그렇구나. '내'를 발음할 때는 (　　㉠　　)

① '네'보다 입을 더 크게 벌려야겠구나.
② '네'와 달리 입술을 동그랗게 오므려야겠구나.
③ '네'보다 혀의 높이를 더 높아지게 해야겠구나.
④ '네'와 달리 혀의 최고점을 앞에 놓아야겠구나.
⑤ '네'와 달리 입술이나 혀를 움직이지 말아야겠구나.

고3 학력평가

04 〈보기〉를 참고하여 철수에게 해 줄 수 있는 조언으로 가장 적절한 것은?

─〔보기〕─
· 국어의 단모음 체계

혀의 최고점 위치	전설 모음		후설 모음	
입술의 모양 혀의 높이 (입의 개폐)	평순	원순	평순	원순
고모음(폐모음)	ㅣ	ㅟ	ㅡ	ㅜ
중모음(반개모음)	ㅔ	ㅚ	ㅓ	ㅗ
저모음(개모음)	ㅐ		ㅏ	

철수: 영희야, 넌 '게'와 '개'를 정확하게 구분해서 발음할 수 있니? 난 잘 안 돼서 말할 때마다 머뭇거리게 돼. 어떻게 하면 좋을까?

① '개'를 발음할 때는 '게'와 달리 입술을 동그랗게 오므려야 해.
② '개'를 발음할 때는 '게'에 비해 입을 더 크게 벌려서 혀의 높이를 낮추어야 해.
③ '게'를 발음할 때는 '개'와 달리 소리 내는 동안 입술과 혀를 움직이지 말아야 해.
④ '개'를 발음할 때는 '게'에 비해 입술을 더 평평하게 하고 입을 조금만 벌려야 해.
⑤ '게'를 발음할 때는 '개'와 달리 혀의 최고점이 앞쪽에 있다는 느낌으로 발음해야 해.

수능 맛보기

Q 〈보기〉의 ㉠에 들어갈 말로 적절하지 <u>않은</u> 것은?

─〔보기〕─
선생님: 최소 대립쌍이란 하나의 소리로 인해 뜻이 구별되는 단어의 짝을 말해요. 가령 최소 대립쌍 '살'과 '쌀'은 'ㅅ'과 'ㅆ'으로 인해 뜻이 달라지는데, 이때의 'ㅅ', 'ㅆ'은 음운의 자격을 얻게 되죠. 이처럼 최소 대립쌍을 이용해 음운들을 추출하면 음운 체계를 수립할 수 있어요. 이제 고유어들을 모은 [A]에서 최소 대립쌍들을 찾아 음운들을 추출하고, 그 음운들을 [B]에서 확인해 봅시다.

[A] 쉬리, 마루, 구실, 모래, 소리, 구슬, 머루

[B] 국어의 단모음 체계

혀의 앞뒤	전설 모음		후설 모음	
입술 모양 혀의 높낮이	평순	원순	평순	원순
고모음	ㅣ	ㅟ	ㅡ	ㅜ
중모음	ㅔ	ㅚ	ㅓ	ㅗ
저모음	ㅐ		ㅏ	

[학생의 탐구 내용]
추출된 음운들 중 (　㉠　)을 확인할 수 있군.

① 2개의 전설 모음
② 2개의 중모음
③ 3개의 평순 모음
④ 3개의 고모음
⑤ 4개의 후설 모음

자음 체계

| 교과 연계 | 중학교 국어 2학년 _ 음운의 체계와 특성
고등학교 언어와 매체 _ 음운의 체계와 변동

개념 정리

○ 자음(아들 子 소리 音흡)

발음할 때 공기의 흐름이 발음 기관의 방해를 받으면서 나는 소리

조음 방법		조음 위치	입술소리	잇몸소리	센입천장소리	여린입천장소리	목청소리
안울림소리	파열음	예사소리	ㅂ	ㄷ		ㄱ	
		된소리	ㅃ	ㄸ		ㄲ	
		거센소리	ㅍ	ㅌ		ㅋ	
	파찰음	예사소리			ㅈ		
		된소리			ㅉ		
		거센소리			ㅊ		
	마찰음	예사소리		ㅅ			ㅎ
		된소리		ㅆ			
울림소리	비음		ㅁ	ㄴ		ㅇ	
	유음			ㄹ			

· 조음 위치에 따른 분류

입술소리	두 입술 사이에서 나는 소리	ㅂ, ㅃ, ㅍ, ㅁ
잇몸소리	혀끝이 윗잇몸에 닿아서 나는 소리	ㄷ, ㄸ, ㅌ, ㅅ, ㅆ, ㄴ, ㄹ
센입천장소리	혓바닥과 센입천장 사이에서 나는 소리	ㅈ, ㅉ, ㅊ
여린입천장소리	혀의 뒷부분과 여린입천장 사이에서 나는 소리	ㄱ, ㄲ, ㅋ, ㅇ
목청소리	목청 사이에서 나는 소리	ㅎ

· 조음 방법에 따른 분류

파열음	공기의 흐름을 막았다가 터뜨리면서 내는 소리	ㄱ, ㄲ, ㅋ, ㄷ, ㄸ, ㅌ, ㅂ, ㅃ, ㅍ
파찰음	공기의 흐름을 막았다가 서서히 터뜨리면서 마찰시켜 내는 소리	ㅈ, ㅉ, ㅊ
마찰음	공기가 나오는 통로를 좁히고 그 좁은 틈 사이로 공기를 내보내어 마찰을 일으키면서 내는 소리	ㅅ, ㅆ, ㅎ
비음	입안의 통로를 막고 공기를 코로 내보내면서 내는 소리	ㄴ, ㅁ, ㅇ
유음	혀끝을 윗잇몸에 대었다가 떼거나, 혀끝을 잇몸에 댄 채 공기를 그 양 옆으로 흘려보내면서 내는 소리	ㄹ

◆ 조음 말소리를 내기 위하여 음성 기관을 움직이는 것

◆ 예사소리, 된소리, 거센소리

예사소리	조음 기관의 긴장도가 낮아 약하게 나는 소리(ㄱ, ㄷ, ㅂ, ㅅ, ㅈ)
된소리	성대 근육을 긴장하면서 숨을 쉬는 기운이 거의 없이 내어 단단한 느낌을 주는 소리(ㄲ, ㄸ, ㅃ, ㅆ, ㅉ)
거센소리	공기를 많이 내보내서 숨이 거세게 나와 거칠고 센 느낌을 주는 소리(ㅋ, ㅌ, ㅍ, ㅊ)

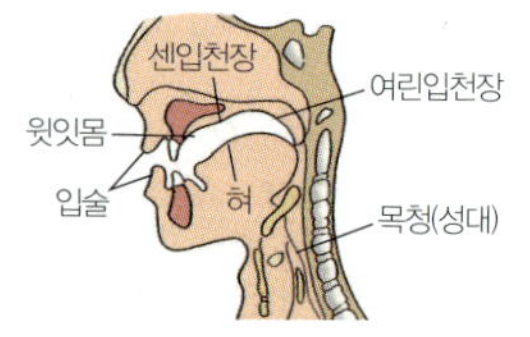

🔥 정보

발음 기관 단면도 – 자음

◆ 파찰음 파열음과 마찰음의 성격을 모두 가지는 소리

🔥 정보

자음의 울림소리

자음은 기본적으로 안울림소리이지만, 비음 'ㄴ, ㅁ, ㅇ'과 유음 'ㄹ'은 울림소리예요. 비음과 유음은 음운 변동 등에서 중요하게 기능하는 경우가 많기 때문에 '노란양말'처럼 초성을 활용해서 외워 보세요.

개념 확인 문제

01 자음을 모두 골라 쓰시오.

> ㄱ, ㅁ, ㅏ, ㅊ, ㅠ

---

02 다음 설명이 맞으면 ○, 틀리면 ×에 표시하시오.

(1) 자음은 크게 조음 방법과 조음 위치를 기준으로 분류한다. (○ , ×)
(2) 자음은 모음과 달리 공기의 흐름이 방해를 받으면서 발음되는 글자이다. (○ , ×)

03 다음 빈칸에 들어갈 알맞은 말을 쓰시오.

(1) 자음 중 (　　　　　　)은/는 울림소리이다.
(2) 'ㅅ'과 'ㄴ'의 공통점은 (　　　)소리라는 것이다.

04 조음 방법이 <u>다른</u> 자음은?

① ㄱ　　② ㅍ　　③ ㅆ　　④ ㅂ　　⑤ ㅌ

05 다음 설명이 맞으면 ○, 틀리면 ×에 표시하시오.

(1) 'ㅁ'은 조음 위치를 기준으로 입술소리, 조음 방법을 기준으로 유음이다. (○ , ×)
(2) 'ㄱ'은 조음 위치를 기준으로 여린입천장소리, 조음 방법을 기준으로 파열음이다. (○ , ×)

06 다음 빈칸에 들어갈 알맞은 말을 쓰시오.

(1) 공기의 흐름을 막았다가 터뜨리면서 내는 소리를 (　　　)(이)라고 한다.
(2) 입안의 통로를 막고 공기를 코로 내보내면서 내는 소리를 (　　　)(이)라고 한다.

07 조음 위치가 <u>다른</u> 자음은?

① ㅁ　　② ㄴ　　③ ㅆ　　④ ㄷ　　⑤ ㅌ

08 〈보기〉의 설명에 해당하는 자음을 쓰시오.

> **보기**
> 여린입천장소리이면서 비음인 소리

01 자음 체계에 대한 설명으로 적절하지 <u>않은</u> 것은?

① 우리말의 자음은 모두 19개이다.
② 자음은 조음 위치에 따라 다섯 가지로 나눌 수 있다.
③ 자음은 조음 방법에 따라 다섯 가지로 나눌 수 있다.
④ 자음은 모음과 동일하게 기본적으로 울림소리이다.
⑤ 자음은 소리의 세기에 따라 예사소리, 거센소리, 된소리로 나눌 수 있다.

02 자음 체계에 대한 학생들의 이해로 적절하지 <u>않은</u> 것은?

① 민영: 유음은 공기를 흘려보내면서 내는 소리야.
② 명정: 파찰음은 파열음과 마찰음의 속성을 모두 가지는 특성이 있어.
③ 누리: 'ㄱ, ㄷ, ㅂ, ㅅ'은 '예사소리–거센소리– 된소리'의 계열성이 있어.
④ 연서: 비음과 유음은 다른 자음들과 달리 목청을 울리면서 내는 소리야.
⑤ 태령: 자음은 조음 위치에 따라 입술소리, 잇몸소리, 센입천장소리, 여린입천장소리, 목청소리로 분류할 수 있어.

03 자음과 그 조음 위치의 연결이 적절하지 <u>않은</u> 것은?

① ㅂ – 입술소리
② ㅆ – 잇몸소리
③ ㅌ – 잇몸소리
④ ㄱ – 여린입천장소리
⑤ ㅈ – 여린입천장소리

04 〈보기〉의 자음들의 공통점으로 가장 적절한 것은?

〔보기〕

ㅅ, ㅆ, ㅎ

① 혀끝이 윗잇몸에 닿아서 나는 소리이다.
② 혓바닥과 센입천장 사이에서 나는 소리이다.
③ 입안의 통로를 막고 공기를 코로 내보내면서 내는 소리이다.
④ 공기의 흐름을 막았다가 터뜨리면서 마찰을 일으켜 내는 소리이다.
⑤ 공기가 나오는 통로를 좁히고 그 좁은 틈 사이로 공기를 내보내어 마찰을 일으키면서 내는 소리이다.

〔서술형〕

05 〈보기〉에 제시된 자음의 공통점과 차이점을 〈조건〉에 맞게 쓰시오.

〔보기〕

ㄴ, ㅁ, ㅇ

〔조건〕
• 조음 방법과 관련지어 공통점을 쓸 것.
• 조음 위치와 관련지어 차이점을 쓸 것.
• '~다.'로 끝나는 완결된 형태의 문장으로 쓸 것.

06 〈보기〉의 단어를 발음할 때 발음되는 자음들의 공통점으로 가장 적절한 것은?

> **보기**
>
> 보도국

① 혀끝을 윗잇몸에 대었다가 떼면서 내는 소리이다.
② 공기의 흐름을 막았다가 터뜨리면서 내는 소리이다.
③ 공기의 흐름이 방해를 받지 않도록 하여 내는 소리이다.
④ 예사소리보다 공기의 흐름을 강하게 내보내며 내야 하는 소리이다.
⑤ 혀끝을 잇몸에 댄 채 공기를 혀 양 옆으로 흘려보내면서 내는 소리이다.

07 〈보기〉의 내용을 모두 만족하는 단어로 가장 적절한 것은?

> **보기**
>
> 초성은 잇몸소리이자 파열음의 예사소리이며, 종성은 센입천장소리이자 파찰음의 거센소리이다.

① 탈 　　　　② 닻
③ 낯 　　　　④ 달
⑤ 닫

08 조음 방법이 같은 것끼리 묶인 것은?

① ㄴ－ㄹ 　　　　② ㄷ－ㅉ
③ ㅂ－ㅌ 　　　　④ ㅋ－ㅈ
⑤ ㅍ－ㅎ

09 〈보기〉의 자음에 대한 설명으로 적절하지 <u>않은</u> 것은?

> **보기**
>
> ㄴ, ㄷ, ㄲ, ㅊ, ㅆ, ㅎ, ㅍ, ㅇ

① 비음은 총 두 개가 포함되어 있다.
② 파열음, 파찰음, 마찰음이 하나 이상씩 포함되어 있다.
③ 예사소리, 된소리, 거센소리가 하나 이상씩 포함되어 있다.
④ 조음 방법에 따라 'ㄴ, ㅇ', 'ㄷ, ㄲ, ㅍ', 'ㅊ, ㅎ', 'ㅆ'으로 묶을 수 있다.
⑤ 조음 위치에 따라 'ㄴ, ㄷ, ㅆ', 'ㅇ, ㄲ', 'ㅍ', 'ㅊ', 'ㅎ'으로 묶을 수 있다.

고난도

10 〈보기〉의 ㉠에 들어갈 내용으로 가장 적절한 것은?

> **보기**
>
> [학습 과제] 국물을 [궁물]로 발음할 때 자음의 조음 위치와 조음 방법은 어떤 변화가 있을까요?
> [답변] 'ㄱ'이 [ㅇ]으로 변하므로, ________㉠________.

① 조음 위치만 두 번 변합니다.
② 조음 위치와 조음 방법이 모두 변합니다.
③ 조음 위치와 조음 방법이 모두 변하지 않습니다.
④ 조음 위치는 변하지 않고 조음 방법만 변합니다.
⑤ 조음 위치는 변하고 조음 방법은 변하지 않습니다.

문제 해결의 🔑 'ㄱ'와 'ㅇ' 각각의 조음 방법, 조음 위치를 정확히 파악한 후 변화 양상을 파악해 보자.

고1 학력평가

01 다음은 자음 습득에 관한 탐구 자료이다. 이에 대한 이해로 적절하지 <u>않은</u> 것은?

> '엄마'와 '아빠' 중에 어느 단어가 상대적으로 낮은 연령에서 발음하기가 쉬울까? 자음은 발음을 할 때 공기의 흐름이 방해를 받기 때문에 제약이 많아 연령에 따라 습득되는 자음들이 다르다. 연령에 따른 자음의 발달 단계를 살펴보면 우선 두 입술 사이에서 나는 소리가 가장 먼저 발달한다. 그중에서도 코로 공기를 내보내는 비음이자 울림소리인 'ㅁ'이 2세 때 습득된다. 그 후 3세 때에는 파열음이자 안울림소리인 'ㅃ'을 습득하게 된다. 따라서 'ㅁ'을 'ㅃ'보다 먼저 습득하게 되므로 아동들은 부모의 호칭 중 음성학적으로 '아빠'보다 '엄마'를 보다 쉽게 발음할 수 있는 것이다.

① 'ㅁ'은 'ㅃ'보다 강하게 파열되며 나는 소리구나.
② 'ㅁ'은 'ㅃ'과 달리 목청을 울리면서 소리를 내게 되는구나.
③ 'ㅁ'은 'ㅃ'과 달리 코로 공기를 내보내면서 소리를 내게 되는구나.
④ 'ㅁ'과 'ㅃ'은 모두 두 입술 사이에서 나는 소리구나.
⑤ 'ㅁ'과 'ㅃ'은 모두 공기의 흐름이 방해를 받는 소리구나.

고1 학력평가

02 <보기>의 밑줄 친 부분의 예로 적절하지 <u>않은</u> 것은?

> **보기**
>
> 자음 중 안울림소리는 소리의 세기에 따라 예사소리, 된소리, 거센소리로 나뉜다. <u>기본적으로 같은 의미를 가진 단어라도 된소리는 예사소리보다 더 강하고 단단한 느낌을 주고, 거센소리는 된소리보다 더 크고 거친 느낌을 준다.</u>

① ┌ 얼음이 단단하게 얼어서 깨지지 않는다.
   └ 주먹밥은 돌처럼 <u>딴딴하게</u> 굳어 있었다.
② ┌ 문이 <u>덜거덕</u> 열린다.
   └ 수레가 <u>떨거덕</u> 소리를 내며 굴러간다.
③ ┌ 햇빛이 <u>부옇게</u> 칠판을 비추었다.
   └ 안개가 <u>뿌옇게</u> 낀 아침이었다.
④ ┌ 일찍 일어나 마당을 <u>삭삭</u> 쓸었다.
   └ 마루를 걸레로 <u>싹싹</u> 문질러 닦았다.
⑤ ┌ 부모님의 의견을 <u>좇아</u> 진로를 정했다.
   └ 동생은 형을 <u>쫓아</u> 방에 들어갔다.

03 〈보기〉를 참고하여 외국 학생이 정확한 발음을 하도록 조언한 내용으로 알맞은 것은?

〈보기〉

조음 방법	조음 위치	두 입술	윗잇몸	센 입천장	여린 입천장	목청
안울림 소리	파열음	ㅂㅃㅍ	ㄷㄸㅌ		ㄱㄲㅋ	
	파찰음			ㅈㅉㅊ		
	마찰음		ㅅㅆ			ㅎ
울림 소리	비음	ㅁ	ㄴ		ㅇ	
	유음		ㄹ			

① '불'은 '둘'처럼 혀끝을 윗잇몸에 닿게 해서 소리 내야 해.
② '불'은 '굴'처럼 혓바닥을 여린입천장에 밀착시켜 소리 내야 해.
③ '불'은 '눌'과 달리 두 입술을 맞닿게 하면서 목청을 울리지 않고 소리 내야 해.
④ '불'은 '둘', '굴'과 달리 폐에서 나오는 공기의 흐름을 일단 막았다가 터뜨리면서 소리 내야 해.
⑤ '불'은 '둘', '눌'과 달리 코로 공기를 내보내며 목청을 울리며 소리 내야 해.

Q 〈보기〉의 ㉠에 들어갈 내용으로 알맞은 것은?

보기

학생: '식물'이 [싱물]로 발음되는데, 두 자음이 만나서 발음될 때 조음 위치나 방식 중 무엇이 바뀐 것인가요?
선생님: 아래의 자음 분류표를 보면서 그 답을 찾아봅시다.

조음 방식	조음 위치	양순음	치조음	연구개음
	파열음	ㅂ	ㄷ	ㄱ
	비음	ㅁ	ㄴ	ㅇ

이 표는 국어 자음을 조음 위치와 조음 방식에 따라 분류한 자음 체계의 일부입니다. '식'의 'ㄱ'이 '물'의 'ㅁ' 앞에서 [ㅇ]으로 발음되지요. 이와 비슷한 예들로는 '입는[임는]', '뜯는[뜬는]'이 있는데, 이 과정에서 무엇이 달라졌나요?
학생: 세 경우 모두 두 자음이 만나서 발음될 때, ________ ㉠ 이/가 변했네요.

① 앞 자음의 조음 방식
② 뒤 자음의 조음 방식
③ 두 자음의 조음 방식
④ 앞 자음의 조음 위치
⑤ 뒤 자음의 조음 위치

DAY 14 음운 교체

| 교과 연계 | 고등학교 언어와 매체 _ 음운의 체계와 변동

개념 정리

음절의 끝소리 규칙

음절의 끝에서 발음되는 자음은 'ㄱ, ㄴ, ㄷ, ㄹ, ㅁ, ㅂ, ㅇ'의 7개로 제한되어 있기 때문에 이외의 자음이 음절 끝에 오면 대표음으로 바뀌어 발음되는 현상

끝소리 자음	대표음	예시
ㄲ, ㅋ	[ㄱ]	밖[박], 부엌[부억]
ㅌ, ㅅ, ㅆ, ㅈ, ㅊ, ㅎ	[ㄷ]	끝[끋], 빗[빋], 썼다[썯따], 낮[낟], 꽃[꼳], 히읗[히읃]
ㅍ	[ㅂ]	덮다[덥따]

자음 동화(같을 同 될 化)

음절 끝 자음이 뒤에 오는 자음과 인접할 때, 어느 한쪽이 다른 쪽에 동화되어 그와 비슷하거나 같은 소리로 바뀌어 발음되는 현상

유형	개념	예시
비음화	앞말 받침의 파열음 'ㄱ, ㄷ, ㅂ'이 뒷말 첫소리의 비음 'ㄴ, ㅁ' 앞에서 각각 [ㅇ, ㄴ, ㅁ]으로 발음되는 현상	각목[강목], 닫는[단는]
유음화	비음 'ㄴ'이 유음 'ㄹ'과 인접할 때 그 영향을 받아 [ㄹ]로 발음되는 현상	신라[실라], 달나라[달라라]

구개음화

치조음 'ㄷ, ㅌ'이 모음 'ㅣ'나 반모음 'ㅣ[j]'로 시작하는 형식 형태소 앞에서 구개음 [ㅈ, ㅊ]으로 바뀌어 발음되는 현상 예 굳이[구지], 같이[가치], 피붙이[피부치], 해돋이[해도지]

된소리되기

앞 음운의 영향으로 뒤의 예사소리가 된소리로 바뀌어 발음되는 현상

환경	예시
파열음 받침 'ㄱ, ㄷ, ㅂ' 뒤	국밥[국빱], 닫다[닫따], 밥상[밥쌍]
어간 받침 'ㄴ(ㄵ), ㅁ(ㄻ)' 뒤	안다[안ː따], 감다[감ː따]
한자어의 'ㄹ' 받침 뒤	갈증[갈쯩]
관형사형 어미 '-(으)ㄹ' 뒤	만날 사람[만날싸ː람]

공부할 것이 많아서 마음을 굳게 먹고 자리에 앉다.
[공부할껃]: ㄱ → [ㄲ]   [굳께]: ㄱ → [ㄲ]   [안따]: ㄷ → [ㄸ]

'ㅣ' 모음 역행 동화

앞말의 후설 모음 'ㅏ, ㅓ, ㅗ, ㅜ'가 뒷말의 전설 모음 'ㅣ'에 동화되어 전설 모음 [ㅐ, ㅔ, ㅚ, ㅟ]로 바뀌어 발음되는 현상 예 아기 → [애기], 아비 → [애비], 고기 → [괴기]

정보

음운의 교체

한 음운이 특정 음운 환경에서 혹은 다른 음운과 인접할 때 다른 음운으로 바뀌는 현상으로, 음절의 끝소리 규칙, 비음화, 유음화, 구개음화, 된소리되기 등이 있어요.

◆ **동화의 방향** 자음 동화는 동화의 방향에 따라서, 뒷소리가 앞소리를 닮는 순행 동화와 앞소리가 뒷소리를 닮는 역행 동화, 앞소리와 뒷소리가 서로 닮는 상호 동화로 나뉨.

◆ **반모음** 짧게 발음되는 모음으로, 단모음과 결합하여 이중 모음을 이루는 모음

◆ **형식 형태소** 문법적 의미를 가지는 형태소로 조사, 어미, 접사가 이에 해당함.

◆ **관형사형 어미** 동사, 형용사가 활용할 때 어간 뒤에 결합하여 뒤의 체언을 수식할 수 있도록 하는 어미

정보

'ㅣ' 모음 역행 동화

'ㅣ' 모음 역행 동화는 표준 발음으로 인정하지 않는 것이 원칙이에요. 단 '냄비', '서울내기' 등 예외적인 단어에 한해 표준어로 인정해요.

개념 확인 문제

01 다음 설명이 맞으면 ○, 틀리면 ×에 표시하시오.

(1) '잎'은 [입]으로 발음한다. (○ , ×)

(2) '키읔'은 [키윽]으로 발음한다. (○ , ×)

02 다음 빈칸에 들어갈 알맞은 말을 쓰시오.

(1) 비음화는 앞말의 받침 'ㄱ, ㄷ, ㅂ'이 뒷말 첫소리의 비음 '(,   )' 앞에서 각각 [ㅇ, ㄴ, ㅁ]으로 발음되는 현상이다.

(2) (   )은/는 'ㄴ'이 앞이나 뒤에 인접한 'ㄹ'의 영향을 받아 [ㄹ]로 발음되는 현상이다.

03 비음화가 일어나는 단어를 고르시오.

① 백구   ② 입문   ③ 옷장

04 〈보기〉의 밑줄 친 단어의 발음을 각각 쓰시오.

┌─ 보기 ─────────────────────┐
별나라가 있다고 믿는 마음
  ⓐ   ⓑ
└────────────────────────────┘

ⓐ: ___________   ⓑ: ___________

05 다음 단어의 올바른 발음을 쓰시오.

(1) 맏이: ___________

(2) 역도: ___________

(3) 붙이다: ___________

06 다음 설명이 맞으면 ○, 틀리면 ×에 표시하시오.

(1) 된소리되기와 구개음화는 자음의 영향으로 자음이 교체되는 음운 변동이다. (○ , ×)

(2) 'ㅣ' 모음 역행 동화는 모음의 영향으로 모음이 교체되는 음운 변동이다. (○ , ×)

07 다음 설명이 맞으면 ○, 틀리면 ×에 표시하시오.

(1) '국가'는 [국까]로 발음해야 한다. (○ , ×)

(2) '갈등(葛藤)'은 [갈뜽]으로 발음해야 한다. (○ , ×)

08 다음 빈칸에 들어갈 알맞은 말을 쓰시오.

┌────────────────────────────┐
'ㅣ' 모음 역행 동화는 앞말의 (   ) 모음 'ㅏ, ㅓ, ㅗ, ㅜ'가 뒷말의 (   ) 모음 'ㅣ'에 동화되어 전설 모음 [ㅐ, ㅔ, ㅚ, ㅟ]로 바뀌어 발음되는 현상이다.
└────────────────────────────┘

01 음운 교체에 대한 설명으로 적절하지 <u>않은</u> 것은?

① 음운의 교체는 한 음운이 다른 음운으로 바뀌는 현상이다.

② 음운의 교체는 음절 말에서나 두 음운이 인접할 때 일어난다.

③ 음운 교체의 유형으로는 음절의 끝소리 규칙, 자음 동화, 된소리되기 등이 있다.

④ 된소리되기와 구개음화는 모음의 영향으로 자음이 바뀌는 현상이다.

⑤ 비음화와 유음화는 특정 자음이 인접한 자음의 영향으로 바뀌는 현상이다.

02 각 단어의 발음과 음운 변동이 올바르게 연결되지 <u>않은</u> 것은?

	단어	발음	음운 변동
①	필승	[필씅]	된소리되기
②	앞	[압]	음절의 끝소리 규칙
③	칼날	[칼랄]	유음화
④	받는다	[반는다]	비음화
⑤	끝을	[끄츨]	구개음화

03 밑줄 친 단어의 발음이 적절하지 <u>않은</u> 것은?

① 밭이[바치] 넓다.

② 과자를 먹는다[멍는다].

③ 마음에 번민[범민]이 많다.

④ 그 원리[월리]를 깨달아야 해.

⑤ 실밥을 뜯는[뜬는] 친구가 있다.

04 〈보기〉의 단어를 발음할 때 일어나는 음운 변동에 대한 이해로 적절하지 <u>않은</u> 것은?

> **보기**
>
> 키읔만, 물난리, 덮는

① '키읔만', '물난리', '덮는'은 모두 발음할 때 음운 개수에 변화가 없어.

② '키읔만'과 '덮는'은 발음할 때 받침의 자음이 교체돼.

③ '키읔만'은 'ㅋ'이 두 번의 교체를 거쳐 'ㅇ'으로 발음돼.

④ '물난리'는 둘째 음절의 두 'ㄴ'이 각각 한 번씩의 교체를 거쳐 'ㄹ'로 발음돼.

⑤ '덮는'은 'ㅍ'이 한 번의 교체를 거쳐 'ㅁ'으로 발음돼.

05 '낯설다'의 올바른 발음을 쓰고, 발음 과정에 나타나는 음운 변동의 명칭과 내용을 〈조건〉에 맞게 쓰시오.

> **조건**
> - '낯설다'의 정확한 발음을 먼저 밝힐 것.
> - 나타나는 음운 변동의 명칭을 모두 쓰고, 해당 음운 변동이 일어나는 환경과 과정을 순서대로 쓸 것.
> - '~다.'로 끝나는 완결된 형태의 문장으로 쓸 것.

06 〈보기〉에서 설명하는 음운 변동이 일어나는 단어가 <u>아닌</u> 것은?

〔보기〕
　앞말의 받침 'ㄱ, ㄷ, ㅂ'이 뒷말의 첫소리 'ㄴ, ㅁ' 앞에서 각각 [ㅇ, ㄴ, ㅁ]으로 발음되는 현상

① 먹물[멍물]
② 팥죽[판쭉]
③ 밭머리[반머리]
④ 부엌문[부엉문]
⑤ 막내[망내]

07 다음 ㉠～㉢의 음운 변동에 대한 설명으로 가장 적절한 것은?

〔　〕
㉠ 갓[갇]
㉡ 잎사귀[입싸귀]
㉢ 곡물[공물]

① ㉠: 잇몸소리가 센입천장소리로 바뀌는 음운 변동이다.
② ㉠: 음운 변동 결과 음운 개수가 달라진다.
③ ㉡: 교체가 한 번 일어난다.
④ ㉡: 예사소리가 거센소리로 바뀌는 음운 변동이다.
⑤ ㉢: 인접한 두 자음 중 뒤의 자음이 앞의 자음에 영향을 준다.

08 밑줄 친 단어의 발음이 적절하지 <u>않은</u> 것은?

① 실패를 <u>겁내지</u>[검내지] 마.
② <u>굳센</u>[굳쎈] 의지가 필요하다.
③ <u>대관령</u>[대:관녕]은 강원도에 있다.
④ <u>욕망</u>[용망]이 지나치면 문제가 생긴다.
⑤ 손을 <u>잡고</u>[잡꼬] 다니는 것을 좋아한다.

09 〈보기〉의 ㉠에 들어갈 예로 적절하지 <u>않은</u> 것은?

〔보기〕
선생님: 'ㅣ' 모음 역행 동화는 앞말의 후설 모음이 뒷말의 전설 모음 'ㅣ'에 동화되어 전설 모음으로 바뀌어 발음되는 현상입니다. 바로 ＿＿㉠＿＿ 와/과 같은 예들이 'ㅣ'모음 역행 동화가 일어난 것인데, 몇몇을 제외하고는 표준 발음이 아니므로 유의해야 합니다.

① 아기 → [애기]
② 남비 → [냄비]
③ 어미 → [에미]
④ 아지랑이 → [아지랭이]
⑤ 패랭이꽃 → [패랭이꼳]

〔고난도〕

10 〈보기〉는 된소리되기가 일어나는 유형이다. ㉠～㉣에 들어갈 예시로 적절하지 <u>않은</u> 것은?

〔보기〕

환경	예시
파열음 받침 'ㄱ, ㄷ, ㅂ' 뒤	㉠
어간 받침 'ㄴ(ㄵ), ㅁ(ㄻ)' 뒤	㉡
한자어 'ㄹ' 받침 뒤	㉢
관형사형 어미 '-(으)ㄹ' 뒤	㉣

① ㉠: 문을 <u>닫자</u>.
② ㉡: 신발을 <u>신자</u>.
③ ㉡: 그는 서울에 <u>산다</u>.
④ ㉢: 신체와 정신의 조화로운 <u>발달</u>
⑤ ㉣: 만나 <u>볼 사람</u>이 많다.

문제 해결의 🗝 밑줄 친 단어의 올바른 발음을 따져 보고, 된소리되기가 일어난다면 어떤 음운 환경 때문인지 파악해 보자. 특히 어간 받침 'ㄴ, ㅁ' 뒤, 관형사형 어미 '-(으)ㄹ' 뒤라는 환경에 해당하는지를 확인할 때는 제시된 음운의 형태가 환경과 일치하는지 파악하는 것뿐만 아니라 해당 음운이 각각 어간 받침인지, 관형사형 어미인지 그 문법적 특징까지 따져 보자.

중3 학업성취도평가

01 〈자료〉의 ㉠에 들어갈 말로 적절한 것은?

〔자료〕

학생 1 : '해돋이'는 왜 [해도디]가 아니라 [해도지]로 발음해야 해?
학생 2 : 받침 'ㄷ, ㅌ'이, 뒤에 오는 조사나 접사의 모음 'ㅣ'와 만나는 경우에는 [ㅈ, ㅊ]으로 바뀌어 소리가 나기 때문이야. 이러한 예로는 '(㉠)'가 있어.

① 잔디
② 잡티
③ 달맞이
④ 잊히다
⑤ 붙이다

고1 학력평가

02 〈보기〉를 바탕으로 사례들을 분석한 내용 중 적절하지 않은 것은?

〔보기〕

음운의 교체는 특정한 음운 환경에서 한 음운이 다른 음운으로 바뀌는 음운 변동 현상이다. 두 음절이 인접한 경우 ㉠앞말의 끝소리와 뒷말의 첫소리가 만나는 상황이나 ㉡앞말의 끝소리가 연음되어 뒷말의 가운뎃소리와 만나는 상황에서 음운이 교체될 때, 발음의 결과 ⓐ앞의 음운만 변한 경우나 ⓑ뒤의 음운만 변한 경우도 있지만 ⓒ두 음운이 모두 변한 경우도 있다.

① '마천루[마철루]'는 ㉠이면서 ⓐ에 해당한다.
② '목덜미[목떨미]'는 ㉠이면서 ⓑ에 해당한다.
③ '박람회[방남회]'는 ㉠이면서 ⓒ에 해당한다.
④ '쇠붙이[쇠부치]'는 ㉡이면서 ⓐ에 해당한다.
⑤ '땀받이[땀바지]'는 ㉡이면서 ⓒ에 해당한다.

고2 학력평가

03 〈보기〉는 자음 동화와 관련한 국어 수업의 한 장면이다. ㉠, ㉡에 들어갈 예를 바르게 짝지은 것은?

〔보기〕

선생님: 두 개의 자음이 이어서 소리가 날 때, 소리 내기 쉽도록 어느 한 쪽이 다른 쪽의 소리를 닮거나, 서로 닮는 방향으로 변동하는 것을 '자음 동화'라고 합니다.
　　다음 현상이 일어나는 예를 찾아볼까요?

'ㄱ, ㄷ, ㅂ'이 비음 'ㄴ, ㅁ'의 앞에서 비음 'ㅇ, ㄴ, ㅁ'으로 바뀌는 현상	㉠
비음 'ㄴ'이 유음 'ㄹ' 앞뒤에서 'ㄹ'로 바뀌는 현상	㉡

	㉠	㉡
①	먹물[멍물]	중력[중녁]
②	국밥[국빱]	설날[설랄]
③	입는[임는]	막내[망내]
④	닫는[단는]	권리[궐리]
⑤	솜이불[솜니불]	물난리[물랄리]

고2 학력평가

04 다음은 수업 장면의 일부이다. ㉠과 ㉡에 해당하는 예로 적절한 것은?

> 선생님: 음운의 변동에는 인접한 두 음운 중 어느 한쪽이 다른 쪽 음운의 영향을 받아 이와 비슷하거나 같은 소리로 바뀌는 현상이 있습니다. 이때 바뀌게 되는 음운을 'A', 바뀌어 나타난 음운을 'B', 영향을 준 음운을 'C'라고 생각해 본다면 다음과 같이 도식화해 볼 수 있습니다.
>
> | | 도식 | 설명 |
> |---|---|---|
> | ㉠ | A → B/_C | A가 C의 영향을 받아 C 앞에서 B로 바뀌는 경우 |
> | ㉡ | A → B/C_ | A가 C의 영향을 받아 C 뒤에서 B로 바뀌는 경우 |

	㉠	㉡
①	겹눈	맨입
②	실내	국물
③	작년	칼날
④	백마	잡히다
⑤	끓이다	물놀이

수능 맛보기

Q 다음의 ㉠~㉤에 들어갈 내용으로 적절한 것은?

> · 다음 단어들을 발음해 보고 단계별 활동을 수행해 보자.
>
> > 부엌, 간, 옷, 빛, 달, 섬, 앞, 창
>
> (1) 음절 끝의 자음이 바뀌는 것과 그렇지 않은 것을 구분해 보자.
> (㉠   )
> (2) 음절 끝의 자음이 안 바뀌는 경우는 어떤 경우인지 알아보자.
> (㉡   )
> (3) 음절 끝의 자음이 바뀌는 경우에는 어떤 자음으로 변하는지 정리해 보자.
> (㉢   )
> (4) (3)과 동일한 음운 변동이 일어난 예들을 더 찾아보자.
> (㉣   )
> (5) 이상의 활동을 바탕으로 음절 끝에서 발음되는 자음의 목록을 정리해 보자.
> (㉤   )

① ㉠: 음절 끝의 자음이 바뀌지 않는 경우는 '부엌, 간, 달, 섬, 창'이다.

② ㉡: 음절 끝의 자음이 예사소리일 때에는 바뀌지 않는다.

③ ㉢: 음운 변동이 일어나면 'ㄱ, ㄹ, ㅂ' 중 하나로 바뀐다.

④ ㉣: '밖'과 '밑'을 음운 변동의 예로 추가할 수 있다.

⑤ ㉤: 음절 끝에서는 'ㄱ, ㄴ, ㄹ, ㅁ, ㅂ, ㅅ, ㅇ'만 발음된다.

음운 탈락, 첨가, 축약

| 교과 연계 | 고등학교 언어와 매체 _ 음운의 체계와 변동

개념 정리

● 음운 탈락(벗을 탈脫 떨어질 락落)

둘 이상의 음운이 만날 때 하나의 음운이 없어지는 현상

자음 탈락	자음군 단순화	음절 끝 겹받침 중 한 자음만 남고 나머지는 탈락하는 현상 예 값[갑], 넋[넉], 앉대[안따]
	'ㅎ' 탈락	음절 끝소리의 'ㅎ'이 모음으로 시작하는 어미나 접미사와 결합할 때 탈락하는 현상 예 낳아[나아], 놓여[노여]
	'ㄹ' 탈락	합성◆이나 파생◆의 과정에서 앞말 끝소리 'ㄹ'이 'ㄴ, ㄷ, ㅅ, ㅈ' 앞에서 탈락하거나, 용언 어간 말 자음 'ㄹ'이 몇몇 어미 앞에서 탈락하는 현상 예 바늘 + 질 → 바느질, 놀– + –니 → 노니
모음 탈락	'—' 탈락	어간 말 모음 '—'가 'ㅏ', 'ㅓ'로 시작하는 어미 앞에서 탈락하거나, 어미 첫 모음 '—'가 '모음으로 끝난 어간'이나 어간 끝 자음 'ㄹ' 뒤에서 탈락하는 현상 예 쓰– + –어 → 써
	동음◆ 탈락	어간 말 모음 'ㅏ', 'ㅓ'가 동일한 모음으로 시작하는 어미 앞에서 탈락하는 현상 예 가– + –아 → 가

> 네가 받은 몫, 그 돈으로 값을 치러야 좋은 물건을 살 수 있어.
> [목: ㄳ → [ㄱ]   치르– + –어야   [조은]: 'ㅎ' 탈락
> 자음군 단순화   → 치러야: '—' 탈락

◆ 합성 어근과 어근이 결합하여 새로운 단어를 형성하는 과정

◆ 파생 어근에 접사가 결합하여 새로운 단어를 형성하는 과정

◆ 동음(同音) 같은 소리. 동일한 음

● 음운 첨가(더할 첨添 더할 가加)

둘 이상의 음운이 만날 때 없던 음운이 새로 생겨나는 현상

'ㄴ' 첨가	합성어나 파생어에서 앞말에 받침이 있고 뒷말의 첫소리가 'ㅣ, ㅑ, ㅕ, ㅛ, ㅠ'일 때 뒷말의 첫소리에 'ㄴ'이 첨가되는 현상 예 맨입[맨닙]
반모음 첨가	'ㅣ' 모음으로 끝나는 어간 뒤에 '–아/–어'로 시작하는 어미가 결합할 때 반모음 'ĭ'가 결합하는 현상 예 지어[지어/지여]

> 아기가 색연필을 쥐고 기어 간다.
> [생년필]   [기어/기여]

● 음운 축약(줄일 축縮 묶을 약約)

두 음운이 새로운 하나의 음운으로 줄어드는 현상

자음 축약 (거센소리되기)	예사소리 'ㄱ, ㄷ, ㅂ, ㅈ'와 'ㅎ'이 만나면 [ㅋ, ㅌ, ㅍ, ㅊ]으로 줄어들어 발음되는 현상 예 좋대[조:타], 놓고[노코], 많대[만:타], 법학[버팍], 좋지[조치]

정보

음운의 변동과 표기

음운의 탈락 중 'ㄹ' 탈락과 모음 탈락('—' 탈락, 동음 탈락), 음운의 축약 중 모음 축약은 표기에도 반영되어요. 음운의 첨가 중에서도 '이+몸→잇몸[인몸]'과 같이 첨가가 표기에 반영되는 경우가 있어요.

정보

반모음 첨가

반모음 첨가 현상은 실제 언어생활에서 흔히 나타나는 현상이지만 대부분 표준 발음으로 인정되지 않아요.

개념 확인 문제

01 〈보기〉에서 자음군 단순화가 일어나는 단어를 모두 골라 쓰시오.

┌ 보기 ┐
빛, 닭, 없다, 마음

02 다음 설명이 맞으면 ○, 틀리면 ×에 표시하시오.
(1) 'ㄹ' 탈락은 표기에도 반영된다. (○ , ×)
(2) 'ㅎ' 탈락은 자음 앞에서 일어난다. (○ , ×)

03 〈보기〉의 ㉠, ㉡에 들어갈 알맞은 말을 쓰시오.

┌ 보기 ┐
'ㄴ' 첨가는 합성어나 파생어에서 앞말에 (㉠) 이 있고 뒷말의 첫소리가 (㉡) 일 때 뒷말의 첫소리에 'ㄴ'이 첨가되는 현상이다.

㉠: ___________ ㉡: ___________

04 '쓰- + -어'가 '써'와 같이 바뀌는 음운 변동 현상을 가리키는 말을 〈보기〉에서 찾아 쓰시오.

┌ 보기 ┐
'ㅡ' 탈락   동음 탈락   자음 축약

05 다음 설명이 맞으면 ○, 틀리면 ×에 표시하시오.
(1) '사- + -아'에서 어간 말 모음은 뒤에 오는 모음과 동일하기 때문에 탈락한다. (○ , ×)
(2) '졸- + -니'에서 어간 말음 'ㄹ'은 어미 '-니' 앞에서 탈락한다. (○ , ×)

06 다음 빈칸에 들어갈 알맞은 말을 쓰시오.
(1) 예사소리 'ㅂ'의 앞이나 뒤에 'ㅎ'이 오면 두 자음을 ( )하여 ( )으로 발음한다.
(2) 예사소리 'ㅈ'의 앞이나 뒤에 'ㅎ'이 오면 두 자음을 ( )하여 ( )으로 발음한다.

07 ㉠~㉢의 올바른 발음을 쓰시오.

┌──────────────────────────┐
㉠ 놓아   ㉡ 국화   ㉢ 신여성
└──────────────────────────┘

㉠: _______ ㉡: _______ ㉢: _______

08 〈보기〉의 밑줄 친 부분의 올바른 표기(㉠)와, 이때 일어난 음운 변동(㉡)의 구체적인 명칭을 쓰시오.

┌ 보기 ┐
시장에서 키위를 사- + -았- + -다.

㉠: ___________ ㉡: ___________

01 음운의 변동에 대한 설명으로 적절하지 <u>않은</u> 것은?

① 음운의 탈락은 두 음운이 만날 때 하나의 음운이 없어지는 현상이다.
② 음운의 첨가는 두 음운이 만날 때 둘 중 하나와 동일한 음운이 첨가되는 현상이다.
③ 음운의 축약은 두 개의 음운이 하나의 다른 음운으로 줄어드는 현상이다.
④ 음운의 탈락, 첨가, 축약은 자음과 모음 모두에서 일어난다.
⑤ 음운의 탈락, 첨가, 축약은 모두 음운 개수에 영향을 미친다.

02 〈보기〉의 ㉠과 ㉡의 예로 적절하지 <u>않은</u> 것은?

> **보기**
>
> 음운의 탈락은 크게 'ㅎ' 혹은 'ㄹ', 겹받침 중 하나가 탈락하는 ㉠<u>자음 탈락</u>과 특정 환경에서 모음 'ㅡ'나 기타 모음이 탈락하는 ㉡<u>모음 탈락</u>이 있다.

① ㉠: 읽다[익따]
② ㉠: 낳아[나아]
③ ㉠: 깎다[깍따]
④ ㉡: 크- + -어 → 커
⑤ ㉡: 타- + -아 → 타

03 음운 변동으로 음운 개수가 달라지지 <u>않는</u> 것은?

① 법학 ② 맨입 ③ 집일
④ 신여성 ⑤ 앞마당

04 음운 변동에 대한 설명으로 적절하지 <u>않은</u> 것은?

① '끄- + -어'는 동일한 모음이 연속해 쓰였으므로 둘 중 하나가 탈락돼.
② '알- + -니'는 'ㄴ'으로 시작하는 어미 앞에서 어간 말음 'ㄹ'이 탈락돼.
③ '열- + 닫- + -이'는 합성의 과정에서 'ㄷ' 앞의 받침 'ㄹ'이 탈락돼.
④ '없- + -다'는 겹받침 모두를 발음할 수 없기 때문에 'ㅅ'이 탈락돼.
⑤ '넣- + -어'는 'ㅎ'이 모음과 모음 사이에서 탈락돼.

05 '눈요기'의 올바른 발음을 쓰고, 그렇게 발음해야 하는 이유를 〈조건〉에 맞게 쓰시오.

> **조건**
>
> • 나타나는 음운 변동의 명칭을 구체적으로 쓸 것.
> • '눈요기'에서 해당 음운 변동이 일어나는 환경을 구체적으로 밝힐 것.
> • '~다.'로 끝나는 완결된 형태의 문장으로 쓸 것.

06 〈보기〉를 참고할 때, 음운 변동 현상이 나머지와 <u>다른</u> 것은?

― 보기 ―
　음운 변동에는 어떤 음운이 다른 음운으로 바뀌는 '교체', 없던 음운이 생겨나는 '첨가', 있던 음운이 사라지는 '탈락', 두 음운이 새로운 하나의 음운으로 줄어드는 '축약'이 있다.

① 끓이다　　　　② 화살
③ 하느님　　　　④ 좋다
⑤ 버드나무

07 〈보기〉의 음운 변동이 일어난 예로 적절하지 <u>않은</u> 것은?

― 보기 ―
　합성어나 파생어에서, 앞말에 받침이 있고 뒷말의 첫소리가 'ㅣ, ㅑ, ㅕ, ㅛ, ㅠ'일 때 뒷말의 첫소리에 [ㄴ] 소리가 첨가되어 발음된다.

① <u>꽃잎</u>이 탐스럽다.
② 나는 <u>한여름</u>을 사랑해.
③ <u>신여성</u>이 유행을 선도했다.
④ <u>능력</u>이 뛰어난 사람이 많다.
⑤ <u>홑이불</u>을 꺼내야 하는 계절이 왔다.

08 〈보기〉의 ㉠과 ㉡을 참고할 때 밑줄 친 부분의 탈락의 양상이 <u>다른</u> 것은?

― 보기 ―
　음운의 탈락은 크게 자음 탈락과 모음 탈락으로 구분할 수 있다. ㉠자음 탈락은 특정 환경에서 'ㄹ'이나 'ㅎ' 등의 자음이 탈락하는 음운 변동이고, ㉡모음 탈락은 특정 환경에서 'ㅡ'가 탈락하거나 기타 모음이 탈락하는 음운 변동이다.

① <u>화살</u>은 이미 나의 손을 떠났다.
② 우리는 <u>우는</u> 모습을 보이고 말았다.
③ <u>다달이</u> 사야 하는 물건들이 너무 많다.
④ 저는 <u>아드님</u>과 함께 공부한 이규민입니다.
⑤ 아이들은 모두 줄을 맞추어 운동장에 <u>섰다</u>.

09 〈보기〉의 밑줄 친 부분에서 공통적으로 일어나는 음운 변동에 대한 설명으로 가장 적절한 것은?

― 보기 ―
　파리가 고개를 한껏 뒤로 <u>젖힌</u> 개구리에게 <u>먹히는</u> 것을 보았다.

① 예사소리가 'ㅎ' 앞에서 탈락한다.
② 예사소리가 'ㅎ' 앞에서 된소리로 바뀐다.
③ 예사소리가 'ㅎ' 앞에서 거센소리로 바뀐다.
④ 예사소리와 'ㅎ'이 결합하여 된소리로 줄어든다.
⑤ 예사소리와 'ㅎ'이 결합하여 거센소리로 줄어든다.

고난도

10 다음 단어의 발음과 음운 변동 현상을 분석한 내용이 적절하지 <u>않은</u> 것은?

	단어와 발음	음운 변동
①	쓰- + -어서 → [써서]	'ㅡ' 탈락
②	놀- + -으세 → [노세]	'ㅡ' 탈락 'ㄹ' 탈락
③	놀- + -ㅂ니다 → [놉니다]	'ㄹ' 탈락
④	직행 + 열차 → [지캥녈차]	'ㅎ' 탈락 'ㄴ' 첨가
⑤	눈 + 약 → [눈냑]	'ㄴ' 첨가

문제 해결의 🔑 단어와 그 발음을 비교해 보고, 탈락, 첨가, 축약 중 어떤 음운 변동이 일어났는지 먼저 생각해 보자. 그러고 나서 제시된 '음운 변동' 현상이 적절한지 판단해 보자.

중3 학업성취도평가

01 〈자료〉의 빈칸에 들어갈 발음으로 옳은 것은?

음운 현상	자음 축약
개념	예사소리 'ㄱ, ㄷ, ㅂ, ㅈ'과 'ㅎ'이 합해져 거센소리 'ㅋ, ㅌ, ㅍ, ㅊ'으로 바뀌는 현상
예	• 네가 오니까 참 좋다[조타]. • 연락이 끊기지(＿＿＿) 않도록 해.

① [끈키지]
② [끈이지]
③ [끈끼지]
④ [끈기지]
⑤ [끈히지]

고1 학력평가

02 〈보기〉의 설명에 따를 때, ⏉ ㉠ 에 들어갈 수 있는 단어로 적절한 것은?

보기

　자음 두 개가 음절 끝에 놓일 때, 둘 중에서 하나의 자음이 탈락하는 현상을 '자음군 단순화'라고 한다. 다음 그림은 '칡'([칡] → [칙])과 같이 끝소리에 위치한 두 자음 중 앞에 있는 자음(자음²)이 탈락하여 뒤에 있는 자음(자음³)만 발음되는 현상을 시각화한 것이다.

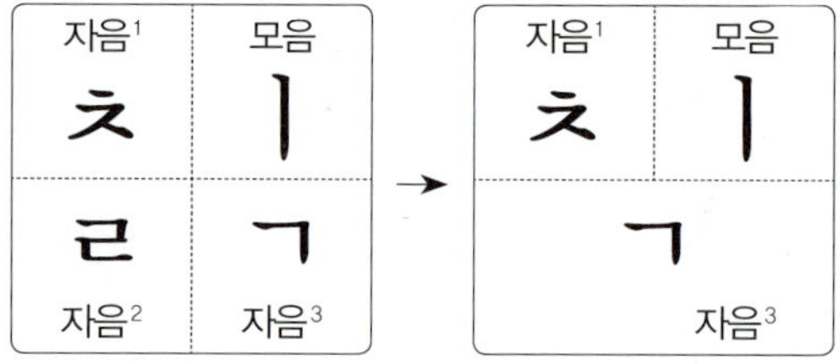

　반면, 다음 그림은 ㉠ 과 같이 끝소리에 위치한 두 자음 중 뒤에 있는 자음(자음³)이 탈락하여 앞에 있는 자음(자음²)만 발음되는 현상을 시각화한 것이다.

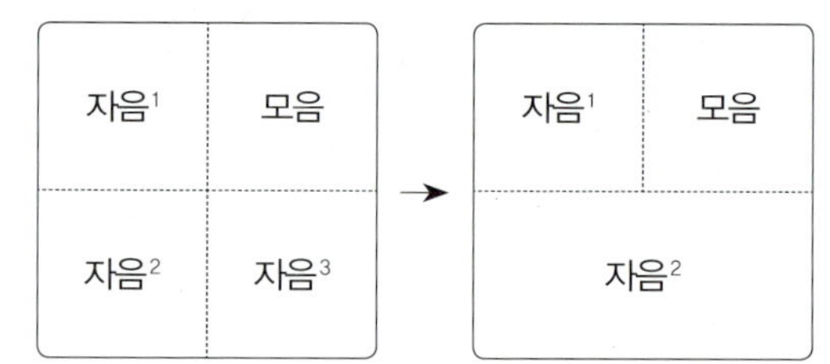

① 값, 넋
② 값, 닭
③ 값, 삶
④ 넋, 삶
⑤ 닭, 삶

03 〈보기〉의 ㉠에 해당하는 예로 적절한 것은?

〔보기〕

　음운 변동은 어떤 음운이 놓이는 환경에 따라 다른 음운으로 바뀌는 현상을 말한다. 음운 변동은 그 결과에 따라 한 음운이 다른 음운으로 바뀌는 교체, 원래 있던 음이 없어지는 탈락, 없던 음운이 추가되는 첨가, ㉠두 개의 음운이 합쳐져서 하나로 되는 축약의 4가지 유형으로 분류된다.

① 먹히다
② 밭머리
③ 솜이불
④ 좋으면
⑤ 한여름

04 〈보기〉의 ㉠～㉣에 대한 이해로 적절한 것은?

〔보기〕

　음운의 변동 중 ㉠축약은 두 음운이 합쳐져서 하나의 음운으로 줄어드는 현상을 말한다. 반면 ㉡탈락은 두 음운이 만나면서 한 음운이 사라져 소리가 나지 않는 현상을 말한다. 이러한 축약과 탈락은 ㉢자음에서 일어나는 경우와 ㉣모음에서 일어나는 경우가 있다.

① '싫다[실타]'는 ㉠과 ㉣에 해당된다.
② '좋아요[조아요]'는 ㉡과 ㉣에 해당한다.
③ '울-+-는 → 우는'은 ㉠과 ㉢에 해당된다.
④ '크-+-어서 → 커서'는 ㉡과 ㉣에 해당한다.
⑤ '나누-+-었다 → 나눴다'는 ㉠과 ㉢에 해당한다.

수능 맛보기

Q 〈보기〉의 음운 현상과 가장 관계 깊은 것은?

〔보기〕

　'ㅎ'이 끝소리인 어간이 모음으로 시작하는 어미나 접미사와 결합하면 'ㅎ'이 탈락한다. '낳으세요'를 [나으세요]로 발음하거나 '쌓이다'를 [싸이다]로 발음하는 것도 이와 관련된다.

① '하얗다'를 [하야타]라고 발음한다.
② '좁히다'를 [조피다]라고 발음한다.
③ '놓는다'를 [논는다]라고 발음한다.
④ '그렇죠'를 [그러쵸]라고 발음한다.
⑤ '좋아요'를 [조아요]라고 발음한다.

01 아래 표의 ⓐ~ⓓ에 들어갈 말이 알맞게 짝 지어진 것은?

조음 방법 ＼ 조음 위치	입술	잇몸	센입천장	여린입천장	목청
파열음	ㅂ, ㅃ, ㅍ	ㄷ, ㄸ, ㅌ		ㄱ, ㄲ, ㅋ	
파찰음			ⓐ		
마찰음		ㅅ, ㅆ			ㅎ
비음	ⓑ	ㄴ		ㅇ	
유음		ㄹ			

혀의 높이 ＼ 혀의 앞뒤	전설 모음		ⓒ	
	평순 모음	원순 모음	평순 모음	원순 모음
고모음	ㅣ	ㅟ	ㅡ	ㅜ
중모음	ㅔ	ㅚ	ㅓ	ㅗ
저모음	ⓓ		ㅏ	

	ⓐ	ⓑ	ⓒ	ⓓ
①	ㅁ	ㅈ, ㅉ, ㅊ	이중 모음	ㅐ
②	ㅁ	ㅈ, ㅉ, ㅊ	이중 모음	ㅖ
③	ㅈ, ㅉ, ㅊ	ㅁ	이중 모음	ㅖ
④	ㅈ, ㅉ, ㅊ	ㅁ	후설 모음	ㅖ
⑤	ㅈ, ㅉ, ㅊ	ㅁ	후설 모음	ㅐ

02 〈보기〉의 단어에 대한 설명으로 적절하지 <u>않은</u> 것은?

〔보기〕
> 불여우[불려우]

① 유음이 첨가된다.
② 자음 동화가 일어난다.
③ 이중 모음 한 개가 포함되어 있다.
④ 원순 모음 두 개가 포함되어 있다.
⑤ 파열음의 예사소리와 유음이 포함되어 있다.

03 음절의 끝소리 규칙에 따른 음운 변동이 일어나지 <u>않</u>는 것은?

① 가랑잎　　② 여덟　　③ 촛대
④ 밑　　⑤ 새벽녘

〔고1 학력평가〕

04 〈보기 1〉을 참고하여 〈보기 2〉에 대해 보인 반응으로 적절하지 <u>않은</u> 것은?

〔보기 1〕
> 　음운 변동이란 어떤 음운이 일정한 환경에서 변하는 현상을 말합니다. 음운 변동의 유형으로는 한 음운이 다른 음운으로 바뀌는 교체, 한 음운이 단순히 없어지는 탈락, 인접한 두 음운이 합쳐져서 제3의 음운으로 바뀌는 축약, 없던 음운이 새로 생기는 첨가가 있습니다.

〔보기 2〕
> [학습 활동] 단어의 음운 변동 현상에 해당하는 용례를 쓰시오.
>
> [활동 결과]
>
> | 유형 | 용례 | |
> |---|---|---|
> | 음운 교체 | 신라[실라], 낫[낟] | ㉠ |
> | 음운 탈락 | 좋아[조:아] | ㉡ |
> | 음운 축약 | 국화[구콰], 부엌에[부어케] | ㉢ |
> | 음운 첨가 | 담요[담:뇨] | ㉣ |

① ㉠: '신라'는 '낫'과 달리 인접 음운의 영향을 받아 음운이 교체되는 경우군.
② ㉡: '좋아'는 'ㅎ'이 모음으로 시작하는 어미 앞에서 탈락하는 경우군.
③ ㉢: '국화'는 'ㄱ'이 'ㅎ'과 합쳐져 'ㅋ'으로 축약된 경우군.
④ ㉢: '부엌에'는 'ㅋ'이 첨가되므로 음운 첨가의 용례로 옮겨야 해.
⑤ ㉣: '담요'처럼 'ㄴ'이 첨가되는 용례는 '눈요기'를 들 수 있어.

고1 학력평가

05 다음은 음운 변동에 대한 선생님의 설명이다. 질문에 대한 답으로 적절한 것은?

> 선생님: 음운 변동에는 한 음운이 다른 음운으로 바뀌는 현상인 '교체', 있던 음운이 없어지는 현상인 '탈락', 없던 음운이 새로 생기는 현상인 '첨가', 두 음운이 하나의 음운으로 합쳐지는 현상인 '축약'이 있습니다.
> 그러면 '국물[궁물]'과 '몫[목]'에서는 각각 어떤 음운 변동이 일어날까요?

	국물	몫
①	교체	탈락
②	교체	첨가
③	탈락	축약
④	첨가	교체
⑤	첨가	탈락

06 다음 단어에서 일어나는 음운 변동의 양상을 파악한 것으로 적절하지 <u>않은</u> 것은?

① 밖[박] – 교체
② 값싸다[갑싸다] – 교체
③ 넣어[너어] – 탈락
④ 먹히다[머키다] – 축약
⑤ 논일[논닐] – 첨가

07 〈보기〉의 단어들에 일어나는 음운 변동에 대한 설명으로 적절하지 <u>않은</u> 것은?

> 〔보기〕
> 꽃다발[꼳따발], 뜻하다[뜨타다], 물받이[물바지], 가랑잎[가랑닙], 닭똥[닥똥]

① '꽃다발'은 교체가 두 번 일어난다.
② '뜻하다'는 교체와 축약이 한 번씩 일어난다.
③ '물받이'는 교체가 두 번 일어난다.
④ '가랑잎'은 첨가와 교체가 한 번씩 일어난다.
⑤ '닭똥'은 탈락이 한 번 일어난다.

08 음운 변동의 양상이 같은 것끼리 묶은 것은?

① 그렇게, 맨입
② 맏며느리, 맨입
③ 그렇게, 싫다
④ 그렇게, 난리통
⑤ 난리통, 싫다

고1 학력평가

09 〈보기〉의 (ㄱ)과 (ㄴ)에 나타나는 음운 변동으로 적절한 것은?

> 〔보기〕
> 음운 변동은 한 음운이 다른 음운으로 바뀌는 '교체', 원래 있던 음운이 없어지는 '탈락', 없던 음운이 추가되는 '첨가', 두 개의 음운이 합쳐져서 하나로 되는 '축약'으로 분류할 수 있다.
> 단어에 따라 아래 예와 같이 한 단어에서 두 가지 음운 변동이 일어나는 경우도 있다.
> 예) 물약 → [물냑] → [물략]
>   (ㄱ)   (ㄴ)

	(ㄱ)	(ㄴ)
①	첨가	교체
②	첨가	탈락
③	탈락	교체
④	교체	첨가
⑤	교체	축약

10 다음 단어를 발음할 때 일어나는 음운 변동의 명칭을 순서대로 쓰시오.

> 색연필

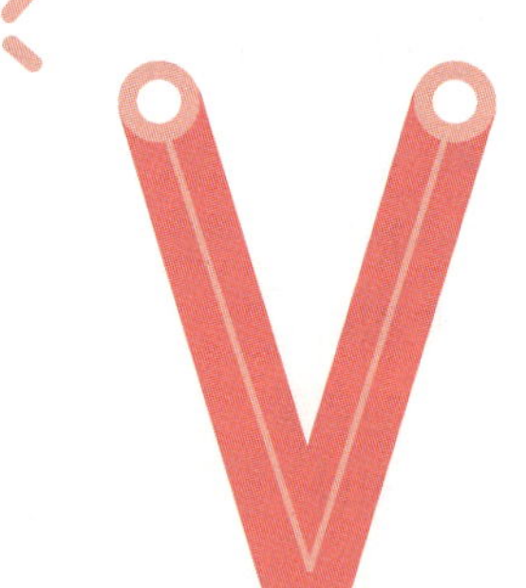

Ⅴ 문장 성분과 구조

V 문장 성분과 구조

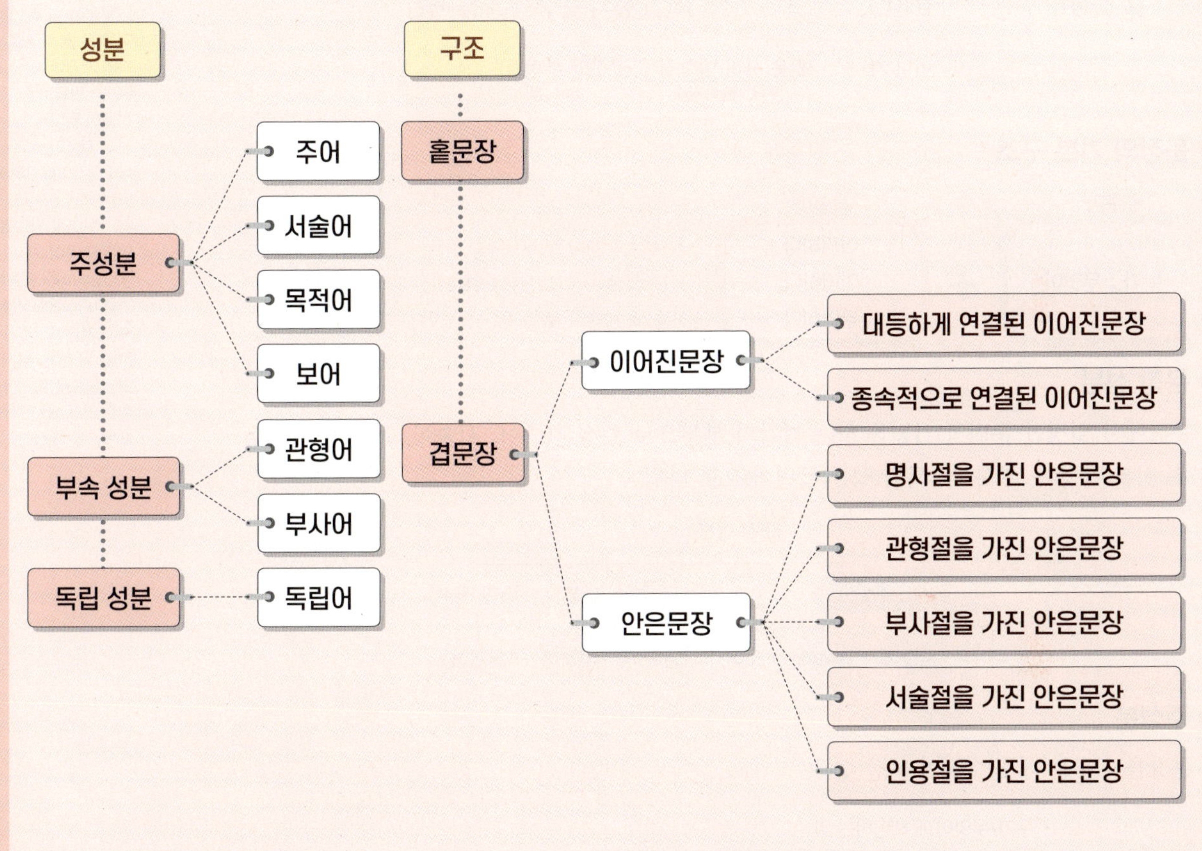

성분
구조
주어
서술어
목적어
보어
관형어
부사어
독립어
주성분
부속 성분
독립 성분
홑문장
겹문장
이어진문장
안은문장
대등하게 연결된 이어진문장
종속적으로 연결된 이어진문장
명사절을 가진 안은문장
관형절을 가진 안은문장
부사절을 가진 안은문장
서술절을 가진 안은문장
인용절을 가진 안은문장

학습 목표 문장의 짜임과 양상을 탐구하고
활용해야 해!

주성분

| 교과 연계 | 고등학교 언어와 매체 _ 문장의 짜임과 활용

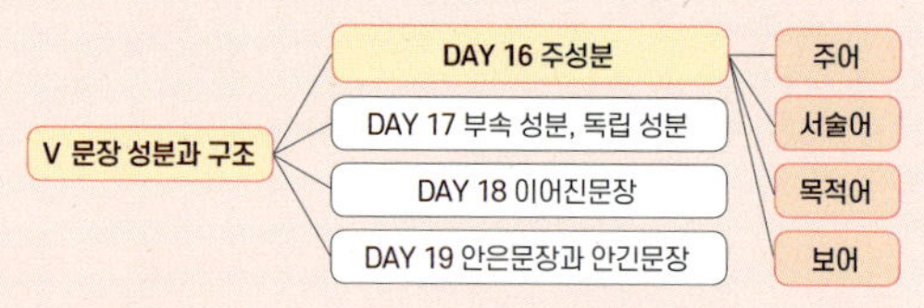

개념 정리

○ 문장

생각이나 감정을 완결된 내용으로 표현하는 언어의 최소 단위

- 특징 ① 주어와 서술어를 갖추고 있는 것이 원칙이나, 경우에 따라 생략되기도 함.
  ② 문장의 끝에는 마침표(.), 느낌표(!), 물음표(?) 등의 문장 부호를 찍음.

> '너 어디 가니?', '새 옷 사러 백화점에.', '정말 부럽다!'
>   주어, 서술어 생략   주어 생략

○ 문장의 기본 구조

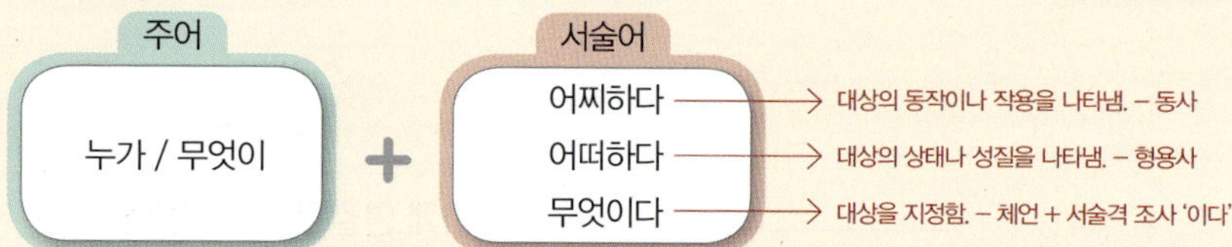

○ 문장 성분

문장에서 일정한 문법적 기능을 하는 각각의 부분으로 주성분(주어, 서술어, 목적어, 보어), 부속 성분(관형어, 부사어), 독립 성분(독립어)으로 나뉨.

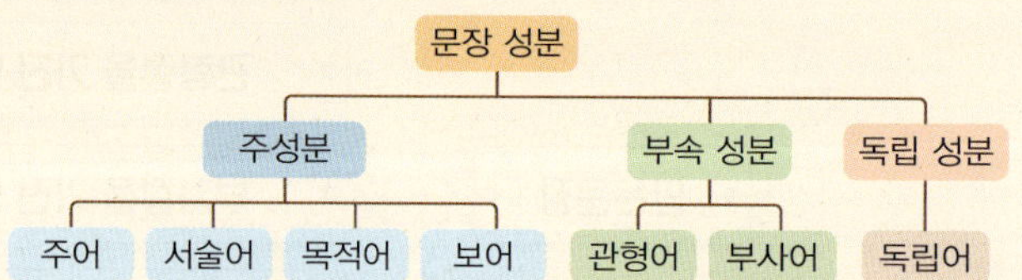

○ 주성분

문장을 이루는 데 필수적인 문장 성분

주어	• '누가/무엇이'에 해당하는 말 • 동작이나 작용, 상태나 성질 등의 주체가 되는 문장 성분 예 고양이가 쥐를 잡았다. / 산이 푸르다. / 세나는 중학생이다.
서술어	• '어찌하다/어떠하다/무엇이다'에 해당하는 말 • 주어의 동작이나 작용, 상태나 성질 등을 풀이하는 문장 성분 • 서술어가 필요로 하는 문장 성분에 따라 서술어의 자릿수가 달라짐. 예 쥐가 치즈를 먹었다. / 사과가 붉다. / 이모는 회사원이다.
목적어	• '누구를/무엇을'에 해당하는 말 • 서술어가 나타내는 동작의 대상이 되는 문장 성분 예 강아지가 수건을 물어뜯었다. / 언니가 바지를 샀다.
보어	• '누가/무엇이'에 해당하는 말 • 서술어 '되다', '아니다'가 주어 외에 반드시 필요로 하는 문장 성분 – 서술어 앞에서 문장의 불완전한 부분을 보충해 주고, 체언에 보격 조사 '이/가'가 붙어 나타남. 예 소년은 드디어 어른이 되었다. / 너는 이제 아기가 아니다.

◆ **서술어의 자릿수** 서술어가 필요로 하는 문장 성분(주어, 목적어, 보어, 필수적 부사어)의 수를 나타냄.

- 한 자리 서술어
  – 주어만 필요로 함.
  예 하늘이 맑다.
- 두 자리 서술어
  – 주어, 목적어를 필요로 함.
  예 나는 책을 읽는다.
  – 주어, 보어를 필요로 함.
  예 얼음이 물이 되다.
  – 주어, 부사어를 필요로 함.
  예 기후가 농사에 적합하다.
- 세 자리 서술어
  – 주어, 목적어, 부사어를 모두 필요로 함.
  예 할아버지께서 나에게 세뱃돈을 주셨다.

 **정보**

주어와 보어의 구분

'이/가'는 주어에 붙는 주격 조사이기도 하고 보어에 붙는 보격 조사이기도 하기 때문에, 주어와 보어를 구분하려면 문장 속에서 어떤 서술어와 함께 쓰였는지를 살펴보아야 해요. 보어를 필요로 하는 동사는 '되다', 형용사는 '아니다'뿐이기 때문에, '되다'와 '아니다'가 서술어로 쓰였다면 서술어 바로 앞에 있는 '누가/무엇이'는 보어가 되어요.

개념 확인 문제

01 다음 빈칸에 들어갈 알맞은 말을 쓰시오.

(1) 주어, 서술어와 같이 문장 안에서 일정한 문법적 기능을 하는 각각의 부분을 (　　　　)(이)라고 한다.

(2) 문장을 이루는 데 꼭 필요한 성분을 (　　　　)(이)라 하며, 주어, 서술어, (　　　　), (　　　　)이/가 이에 속한다.

02 다음 설명이 맞으면 ○, 틀리면 ×에 표시하시오.

(1) 주어는 동작이나 작용, 상태나 성질 등의 주체가 되는 문장 성분이다. (　○ , ×)

(2) 서술어가 나타내는 동작의 대상이 되는 문장 성분을 보어라고 한다. (　○ , ×)

03 다음 문장의 구조에 해당하는 것을 〈보기〉에서 찾아 기호로 쓰시오.

┌─ 보기 ─────────────────┐
　㉠ 누가/무엇이 어찌하다.
　㉡ 누가/무엇이 어떠하다.
　㉢ 누가/무엇이 무엇이다.
└───────────────────────┘

(1) 시냇물이 맑다. (　　　)
(2) 강아지가 짖는다. (　　　)
(3) 오늘은 금요일이다. (　　　)

04 '보어'를 필요로 하는 서술어 두 가지를 쓰시오.

____

05 문장의 주성분에 밑줄을 그으시오.

┌─────────────────────────────┐
　옆집 할머니께서는 이번에 대학생이 되셨다.
└─────────────────────────────┘

06 문장에서 밑줄 친 부분의 문장 성분을 쓰시오.

(1) 그는 악당이 아니다. (　　　　)
(2) 선생님이 나를 혼내셨다. (　　　　)
(3) 동생은 수채화를 그린다. (　　　　)
(4) 바람이 살랑살랑 불어온다. (　　　　)

07 두 문장의 빈칸에 공통으로 들어갈 수 있는 문장 성분을 쓰시오.

┌─────────────────────────────┐
　• 철수가 (　　　　) 본다.
　• 나는 (　　　　) 좋아한다.
└─────────────────────────────┘

____

08 〈보기〉에서 ㉠~㉢의 문장 성분을 각각 쓰시오.

┌─ 보기 ─────────────────────────┐
　시냇가에서 소녀가 소년에게 조약돌을 던졌다.
　　　　　㉠　　　　　㉡　　㉢
└───────────────────────────────┘

㉠: _________　㉡: _________　㉢: _________

01 문장 성분에 대한 설명으로 적절하지 <u>않은</u> 것은?

① 주성분은 문장 성립에 필수적이다.
② 목적어는 서술어가 나타내는 동작의 대상이 되는 말이다.
③ 보어는 서술어 '되다', '아니다'의 의미를 보충하는 말이다.
④ 문장에서의 위치에 따라 각각의 문장 성분으로 구분된다.
⑤ 문장 성분은 크게 주성분, 부속 성분, 독립 성분으로 나뉜다.

02 〈보기〉에 대한 이해로 적절하지 <u>않은</u> 것은?

> ─〔보기〕─
> 문장의 기본 구조는 서술어의 종류에 따라 다음 세 가지 유형으로 나눌 수 있다.
> ㉠ 누가/무엇이 + 어찌하다
> ㉡ 누가/무엇이 + 어떠하다
> ㉢ 누가/무엇이 + 무엇이다

① '누가/무엇이'는 주어에 해당한다.
② ㉠의 예로는 '물이 끓다.'를 들 수 있다.
③ ㉡의 예로는 '달이 밝다.'를 들 수 있다.
④ ㉢의 예로는 '그는 대학생이 되다.'를 들 수 있다.
⑤ ㉠~㉢의 '어찌하다', '어떠하다', '무엇이다'는 서술어에 해당한다.

03 밑줄 친 부분 중 주성분에 해당하지 <u>않는</u> 것은?

① 우리의 소원은 <u>통일이다</u>.
② <u>어머니께서</u> 운동을 하신다.
③ <u>밖에서</u> 아이들이 뛰어논다.
④ 민주는 <u>친구들을</u> 기다린다.
⑤ 동생은 부산 <u>태생이</u> 아니다.

04 다음 문장이 온전한 문장이 되기 위하여 필요한 문장 성분으로 적절한 것은?

① '집으로 갔다.' – 서술어
② '운동에 적합하다.' – 보어
③ '나는 친구들과 과자를' – 주어
④ '그들은 결코 아니다.' – 서술어
⑤ '우리는 깊이 사랑한다.' – 목적어

05 〈보기〉에서 ㉠, ㉡의 문장 성분은 무엇이고, 문장에서 어떤 역할을 하는지 각각 쓰시오.

> ─〔보기〕─
> • 윤재는 ㉠얼굴을 씻었다.
> • 동훈이는 ㉡학생이 아니다.

06 밑줄 친 부분 중 문장의 주어가 <u>아닌</u> 것은?

① 내일도 공휴일이다.
② 민수는 <u>범인이</u> 아니다.
③ <u>어머니께서</u> 생각에 잠기셨다.
④ <u>정부에서</u> 조사를 실시하였다.
⑤ 도서관에서 <u>학생들만</u> 공부하였다.

07 〈보기〉의 ㉠~㉤에 대한 설명으로 가장 적절한 것은?

> ┌ 보기 ┐
> • 아이는 어른이 ㉠된다.
> • 연희는 머리를 ㉡빗는다.
> • 과자가 굉장히 ㉢달콤하다.
> • 민주는 집에서 ㉣막내이다.
> • 마음속에 기쁨이 ㉤솟아오른다.

① ㉠은 주어 외에 필요로 하는 문장 성분이 없는 서술어이다.
② ㉡은 주어 외에 보어를 필요로 하는 서술어이다.
③ ㉢은 주어의 상태나 성질을 풀이하는 서술어이다.
④ ㉣은 체언에 형용사가 결합된 형태의 서술어이다.
⑤ ㉤은 동작의 대상이 되는 말을 필요로 하는 서술어이다.

08 〈보기〉에서 설명하는 문장 성분이 쓰이지 <u>않은</u> 것은?

> ┌ 보기 ┐
> • '누구를/무엇을'에 해당하는 말이다.
> • 서술어가 표현하는 동작의 대상이 되는 말이다.

① 언니는 연필도 가져갔다.
② 아직까지 비가 계속 내린다.
③ 사람들은 함께 노래를 불렀다.
④ 영지와 선호는 서로를 사랑한다.
⑤ 그는 과일 중에서 사과만 좋아한다.

09 〈보기〉의 문장이 성립하기 위해 빈칸에 공통으로 들어갈 문장 성분에 대한 설명으로 적절하지 <u>않은</u> 것은?

> ┌ 보기 ┐
> • 동생은 어제 (   ) 되었다.
> • 형은 절대로 (   ) 아니다.

① 문장의 주성분에 해당한다.
② 특정 서술어가 필요로 하는 성분이다.
③ 서술어의 의미를 보충하는 역할을 한다.
④ 체언에 조사 '이/가'가 결합한 형태이다.
⑤ 생략하여도 문장의 성립에는 지장이 없다.

고난도

10 〈보기〉의 ㉠~㉤에 대한 설명으로 적절하지 <u>않은</u> 것은?

> ┌ 보기 ┐
> ㉠ 소문은 사실이 아니다.
> ㉡ 양보다 질이 우선이다.
> ㉢ 숙제는 반드시 해야 한다.
> ㉣ 그 사람의 얼굴이 창백하다.
> ㉤ 토끼와 거북이가 경주를 한다.

① 목적어가 사용된 것은 ㉢, ㉤이다.
② ㉠~㉤에는 모두 주어와 서술어가 드러나 있다.
③ 서술어가 주어만 필요로 하는 문장은 ㉡, ㉣이다.
④ 문장에 사용된 주성분의 개수가 3개인 것은 ㉠, ㉤이다.
⑤ 문장의 기본 구조가 '누가/무엇이+무엇이다'인 것은 ㉡이다.

> **문제 해결의 🗝** 〈보기〉에 제시된 문장의 주성분을 분석한다. 먼저 주어와 서술어를 표시하고, 그 다음 보어와 목적어를 표시한다. 주의할 점은 주성분인 문장 성분이라도 맥락이나 상황에 따라 생략되는 경우도 있다는 것이다.

중3 학업성취도평가

01 〈자료〉의 질문에 대한 답으로 옳은 것은?

① ㉠
② ㉡
③ ㉢
④ ㉣
⑤ ㉤

고1 학력평가

02 〈보기〉에 있는 '자료'의 밑줄 친 부분에 ㄱ~ㄷ에 해당하는 예를 찾아 넣으려고 할 때, 적절하지 <u>않은</u> 것은?

〔보기〕

　목적어는 문장에서 주로 서술어가 나타내는 동작의 대상이 되는 문장 성분이다. 문장에서 목적어는 다음과 같은 형태로 나타난다.

• 체언 + 목적격 조사 '을/를'
• 체언 + 특정한 의미를 더해 주는 보조사 ··········· ㄱ
• 체언 단독 ·· ㄴ
• 체언 + 보조사 + 목적격 조사 ························· ㄷ

[자료]

　그는 ______ 갔어.

① ㄱ의 예로 '산책을'을 넣을 수 있다.
② ㄱ의 예로 '이사도'를 넣을 수 있다.
③ ㄴ의 예로 '꽃구경'을 넣을 수 있다.
④ ㄴ의 예로 '배낭여행'을 넣을 수 있다.
⑤ ㄷ의 예로 '한길만을'을 넣을 수 있다.

고2 학력평가

03 〈보기〉의 수업 상황에서, 밑줄 친 물음에 대한 학생의 대답으로 적절하지 <u>않은</u> 것은?

〔보기〕

　이번 시간에는 문장을 구성할 때 반드시 있어야 하는 성분인 주성분에 대해 살펴보겠습니다. 주성분에는 주어, 서술어. 목적어, 보어가 있습니다. 주어는 문장에서 동작 또는 상태나 성질의 주체를 나타내는 것입니다. 서술어는 주어의 동작, 상태, 성질 따위를 풀이하는 기능을 하는 성분입니다. 서술어의 동작 대상이 되는 문장 성분을 목적어라고 하고, 서술어 '되다, 아니다'가 필요로 하는 문장 성분 중에서 주어를 제외하고 조사 '이/가'가 붙은 것을 보어라고 합니다.
　<u>자, 그럼 다음 문장의 주성분에 대해 알아볼까요?</u>

　ㄱ. 철수의 동생이 사진을 찍었다.
　ㄴ. 언니는 올해 대학생이 되었다.

① ㄱ의 '찍었다'는 '동생'의 동작을 풀이하는 서술어입니다.
② ㄴ의 '올해'는 '되었다'가 꼭 필요로 하므로 주성분입니다.
③ ㄱ에는 목적어가 있지만, ㄴ에는 목적어가 없습니다.
④ ㄱ과 ㄴ에는 주어가 하나씩 있습니다.
⑤ ㄱ과 ㄴ에는 주성분의 종류가 세 가지씩 있습니다.

04 〈보기〉의 자료를 바탕으로 '주어'에 대해 탐구했을 때, 적절하지 <u>않은</u> 것은?

┌ 보기 ┐
ㄱ. 새가 날아간다.
ㄴ. 어디 갔니, 영희는?
ㄷ. 우리 지금부터 조용히 하자.
ㄹ. 우리 반이 승리했음이 분명하다.
ㅁ. 어서 빨리 밥 먹고 학교에 가거라.
└────┘

① 'ㄱ'과 'ㄷ'을 보면, 주격 조사는 생략될 수도 있어.
② 'ㄱ'과 'ㄹ'을 보면, 주격 조사의 형태는 앞말과 관계가 없어.
③ 'ㄱ'과 'ㅁ'을 보면, 상황에 따라 주어가 생략될 수도 있어.
④ 'ㄴ'과 'ㄷ'을 보면, 주어의 위치는 이동할 수 있어.
⑤ 'ㄷ'과 'ㄹ'을 보면, 주어는 한 단어뿐 아니라 절이 될 수도 있어.

수능 맛보기

Q ㉠~㉣에 대해 이해한 내용으로 적절한 것은?

㉠ 드디어 나도 일을 끝냈다.
㉡ 벌써 바깥이 칠흑같이 어둡다.
㉢ 신임 장관은 이번 회의에 참석한다.
㉣ 새 컴퓨터가 순식간에 고물이 되었다.

① ㉠과 ㉡에서 주어는 명사구에 조사가 붙은 형태이다.
② ㉠과 ㉢에서 격 조사가 문장의 주어를 나타내 주고 있다.
③ ㉡과 ㉢에서 주어는 서술어가 나타내는 동작의 주체이다.
④ ㉢과 ㉣에서 주어는 체언 구실을 하는 구에 조사가 붙은 형태이다.
⑤ ㉣에서는 상태의 변화를 의미하는 서술어의 영향으로 주어가 두 번 쓰였다.

DAY 17 부속 성분, 독립 성분

| 교과 연계 | 고등학교 언어와 매체 _ 문장의 짜임과 활용

개념 정리

○ 부속 성분

주성분을 꾸며 주는 문장 성분

관형어	• '어떤', '무슨' 등에 해당하는 말 • 체언(명사, 대명사, 수사)을 꾸미는 문장 성분 예 <u>우리의</u> 소원은 통일이다. <u>화내는</u> 너는 밉다.
부사어	• '어떻게', '어디서', '언제'에 해당하는 말 • 주로 용언(동사, 형용사)을 꾸미지만 관형어, 다른 부사어, 문장 전체를 꾸밀 수도 있음. 예 나는 배가 <u>몹시</u> 고프다. 용언(형용사) 수식 형은 <u>아주</u> 헌 신발을 버렸다. 관형어 수식 나는 <u>매우</u> 크게 소리쳤다. 부사어 수식, 용언(동사) 수식 <u>과연</u> 그의 그림 솜씨는 훌륭하다. 문장 전체 수식

새 신을 신고 팔짝 뛰어 보자. 내 머리가 하늘까지 닿겠네.
관형어　　　　　부사어　　　　　관형어　　　　부사어

◆ 관형어의 형태
① 관형사 단독
　예 <u>옛</u> 기억
② 체언(관형격 조사 생략)
　예 <u>시골</u> 풍경
③ 체언+관형격 조사(의)
　예 <u>수영이의</u> 구두
④ 용언의 관형사형
　예 <u>재미있는</u> 만화책

◆ 부사어의 형태
① 부사 단독
　예 <u>몹시</u> 배고프다.
② 체언+부사격 조사
　예 <u>내가</u> 너보다 크다.
③ 부사+보조사
　예 <u>빨리도</u> 일어나는구나.
④ 접속 부사
　예 동료들은 떠났다. <u>그러나</u> 나는 남았다.

• 관형어와 부사어의 비교

	관형어	부사어
공통점	다른 말을 꾸며 주는 역할을 함.	
차이점	• 단독으로 쓰이지 못함. 　예 "어떤 게 네 우산이야?" / "빨간."(×) • 문장을 이루는 필수 성분이 아님. 　예 나는 <u>귀여운</u> 강아지를 키운다. 　　– '귀여운'은 없어도 문장이 성립함. • 꾸밈을 받는 말 바로 앞에 놓임. 　예 <u>새</u> 구두를 신었다. 　　그는 <u>하얀</u> 옷을 입었다.	• 단독으로 쓰일 수 있음. 　예 "너 빵 좋아하니?" / "엄청."(○) • 문장을 이루는 필수 성분이 아니지만 서술어에 따라 필수적 부사어로 쓰이기도 함. 　예 도사는 소년을 <u>제자로</u> 삼았다. 　　– '제자로'는 필수적 부사어로 생략하면 문장의 뜻이 불분명해짐. • 위치가 비교적 자유로움. 　예 <u>의외로</u> 그는 힘이 세다. 　　그는 <u>의외로</u> 힘이 세다.

 **정보**

용언의 관형사형

용언의 관형사형은 과거, 현재, 미래로 시간을 함께 표현할 수 있어요.
예 학교에 <u>간</u> 성준(과거)
　학교에 <u>가는</u> 성준(현재)
　학교에 <u>갈</u> 성준(미래)

○ 독립 성분

다른 문장 성분과 직접적인 관계를 맺지 않고 독립적으로 쓰이는 문장 성분

독립어	• 감탄, 부름, 대답 등의 의미를 나타냄. • 독립어 뒤에는 대체로 쉼표(,)나 느낌표(!)가 들어감. • 생략해도 문장이 성립함.

<u>어머나</u>, 너 참 많이 컸구나.　　<u>엄마</u>, 나 배고파요.　　<u>그래</u>, 같이 가자.
독립어(감탄)　　　　　　　　　독립어(부름)　　　　　독립어(대답)

 **정보**

품사와 문장 성분의 차이점

단어의 품사는 변하지 않지만, 단어가 문장에서 하는 역할에 따라 문장 성분은 달라질 수 있어요.
예 <u>푸르다</u>[품사: 형용사]
　하늘이 <u>푸르다</u>.
　[문장 성분: 서술어]
　하늘이 <u>푸르게</u> 변하였다.
　[문장 성분: 부사어]
　<u>푸른</u> 하늘이 그립다.
　[문장 성분: 관형어]

개념 확인 문제

01 다음 빈칸에 들어갈 알맞은 말을 쓰시오.

(1) 주성분을 꾸며 주는 (　　　)와/과 (　　　)을/를 부속 성분이라 한다.

(2) (　　　)은/는 문장의 다른 성분과 직접적인 관련을 맺지 않고 쓰이는 독립 성분에 해당한다.

02 다음 설명이 맞으면 ○, 틀리면 ×에 표시하시오.

(1) 관형어는 체언을 꾸며 주는 문장 성분이다.

(○ , ×)

(2) 부사어는 용언만을 꾸며 주는 문장 성분이다.

(○ , ×)

(3) 독립어를 생략하면 문장이 성립되지 않는다.

(○ , ×)

03 문장에서 부속 성분을 모두 찾아 밑줄을 그으시오.

(1) 헌 신발은 이제 버리자.
(2) 착한 형이 동생에게 약을 먹였다.
(3) 그 소년은 나중에 선생님이 되었다.

04 〈보기〉에서 관형어를 모두 찾아 그대로 쓰시오.

보기
노란 나비가 향기로운 꽃을 향해 날아간다.

05 다음 설명이 맞으면 ○, 틀리면 ×에 표시하시오.

(1) 부사어 '집으로'는 체언 + 부사격 조사로 이루어져 있다.

(○ , ×)

(2) '벚꽃이 탐스럽게 피었다.'에서 부사어는 '탐스럽게'이다.

(○ , ×)

06 〈보기〉에서 ㉠, ㉡이 꾸며 주는 말을 각각 찾아 그대로 쓰시오.

보기
비가 ㉠주룩주룩 내리고 ㉡차가운 바람이 불어온다.

㉠: ＿＿＿＿＿＿＿　　㉡: ＿＿＿＿＿＿＿

07 문장의 밑줄 친 부분과 그 의미를 연결하시오.

(1) <u>아</u>, 시원하다!　　　　　·　　·㉠ 부름

(2) <u>네</u>, 내일부터 오겠습니다.　·　　·㉡ 감탄

(3) <u>얘</u>, 길 좀 물어봐도 되겠니? ·　　·㉢ 대답

08 ㉠~㉤ 중 생략해도 문장이 이루어지는 것을 모두 찾아 기호를 쓰시오.

<u>아</u>, <u>알찬</u> <u>열매가</u> <u>주렁주렁</u> <u>열렸구나!</u>
　㉠　　㉡　　　㉢　　　㉣　　　㉤

01 관형어에 대한 설명으로 적절하지 <u>않은</u> 것은?

① 체언을 꾸미는 말이다.
② 단독으로 쓰이기도 한다.
③ 꾸미는 말 바로 앞에 위치한다.
④ '어떤', '무슨'에 해당하는 말이다.
⑤ 문장을 이루는 필수 성분은 아니다.

02 밑줄 친 문장 성분 중 부속 성분에 해당하지 <u>않는</u> 것은?

① <u>우아</u>, 이 떡볶이 정말 맛있다.
② <u>모든</u> 국민은 법 앞에 평등하다.
③ <u>어떤</u> 색깔의 옷이 마음에 드니?
④ 꽃밭에 <u>고운</u> 꽃들이 많이 피어 있다.
⑤ <u>과연</u> 이 화가의 그림은 정말 멋지구나.

03 밑줄 친 문장 성분 중 생략해도 문장이 성립하는 것은?

① 눈이 <u>물이</u> 되었다.
② 나는 <u>진실을</u> 이제야 깨달았다.
③ <u>학교에서</u> 백일장을 개최하였다.
④ 하늘의 <u>빛나는</u> 별들을 바라보자.
⑤ 우리 가족은 모두 <u>채식주의자이다</u>.

04 〈보기〉의 ㉠~㉤에 대한 설명으로 적절하지 <u>않은</u> 것은?

［보기］
㉠ 함박눈이 내린다.
㉡ 민수는 변호사가 되었다.
㉢ 동생은 예쁜 옷을 입었다.
㉣ 아니요, 밖에 비가 많이 와요.
㉤ 수현이는 음식을 골고루 잘 먹는다.

① ㉠과 ㉡은 주성분만으로 이루어진 문장이다.
② ㉢과 ㉣은 문장에 사용된 주성분의 개수가 같다.
③ ㉢과 ㉤은 문장에 사용된 부속 성분의 종류가 다르다.
④ ㉣은 독립 성분을 포함하고 있는 문장이다.
⑤ ㉣과 ㉤은 문장에 사용된 부속 성분의 개수가 같다.

서술형

05 〈보기〉의 문장에서 ㉠, ㉡의 공통점과 차이점을 〈조건〉
에 맞게 쓰시오.

［보기］
㉠새 신발이지만 ㉡무척 편하다.

［조건］
• 공통점: ㉠, ㉡의 역할의 측면에서 쓸 것.
• 차이점: ㉠, ㉡이 꾸며 주는 말의 품사(예 체언, 용언,
수식언, 관계언, 독립언)를 언급하고, 이를 근거로
㉠, ㉡의 문장 성분을 밝힐 것.

06 〈보기〉의 문장과 문장 성분의 배열 순서가 같은 것은?

> ┌ 보기 ┐
> 선생님, 저희가 정말로 잘못했습니다.

① 꼬마야, 너 지금 우니?
② 아이쿠, 내가 컵을 깼네.
③ 아니, 내가 너를 잘못 봤구나.
④ 어머, 저 고양이 정말 귀엽다.
⑤ 응, 오빠는 소방관이 되었단다.

07 〈보기〉의 ㉠~㉮에 대한 설명으로 가장 적절한 것은?

> ┌ 보기 ┐
> 자, 이제 내가 이 문제를 설명할게.
> ㉠ ㉡ ㉢ ㉣ ㉤ ㉮

① ㉠은 문장의 부속 성분에 해당한다.
② ㉡과 ㉣은 다른 말을 꾸며 주는 문장 성분이다.
③ ㉢은 서술어가 나타내는 동작의 대상이 되는 문장 성분이다.
④ 주성분에 해당하는 것은 ㉢과 ㉮의 2개이다.
⑤ ㉤은 ㉮의 의미를 보충해 주는 보어이다.

08 밑줄 친 문장 성분 중 나머지와 성격이 <u>다른</u> 것은?

① 빨래에 <u>파란</u> 물이 들었다.
② 우산 셋이 <u>나란히</u> 걸어갑니다.
③ 모든 일이 결국 허사가 되었다.
④ 그는 나에게 장미 <u>한</u> 송이를 주었다.
⑤ 우리는 너에게서 <u>빛나는</u> 재능을 발견했다.

09 독립어가 사용된 문장으로 적절하지 <u>않은</u> 것은?

① 응, 우리 저녁에 만나자.
② 으악, 저게 도대체 뭐야?
③ 수민아, 이것 좀 먹어 봐라.
④ 아직까지 한 사람도 오지 않았다.
⑤ 어머니, 아직 촛불을 켤 때가 아닙니다.

[고난도]

10 〈보기〉의 ㉠~㉣을 통해 알 수 있는 부사어의 특징으로 적절하지 <u>않은</u> 것은?

> ┌ 보기 ┐
> ㉠ 그 선수는 <u>빨리</u> 달리는구나.
> 　그 선수는 정말 <u>빨리</u> 달리는구나.
> 　<u>과연</u> 그 선수는 정말 <u>빨리</u> 달리는구나.
> ㉡ 그 사람은 <u>아름답게</u> 생겼다.
> 　할아버지께서는 강아지를 <u>자식으로</u> 여기신다.
> ㉢ "너 언제 출발할 거야?" / "<u>지금</u>."
> ㉣ 군것질을 참 <u>많이도</u> 하는구나.

① 부사어는 단독으로 쓰이기도 한다.
② 부사어는 보조사와 결합하기도 한다.
③ 부사어는 위치가 용언 앞으로 고정되어 있다.
④ 부사어는 용언, 다른 부사어, 문장 전체를 수식한다.
⑤ 부사어는 일반적으로 생략 가능하나, 문장의 내용상 꼭 필요한 부사어도 있다.

> **문제 해결의 🗝** 부사어의 세세한 특성을 잘 알지 못하는 경우라도 〈보기〉의 예문을 통해서 부사어의 특성을 파악할 수 있다. 〈보기〉는 선택지 내용의 적절성을 판단할 수 있는 단서가 된다는 점에 유의하자.

심화 학습 문제

중3 학업성취도평가

01 밑줄 친 단어 중 〈자료〉에서 설명한 문장 성분이 <u>아닌</u> 것은?

자료
• 관형어: 체언 앞에서 체언의 뜻을 꾸미는 구실을 하는 문장 성분

① 어젯밤에 꽤 많은 비가 내렸다.
② 대청소를 하며 헌 옷을 내다 버렸다.
③ 온 가족이 함께 즐거운 시간을 보냈다.
④ 너의 모든 소망이 이루어지기를 바란다.
⑤ 수연이는 소중한 추억이 깃든 일기장을 찾았다.

고1 학력평가

02 〈보기〉의 ㉠에 해당하는 예로 적절한 것은?

보기
　부사어는 문장 내에서 다른 성분을 꾸며 주는 부속 성분이므로 생략할 수 있다. 그러나 부사어 중에는 문장을 구성하는 데 꼭 필요한 부사어도 있는데 이를 ㉠'필수 부사어'라고 한다. 예를 들어 '그는 비겁하게 굴었다.'에서 '비겁하게'는 부사어이지만 이 말이 빠지면 문법적으로 완전한 문장을 이루지 못하므로 '비겁하게'는 필수 부사어이다.

① 철수가 매우 빨리 달렸다.
② 나는 철수에게 선물을 주었다.
③ 그녀는 마침내 꿈을 이루었다.
④ 정원에 장미가 예쁘게 피었다.
⑤ 나는 오후에 할머니 댁을 방문했다.

고1 학력평가

03 국어 수업 시간에 〈보기〉를 통해 관형어의 특성에 대해 알아보았다. 탐구의 결과로 적절하지 <u>않은</u> 것은?

보기
ㄱ. 내가 가던 바다 / 내가 가는 바다 / 내가 갈 바다
ㄴ. 새로운 제품 / 예쁜 누나 / 달리는 동생
ㄷ. 대학생인 오빠 / 사장인 아빠
ㄹ. 온갖 새 물건들 / 저 두 남자

① ㄱ을 보니, 관형어의 어미에는 시간의 의미를 담을 수 있겠군.
② ㄴ을 보니, 품사가 달라도 문장에서 관형어의 역할을 할 수 있군.
③ ㄹ을 보니, 두 관형어가 나열될 때에는 관형어가 관형어를 꾸미기도 하는군.
④ ㄴ과 ㄷ을 보니, 용언과 서술격 조사 '이다'가 변형되어 관형어로 쓰일 수 있군.
⑤ ㄱ~ㄹ을 통해 관형어는 꾸밈을 받는 말 앞에 위치한다는 것을 알 수 있군.

고2 학력평가

04 〈보기〉의 예로 적절하지 <u>않은</u> 것은?

> [보기]
>
> 관형어는 체언을 수식하는 문장 성분이다. 관형어가 체언을 수식하는 방법은 여러 가지이다. 가장 기본적인 것은 관형사가 그대로 관형어가 되는 경우이고, 두 번째는 체언에 관형격 조사 '의'가 결합되어 실현되는 경우이고, 세 번째는 용언 어간에 관형사형 어미가 결합되어 실현되는 것이다. 네 번째는 관형격 조사 '의'가 생략되어 '체언+체언'의 구성으로 된 경우이다.

① 그는 <u>새</u> 운동화를 신었다.
② 그녀는 <u>겨우</u> 작품을 완성했다.
③ 소녀는 <u>시골</u> 풍경을 좋아한다.
④ 이곳은 <u>내가 다니던</u> 학교이다.
⑤ 지도자는 <u>국민의</u> 단결을 호소했다.

Q 다음은 부사어에 대해 탐구한 것이다. 탐구 내용으로 적절하지 <u>않은</u> 것은?

①	• 하늘이 눈이 부시게 푸른 날이다.
	➡ 절인 '눈이 부시게'가 부사어로 쓰였군.
②	• 함박눈이 하늘에서 펑펑 내리고 있다.
	➡ 부사격 조사가 결합한 '하늘에서'와 부사 '펑펑'이 부사어로 쓰였군.
③	• 그는 너무 헌 차를 한 대 샀다.
	➡ 부사어 '너무'가 서술어 '샀다'를 수식하는군.
④	㉠ 영이는 엄마와 닮았다. / *영이는 닮았다. ㉡ 영이는 취미로 책을 읽는다. / 영이는 책을 읽는다.
	➡ ㉠의 '엄마와', ㉡의 '취미로'는 둘 다 부사어인데, ㉠의 '엄마와'는 ㉡의 '취미로'와 달리 필수 성분이군.
⑤	㉠ 모든 것이 재로 되었다. / *모든 것이 되었다. ㉡ 모든 것이 재가 되었다. / *모든 것이 되었다.
	➡ ㉠의 '재로'는 부사어이고 ㉡의 '재가'는 보어로서, 문장 성분은 서로 다르지만 서술어가 반드시 필요로 하는 성분이라는 점에서는 같군.

※ '*'는 비문임을 나타냄.

이어진문장

| 교과 연계 | 중학교 국어 3학년 _ 문장의 짜임
고등학교 언어와 매체 _ 문장의 짜임과 활용

개념 정리

● 홑문장과 겹문장

홑문장	주어와 서술어의 관계가 한 번만 나타나는 문장 예 개나리가 활짝 피었다. 우리 고양이는 밤새 울었다.
겹문장	• 홑문장이 두 개 이상 결합하여, 주어와 서술어의 관계가 두 번 이상 나타나는 문장 • 이어진문장과 안은문장으로 나뉨. 예 어머니는 떡을 썰고 아들은 글씨를 쓴다. 우리는 날씨가 좋아지기를 바랐다. 　　　이어진문장　　　　　　　　　　　안긴문장 / 안은문장 • 여러 홑문장이 하나의 겹문장으로 합쳐질 때 중복되는 문장 성분은 생략될 수 있음. 예 나는 과자를 먹었다. + 친구가 과자를 주었다. → 나는 친구가 준 과자를 먹었다. (중복되는 '과자를' 생략)

● 이어진문장

둘 이상의 홑문장이 연결 어미＊를 통해 나란히 이어진 문장

• **대등하게 연결된 이어진문장**: 앞 절과 뒤 절의 의미 관계가 대등하게 이어진 문장

나열의 의미 관계로 연결된 이어진문장	연결 어미 '-고', '-(으)며' 등을 통해 연결됨. 예 낮말은 새가 듣고 밤말은 쥐가 듣는다.
대조의 의미 관계로 연결된 이어진문장	연결 어미 '-(으)나', '-지만' 등을 통해 연결됨. 예 살림은 가난하지만 마음은 넉넉하다.
선택의 의미 관계로 연결된 이어진문장	연결 어미 '-든지', '-거나', '-느니' 등을 통해 연결됨. 예 나가 놀거나 집에서 쉬어라.

• **종속적＊으로 연결된 이어진문장**: 앞 절과 뒤 절의 의미 관계가 독립적이지 못하고 종속적으로 연결된 이어진문장

원인의 의미 관계로 연결된 이어진문장	연결 어미 '-아서/어서', '-(으)니', '-까' 등을 통해 연결됨. 예 길이 막혀서 약속 시간에 늦었다.
조건의 의미 관계로 연결된 이어진문장	연결 어미 '-(으)면', '-거든', '-아(어)야' 등을 통해 연결됨. 예 집에 도착하거든 꼭 전화를 해 다오.
목적, 의도의 의미 관계로 연결된 이어진문장	연결 어미 '-(으)러', '-(으)려고', '-게', '-도록' 등을 통해 연결됨. 예 그는 친구를 만나러 공원에 갔다.
양보의 의미 관계로 연결된 이어진문장	연결 어미 '-아도/어도', '-더라도', '-ㄹ지라도', '-(으)ㄴ들' 등을 통해 연결됨. 예 우리가 친구 사이어도 돈 거래는 하지 말자.
배경의 의미 관계로 연결된 이어진문장	연결 어미 '-(으)ㄴ데/는데' 등을 통해 연결됨. 예 비가 오는데 우산을 꼭 챙겨라.

인생은 짧고 예술은 길다.
대등하게 연결된 이어진문장

날씨가 추워져서 감기에 걸렸다.
종속적으로 연결된 이어진문장

끌 정보

'와/과'가 사용된 문장

'와/과'가 사용된 문장은 홑문장인지 겹문장인지 구분하기 어려울 때가 있죠? 이때 두 문장으로 분리할 수 있다면 겹문장이고, 그렇지 않다면 홑문장입니다.
예 • 철수와 영희는 수학을 잘한다. → 철수는 수학을 잘한다. + 영희는 수학을 잘한다.: 겹문장
• 철수와 영희는 복도에서 부딪쳤다. → 분리할 수 없음: 홑문장

◆ **연결 어미** 어간에 붙어 다음 말에 연결하는 구실을 하는 어미
예 '-게', '-고', '-(으)며', '-(으)면', '-(으)니', '-아/어', '-지' 등

◆ **종속적** 어떤 것에 딸려 붙어 있는 것

끌 정보

이어진문장의 구분

대등하게 연결된 이어진문장인지 종속적으로 연결된 이어진문장인지 구분하기 위해서는 앞의 문장과 뒤의 문장의 순서를 바꾸어 보면 돼요. 대등하게 연결된 이어진문장은 앞뒤 문장의 순서를 바꾸어도 문장의 기본적인 의미가 유지되지만, 종속적으로 연결된 이어진문장은 문장의 의미가 달라지거나 부자연스러워져요.
예 • 꽃이 피고 새가 운다.
→ 새가 울고 꽃이 핀다. (의미 유지)
: 대등하게 연결된 이어진문장
• 밥을 굶어서 기운이 없다.
→ 기운이 없어서 밥을 굶었다. (의미 변화)
: 종속적으로 연결된 이어진문장

개념 확인 문제

01 다음 빈칸에 들어갈 알맞은 말을 쓰시오.

(1) 주어와 서술어의 관계가 한 번만 나타나는 문장을 (　　　), 두 번 이상 나타나는 문장을 (　　　)(이)라 한다.

(2) 겹문장에는 이어진문장과 (　　　)이/가 있다.

(3) 이어진문장에는 (　　　)하게 연결된 이어진문장과 (　　　)적으로 연결된 이어진문장이 있다.

02 다음 설명이 맞으면 ○, 틀리면 ×에 표시하시오.

(1) 여러 홑문장이 결합하여 하나의 겹문장을 이룰 때 중복되는 문장 성분은 생략할 수 있다.　(○ , ×)

(2) 종속적으로 연결된 이어진문장에서 앞뒤의 문장을 바꾸더라도 문장의 의미는 유지된다.　(○ , ×)

03 문장이 홑문장이면 '홑', 겹문장이면 '겹'을 쓰시오.

(1) 가을 하늘이 매우 맑다.　(　　　)
(2) 다람쥐가 알밤을 줍는다.　(　　　)
(3) 형은 밥을 먹고 동생은 빵을 먹는다.　(　　　)
(4) 나는 아빠가 끓여 주는 라면을 좋아한다.　(　　　)

04 문장을 대등하게 연결하는 연결 어미는?

① −(으)러　　② −(으)며　　③ −(으)면
④ −아서/어서　　⑤ −ㄹ지라도

05 주어진 연결 어미를 사용하여 두 홑문장을 이어진문장으로 만드시오.

(1) −고
형은 대학생이다. + 누나는 직장인이다.
→ 형은 ________________

(2) −아서
동생은 선물을 많이 받았다. + 동생은 기분이 좋다.
→ 동생은 ________________

06 문장이 대등하게 연결된 이어진문장이면 '대', 종속적으로 연결된 이어진문장이면 '종'을 쓰시오.

(1) 산이 높으면 골이 깊다.　(　　　)
(2) 청년은 착하지만 현명하지는 않다.　(　　　)

07 다음 겹문장의 홑문장들이 어떤 의미 관계로 이어진 것인지 〈보기〉에서 찾아 쓰시오.

┌ 보기 ┐
　　　나열　　　대조　　　선택
└────┘

(1) 밥을 먹거나 차를 마시자.　(　　　)
(2) 비가 오지만 우리의 기분은 상쾌하다.　(　　　)

08 〈보기〉의 빈칸에 들어갈 알맞은 말을 고르시오.

┌ 보기 ┐
봄이 오면 산에 들에 진달래 피네.

　위 문장은 앞 문장과 뒤 문장의 의미가 (독립적 , 종속적) 관계에 있으며, 앞 문장은 뒤 문장의 (조건 , 의도)에 해당한다.
└────┘

01 문장의 짜임에 대한 설명으로 적절하지 <u>않은</u> 것은?

① 주어와 서술어의 관계가 한 번만 나타나는 문장을 홑문장이라 한다.
② 주어와 서술어의 관계가 두 번 이상 나타나는 문장을 겹문장이라 한다.
③ 종속적으로 연결된 이어진문장은 앞 절과 뒤 절의 의미 관계가 독립적이다.
④ 홑문장들이 하나의 겹문장으로 합쳐질 때 중복되는 문장 성분은 생략할 수 있다.
⑤ 이어진문장은 둘 이상의 홑문장이 연결 어미를 통해 나란히 이어진 문장를 말한다.

02 〈보기〉에 해당하는 문장으로 적절한 것은?

〔보기〕
주어와 서술어의 관계가 한 번만 나타난다.

① 차가 많아서 길이 막힌다.
② 어느새 들판에도 가을이 왔다.
③ 밖에는 비가 내리고 바람이 분다.
④ 아이들은 눈이 내리기를 기다린다.
⑤ 지아는 개를, 도윤이는 고양이를 좋아한다.

03 다음 문장 중 겹문장에 해당하는 것은?

① 형과 아우는 농구를 잘한다.
② 표범은 매우 빠르게 달린다.
③ 개는 늑대와 비슷하게 생겼다.
④ 그는 친구와 반갑게 인사했다.
⑤ 이곳에서 난류와 한류가 만난다.

04 〈보기〉의 설명에 해당하는 문장으로 적절한 것은?

〔보기〕
두 문장이 대조의 의미를 가진 연결 어미를 통해 하나의 이어진문장으로 결합되었다.

① 태풍이 북상하면 비행기는 결항될 것이다.
② 관객들은 박수를 치고 노래를 따라 불렀다.
③ 남쪽에는 평야가 많으며 북쪽에는 산이 많다.
④ 날씨가 춥더라도 우리는 눈싸움을 하러 갈 것이다.
⑤ 토끼는 그늘에서 낮잠을 잤지만 거북이는 부지런히 결승점을 향해 갔다.

〔서술형〕

05 〈보기〉의 두 홑문장을 〈조건〉에 따라 결합하시오.

〔보기〕
우리는 등산을 한다.
우리는 새벽에 일어났다.

〔조건〕
• 종속적으로 연결된 이어진문장으로 만들 것.
• 목적, 의도의 의미 관계를 나타내는 연결 어미를 활용할 것.
• 중복되는 문장 성분은 생략할 것.

06 이어진문장의 종류가 나머지와 <u>다른</u> 것은?

① 공기가 맑아서 기분이 상쾌하다.
② 파도는 푸르고 햇살은 눈부시다.
③ 내일은 비가 오거나 눈이 올 것이다.
④ 비록 체격은 작으나 성격이 아주 야무지다.
⑤ 작은 부자는 노력이 만들지만 큰 부자는 하늘이 만든다.

07 문장의 밑줄 친 부분이 나타내는 의미 관계로 적절한 것은?

① 비가 내렸<u>거나</u> 눈이 왔을 것이다. – 대조
② 우리는 선물을 사<u>려고</u> 백화점에 갔다. – 양보
③ 장마가 쏟아<u>져서</u> 올해 농사를 망쳤다. – 목적
④ 사람이 착하게 살<u>면</u> 언제가는 복을 받는다. – 조건
⑤ 네 시작은 미약하였<u>으나</u> 나중은 창대하리라. – 선택

08 두 개의 홑문장을 결합할 때 사용할 연결 어미로 적절하지 <u>않은</u> 것은?

① 네가 웃는다. + 나도 좋다. : '-으면'
② 나는 다리가 부러졌다. + 나는 병원에 갔다. : '-서'
③ 언니는 늘 상냥하다. + 오빠는 자주 웃는다. : '-지만'
④ 동생은 초등학생이다. + 언니는 고등학생이다. : '-고'
⑤ 날씨가 흐리다. + 우리는 소풍을 가겠다. : '-ㄹ지라도'

09 〈보기〉의 설명에 해당하는 문장으로 적절한 것은?

> **보기**
>
> 종속적으로 연결된 이어진문장은 연결 어미 앞뒤 문장의 순서를 바꾸면 의미가 자연스럽지 못하다.

① 하늘은 높고 말은 살찐다.
② 남편은 세심하며 아내는 대범하다.
③ 도서관에 가든지 체육관에 가든지 해라.
④ 도로 공사 중이어서 차량 통행이 금지되었다.
⑤ 형은 밖에서 활동하는 것을 좋아하지만 나는 집에 있는 것을 좋아한다.

고난도

10 다음 이어진문장 중 필요한 문장 성분을 제대로 갖춘 것은?

① 비와 바람이 세차게 분다.
② 공사가 언제 시작되고 언제 개통될까?
③ 인간은 자연을 정복하기도 하고 순응하기도 한다.
④ 유치원생들은 학예회에서 노래를 부르고 춤을 추었다.
⑤ 학생들은 선생님을 존경하였고, 선생님 또한 사랑하였다.

문제 해결의 🔑 이어진문장은 두 개 이상의 홑문장이 나란히 이어진 것을 말하는데, 문장의 결합 과정에서 중복되는 문장 성분은 생략된다. 그러나 문장의 정확한 의미를 드러내기 위한 필수적인 문장 성분이 잘못 생략되는 경우가 종종 있다. 이와 같은 문제를 풀기 위해서는 이어진문장이 되기 전 홑문장이 어떤 모습이었는지 생각해 보면 도움이 된다.

고1 학력평가

01 〈보기 1〉을 바탕으로 〈보기 2〉를 탐구한 결과로 적절하지 <u>않은</u> 것은?

〔보기 1〕

이어진문장

둘 이상의 홑문장이 이어져 있는 문장으로, 주어가 같은 홑문장이 이어질 때는 주어를 하나만 사용할 수도 있음.

• 대등하게 연결된 이어진문장

둘 이상의 홑문장이 동등한 자격으로 이어진 문장으로, 앞 절과 뒤 절이 '나열, 대조, 선택' 등의 의미 관계를 가짐.

• 종속적으로 연결된 이어진문장

앞 홑문장과 뒤 홑문장의 의미가 독립적이지 못하고 종속적으로 연결된 이어진 문장으로, 앞 절과 뒤 절이 '원인, 조건, 의도' 등의 의미 관계를 가짐.

〔보기 2〕

ㄱ. 암벽 등반은 힘들고 재미있다.

ㄴ. 암벽 등반은 힘들어서 재미있다.

ㄷ. 암벽 등반은 힘들지만 재미있다.

① ㄱ, ㄴ, ㄷ은 '암벽 등반은 힘들다.'와 '암벽 등반은 재미있다.'라는 두 홑문장이 이어진문장이군.

② ㄱ, ㄴ, ㄷ은 앞 절과 뒤 절의 순서를 바꾸어도 의미에 변화가 생기지 않는 이어진문장이군.

③ ㄱ, ㄴ, ㄷ에서 뒤 절의 주어가 없는 것은 앞 절과 주어가 같기 때문이군.

④ ㄱ, ㄷ은 두 홑문장이 각각 나열, 대조의 의미를 갖는 어미 '–고'와 '–지만'으로 연결된 대등하게 연결된 이어진문장이군.

⑤ ㄴ은 두 홑문장이 원인의 의미를 갖는 어미 '–어서'로 연결된 종속적으로 연결된 이어진문장이군.

고2 학력평가

02 〈보기〉의 ㉠에 해당하는 문장으로 적절한 것은?

〔보기〕

'종속적으로 연결된 이어진문장'은 두 개 이상의 문장이 연결 어미로 이어져 있다. 이때 앞의 절과 뒤의 절은 인과, ㉠조건, 의도, 양보, 배경 등의 의미 관계를 나타낸다.

① 책을 많이 읽으면 생각이 깊어진다.

② 책을 읽으려고 학교 도서관으로 갔다.

③ 책을 아무리 읽어도 이해가 되지 않는다.

④ 책을 읽고 있는데 친구가 나를 자꾸 불렀다.

⑤ 책을 다양하게 읽어서 그는 지식이 풍부하다.

03 〈보기〉를 참고할 때, 다음 중 '이어진문장'에 해당하지 <u>않는</u> 것은?

〔보기〕

'우리는 자유와 평화를 원한다.'라는 문장은 서술어가 하나뿐이어서 홑문장처럼 보이지만, 실제로는 '우리는 자유를 원한다.'와 '우리는 평화를 원한다.'라는 두 홑문장이 결합된 **이어진문장**이다. 이때의 '와/과'는 접속 조사로, '자유'와 '평화'를 같은 자격으로 이어 준다. 한편, '와/과'는 '빠르기가 번개와 같다.'나 '그는 당당히 적과 맞섰다.'처럼 비교의 대상이나 행위의 상대임을 나타내는 격 조사로도 쓰이는데, 이때는 서술어가 하나이면 홑문장이 된다.

① 나는 시와 소설을 좋아한다.
② 그녀는 집과 도서관에서 공부했다.
③ 고향의 산과 하늘은 예전 그대로였다.
④ 성난 군중이 앞문과 뒷문으로 들이닥쳤다.
⑤ 그 사람과 나는 오래전부터 서로 사귀어 왔다.

수능 맛보기

Q 밑줄 친 부분이 〈보기〉의 ㉠에 해당하지 <u>않는</u> 것은?

〔보기〕

동사의 어간에 연결 어미 '-(으)며'가 결합할 때, ㉠앞 문장과 뒤 문장의 주어가 서로 같고, '-(으)며'를 연결 어미 '-(으)면서'로 바꾸어 쓸 수 있는 경우에 '-(으)며'는 앞뒤 문장의 동작이 동시에 일어남을 나타낸다.

예 철수가 음악을 듣는다. + 철수가 커피를 마신다.
 → 철수가 음악을 들<u>으며</u>(들으면서) 커피를 마신다.

① 우리는 함께 걸<u>으며</u> 희망에 대해 이야기했다.
② 모두들 음정에 주의하<u>며</u> 노래를 제대로 부르자.
③ 아는 사람 하나가 미소를 지<u>으며</u> 내게 다가왔다.
④ 마라톤 선수가 가쁜 숨을 몰아쉬<u>며</u> 결승선을 통과했다.
⑤ 출근할 때, 일부는 버스를 이용하<u>며</u> 일부는 지하철을 이용한다.

DAY 19 안은문장과 안긴문장

| 교과 연계 | 중학교 국어 3학년 _ 문장의 짜임
고등학교 언어와 매체 _ 문장의 짜임과 활용

개념 정리

○ 안은문장

다른 홑문장을 하나의 문장 성분으로 안고 있는 문장
→ 안긴문장(=절◆)을 포함하고 있는 문장

안은문장
강아지는 주인이 돌아오기를 기다렸다.
　　　　안긴문장

◆ **절** 주어와 서술어를 갖추었으나 독립하여 쓰이지 못하고 다른 문장의 한 성분으로 쓰이는 단위

○ 안긴문장

다른 문장 속에 들어가 하나의 문장 성분처럼 쓰이는 홑문장

명사절	• 문장에서 주어, 목적어 등의 기능을 하는 절 • 명사형 어미 '-음', '-기' 등이 붙어 만들어짐. 예 나는 우리가 서로 사랑했음을 깨달았다. 　　　　　　목적어의 기능을 함.
관형절	• 문장에서 관형어의 기능을 하는 절 • 관형사형 어미 '-(으)ㄴ', '-는', '-(으)ㄹ', '-던' 등이 붙어 만들어짐. 예 선생님은 학생들이 싸우는 모습을 보았다. 　　　　명사 '모습'을 꾸미는 기능을 함.
부사절	• 문장에서 부사어의 기능을 하는 절 • 부사형 어미 '-게', '-도록' 등이 붙어 만들어짐. 예 햇빛이 눈이 부시게 반짝인다. 　　　　동사 '반짝인다'를 꾸미는 기능을 함.

• 나는 수업이 끝나기를 기다렸다. → 명사절을 가진 안은문장
　　　　명사절
• 이것은 언니가 추천한 소설책이다. → 관형절을 가진 안은문장
　　　　관형절
• 시냇물은 발이 시리도록 차가웠다. → 부사절을 가진 안은문장
　　　　부사절

 **정보**

관형절을 가진 안은문장의 종류
① 관계 관형절: 안은문장과의 공통 문장 성분이 관형절로 안긴 문장에 생략된 관형절
② 동격 관형절: 관형절로 안긴 문장에 생략된 성분이 없는 관형절

서술절	• 문장에서 서술어의 기능을 하는 절 • 서술절을 가진 안은문장은 '주어 + [주어 + 서술어]'의 구성을 취함. 예 영수는 키가 크다. 　　　　　　서술절 　　　서술어의 기능을 함.
인용절	• 화자의 생각, 다른 사람의 말이나 글 등을 인용한 절 • 직접 인용절은 문장 부호와 함께 인용 조사 '라고'를 붙임. • 간접 인용절은 문장 부호를 넣지 않고 인용 조사 '고'를 붙임. 예 [직접 인용] 주희는 "아기가 참 귀엽다."라고 말했다. 　　　　　　　　　　　조사 '라고'가 붙음. 　　　[간접 인용] 주희는 아기가 참 귀엽다고 말했다. 　　　　　　　　　　조사 '고'가 붙음.

• 코끼리는 코가 길다. → 서술절을 가진 안은문장
　　　　서술절
• 감독은 "저 선수는 대단하군."이라고 말했다. → 인용절을 가진 안은문장
　　　　인용절

 **정보**

서술절을 가진 안은문장과 보어가 있는 홑문장

서술절을 가진 안은문장과 보어가 있는 홑문장의 형태는 '~은/는 ~이/가 ~다'로 유사해요. 이때 '~이/가'가 서술어 '되다'와 '아니다' 앞에 위치하고 있다면 보어가 있는 홑문장이고, 그렇지 않다면 겹문장입니다.
예 • 나는 바보가 아니다.
→ '주어+보어+서술어' 구성의 홑문장
　 • 나는 키가 작다.
→ '주어+[주어+서술어]' 구성의 겹문장(서술절을 가진 안은문장)

개념 확인 문제

01 다음 빈칸에 들어갈 알맞은 말을 쓰시오.

(1) 다른 홑문장을 하나의 문장 성분으로 안고 있는 문장을 (　　　)(이)라 한다.

(2) (　　　)은/는 주어와 서술어를 갖추었지만 독립하여 쓰이지 못하고 다른 문장의 한 성분으로 쓰이는 단위이다.

02 다음 설명이 맞으면 ○, 틀리면 ×에 표시하시오.

(1) 남의 말이나 글을 인용하는 방법에는 간접 인용과 직접 인용이 있다. (○, ×)

(2) 안긴문장은 다른 문장 속에서 하나의 문장 성분으로 쓰이는 겹문장이다. (○, ×)

(3) 내용을 명확하고 간결하게 전달하기 위해서는 주로 겹문장을 사용하는 것이 좋다. (○, ×)

03 다음 문장에서 안긴문장을 찾아 밑줄을 그으시오.

(1) 김 박사가 백신 개발에 성공하였음이 분명하다.

(2) 나는 아래층 강아지가 짖는 소리를 들었다.

04 명사절을 만드는 어미에 해당하는 것은? (정답 2개)

① -게　　　　② -는　　　　③ -기

④ -도록　　　⑤ -음

05 다음 밑줄 친 부분이 문장에서 어떤 문장 성분의 역할을 하는지 쓰시오.

(1) 심부름꾼은 발바닥에 땀이 나게 달렸다. (　　　　)

(2) 현주는 이해력이 좋다. (　　　　)

06 ㉠의 ☐ 표시된 단어 대신 ㉡의 문장을 넣어 안은문장을 만들어 쓰시오.

㉠ 나는 ⌈그⌋ 운동화를 신었다.
㉡ 형이 운동화를 사다.

07 다음 두 문장을 간접 인용절을 가진 하나의 안은문장으로 바꾸어 쓰시오.

농부는 대답하였다.
"누렁소가 더 일을 잘합니다."

08 〈보기〉의 문장에 대한 설명이 바르게 되도록 알맞은 말을 고르시오.

보기
부모는 자식들이 건강하기를 바랐다.

→ 위 문장에서 (관형절, 명사절)인 '자식들이 건강하기'는 문장의 (관형어, 목적어, 주어)로 쓰였다.

01 문장의 짜임에 대한 설명으로 적절하지 <u>않은</u> 것은?

① 관형절은 문장 안에서 체언을 꾸며 주는 기능을 한다.
② 명사절은 문장에서 명사와 같이 주어, 목적어 등의
  기능을 한다.
③ 인용절을 만들 때는 인용한 말 뒤에 조사 '라고' 또는
  '고'가 붙는다.
④ 안긴문장은 안은문장 속에 절의 형태로 들어가 하나
  의 문장 성분처럼 쓰인다.
⑤ 안은문장을 사용하면 홑문장에 비해 내용을 간결하
  고 명확하게 전달할 수 있다.

02 문장의 짜임이 나머지와 <u>다른</u> 것은?

① 이 일을 해내기란 쉽지 않다.
② 그는 눈썹이 휘날리도록 달렸다.
③ 내가 죽거든 나를 강가에 묻어 다오.
④ 할아버지께서는 눈이 매우 밝으시다.
⑤ 이 영화는 내가 작년에 이미 본 영화이다.

03 〈보기〉의 문장에서 안긴문장이 하는 역할로 적절한
  것은?

┌ 보기 ┐
  나는 개학이 연기된다는 사실을 몰랐다.
└────┘

① 목적어로 쓰인다.
② 용언을 꾸며 준다.
③ 체언을 꾸며 준다.
④ 서술어의 구실을 한다.
⑤ 다른 사람의 말을 인용한다.

04 〈보기〉의 문장과 같은 절을 가진 안은문장은?

┌ 보기 ┐
  가랑잎이 솔잎더러 바스락거린다고 한다.
└────┘

① 식당 사장님은 인심이 후하다.
② 나는 해가 떠오르기를 기다리고 있다.
③ 국민들은 통일이 될 것임을 믿고 있다.
④ 아이들은 해가 다 지도록 공터에서 야구를 했다.
⑤ 『논어』에서 "지나침은 미치지 못함과 같다."라고 하
  였다.

서술형

05 〈보기〉에 제시된 안은문장의 종류와 안긴문장의 역할
  에 대해 〈조건〉에 맞게 서술하시오.

┌ 보기 ┐
  사람들은 장마가 그치기를 기다리고 있다.
└────┘

┌ 조건 ┐
• 어떤 절을 가진 안은문장인지 쓸 것.
• 안긴문장에 해당하는 부분은 어디인지 구체적으로 밝
  히고, 어떤 문장 성분의 역할을 하고 있는지 쓸 것.
└────┘

06 서술절을 가진 안은문장이 <u>아닌</u> 것은?

① 민수는 꾀가 많다.
② 토끼는 귀가 길다.
③ 영주는 회원이 아니다.
④ 이 책은 그림이 예쁘다.
⑤ 아기는 눈이 초롱초롱하다.

07 다음 문장에서 안긴문장의 종류를 바르게 연결한 것은?

① 그의 인생이 눈이 시리도록 슬프다. − 부사절
② 꼬마는 과자가 먹고 싶다고 말했다. − 서술절
③ 농민들은 곡식이 익기를 기다리고 있다. − 관형절
④ 영미는 결혼을 한다는 소식을 친구들에게 전했다.
　　　　　　　　　　　　　　　　　　　　　 − 인용절
⑤ 얘들아, 유모차가 지나갈 수 있게 길을 비켜 주자.
　　　　　　　　　　　　　　　　　　　　　 − 서술절

08 〈보기〉에서 부사절을 가진 안은문장을 모두 고른 것은?

> ┌ 보기 ┐
> ㉠ 그곳은 벽화가 아름답게 장식되어 있다.
> ㉡ 어린이가 그런 결심을 하기란 쉽지 않다.
> ㉢ 저 계곡에는 수정같이 투명한 물이 흐른다.
> ㉣ 밤새 거리에는 소리도 없이 눈이 내리고 있다.
> ㉤ 개구리들은 날이 밝도록 개굴개굴 노래를 한다.
> ㉥ 신랑은 신부에게 앞으로 행복하게 살자고 속삭였다.

① ㉠, ㉢, ㉤　　　　　② ㉠, ㉣, ㉤
③ ㉡, ㉣, ㉤　　　　　④ ㉡, ㉣, ㉤, ㉥
⑤ ㉠, ㉣, ㉤, ㉥

09 다음 속담 중 안은문장에 해당하는 것은?

① 개천에서 용 난다.
② 발 없는 말이 천 리 간다.
③ 원숭이도 나무에서 떨어진다.
④ 사공이 많으면 배가 산으로 간다.
⑤ 구슬이 서 말이라도 꿰어야 보배다.

10 〈보기〉에 대한 이해로 적절하지 <u>않은</u> 것은?

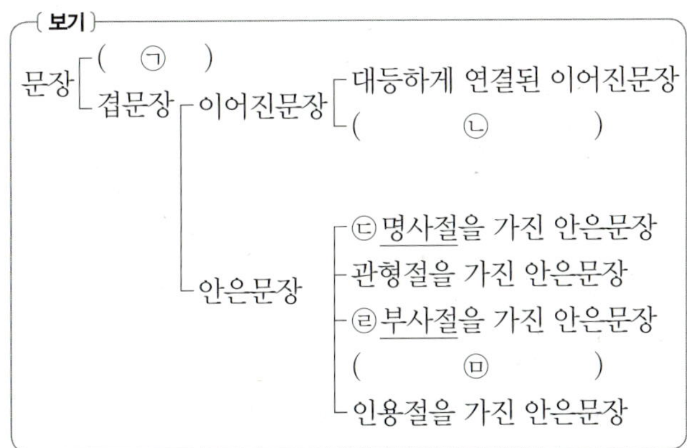

① ㉠에는 주어와 서술어의 관계가 한 번만 나타나는 문장을 이르는 말이 들어가야 해.
② ㉡에는 앞 문장과 뒤 문장의 의미 관계가 종속적으로 연결된 문장을 이르는 말이 들어가야 해.
③ ㉢은 명사형 어미 ‘−음’, ‘−기’ 등이 붙어 만들어지지.
④ ㉣은 문장에서 부사어처럼 용언을 수식하는 기능을 하겠지.
⑤ ㉤의 예로 ‘장정의 발이 매우 크다.’를 들 수 있을 거야.

> **문제 해결의 🔑** 문장의 짜임을 도식화한 자료를 바탕으로 푸는 문제이다. 문장은 짜임에 따라 크게 홑문장과 겹문장으로, 겹문장은 다시 이어진문장과 안은문장으로 나뉜다는 것을 먼저 떠올려 보자. 또한 이어진문장과 안은문장을 구분하는 각각의 유형과 그 특징을 생각하면서 접근하면 쉽게 해결할 수 있는 문제이다.

〔 중3 학업성취도평가 〕

01 〈자료〉의 ㉠을 참조하여 ㉡을 알맞게 바꾼 것은?

〔 자료 〕

　　안은문장은 그 속에 다른 문장을 절의 형식으로 안고 있는 것을 말하고, 안긴문장은 안겨 있는 절을 말한다. 안긴문장은 문장 속의 역할에 따라 명사절, 서술절, 관형절, 부사절, 인용절로 구분할 수 있다. 그중 부사절은 안긴문장이 부사어와 같이 주로 용언을 꾸미는 역할을 한다. 부사절은 부사 형성 접사 '–이'가 붙어서 되는 경우가 있다.
　　㉠: 아이는 예쁘다. / 꽃과 같다.
　　　　　　　　→ 아이는 꽃과 같이 예쁘다.
　　㉡: 그들이 돌아왔다. / 소리가 없다.
　　　　　　　　→ ＿＿＿＿＿＿＿＿＿

① 그들이 소리 없이 돌아왔다.
② 소리가 없는 그들이 돌아왔다.
③ 그들이 돌아왔고 소리가 없었다.
④ 소리가 없어서 그들이 돌아왔다.
⑤ 소리가 없으며 그들이 돌아왔다.

〔 고1 학력평가 〕

02 〈보기〉의 ㉠에 해당하는 예로 적절한 것은?

〔 보기 〕

　　• 재희는 봉사 활동에 <u>아무도 모르게</u> 참여한다.

　　위 문장에서 '아무도 모르게'는 단어가 아니라 주어인 '아무도'와 서술어인 '모르다'로 이루어진 문장이다. 이 문장은 '재희는 봉사 활동에 참여한다.'라는 문장에서 서술어 '참여한다'를 수식하여 '어떻게'라는 의미를 더해 주면서 수식하고 있다. 이런 역할을 하면서 안겨 있는 문장을 ㉠<u>부사절</u>이라 한다.

① 이 일은 <u>하기가</u> 쉽지 않다.
② 빙수는 <u>이가 시리도록</u> 차가웠다.
③ 은기는 <u>꼭 꿈을 이루겠다고</u> 말했다.
④ 승희는 <u>마음이 따뜻한</u> 사람을 좋아한다.
⑤ 민우는 <u>우리가 어제 돌아온</u> 사실을 모른다.

〔 고2 학력평가 〕

03 〈학습 활동〉을 수행한 결과로 적절한 것은?

〔 학습 활동 〕

　　다른 문장에 들어가 하나의 성분처럼 쓰이는 문장을 안긴문장이라고 하고, 이 문장을 포함한 문장을 안은문장이라고 한다. 안긴문장을 절이라고 하는데 그 종류로는 명사절, 관형절, 부사절, 서술절, 인용절이 있다. 예를 들어 관형절은 안은문장 안에서 절 전체가 관형어의 기능을 한다.
　　다음 자료에서 안긴문장의 종류와 기능을 파악해 보자.

[자료]
　　㉠ 누나가 주인임이 밝혀졌다.
　　㉡ 삼촌은 농담을 던짐으로써 분위기를 풀었다.
　　㉢ 형은 동생이 고향으로 돌아오기만 기다렸다.

① ㉠~㉢에서 안긴문장의 종류가 모두 동일하고 ㉠에서 안긴문장은 안은문장 안에서 목적어의 기능을 하는군.
② ㉠~㉢에서 안긴문장의 종류가 모두 동일하고 ㉡에서 안긴문장은 안은문장 안에서 부사어의 기능을 하는군.
③ ㉠~㉢에서 안긴문장의 종류가 모두 동일하고 ㉢에서 안긴문장은 안은문장 안에서 주어의 기능을 하는군.
④ ㉠~㉢에서 안긴문장의 종류가 모두 다르고 ㉠에서 안긴문장은 안은문장 안에서 주어의 기능을 하는군.
⑤ ㉠~㉢에서 안긴문장의 종류가 모두 다르고 ㉡에서 안긴문장은 안은문장 안에서 부사어의 기능을 하는군.

04 〈보기〉의 ㉠~㉤에 대한 설명으로 적절하지 <u>않은</u> 것은?

〔보기〕

　'안긴문장'은 다른 문장 속에 들어가 하나의 성분처럼 쓰이는 문장을 말하며, '안은문장'은 안긴문장을 포함하고 있는 문장을 말한다. 안긴문장은 기능에 따라 명사절, 관형절, 부사절, 서술절, 인용절로 나뉜다.

㉠ 영수는 키가 매우 크다.
㉡ 영수는 꽃이 핀 사실을 몰랐다.
㉢ 영수는 말도 없이 학교로 가 버렸다.
㉣ 영수는 공원을 산책하기를 좋아한다.
㉤ 영수는 영희에게 빨리 오라고 외쳤다.

① ㉠의 안긴문장은 안은문장의 서술어 기능을 한다.
② ㉡의 안긴문장은 체언의 뜻을 제한하는 기능을 한다.
③ ㉢의 안긴문장은 안은문장의 부사어를 수식한다.
④ ㉣의 안긴문장의 주어는 안은문장의 주어와 동일하다.
⑤ ㉤의 안긴문장은 안은문장의 주어가 한 말을 인용한 것이다.

수능 맛보기

Q 〈학습 활동〉을 수행한 결과로 적절하지 <u>않은</u> 것은?

〔학습 활동〕

　겹문장은 다른 문장 속에 들어가 안긴문장으로 쓰일 수 있다. 또한 겹문장은 안은문장에서 다양한 문장 성분으로도 쓰인다. 다음 밑줄 친 겹문장 ⓐ~ⓔ의 쓰임을 설명해 보자.

• 기상청은 ⓐ<u>내일은 따뜻하지만 비가 온다는</u> 예보를 했다.
• 시민들은 ⓑ<u>공원이 많고 거리가 깨끗한</u> 도시를 만들었다.
• ⓒ<u>바람이 거세지고 어둠이 내리기</u> 전에 산에서 내려갔다.
• 나는 나중에야 ⓓ<u>그녀는 왔으나 그가 안 왔음</u>을 깨달았다.
• 삼촌은 주말에 ⓔ<u>꽃이 피고 새가 지저귀는</u> 들판을 거닐었다.

① ⓐ는 인용절로 쓰이고 있다.
② ⓑ는 관형절로 쓰이고 있다.
③ ⓒ는 명사절로 쓰이고 있다.
④ ⓓ는 조사와 결합하여 주성분으로 쓰이고 있다.
⑤ ⓔ는 조사와 결합 없이 부속 성분으로 쓰이고 있다.

01 다음 밑줄 친 부분의 문장 성분을 바르게 나타낸 것은?

① <u>새</u> 책을 샀다. – 주어
② <u>새로운</u> 책을 샀다. – 부사어
③ 책의 내용이 <u>새롭다</u>. – 보어
④ 책의 표지가 <u>새롭게</u> 바뀌었다. – 관형어
⑤ 작가는 이 책에서 <u>새로움을</u> 추구한다. – 목적어

02 밑줄 친 부분의 문장 성분이 나머지와 다른 것은?

① <u>혼자서</u> 길을 걷는다.
② <u>누구나</u> 그 사실을 안다.
③ 이런 일은 <u>아무도</u> 못 한다.
④ 다행히도 내 <u>마음만은</u> 행복하다.
⑤ <u>초등학교에서</u> 어린이날 행사가 열렸다.

03 〈보기〉의 문장에 대한 설명으로 적절하지 <u>않은</u> 것은?

[보기]
　앗, 잔디밭에서 기어다니던 개미가 나의 다리를 슬금슬금 타고 올라온다.

① 주어와 서술어의 관계가 두 번 이상 나타나는 겹문장이다.
② '잔디밭에서 기어다니던'은 관형어의 역할을 하는 안긴문장이다.
③ '나의'와 '슬금슬금'의 공통점은 용언을 꾸며 주는 역할을 한다는 것이다.
④ '개미가', '다리를', '타고 올라온다'는 문장을 이루는 데 필수적인 문장 성분에 해당한다.
⑤ 다른 문장 성분과 직접적인 관계를 맺지 않고 독립적으로 쓰이는 문장 성분을 찾을 수 있다.

04 〈보기〉는 문장 성분을 이해하기 위한 학습 활동의 일부이다. [A]에 들어갈 내용으로 적절하지 <u>않은</u> 것은?

[보기]
[탐구 방법]
　1. 특정 문장 성분을 생략할 경우 문장이 성립하는가를 확인하고 그 성분이 문장 구성에 필수적인지를 판단한다.
　2. 특정 문장 성분이 어떤 기능을 하는가를 문장 내 다른 성분과의 관계를 고려해서 판단한다.
[탐구 대상]
　ㄱ. 꼼꼼한 소윤이가 가위로 색종이를 잘랐다.
　ㄴ. 경민이는 옆집의 효빈이를 동생으로 삼았다.
[탐구 결과]
　　　　　　　　　[A]

① ㄱ의 '색종이를'은 필수적인 성분으로, '잘랐다'라는 행위의 대상으로 기능한다.
② ㄱ의 '꼼꼼한'과 ㄴ의 '옆집의'는 필수적이지 않은 성분으로, 문장 내에서 동일한 기능을 한다.
③ ㄱ의 '소윤이가'와 ㄴ의 '경민이는'은 필수적인 성분으로, 문장 안에서 행위의 주체로 기능을 한다.
④ ㄱ의 '잘랐다'와 ㄴ의 '삼았다'는 필수적인 성분으로, 문장 안에서 주체의 행위를 표현하는 기능을 한다.
⑤ ㄱ의 '가위로'와 ㄴ의 '동생으로'는 필수적이지 않은 성분으로, 문장 내의 특정 단어를 수식하는 기능을 한다.

05 다음 문장 중 홑문장에 해당하지 <u>않는</u> 것은?

① 그 약은 입에 쓰다.
② 아기의 미소가 몹시도 눈부시다.
③ 어머니가 만드신 빵이 익어 간다.
④ 사건의 전말이 드디어 모두 밝혀졌다.
⑤ 모든 인간은 탄생부터 기본권을 갖고 있다.

06 〈보기 1〉을 바탕으로 〈보기 2〉를 탐구한 결과로 적절하지 <u>않은</u> 것은?

〔보기 1〕
• 대등하게 연결된 이어진문장: 홑문장이 대등한 의미 관계로 연결된 이어진문장으로, '나열, 대조, 선택' 등의 의미 관계를 가짐.
• 종속적으로 연결된 이어진문장: 홑문장이 종속적 의미 관계로 연결된 이어진문장으로, '원인, 조건, 목적, 양보' 등의 의미 관계를 가짐.

〔보기 2〕
ㄱ. 봉사 활동은 힘들고 보람차다.
ㄴ. 봉사 활동은 힘들어도 보람차다.
ㄷ. 봉사 활동은 힘들지만 보람차다.

① ㄱ, ㄴ, ㄷ은 앞 절과 뒤 절의 순서를 바꾸어도 의미에 변화가 생기지 않는군.
② ㄱ, ㄴ, ㄷ은 두 개의 홑문장이 다양한 연결 어미에 의해 나란히 연결된 이어진문장이군.
③ ㄱ, ㄴ, ㄷ에서는 주어가 같은 두 개의 홑문장이 결합하면서 뒤 문장의 주어가 생략되었군.
④ ㄱ, ㄷ은 앞 절과 뒤 절의 의미가 대등한 관계에 있는 문장이군.
⑤ ㄴ은 앞 절과 뒤 절의 의미가 독립적이지 못하고 종속적인 관계에 있는 문장이군.

07 겹문장 중 종류가 나머지와 <u>다른</u> 것은?

① 노력은 성공으로 가는 지름길이다.
② 눈이 오지만 바깥은 그다지 춥지 않다.
③ 면접자는 손에 땀이 나도록 긴장하고 있다.
④ 그들은 불길이 잦아들기를 간절히 기도했다.
⑤ 선생님께서 연습 문제를 다시 풀어 오라고 말씀하셨다.

08 문장의 짜임새를 바르게 파악한 것은?

① 아직까지 한 사람도 오지 않았다. − 서술절을 가진 안은문장
② 의사는 노인이 돌아가셨다고 말했다. − 부사절을 가진 안은문장
③ 저 사람은 아는 것도 없이 잘난 체한다. − 관형절을 가진 안은문장
④ 청년은 미소가 아름다운 그 여인이 자꾸 생각난다. − 인용절을 가진 안은문장
⑤ 사장은 지금이 회사의 앞날에 중요한 순간임을 깨달았다. − 명사절을 가진 안은문장

09 〈보기〉의 ㉠~㉤에 대한 설명으로 적절한 것은?

〔보기〕
㉠ 민지야, 안녕?
㉡ 갑자기 편지를 받아서 놀라지는 않았니?
㉢ 너를 우리 집에 초대하려고 편지를 쓰고 있어.
㉣ 너 혹시 떡볶이 좀 좋아하니?
㉤ 내가 너에게 크림소스를 넣은 떡볶이를 만들어 주고 싶거든.

① ㉠은 문장의 필수 성분에 해당하는 주어이다.
② ㉡은 대등하게 연결된 이어진문장이다.
③ ㉢은 주어와 서술어의 관계가 한 번만 나타난다.
④ ㉣에서 '혹시'와 '좀'을 생략해도 문장은 성립한다.
⑤ ㉤은 안긴문장에 해당한다.

10 다음 문장을 ㉠과 ㉡에 넣어 안은문장을 만들 때, ㉠과 ㉡에 들어갈 안긴문장의 종류를 각각 쓰시오.

다람쥐가 도토리를 먹는다.

• 아이는 ㉠ __________ 을/를 기대했다.
• 아이는 ㉡ __________ 말했다.

VI 문법 요소

DAY 20~24

VI 문법 요소

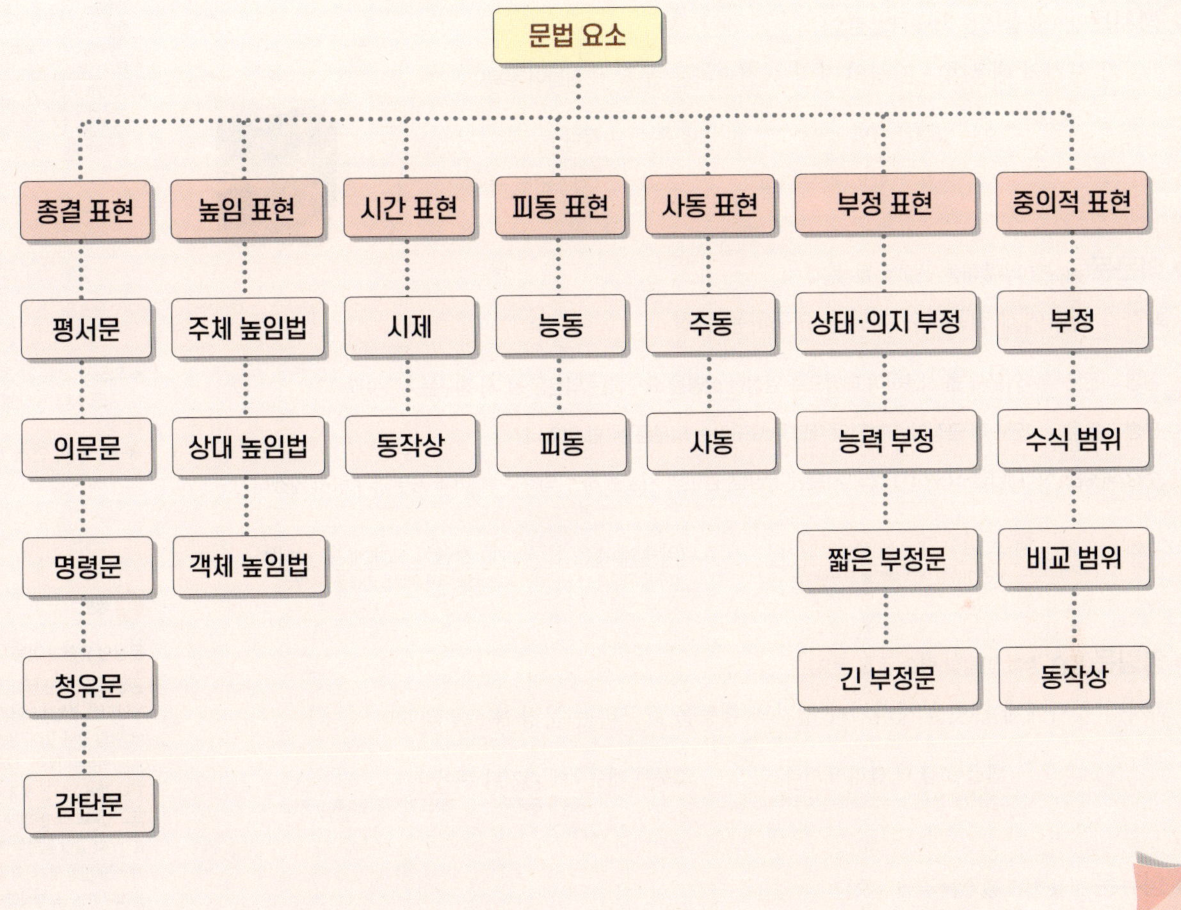

문법 요소
종결 표현
높임 표현
시간 표현
피동 표현
사동 표현
부정 표현
중의적 표현
평서문
주체 높임법
시제
능동
주동
상태·의지 부정
부정
의문문
상대 높임법
동작상
피동
사동
능력 부정
수식 범위
명령문
객체 높임법
짧은 부정문
비교 범위
청유문
긴 부정문
동작상
감탄문

학습 목표
문법 요소들의 개념과 표현 효과를 탐구하고
실제 국어생활에 활용해야 해!

DAY 20 종결 표현

| 교과 연계 | 고등학교 언어와 매체 _ 문법 요소의 효과와 활용

개념 정리

◎ 종결(마칠 종終 맺을 결結) 표현

문장을 끝맺는 표현. 서술어의 종결 어미◆에 의한 종결 표현에 따라 문장의 의미가 달라지고, 화자는 종결 표현을 통해 청자에게 자신의 의도를 표현함.

◎ 평서문(평평할 평平 줄 서敍 글월 문文)

화자가 사건의 내용이나 자신의 생각을 진술하는 문장 ⑩ 하늘이 푸르다.

> 오늘 날씨가 정말 좋다.
> 평서형 종결 어미
> → 날씨가 좋다는 내용을 진술함.
>
> 소풍 가고 싶다.
> 평서형 종결 어미
> → 소풍을 가고 싶다는 생각을 진술함.

◎ 의문문(의심할 의疑 물을 문問 글월 문文)

화자가 청자에게 질문하여 대답을 요구하는 문장

설명 의문문	의문사◆를 사용하여 대답으로 일정한 설명을 요구하는 의문문 ⑩ 저 친구는 누구야?
판정 의문문	단순히 긍정이나 부정의 대답을 요구하는 의문문 ⑩ 밥 먹었니?
수사 의문문	대답을 요구하지 않고 서술이나 명령, 감탄의 기능을 하는 의문문 ⑩ 이제 공부해야 하지 않겠니?

> 왜 이렇게 늦게 온 건지 얘기해 줄 수 있어?
> 설명 의문문 → 늦은 이유에 대한 설명을 요구함.
>
> (약속에 늦은 친구에게) 지금이 도대체 몇 시니?
> 수사 의문문 → 상대방이 늦은 것에 대해 언짢은 기분을 표현함.

◎ 명령문(목숨 명命 명령할 령令 글월 문文)

화자가 청자에게 무엇을 시키거나 청자의 행동을 요구하는 문장  손을 잡아라.

> 밥을 조금 더 빨리 먹어라.
> 명령형 종결 어미 → 밥을 빨리 먹도록 요구함.
>
> 그릇은 개수대에 가져다 두어라.
> 명령형 종결 어미 → 그릇을 가져다 두도록 요구함.

◎ 청유문(청할 청請 꾈 유誘 글월 문文)

화자가 청자에게 같이 행동할 것을 요청하는 문장 ⑩ 학교에 같이 가자.

> 빨리 마이크 들자. 그리고 함께 노래 부르자.
> 청유형 종결 어미 → 화자와 함께 마이크를 들고 노래할 것을 요청함.

◎ 감탄문(느낄 감感 탄식할 탄歎 글월 문文)

화자가 자신의 느낌을 표현하는 문장  어머, 예뻐라!

> 너 정말 빨리 달리는구나!
> 감탄형 종결 어미 → 빨리 달리는 것을 새로 알게 된 느낌을 표현함.
>
> 정말 놀라워라(놀랍-+ -어라)!
> 감탄형 종결 어미 → 놀라움을 표현함.

◆ 종결 어미 어간 뒤에 결합하여 문장을 끝맺는 어미

평서형 종결 어미	-다, -ㅂ시다 등
의문형 종결 어미	-냐, -니, -ㄹ까 등
명령형 종결 어미	-아라/-어라, -거라 등
청유형 종결 어미	-자, -ㅂ시다 등
감탄형 종결 어미	-구나, -아라/-어라 등

◆ 의문사 의문의 초점이 되는 사물이나 사태를 지시하는 말
⑩ 왜, 누구, 언제, 어디, 무엇, 어떻게 등

🔥 정보

문장의 유형과 기능

문장의 표면적인 형식과 실제 기능이 다른 경우가 있어요. 예를 들어 '나랑 같이 갈래?'는 형식적으로는 의문문이지만, 실제로는 자기와 같이 가자는 청유의 의미를 담고 있지요. 또한 '얼마나 아름다운가?'와 같이 감탄의 의미를 담거나 '내 말이 맞지?'와 같이 확인을 요구하는 등, 형식적으로는 대답을 요구하는 것처럼 보이지만 실제 기능은 다를 수 있답니다.

🔥 정보

'-아라/-어라'

'-아라/-어라'는 명령형 종결 어미로 쓰이지만 감탄형 종결 어미로도 쓰여요. 형용사는 명령문으로 쓰일 수 없기 때문에 형용사 어간 뒤에 '-아라/-어라'가 결합되어 있다면 감탄문!

개념 확인 문제

01 다음 빈칸에 들어갈 알맞은 말을 쓰시오.

> 종결 표현은 (　　　)을 끝맺는 표현이다. 종결 표현에 따라 문장은 화자가 사건의 내용이나 자신의 생각을 진술하는 (　　　)과, 화자가 청자에게 같이 행동할 것을 요청하는 (　　　), 이 밖에 의문문, 명령문, 감탄문으로 나눌 수 있다.

02 다음 설명이 맞으면 ○, 틀리면 ×에 표시하시오.

(1) 종결 표현은 종결 어미에 의해 결정된다.

(○ , ×)

(2) 종결 표현을 통해 화자는 청자에게 자신의 의도를 표현할 수 있다.

(○ , ×)

03 종결 표현에 따른 문장의 유형과 그 어미를 올바르게 연결하시오.

(1) 감탄문 •　　　　　　　　　• ㉠ -다

(2) 평서문 •　　　　　　　　　• ㉡ -자

(3) 청유문 •　　　　　　　　　• ㉢ -구나

04 종결 표현에 따른 문장의 유형이 <u>다른</u> 것은?

① 꽃이 참 향기로워라.

② 글씨를 바르게 써라.

③ 늦기 전에 어서 자라.

05 다음 설명에 해당하는 문장은?

> 화자가 청자에게 무엇을 시키거나 청자의 행동을 요구하는 문장

① 부지런히 일했다.

② 부지런히 일하자.

③ 부지런히 일해라.

06 다음 빈칸에 들어갈 알맞은 말을 쓰시오.

> 의문문은 화자가 청자에게 (　　　)하여 (　　　)을 요구하는 문장이다. 의문문의 종류로는 설명 의문문, (　　　　　　　　), 수사 의문문이 있다.

07 다음 설명이 맞으면 ○, 틀리면 ×에 표시하시오.

(1) 감탄문은 화자가 자신의 느낌을 표현하는 문장이다.

(○ , ×)

(2) 감탄문은 감탄형 종결 어미 '-자' 등을 활용해 만들 수 있다.

(○ , ×)

08 다음 의문문의 종류를 쓰시오.

> ㉠ (화난 표정으로) 왜 이제야 왔어?
> ㉡ (궁금한 표정으로) 엄마 심부름 했어?
> ㉢ (길에서 모르는 사람에게) 지금 몇 시인가요?

㉠: ＿＿＿＿　㉡: ＿＿＿＿　㉢: ＿＿＿＿

01 종결 표현에 대한 설명으로 적절하지 <u>않은</u> 것은?

① 종결 표현은 문장을 끝맺는 표현이다.
② 종결 어미를 통해 종결 표현을 결정한다.
③ 국어의 문장은 종결 표현에 따라 의미가 달라진다.
④ 화자는 종결 표현을 통해 자신의 의도를 전달할 수 있다.
⑤ 종결 표현에 따라 평서문, 의문문, 부정문, 청유문, 감탄문으로 나뉜다.

02 〈보기〉의 문장에 대한 이해로 적절하지 <u>않은</u> 것은?

〔보기〕
내가 너한테 커피 한 잔 못 사겠니?

① 의문형 종결 어미를 활용한 의문문이다.
② '−니'를 통해 화자의 의도를 표현하는 문장이다.
③ 화자가 청자에게 하고 싶은 말을 전달하는 문장이다.
④ 화자가 청자에게 질문하여 대답을 요구하는 문장이다.
⑤ 문장의 형태와 실제 기능이 일치하지 않는 문장이다.

03 〈보기〉에서 설명하는 형태의 문장으로 표현할 수 <u>없</u>는 서술어는?

〔보기〕
화자가 청자에게 같이 행동할 것을 요청하는 문장

① 걷다　　　　② 가다
③ 작다　　　　④ 잡다
⑤ 먹다

04 〈보기〉에서 설명하는 문장 유형의 예문으로 적절하지 <u>않은</u> 것은?

〔보기〕
화자가 자신의 느낌을 표현하는 문장

① 보기만 해도 좋아라!
② 하늘이 정말 푸르구나.
③ 우리가 드디어 만났군!
④ 아이가 정말 얌전하구나.
⑤ 오늘 공부를 많이 했어요.

서술형

05 〈보기〉의 문장이 해당하는 문장 유형과 문장의 구체적인 의미를 〈조건〉에 따라 쓰시오.

〔보기〕
오늘 점심 메뉴가 떡볶이라면 얼마나 좋을까?

〔조건〕
• 종결 표현을 결정한 종결 어미를 근거로 들어 문장의 유형을 쓸 것.
• '〈보기〉의 문장은 ∼이다' 형식의 완전한 문장으로 쓸 것.

06 문법적으로 올바르지 <u>않은</u> 문장은?

① 원지는 기분이 좋다.
② 마음을 단단히 먹어라.
③ 오늘부터는 꼭 착하자.
④ 대영아, 언제 도착했어?
⑤ 연주는 자주 등산을 간다.

07 문장의 유형과 예문이 올바르게 연결되지 <u>않은</u> 것은?

① 의문문 – 거기 공 좀 주워 주겠니?
② 청유문 – 우리 같이 도서관에 가자.
③ 명령문 – 책상 정리를 빨리 하거라.
④ 평서문 – 시험에 합격하고야 말겠다.
⑤ 감탄문 – 비가 많이 와서 길이 미끄럽겠어.

08 의문문의 종류가 나머지와 <u>다른</u> 것은?

① 저 사람은 누구야?
② 어디서 보물을 찾았니?
③ 점심시간에 무엇을 먹었니?
④ 선생님 상담은 언제 하면 좋겠어?
⑤ 그만 자고 얼른 일어나지 못하겠니?

09 〈보기〉의 문장과 동일한 유형의 종결 표현이 사용된 예문으로 적절하지 <u>않은</u> 것은?

> **보기**
>
> 아무래도 내일은 비가 올 것 같아.

① 새가 하늘 높이 날아갔어요.
② 제가 방해가 되었나 봅니다.
③ 식사 준비가 모두 다 되었다네.
④ 우리 약속한 것은 꼭 지킵시다.
⑤ 야구 관람은 정말 즐거운 일이다.

고난도

10 〈보기〉의 ㉠에 해당하지 <u>않는</u> 문장은?

> **보기**
>
> 우리말의 문장은 종결 표현에 따라 그 의미가 달라진다. 이때 ㉠<u>종결 표현에 따른 문장의 형태와 실제 문장의 기능이 일치하지 않는 경우</u>도 있다.

① (사람이 가득한 엘리베이터에서) 좀 지나갑시다.
② (창문 옆에 앉은 친구에게) 바람이 차갑지 않니?
③ (의사가 환자의 신발을 가리키며) 다친 발을 좀 봅시다.
④ (갈림길에서 다른 사람에게) 지하철역은 어디로 가야 하나요?
⑤ (도서관에서 떠드는 사람에게) '정숙'이라는 표지판 안 보이세요?

문제 해결의 🔑 종결 표현을 통해 문장 유형을 먼저 파악해 보자. 그리고 해당 발화의 맥락을 고려하여 문장의 의미를 파악한 후, 문장의 형태와 문장의 실제 기능이 일치하는지 여부를 판단해 보자.

중3 학업성취도평가

01 〈자료〉에서 설명하는 문장의 종결 방식이 사용된 것은?

〔자료〕

청유형은 화자가 청자에게 같이 행동할 것을 요청하는 뜻의 문장 종결 방식이다.

PM 5:23

안녕?
㉠ 나는 너랑 같은 반이었던 영주야.
네가 전학 간 뒤로 자주 만날 수 없어 아쉬워.
㉡ 전학 간 학교에서는 잘 지내니?
㉢ 난 네가 없는 학교가 텅 빈 것처럼 느껴져 외롭구나!
㉣ 서로 떨어져 있지만 자주 연락하자.
㉤ 꼭 답장해 줘.

① ㉠　　② ㉡　　③ ㉢　　④ ㉣　　⑤ ㉤

고2 학력평가

02 밑줄 친 부분이 〈보기〉의 ㉠에 해당하는 예로 적절하지 않은 것은?

〔보기〕

일반적으로 의문문은 화자가 청자에게 질문에 대한 대답을 요청할 때, 청유문은 화자가 청자에게 함께 행동할 것을 요청할 때 쓰인다. 그런데 담화 상황에 따라 의문문과 청유문 모두 ㉠화자가 청자에게 행동을 요청할 때 쓰이기도 한다.

① A: 애들아, 영화 좀 보자.
　 B: 알았어. 떠들어서 미안해.
② A: 환기가 필요하구나. 창문 좀 열자.
　 B: 네. 알겠습니다.
③ A: 잠깐, 내가 안경을 어디다 뒀더라?
　 B: 너 혼자 거기서 뭐하니? 빨리 나와.
④ A: 방 청소를 해야 하는데, 좀 비켜 줄래?
　 B: 네, 엄마. 바로 나갈게요.
⑤ A: 기사님! 저 신호등 앞에서 세워 주시겠어요?
　 B: 네, 저기에 세우겠습니다.

고2 학력평가

03 〈보기 1〉의 ㄱ~ㄷ에 해당하는 예를 〈보기 2〉의 a~c에서 찾아 바르게 짝지은 것은?

〔보기 1〕

화자가 청자에게 어떤 행동을 하도록 요구하는 문장을 명령문이라 하는데, 다음과 같이 구분할 수 있다.

ㄱ. 화자와 청자의 상호적 발화 상황에서 청자의 행동을 요구하는 경우로 '-아라/-어라'로 실현된다.
ㄴ. 청자가 없는 일방적 발화 상황에서 청자의 행동을 요구하는 경우로 '-(으)라'로 실현된다.
ㄷ. 화자와 청자의 상호적 발화 상황에서 청자의 행동을 요구하되 경계(警戒)의 의미를 전달하는 경우로 '-(으)ㄹ라'로 실현된다.

〔보기 2〕

a. 청년들이여, 꿈을 찾으라.
b. 철수야, 그러다 넘어질라.
c. 영희야, 이것 좀 먹어 봐라.

	ㄱ	ㄴ	ㄷ
①	a	b	c
②	a	c	b
③	b	a	c
④	c	a	b
⑤	c	b	a

고2 학력평가

04 〈보기 1〉을 〈보기 2〉와 같이 '청자에 대한 화자의 요구'로 정리하였을 때, 설명이 적절하지 <u>않은</u> 것은?

〈보기 1〉

교사: 국화가 참 멋있게 피었구나!

학생: ㉠선생님, 그런데 국화에도 상징적 의미가 담겨 있나요?

교사: ㉡예로부터 국화는 의를 지키는 선비 정신을 상징했어. 그리고 향기가 그윽해서 은일화(隱逸花)라고 불렀지. ㉢우리 국화 향기 한번 맡아 볼까. 어때, 향이 그윽하지? 국화 향기를 오래 맡으려면 꾸준히 물을 주어야 해. ㉣내일 아침부터 네가 화분에 물을 주도록 해.

학생: ㉤나도 국화처럼 향기가 그윽한 사람이면 얼마나 좋을까.

〈보기 2〉

화자의 요구	요구의 유형	
없음	······························	ⓐ
있음	대답 ···························	ⓑ
	행동 수행(청자 단독) ··············	ⓒ
	행동 수행(청자, 화자) ·············	ⓓ

① ㉠은 청자에게 대답을 요구하고 있으므로 ⓑ에 해당된다.

② ㉡은 화자가 설명을 하고 있으므로 ⓐ에 해당된다.

③ ㉢은 화자가 청자에게 함께 행동할 것을 권유하므로 ⓓ에 해당된다.

④ ㉣은 청자에게 행동을 요구하고 있으므로 ⓒ에 해당된다.

⑤ ㉤은 청자에게 대답을 요구하고 있으므로 ⓑ에 해당된다.

Q 〈보기 1〉의 ㉠, ㉡에 해당하는 가장 적절한 예를 〈보기 2〉에서 고른 것은?

〈보기 1〉

　대답을 요구하는 의문문에는 긍정이나 부정의 대답을 요구하는 것과 ㉠구체적인 설명을 요구하는 것이 있다. 대답을 요구하지 않는 의문문은 구체적인 담화 상황에 따라 화자의 의도를 나타내는데, 서술을 나타내는 경우, 감탄을 나타내는 경우, ㉡명령을 나타내는 경우 등이 있다.

〈보기 2〉

• 학교에서 수업을 하는 상황

　선생님: ㉮독서 모둠 활동은 언제, 어디에서 하면 좋겠니?

　학생: 3시부터 도서실에서 하면 좋겠어요.

• 늦잠 자는 아들을 깨우는 상황

　어머니: 학교 늦겠어! ㉯그만 자고 얼른 일어나지 못하겠니?

　아들: 엄마, 제발요. 조금만 더 잘래요.

• 두 학생이 함께 하교하는 상황

　학생 A: ㉰나랑 같이 문구점에 갈 수 있니?

　학생 B: 나도 연필 살 게 있었는데, 참 잘됐다.

• 동생이 억울한 일을 겪은 상황

　언니: ㉱어쩜 이럴 수 있니?

　동생: 아, 정말 억울해서 못 견디겠어.

	㉠	㉡
①	㉮	㉯
②	㉮	㉰
③	㉯	㉱
④	㉰	㉯
⑤	㉰	㉱

개념 정리

○ 높임 표현

말하는 이가 어떤 대상을 높이거나 낮추는 정도를 구별하여 표현하는 방법으로, 높이거나 낮추는 대상에 따라 주체 높임법, 상대 높임법, 객체 높임법으로 나뉨.

○ 주체(주인 주主 몸체 체體) 높임법

주어가 가리키는 대상, 즉 서술의 주체를 높이는 표현 방법

문법 요소		• 선어말 어미 '-(으)시-' • 높임의 주격 조사 '께서' • 특수 어휘	예 선생님께서 말씀하시더라. 어머니께서는 집에 계시다.
유형	직접 높임	주체를 직접 높임. 예 할머니께서 주무신다.	
	간접 높임	주체와 관련 있는 대상을 통해 주체를 간접적으로 높임. 예 선생님께는 따님이 있으시다.	

할아버지께서 식사를 끝내시고 지금은 방에 계신다.
높임의 주격 조사　　　높임의 선어말 어미　　　높임의 특수 어휘

○ 상대(서로 상相 대답할 대對) 높임법

화자가 청자를 높이거나 낮추어 표현하는 방법

		평서법	의문법	명령법	청유법	감탄법
격식체	하십시오체(아주높임)	가십니다	가십니까?	가십시오	(가시지요)	–
	하오체(예사 높임)	가(시)오	가(시)오?	가(시)오, 가구려	갑시다	가는구려
	하게체(예사 낮춤)	가네, 감세	가는가?, 가나?	가게	가세	가는구먼
	해라체(아주낮춤)	간다	가냐?, 가니?	가(거)라, 가 렴, 가려무나	가자	가는구나
비격식체	해요체(두루높임)	가요	가요?	가(세/셔)요	가(세/셔)요	가(세/셔)요
	해체(두루낮춤)	가, 가지	가?, 가지?	가, 가지	가, 가지	가, 가지

○ 객체(손님 객客 몸 체體) 높임법

목적어나 부사어가 지시하는 대상을 높이는 방법

높임의 대상	문법 요소
목적어가 지시하는 대상	• 부사격 조사 '께' 예 나는 할아버지께 용돈을 드렸다.
부사어가 지시하는 대상	• 특수 어휘 예 그는 아버지를 모시고 식당으로 이동했다. 예 수현이는 선생님께 문제 풀이를 여쭈어 보았다.

우리는 선생님을 직접 뵙고 선생님께 선물을 드렸다.
특수 어휘 → 목적어의 대상을 높임.　　부사격 조사 + 특수 어휘 → 부사어의 대상을 높임.

◆ **선어말 어미** 어말 어미 앞에 결합하여 높임. 시제 등의 문법 범주를 표현하는 어미

◆ **조사** 주로 체언 뒤에 결합하여 앞말과 뒷말의 문법적 관계를 드러내는 단어

 정보

간접 높임의 실현 방법

간접 높임은 직접 높임과 달리 높임을 나타내는 특수 어휘가 사용되지 않아요.

 정보

상대 높임법

주체 높임법은 주체를 높이는 표현, 객체 높임법은 목적어나 부사어가 지시하는 대상을 높이는 표현이지만 상대 높임법은 상대를 높이는 것과 낮추는 것을 모두 포함하는 표현이에요.

개념 확인 문제

01 다음 설명이 맞으면 ○, 틀리면 ×에 표시하시오.

(1) 주체 높임법은 행위의 주체를 높이는 것으로, 선어말 어미, 조사, 특수 어휘 등을 통해 실현된다. (○ , ×)

(2) 상대 높임법은 청자를 높이거나 낮추는 것으로, 선어말 어미, 종결 어미 등을 통해 실현된다. (○ , ×)

02 다음 문장의 밑줄 친 문법 요소가 어떤 높임 표현을 실현하는지 쓰시오.

(1) 엄마께 먼저 여쭙고 와. ______________

(2) 선생님께서는 키가 크시다. ______________

(3) 밥을 많이 먹어서 배가 불러요. ______________

03 다음 문장을 상대 높임 평서법 표현에 맞게 고쳐 쓰시오.

> 아이가 학교에 가다.

(1) 해라체: ______________

(2) 해요체: ______________

(3) 해체: ______________

04 주체 높임법이 실현된 문장이 <u>아닌</u> 것은?

① 선생님께서는 교무실에 계신다.
② 할아버지를 찾아뵙고 인사를 드렸다.
③ 할머니께서 과일을 잡수시는 중이다.

05 다음 설명이 맞으면 ○, 틀리면 ×에 표시하시오.

(1) 문장의 목적어에 높임의 의미를 가진 조사를 활용할 수 있다. (○ , ×)

(2) 객체 높임법은 문장의 목적어나 부사어가 지시하는 대상을 높이는 방법이다. (○ , ×)

06 다음 빈칸에 들어갈 알맞은 말을 쓰시오.

> 문장에서 서술의 주체를 높이고 싶을 때는, 선어말 어미 '( )', 주격 조사 '( )', 특수 어휘 등을 활용할 수 있다.

07 다음 문장에서 높임의 대상을 찾아 쓰시오.

(1) 학생 여러분, 주목해 주십시오. ______________

(2) 교수님은 수업을 알차게 하신다. ______________

(3) 우리는 함께 선생님께 노래를 불러 드렸다.

____

08 다음 문장에 쓰인 높임법을 모두 쓰시오.

> 선생님께서 과제 제출이 오늘까지였다고 말씀하셨어.

____

01 높임 표현에 대한 설명으로 적절하지 <u>않은</u> 것은?

① 한 문장에 여러 높임 표현이 동시에 쓰일 수 있다.
② 높임 표현을 실현하는 문법 요소에는 여러 가지가 있다.
③ 높임의 대상은 서술의 주체, 청자, 목적어나 부사어가 지시하는 대상 등이 될 수 있다.
④ 주체 높임, 상대 높임, 객체 높임은 상대에 대한 높임과 낮춤의 표현을 모두 포함한다.
⑤ 높임 표현은 말하는 이가 어떤 대상을 높이거나 낮추는 정도를 구별하여 표현하는 방법이다.

02 〈보기〉의 높임 표현이 사용된 문장으로 적절하지 <u>않은</u> 것은?

〔보기〕
문장의 목적어나 부사어가 지시하는 대상을 높이는 높임 표현

① 우리는 할아버지께 과일을 드렸다.
② 나는 아버지를 모시고 병원에 갔다
③ 선생님께 모르는 것을 여쭈어 보아라.
④ 우리 가족은 할머니를 뵈러 시골로 내려갔다.
⑤ 어머니께서 나에게 곧장 집으로 오라고 하셨다.

03 상대 높임 표현 중 비격식체가 사용된 것은?

① 어째서 이제 오셨소?
② 음식이 정말 맛있었어요.
③ 무슨 일로 돌아오셨습니까?
④ 이제 방에 들어가서 공부해라.
⑤ 오늘은 날씨가 매우 좋습니다.

04 다음 문장에 대한 설명으로 적절하지 <u>않은</u> 것은?

선생님께서 너와 함께 교무실로 오라고 하셨어.

① 주격 조사 '께서'를 사용해 '선생님'을 높이고 있다.
② 조사 '와'를 사용해 서술 대상인 '너'를 높이고 있다.
③ '해체'의 종결 어미를 활용하여 상대를 낮추고 있다.
④ 선어말 어미 '-시-'를 사용해 서술의 주체를 높이고 있다.
⑤ '오라고'를 '오시라고'로 바꾸면 어색한 문장이 될 수 있다.

서술형

05 〈보기〉에 사용된 높임 표현의 종류를 모두 찾아, 어떤 문법 요소를 통해 높임이 실현되고 있는지 주체 높임, 객체 높임, 상대 높임의 순서대로 쓰시오.

〔보기〕
아버지께서 할아버지께 인사를 드리러 방금 집에서 나가셨어요.

06 다음 문장에 대한 설명으로 적절하지 <u>않은</u> 것은?

> 어머니께서 아버지의 바지를 만드신 후 저녁 준비를 하고 계세요.

① 주격 조사 '께서'를 사용해 주체를 높이고 있다.
② '해요체'의 종결 표현을 사용해 청자를 높이고 있다.
③ 서술의 대상을 높이는 객체 높임은 사용되고 있지 않다.
④ 특수 어휘 '계시다'를 사용해 주체를 간접적으로 높이고 있다.
⑤ 높임의 선어말 어미 '-시-'를 사용해 주체를 직접적으로 높이고 있다.

07 〈보기〉의 ㉠을 활용하여 주체를 높인 문장이 <u>아닌</u> 것은?

> ─〔보기〕─
> 주체 높임법은 ㉠높임의 선어말 어미 '-(으)시-', 높임의 주격 조사 '께서', 특수 어휘 '잡수다' 등을 통해 실현할 수 있다.

① 선생님께서는 눈이 밝으시다.
② 할아버지께서 곤히 주무신다.
③ 노래를 부르시는 엄마가 아름답다.
④ 아빠가 타자 연습을 열심히 하신다.
⑤ 할머니께서 체중 감량에 성공하셨다.

08 밑줄 친 부분이 실현하는 높임 표현의 양상이 나머지와 <u>다른</u> 것은?

① 요즘 많이 <u>바쁘죠</u>?
② 김치찌개 맛이 <u>어때요</u>?
③ 고향 집에 <u>도착하셨나요</u>?
④ 오늘 본 영화 <u>재미있었어요</u>?
⑤ 추우니 오늘은 집에 빨리 <u>가요</u>.

09 〈보기〉의 ㉠에 들어갈 예문으로 가장 적절한 것은?

> ─〔보기〕─
> 높임 표현에는 주체 높임법, 상대 높임법, 객체 높임법이 있다. 실제 언어생활에서는 높임 표현이 한 가지 이상 복합적으로 다양하게 실현되는데, '(㉠)'과 같은 문장은 상대를 높이고 주체도 높여서 표현한 예이다.

① 지은아, 방학은 잘 보냈니?
② 이것은 제가 읽을 책입니다.
③ 너는 엄마를 많이 닮았구나.
④ 어느새 여름이 오고 있습니다.
⑤ 선생님께서 과제를 제출하라고 하셨어요.

〔고난도〕

10 주체 높임법, 상대 높임법, 객체 높임법이 모두 실현된 문장으로 적절한 것은?

① 현주야, 나 도서관에 다녀올게.
② 선생님께서는 지금 회의실에 계십니다.
③ 엄마, 앞으로는 반찬을 골고루 먹을게요.
④ 삼촌께서 시키신 심부름을 하느라 좀 늦었습니다.
⑤ 아빠께서 할아버지께 옷을 드리고 오라고 하셨어요.

> **문제 해결의 🔑** 주체 높임법, 상대 높임법, 객체 높임법의 개념과 이를 실현하는 문법 요소를 떠올리고, 각각의 문장에 어떤 문법 요소가 쓰였는지 파악해 보자.

고1 학력평가

01 〈보기〉의 '학습 활동'을 수행한 결과로 적절한 것은?

〔보기〕

[학습 활동]

　다음 담화 상황에 등장하는 ㉠, ㉡이 달라질 때, 언어 예절에 적합한 높임 표현을 사용해 보자.

[담화 상황]

　(내가 철수에게)

　"어제 ㉠영희가 ㉡경희에게 선물을 주는 것을 보았어."

　※ 말하는 사람인 '나'와 철수, 영희, 경희는 서로 대등한 관계임.

① ㉠이 높임의 대상인 '선생님'으로 바뀌면 조사 '가'를 '께서'로 고쳐 말해야 한다.

② ㉠이 높임의 대상인 '선생님'으로 바뀌면 조사 '에게'를 '께'로 고쳐 말해야 한다.

③ ㉡이 높임의 대상인 '선생님'으로 바뀌면 '주는'을 '주시는'으로 고쳐 말해야 한다.

④ ㉡이 높임의 대상인 '선생님'으로 바뀌면 '보았어'를 '보셨어'로 고쳐 말해야 한다.

⑤ ㉡이 높임의 대상인 '선생님'으로 바뀌면 '보았어'를 '보았습니다'로 고쳐 말해야 한다.

고1 학력평가

02 〈보기〉의 밑줄 친 부분에 해당하는 예로 적절한 것은?

〔보기〕

　객체 높임은 문장의 목적어나 부사어가 지시하는 대상, 곧 객체에 대한 높임의 태도를 나타내는 표현이다. 객체 높임은 주로 '모시다, 여쭙다' 등 높임의 의미가 있는 특수 어휘에 의해 실현되거나 부사격 조사 '께'를 통해 실현되기도 한다.

① 선생님께서는 댁에 계십니다.

② 형은 어머니께 그 책을 드렸다.

③ 할아버지께서는 눈이 밝으십니다.

④ 할머니, 아버지가 지금 막 도착했어요.

⑤ 윤우야, 선생님께서 빨리 교무실로 오라고 하셔.

고1 학력평가

03 ⓐ~ⓔ 중 〈보기〉의 ㉠에 해당하지 않는 것은?

〔보기〕

　높임 표현에는 말하는 이가 듣는 이에 대하여 높이거나 낮추어 말하는 상대 높임, 서술의 주체를 높이는 주체 높임, 목적어나 부사어가 나타내는 대상, 즉 서술의 객체를 높이는 ㉠객체 높임이 있다.

선생님: 지은아, 방학은 잘 보냈니?

지은: 네. 제 용돈으로 할머니께 ⓐ드릴 선물을 사서 할머니 댁에 다녀왔어요.

선생님: 기특하다. 할머니를 ⓑ뵙고 왔구나. 가서 무엇을 했니?

지은: 아버지께서 할머니를 ⓒ모시고 병원에 가신 사이에 저는 ⓓ큰아버지께 인사를 드리고 왔어요.

선생님: 저런, 할머니께서 ⓔ편찮으셨나 보다.

① ⓐ　　② ⓑ　　③ ⓒ　　④ ⓓ　　⑤ ⓔ

고3 학력평가

04 〈보기〉의 ㉠~㉤에 대한 설명으로 옳지 **않은** 것은?

〔보기〕

　높임법은 화자가 높이려는 대상이 누구인지에 따라 주체 높임법, 상대 높임법, 객체 높임법으로 구분된다. 주체 높임법은 주어가 나타내는 대상인 주체를 높이는 것이며, 상대 높임법은 대화의 상대인 청자를 높이거나 낮추는 것이고, 객체 높임법은 문장의 목적어나 부사어가 나타내는 대상인 객체를 높이는 것이다.

　㉠ 할머니께서 책을 읽고 계신다.
　㉡ 누나는 어머니께 모자를 선물로 드렸다.
　㉢ 할아버지께서 월요일 오후에 병원에 가신다.
　㉣ (선생님과의 대화 중) 선생님, 제가 드릴 말씀이 있습니다.
　㉤ (아버지와의 대화 중) 아버지, 저는 아버지를 예전부터 존경해 왔습니다.

① ㉠은 주체인 '할머니'를 높이는 데에 '께서'와 '계시다'를 사용하고 있다.
② ㉡은 객체인 '어머니'를 높이는 데에 '께'와 '드리다'를 사용하고 있다.
③ ㉢은 주체인 '할아버지'를 높이는 데에 '께서'와 '-시-'를 사용하고 있다.
④ ㉣은 주체인 '선생님'을 높이는 데에 '말씀'을 사용하고 있다.
⑤ ㉤은 상대인 '아버지'를 높이는 데에 '-습니다'를 사용하고 있다.

수능 맛보기

Q 〈보기〉의 ㉠, ㉡이 모두 사용된 문장은?

〔보기〕

　우리말에서는 일반적으로 선어말 어미나 종결 어미, 조사 등을 통해 높임을 표현하지만, **어휘를 통해 높임을 표현하는 경우**도 있다. 높임 표현에 쓰이는 어휘들은 다음과 같이 분류할 수 있다.

• 주체를 높이는 용언(예 계시다) ······················· ㉠
• 객체를 높이는 용언(예 드리다)
• 높여야 할 인물을 직접 높이는 명사(예 선생님)
• 높여야 할 인물과 관련된 것을 높이는 명사(예 진지)
　······················· ㉡

① 나는 아직 그분의 성함을 기억하고 있다.
② 누나는 여쭐 것이 있다며 할머니 댁에 갔다.
③ 연세가 많으신 할머니께서는 홍시를 잘 잡수신다.
④ 우리는 부모님을 모시고 바닷가로 여행을 떠났다.
⑤ 어머니께서는 몹시 피곤하셨는지 거실에서 주무신다.

 개념 정리

○ 시간(때 시時 사이 간間)

시간을 구분하여 언어적으로 표현하는 것으로, 시제와 동작상이 있음.

○ 시제(때 시時 억제할 제制)

특정 사건이나 사실이 일어난 시간의 위치를 표현하는 것

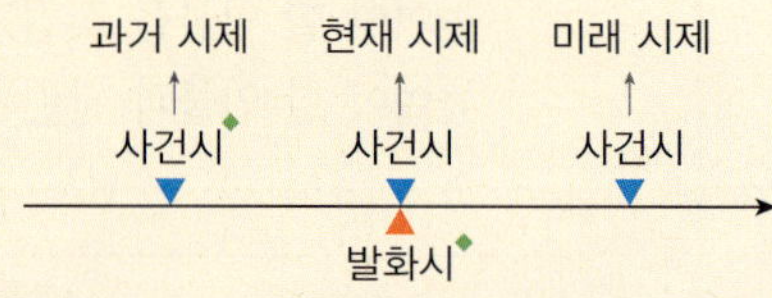

종류	개념	표현 방법
과거 시제	사건시가 발화시보다 앞서는 시제	• 과거 시제 선어말 어미 '-았-/-었-', '-았었-/-었었-♦', '-더' • 과거 시제 관형사형 어미 '-(으)ㄴ', '-던' • 시간 부사어 '어제', '옛날' 등
현재 시제	사건시와 발화시가 일치하는 시제	• 현재 시제 선어말 어미 '-ㄴ-/-는-' • 현재 시제 관형사형 어미 '-는', '-(으)ㄴ' • 시간 부사어 '오늘', '지금' 등
미래 시제	사건시가 발화시보다 이후인 시제	• 미래 시제 선어말 어미 '-겠-' • 미래 시제 관형사형 어미 '-(으)ㄹ' • '-(으)ㄹ 것-' 또는 어미 '-(으)리' • 시간 부사어 '내일', '모레' 등

흐렸던 어제와 달리 오늘은 좋은 날씨가 우리를 맞이한다.
과거 시제 / 현재 시제 / 현재 시제 / 현재 시제

○ 동작상(움직일 동動 지을 작作 서로 상相)

발화시를 기준으로 동작이 일어나는 모습을 표현하는 것

종류	개념	표현 방법
진행상	시간의 흐름 속에서 동작이 진행되고 있음을 표현하는 것	• 보조 용언♦ '-고 있다', '-아/어 가다', '-는 중이다' • 연결 어미♦ '-(으)면서'
완료상	시간의 흐름 속에서 동작이 이미 완료되었음을 표현하는 것	• 보조 용언 '-아/어 있다', '-아/어 버리다' • 연결 어미 '-고서'

우리는 강아지가 과자를 다 먹어 버린 흔적을 보고 있다.
완료상 / 진행상

◆ **사건시** 사건이나 사실이 일어나는 시점

◆ **발화시** 말하는 이가 말을 하는 시점

◆ **-았었-/-었었-** 발화시보다 전에 발생하여 현재와는 단절된 사건을 표현하는 데 쓰일 수 있음.

 **정보**

현재 시제 선어말 어미

현재 시제 선어말 어미 '-ㄴ-/-는-'은 동사 어간에만 결합할 수 있어요. 형용사는 시제 선어말 어미 없이 현재 시제를 표현할 수 있어요.

 **정보**

선어말 어미 '-겠-'

선어말 어미 '-겠-'은 기본적으로 미래 시제를 나타내지만, 추측, 의지, 가능성 등의 의미를 표현할 수도 있어요.

◆ **보조 용언** 본용언 뒤에 결합하여 의미를 덧붙이는 용언

◆ **연결 어미** 문장과 문장이나 용언과 용언을 연결하는 어미

개념 확인 문제

01 다음 설명이 맞으면 ○, 틀리면 ×에 표시하시오.

(1) 시제는 어떤 사건이나 사실이 일어난 시간의 위치를 표현하는 것이다. (○ , ×)

(2) 동작상은 발화시를 기준으로 동작이 일어나는 모습을 표현하는 것이다. (○ , ×)

02 문장의 밑줄 친 부분을 기준으로 어떤 시제를 표현하고 있는지 쓰시오.

(1) 날씨가 흐리더라. ( )

(2) 내일은 좋은 일이 생기겠지. ( )

(3) 저 멀리 걷고 있는 윤주가 보인다. ( )

03 〈보기〉의 문장에 대해 설명할 때, 빈칸에 들어갈 알맞은 말을 쓰시오.

┌─ 보기 ─
나는 그 책을 이미 읽었다.
└─

(1) 문장의 시제는 ( )이다.
(2) 시제를 드러내는 문법 요소는 '( )'이다.

04 〈보기〉의 문장을 현재, 과거, 미래 시제로 각각 고쳐 쓰시오.

┌─ 보기 ─
큰 가방을 사다.
└─

(1) 현재 시제:

(2) 과거 시제:

(3) 미래 시제:

05 과거 시제로 표현된 문장이 <u>아닌</u> 것은?

① 어제 바람이 많이 불더라.
② 나는 그를 정말로 사랑했어.
③ 친구와 함께 공원을 걷는다.

06 다음 설명이 맞으면 ○, 틀리면 ×에 표시하시오.

(1) 현재 시제는 사건시와 발화시가 일치하는 시제이다. (○ , ×)

(2) 미래 시제는 사건시가 발화시보다 앞선 시제이다. (○ , ×)

07 〈보기〉의 문장에 대해 설명할 때, 빈칸에 들어갈 알맞은 말을 쓰시오.

┌─ 보기 ─
친구가 공부를 하고 있다.
└─

(1) 문장의 동작상은 ( )이다.
(2) 시간 표현을 드러내는 문법 요소는 '( )'이다.

08 다음 문장에서 시제를 드러내는 문법 요소를 모두 찾아 순서대로 쓰시오.

┌─
나는 내일 여행을 갈 것이다.
└─

01 시간 표현에 대한 설명으로 적절하지 <u>않은</u> 것은?

① 시간 표현이란 시간을 구분하여 언어적으로 표현하는 것이다.
② 시제는 사건이나 사실이 발생한 시간의 위치를 표현하는 것이다.
③ 시제는 발화시와 사건시의 선후 관계에 따라 과거 시제, 현재 시제, 미래 시제로 나눈다.
④ 동작상은 사건시를 기준으로 동작이 일어나는 모습을 표현한 것이다.
⑤ 동작상은 동작의 진행을 나타내는 진행상과 동작의 완료를 나타내는 완료상으로 나눈다.

02 〈보기〉에서 설명하는 시제를 표현한 문장으로 적절하지 <u>않은</u> 것은?

┌ 보기 ┐
사건시가 발화시보다 앞서 있는 시제
└────┘

① 정원에 꽃이 <u>피었다</u>.
② 우리는 그 집에 <u>살았었다</u>.
③ 큰 나무가 그늘을 드리우고 있어.
④ 그때 우리가 <u>보았던</u> 것 기억하지?
⑤ 내가 그런 말을 <u>한</u> 사실을 비밀로 해 줘.

03 밑줄 친 문법 요소가 표현하는 시제가 <u>다른</u> 것은?

① 한강 다리가 정말 <u>크더라</u>.
② 함께 <u>가던</u> 사람은 누구니?
③ 내가 <u>먹은</u> 과자는 맛있었다.
④ <u>어제</u> 정말 행복하고 즐거웠어.
⑤ 정현이는 도서관에서 책을 <u>읽는</u>다.

04 〈보기〉의 ㉠에 해당하는 예로 적절하지 <u>않은</u> 것은?

┌ 보기 ┐
선어말 어미 '–겠–'은 미래 시제를 나타내지만, ㉠추측과 의지 등의 의미를 드러내는 경우도 있다.
└────┘

① 지금쯤은 도착했겠구나.
② 서울에는 비가 오고 있겠다.
③ 곧 선생님 말씀이 있겠습니다.
④ 비가 많이 와서 길이 미끄럽겠다.
⑤ 이번 시험에서는 꼭 백 점을 받겠다.

서술형

05 〈보기〉의 문장의 시제를 쓰고, 〈조건〉에 따라 바꾸어 쓰시오.

┌ 보기 ┐
나는 시험을 잘 볼 것이다.
└────┘

┌ 조건 ┐
• 〈보기〉의 문장의 시제를 표현하는 문법 요소를 언급할 것.
• 과거 시제로 바꾸어 쓸 것.
└────┘

06 밑줄 친 부분의 동작상이 나머지와 <u>다른</u> 문장은?

① 벌써 여름이 끝나 <u>간다</u>.
② 그는 달리기를 <u>하고 있다</u>.
③ 윤주야, 밥 다 <u>먹고서</u> 놀아야지.
④ 동영상 강의를 <u>보고 있는</u> 중이다.
⑤ 인하는 노래를 <u>부르면서</u> 춤을 춘다.

07 〈보기〉에 해당하는 예문으로 적절하지 <u>않은</u> 것은?

> **보기**
> 시간의 흐름 속에서 그 동작이 이미 완료되었음을 나타내는 시간 표현

① 내 방 청소가 다 되어 있다.
② 숙제를 다 하고서 잠을 잤다.
③ 조금 있으면 기차가 도착하겠다.
④ 나는 저녁밥을 벌써 먹어 버렸다.
⑤ 정원에 꽃이 아름답게 피어 있다.

08 다음 문장에 대한 설명으로 가장 적절한 것은?

> 나는 그녀와의 약속을 지킬 생각이다.

① 시간 부사어를 사용해 미래 시제를 표현하였다.
② 선어말 어미를 사용해 미래 시제를 표현하였다.
③ 선어말 어미를 사용해 현재 시제를 표현하였다.
④ 관형사형 어미를 사용해 현재 시제를 표현하였다.
⑤ 관형사형 어미를 사용해 미래 시제를 표현하였다.

09 시간 표현과 예문의 연결이 적절하지 <u>않은</u> 것은?

① 과거 시제 – 함께 <u>갔던</u> 여행지가 그리워.
② 현재 시제 – 한강 공원에 사람들이 <u>많다</u>.
③ 미래 시제 – 경기에서 우리 팀이 <u>우승할 것이다</u>.
④ 진행상 – 부엌에서 오빠가 밥을 <u>짓고 있다</u>.
⑤ 완료상 – 작년 겨울 이맘때 눈이 많이 <u>왔더라</u>.

고난도

10 다음 문장에 대한 설명으로 적절하지 <u>않은</u> 것은?

> 겨우내 앙상했던 가지마다 봄꽃이 활짝 피어 있다.

① 관형사형 어미 '–던'을 활용하여 시제를 표현하고 있다.
② '가지'가 '앙상했던' 사실은 발화시보다 먼저 일어난 사건이다.
③ '봄꽃이 활짝' 핀 사건은 발화시를 기준으로 이미 완료된 것이다.
④ 보조 용언 '–어 있다'를 활용하여 동작상을 표현하고 있다.
⑤ 종결 어미 '–다'를 활용해 발화시를 기준으로 사건시가 앞서 있음을 표현하고 있다.

> **문제 해결의 🔑** 시간을 표현하는 '–던', '–아/어 있다' 등의 표현이 각각 과거, 현재, 미래 중, 그리고 진행상, 완료상 중 어떤 시간 표현을 드러내는 문법 요소인지 파악해 보자.

〔고1 학력평가〕

01 밑줄 친 부분에 주목하여 〈보기〉의 ㄱ~ㅁ을 탐구한 내용으로 적절하지 <u>않은</u> 것은?

〔보기〕
ㄱ. 그는 어제 고향을 <u>떠났다.</u>
ㄴ. 지난겨울에는 정말 <u>춥더라.</u>
ㄷ. 친구와 함께 <u>본</u> 영화는 재미있었다.
ㄹ. 작년만 해도 이곳에는 나무가 <u>적었었다.</u>
ㅁ. 축제 준비를 하려면 오늘 밤 잠은 다 <u>잤네.</u>

① ㄱ을 보니, 시간 부사어를 사용하여 과거를 나타내고 있군.
② ㄴ을 보니, 선어말 어미 '–더–'를 사용하여 과거의 경험을 회상하고 있군.
③ ㄷ을 보니, 동사는 관형사형 어미 '–(으)ㄴ'을 사용하여 과거에 일어난 일을 나타내는군.
④ ㄹ을 보니, 선어말 어미 '–었었–'을 사용하여 현재까지 지속되는 과거의 상황을 나타내는군.
⑤ ㅁ을 보니, 선어말 어미 '–았–'이 과거에 일어난 일을 나타내지 않기도 하는군.

〔고1 학력평가〕

02 〈보기〉에서 설명한 '동작상'의 예를 바르게 정리한 것은?

〔보기〕
우리말의 시간 표현 중에서 시간의 흐름 속에서 어떤 동작이 진행되고 있는지, 완결된 것인지 등 동작의 양상을 표현하는 것을 '동작상'이라 하는데, 여기에는 진행상, 완료상 등이 있다.

진행상	발화시를 기준으로 동작이 계속 이어지는 모습
완료상	발화시를 기준으로 동작이 끝난 모습

(예)
• 빨래가 다 ㉠<u>말라</u> 간다.
• 바람이 세게 ㉡<u>불고 있다.</u>
• 영희는 밥을 다 ㉢<u>먹어 버렸다.</u>

	진행상	완료상
①	㉠	㉡, ㉢
②	㉢	㉠, ㉡
③	㉠, ㉡	㉢
④	㉠, ㉢	㉡
⑤	㉡, ㉢	㉠

〔고3 학력평가〕

03 〈보기〉는 과거 시제를 표현하는 방법에 대해 조사한 것이다. ㄱ~ㅁ에 해당하는 예로 적절하지 <u>않은</u> 것은?

〔보기〕
ㄱ. 과거 시제란 사건시가 발화시보다 앞서 있는 시제로, 주로 과거 시제 선어말 어미 '–았–/–었–'을 통해 실현된다.
ㄴ. '–았었–/–었었–'은 발화시보다 전에 발생하여 현재와는 단절된 사건을 표현하는 데 쓰일 수 있다.
ㄷ. '–더–'는 과거 어느 때의 일이나 경험을 회상할 때에 사용되기도 한다.
ㄹ. 동사 어간에 붙는 관형사형 어미 '–(으)ㄴ'은 과거 시제를 표현하는 데 사용되기도 한다.
ㅁ. 관형사형 어미 '–던'은 과거 시제를 표현하는 데 사용하기도 한다.

① ㄱ: 너는 이제 집에 돌아오면 혼났다.
② ㄴ: 나는 예전에 그 집에 살았었다.
③ ㄷ: 지난여름에는 정말 덥더라.
④ ㄹ: 방학 동안 읽은 책이 제법 여러 권이다.
⑤ ㅁ: 여름에 푸르던 산이 붉게 물들었다.

04 〈보기〉의 ㉠~㉤에 대한 설명으로 옳지 <u>않은</u> 것은?

〔보기〕

　시간을 표현하는 방법에는 시제와 동작상이 있다. 시제는 화자가 말하는 시점인 발화시와 동작이나 사건이 일어나는 시점인 사건시의 관계에 따라 과거 시제, 현재 시제, 미래 시제로 나뉜다. 동작상은 발화시를 기준으로 동작이 일어나고 있는 모습을 표현한 것인데, 동작이 진행되고 있음을 표현하는 진행상과 동작이 이미 완결되었음을 표현하는 완료상이 있다.

어머니: 방 정리를 ㉠하고 있구나.
아들: 네. 필요 없는 물건은 다 ㉡내놓았어요.
어머니: 잘 했구나. 그런데 얼마 전에 ㉢산 책은 어디 있니?
아들: 아, 그 책은 이미 다 읽어서 동생에게 ㉣<u>줘 버렸어요</u>.
어머니: 그래 잘 했다. 아참, 오늘 네 친구가 오기로 했지.
아들: 네. 조금 있다 저하고 같이 ㉤<u>공부할</u> 친구가 오기로 했어요.
어머니: 그래. 깨끗한 방에서 친구랑 재미있게 놀면 되겠구나.

① ㉠: '-고 있구나'는 동작이 진행되고 있음을 나타내고 있다.
② ㉡: '-았-'은 사건시가 발화시에 앞선다는 것을 나타내고 있다.
③ ㉢: '-ㄴ'은 발화시가 사건시에 앞선다는 것을 나타내고 있다.
④ ㉣: '-어 버렸어요'는 동작이 이미 완결되었음을 나타내고 있다.
⑤ ㉤: '-ㄹ'은 발화시가 사건시에 앞선다는 것을 나타내고 있다.

수능 맛보기

Q 밑줄 친 부분이 〈보기〉의 ⓐ~ⓒ에 해당하는 예로 적절하지 <u>않은</u> 것은?

〔보기〕

　선어말 어미 '-았-/-었-'은 여러 가지 의미를 지닌다.
　(가) 오늘 아침에 누나는 밥을 안 <u>먹었어요</u>.
　(나) 들판에 안개꽃이 아름답게 <u>피었습니다</u>.
　(다) 이렇게 비가 안 오니 농사는 다 <u>지었다</u>.

　(가)에서와 같이 ⓐ사건이나 상태가 과거의 것임을 나타내기도 하고, (나)에서와 같이 ⓑ과거에 일어난 사건의 결과 상태가 현재까지 지속되고 있음을 나타내기도 한다. (가)의 경우와 달리 (나)의 경우에는 '-았-/-었-'을 보조 용언 구성 '-아/-어 있-'이나 '-고 있-'으로 교체하여도 의미가 달라지지 않는다. 또한 (다)에서와 같이 ⓒ미래의 일을 확정적인 사실로 받아들임을 나타내기도 한다.

① ⓐ ┌ A: 어제 뭐 했니?
　　　└ B: 하루 종일 텔레비전만 <u>보았어</u>.

② ⓐ ┌ A: 너 아까 집에 없더라.
　　　└ B: 할머니 생신 선물 사러 <u>갔어</u>.

③ ⓑ ┌ A: 감기 걸렸다며?
　　　└ B: 응, 그래서인지 아직도 목이 <u>잠겼어</u>.

④ ⓑ ┌ A: 소풍날 날씨는 괜찮았어?
　　　└ B: 아주 <u>나빴어</u>.

⑤ ⓒ ┌ A: 너 오늘도 바빠?
　　　└ B: 응, 과제 준비하려면 오늘도 잠은 다 <u>잤어</u>.

피동 표현과 사동 표현

| 교과 연계 | 고등학교 언어와 매체 _ 문법 요소의 효과와 활용

개념 정리

○ 피동(입을 피被 움직일 동動) 표현

주어가 다른 주체에 의해 동작을 당하는 표현

종류	실현 방법
파생◆적 피동	• 피동 접미사 '-이-, -하-, -리-, -가-' 예 놓이다, 말리다, 쫓기다 • 접미사 '-되다' 예 사용되다, 체포되다, 형성되다
통사적 피동	• '-아지다/-어지다', '-게 되다' 예 밝혀지다
어휘적 피동	• 피동의 의미를 지닌 어휘 예 거절을 당하다

◆ **파생** 어근에 접사가 결합하여 새로운 단어가 형성되는 과정

• **능동 표현과 피동 표현**: 주어가 제힘으로 동작을 하는 능동 표현이 피동 표현으로 바뀔 때, 능동 표현의 주어는 피동 표현의 부사어가 되고 능동 표현의 목적어는 피동 표현의 주어가 됨.

경찰이   도둑을   잡았다.
주어   목적어   능동사

도둑이   경찰에게   잡혔다.
주어   부사어   피동사

태풍에 나무가 흔들리다.
파생적 피동

마침내 진실이 밝혀졌다.
통사적 피동

○ 사동(부릴 사使 움직일 동動) 표현

주어가 다른 대상에게 동작을 시키는 표현

종류	실현 방법
파생적 사동	• 사동 접미사 '-이-, -하-, -리-, -가-, -우-, -구-, -추-' 예 먹이다 • 접미사 '-시키다' 예 교육시키다, 입원시키다, 화해시키다
통사적 사동	• '-게 하다' 예 먹게 하다

• **주동 표현과 사동 표현**: 주어가 동작을 직접 하는 주동 표현이 사동 표현으로 바뀔 때, 주동 표현의 주어는 사동 표현의 목적어나 부사어가 되고 새로운 주어가 생김.

동생이   옷을   입었다.
주어   목적어   주동사

내가 동생에게 옷을 입혔다.
새로운 주어   부사어   목적어   사동사

연이 난다.
주어   주동사

내가 연을 날린다.
새로운 주어   목적어   사동사

엄마가 나에게 강아지를 돌보게 해서, 내가 강아지에게 밥을 먹였다.
통사적 사동   파생적 사동

꿀 정보

파생적 사동과 통사적 사동의 의미

파생적 사동은 직접적 행위를 의미할 수도 있고 간접적 행위를 의미할 수도 있어요.

예 엄마가 아이에게 옷을 입혔다.
① 엄마가 직접 아이에게 옷을 입힘.
② 아이가 직접 옷을 입게 엄마가 시킴.

하지만 통사적 사동은 간접적 행위로만 해석돼요.

예 엄마가 아이에게 옷을 입게 했다.
— 아이가 옷을 입도록 시킨 것으로만 해석함.

개념 확인 문제

01 다음 설명이 맞으면 ○, 틀리면 ×에 표시하시오.

(1) 피동 표현은 주어가 다른 주체에 의해 동작을 당하는 것이다. (○ , ×)

(2) 사동 표현은 주어가 다른 대상에게 동작을 시키는 것이다. (○ , ×)

02 다음 문장이 능동 표현이면 피동 표현으로, 피동 표현이면 능동 표현으로 바꾸어 쓰시오.

(1) 코끼리가 개미를 밟았다.

→ _______________________

(2) 도시가 폭풍우에 의해 파괴되었다.

→ _______________________

03 다음 문장이 능동 표현인지 피동 표현인지 쓰시오.

(1) 새우가 고래에게 먹혔다. ( )
(2) 아버지께서 용돈을 주셨다. ( )
(3) 온 산이 새하얀 눈에 덮였다. ( )

04 다음 빈칸에 들어갈 알맞은 말을 순서대로 쓰시오.

능동문을 피동문으로 바꿀 때 능동문의 주어는 피동문의 ( )이/가 되고, 능동문의 목적어는 피동문의 ( )이/가 된다.

05 다음 중 사동 표현이 아닌 것은?

① 농부가 땀을 흘렸다.
② 아이가 바람에 연을 날렸다.
③ 회사가 상품의 가격을 낮췄다.

06 다음 문장이 주동 표현이면 사동 표현으로, 사동 표현이면 주동 표현으로 〈조건〉에 맞게 바꾸어 쓰시오.

조건
새로운 주어가 필요한 경우, '누나가'를 사용할 것.

(1) 영준이가 책을 읽는다.

→ _______________________

(2) 엄마가 아기를 재운다.

→ _______________________

07 다음 문장이 주동 표현인지 사동 표현인지 쓰시오.

(1) 엄마가 망고를 샀다. ( )
(2) 그 아이가 나를 불렀다. ( )
(3) 정부에서 세금을 올렸다. ( )

08 〈보기〉의 ㉠~㉢이 피동사인지 사동사인지 쓰시오.

보기
• 배가 파도에 ㉠뒤집혔다.
• 좁은 길을 ㉡넓히는 공사가 진행 중이다.
• 요즘에는 탐정 소설이 많이 ㉢팔리고 있다.

㉠: ________ ㉡: ________ ㉢: ________

01 피동 표현과 사동 표현에 대한 설명으로 적절하지 <u>않</u>은 것은?

① 피동 표현은 주어가 다른 주체에 의해 동작을 당하는 것을 표현한다.
② 사동 표현은 주어가 다른 대상에게 동작을 하게 하는 것을 표현한다.
③ 접사 '-우-, -구-, -추-'는 피동 접사로도 쓰이고 사동 접사로도 쓰인다.
④ 사동 표현은 사동 접미사, 접미사 '-시키다' 혹은 '-게 하다'를 결합하여 실현할 수 있다.
⑤ 피동 표현은 피동 접미사 혹은 '-어지다'를 결합하거나 '당하다'와 같은 어휘를 사용해 실현할 수 있다.

02 다음 중 피동 표현이 <u>아닌</u> 것은?

① 새 소리가 들렸다.
② 쥐가 고양이에게 물렸다.
③ 우리는 전속력으로 달렸다.
④ 그가 선행상 후보자로 뽑혔다.
⑤ 이 표현은 상황에 맞게 사용되었다.

03 능동사와 피동사를 짝지은 것으로 적절하지 <u>않은</u> 것은?

① 끊다 – 끊기다
② 뚫다 – 뚫리다
③ 닫다 – 닫히다
④ 줄다 – 줄이다
⑤ 묶다 – 묶이다

04 〈보기〉에 대한 설명으로 적절하지 <u>않은</u> 것은?

┌─ 보기 ┐
친구가 물고기를 잡았다.
└────┘

① '친구'가 동작을 제힘으로 하는 능동문이다.
② 피동문으로 바꾸면 목적어가 주어로 바뀐다.
③ 피동문으로 바꾸면 주어가 부사어로 바뀐다.
④ 피동 접미사 '-히-'를 결합해 피동문으로 바꿀 수 있다.
⑤ 행위의 주체인 '친구'보다 행위의 대상인 '물고기'를 강조하는 의미의 문장이다.

서술형

05 〈조건〉을 고려하여 다음 문장을 사동문으로 바꾸고, 주동문과 비교해 문장 성분이 어떠한지 쓰시오.

동생은 교과서를 읽었다.

┌─ 조건 ┐
• 파생적 사동문으로 바꿀 것.
• 주어는 '나는'을 사용할 것.
└────┘

06 〈보기〉의 밑줄 친 ㉠과 ㉡의 예로 적절하지 <u>않은</u> 것은?

〔보기〕

　피동 표현에는 파생적 피동, 통사적 피동, 어휘적 피동이 있다. ㉠파생적 피동은 피동 접미사를 결합해 만든 피동사를 사용하여, ㉡통사적 피동은 '-게 되다', '-아지다/-어지다' 등을 사용하여 실현된다.

① ㉠: 동생에게 빵을 빼앗기다.
② ㉠: 마을이 홍수에 휩쓸렸다.
③ ㉠: 아빠가 나에게 짐을 들렸다.
④ ㉡: 드디어 우리의 오해가 풀어졌다.
⑤ ㉡: 저 독특한 지갑은 가죽으로 만들어졌다.

07 〈보기〉에서 설명하는 표현에 해당하지 <u>않는</u> 것은?

〔보기〕

　주어가 동작을 다른 사람이나 다른 대상에게 시키거나 하게 함을 나타내는 것을 사동 표현이라고 한다.

① 누나가 이모에게 아기를 업혔다.
② 그는 부끄러워서 슬며시 고개를 숙였다.
③ 그녀는 비에 젖은 우산을 햇볕에 말렸다.
④ 나는 친구를 내 쪽으로 세게 잡아당겼다.
⑤ 우리는 실수로 본의 아니게 친구를 속였다.

08 주동사와 사동사를 짝지은 것으로 적절하지 <u>않은</u> 것은?

① 앉다 – 앉히다
② 끓다 – 끓이다
③ 베다 – 베이다
④ 지다 – 지우다
⑤ 늘다 – 늘리다

09 〈보기〉를 고려할 때, 사동 표현의 종류가 나머지와 다른 것은?

〔보기〕

　사동 표현에는 파생적 사동과 통사적 사동이 있다. 파생적 사동은 사동 접미사를 결합해 만든 사동사를 사용하여, 통사적 사동은 '-게 하다' 등을 사용하여 실현된다.

① 할머니께 허리를 굽혔다.
② 민주가 목소리를 높였다.
③ 수진이가 방의 불을 밝혔다.
④ 선생님께서 우리를 집에 가게 했다.
⑤ 삼촌은 요즘 농장에서 소를 먹인다.

고난도

10 〈보기〉를 뒷받침하는 예로 가장 적절한 것은?

〔보기〕

　피동 접사, 사동 접사의 형태가 같은 것이 있기 때문에 피동사와 사동사의 형태가 동일한 경우도 존재한다.

①
┌ 오빠가 동생을 <u>놀렸다</u>.
└ 돈을 쓰지 않고 <u>놀렸다</u>.

②
┌ 아기가 엄마에게 <u>안겼다</u>.
└ 내가 친구에게 꽃다발을 <u>안겼다</u>.

③
┌ 저 멀리 성당이 <u>보였다</u>.
└ 비가 내리는 사이로 해가 <u>보였다</u>.

④
┌ 다리미로 젖은 옷을 <u>말렸다</u>.
└ 경찰이 두 사람의 싸움을 <u>말렸다</u>.

⑤
┌ 얼음을 입 안에 넣어 <u>녹였다</u>.
└ 그가 차가운 분위기를 따뜻하게 <u>녹였다</u>.

문제 해결의 🔑 밑줄 친 동사가 다른 대상에게 행동이나 행위를 시키는 것인지 다른 주체에 의해 동작을 당하게 되는 것인지 구별해 보자.

01 〈보기〉는 수업 장면의 일부이다. ㉠에 해당하는 예로 적절한 것은?

〈보기〉

선생님: 주어가 스스로 행동하지 않고 다른 주체에 의해 어떤 동작을 당하거나 영향을 받는 것을 피동이라고 합니다. 피동문을 만들 때는 능동사의 어근에 피동 접미사 '-이-, -히-, -리-, -기-'를 붙여서 짧은 피동을 만들거나, '-아/-어지다'와 같은 표현을 사용하여 긴 피동을 만듭니다. 그런데 ㉠일부 능동사의 어근에는 피동 접미사가 결합하지 못하여 짧은 피동을 만들 수 없는 경우도 있습니다.

① 물고기가 낚싯줄을 끊었다.
② 경민이가 아기의 볼을 만졌다.
③ 민수가 동생의 이름을 불렀다.
④ 다람쥐가 도토리를 땅에 묻었다.
⑤ 요리사가 음식을 접시에 담았다.

02 다음 ㉠~㉢에 대한 설명으로 적절하지 <u>않은</u> 것은?

	주동문	사동문
㉠	철수가 집에 가다.	내가 철수를 집에 가게 하다.
㉡	동생이 밥을 먹다.	누나가 동생에게 밥을 먹이다.
㉢	*이삿짐이 방으로 옮다. ('*'는 비문임을 나타냄.)	인부들이 이삿짐을 방으로 옮기다.

① ㉠의 주동문은 ㉡과 달리 사동 접미사를 활용하여 사동문을 만들 수 없다.
② ㉢의 사동문에서 사동 접미사 대신 '-게 하다'를 활용할 경우 어색한 문장이 된다.
③ ㉠과 ㉡은 모두 주동문의 주어가 사동문의 목적어로 바뀐 경우이다.
④ ㉠과 ㉡은 모두 주동문이 사동문이 될 때, 사동문에는 새로운 주어가 생겼다.
⑤ ㉠, ㉡과 달리 ㉢은 사동문에 대응하는 주동문이 없는 경우이다.

03 〈보기〉의 ㉠과 ㉡에 해당하는 예로 적절한 것은?

〈보기〉

피동문은 서술어가 형성되는 방법에 따라서, '파생적 피동문'과 '통사적 피동문'으로 나뉜다. 파생적 피동문은 능동사 어간을 어근으로 하여 파생 접사 '-이-, -히-, -리-, -기-'가 붙어 만들어진 피동사를 서술어로 하는 문장이다. 한편 통사적 피동문은 서술어로 쓰이는 타동사의 어간에 '-아/어지다' 등이 결합되어 만들어진다.

그런데 동사의 성격에 따라서는 ㉠피동사로 파생되지 않는 동사도 있다. 또 ㉡능동문의 서술어로 쓰인 동사의 피동사가 존재함에도 불구하고 파생적 피동문으로 바꿀 수 없는 문장도 있다.

	㉠	㉡
①	주다	고양이가 쥐를 잡았다.
②	먹다	사람들이 열심히 풀을 뽑았다.
③	돕다	동생이 부모님께 칭찬을 들었다.
④	만나다	학생들이 벽화를 멋지게 그렸다.
⑤	나누다	누나가 일부러 문을 세게 닫았다.

04 〈보기〉를 바탕으로 피동문과 사동문에 대해 이해한 내용으로 적절하지 <u>않은</u> 것은?

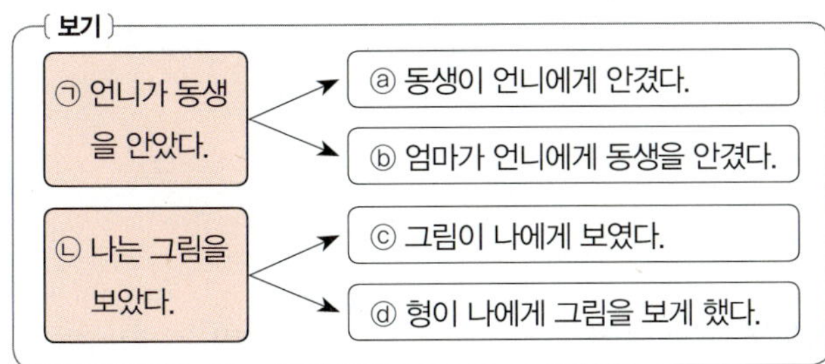

① ㉠과 ⓐ를 보니 능동문의 주어는 피동문에서 부사어가 되는군.

② ㉡과 ⓒ를 보니 능동문의 목적어는 피동문에서도 목적어가 되는군.

③ ㉡과 ⓓ를 보니 주동문이 사동문으로 바뀌면 새로운 주어가 나타나는군.

④ ⓐ와 ⓑ를 보니 피동사와 사동사의 형태가 같을 수 있군.

⑤ ⓑ와 ⓓ를 보니 사동사나 '-게 하다'를 활용하여 사동문을 만들 수 있군.

Q 〈보기〉의 ㉠, ㉡에 해당하는 것은?

보기

　우리말의 용언 중에는 피동사와 사동사의 형태가 동일한 것이 있다. 예를 들어, '보다'는 사동사와 피동사가 모두 '보이다'로 그 형태가 같다. 이때 ㉠사동사로 쓰인 경우와 ㉡피동사로 쓰인 경우는 다음과 같이 문장에서의 쓰임을 통해 구별된다.

> 동생이 새 시계를 내게 보였다. (사동사로 쓰인 경우)
> 구름 사이로 희미하게 해가 보였다. (피동사로 쓰인 경우)

① ┌ ㉠: 운동화 끈이 풀렸다.
　└ ㉡: 아빠의 칭찬에 피로가 금세 풀렸다.

② ┌ ㉠: 우는 아이가 엄마 등에 업혔다.
　└ ㉡: 누나가 이모에게 아기를 업혔다.

③ ┌ ㉠: 나는 젖은 옷을 햇볕에 말렸다.
　└ ㉡: 동생은 집에 가겠다는 친구를 말렸다.

④ ┌ ㉠: 새들이 따뜻한 곳에서 몸을 녹였다.
　└ ㉡: 햇살이 고드름을 천천히 녹였다.

⑤ ┌ ㉠: 형이 친구에게 꽃다발을 안겼다.
　└ ㉡: 아기 곰이 어미 품에 포근히 안겼다.

DAY 24 부정 표현, 중의적 표현

| 교과 연계 | 고등학교 언어와 매체 _ 문법 요소의 효과와 활용

개념 정리

◉ 부정(아닐 부否 정할 정定) 표현

문장 내용의 전체 또는 일부를 부정하는 표현

· 종류

내용에 따라	상태·의지 부정	단순히 사실이나 상태가 그렇지 않음, 주체의 의지로 특정 행위를 하지 않음을 표현함.	· 부정 부사◆ '안' 예 안 크다 · 부정 용언◆ '아니하다(않다)' 예 크지 않다
	능력 부정	외부의 원인이나 주체의 능력 부족으로 행위가 불가능함을 표현함.	· 부정 부사 '못' 예 못 먹었다 · 부정 용언 '못하다' 예 먹지 못했다
형식에 따라	짧은 부정문	부사로 부정의 뜻을 표현함.	· 부정 부사 '안' 예 안 입다 · 부정 부사 '못' 예 못 입다
	긴 부정문	부정 용언으로 부정의 뜻을 표현함.	· 부정 용언 '−지 아니하다' 예 입지 않다 · 부정 용언 '−지 못하다' 예 입지 못하다

크기가 별로 안 큰 피자인데도 배가 불러서 다 먹지 못했다.
　　　　　　상태 부정　　　　　　　　　　　　　　능력 부정
　　　　　　짧은 부정문　　　　　　　　　　　　　긴 부정문

· 명령문과 청유문의 부정 표현

명령문	부정 용언 '−지 마/마라' 예 지각하지 마라.
청유문	부정 용언 '−지 말자' 예 거짓말을 하지 말자.

그 우유 마시지 마라. 우리 유통 기한이 지난 음식은 먹지 말자.
　　　명령문의 부정 표현　　　　　　　　　　청유문의 부정 표현

◉ 중의적(거듭 중重 옳을 의義 과녁 적的) 표현

두 가지 이상의 의미로 해석될 수 있는 표현

· 종류

부정의 중의성	부정 표현의 범위가 명확하지 않아 중의성이 발생함. 예 선영이가 버스를 안 탔다. → 아무 것도 타지 않은 것인지 '버스' 말고 다른 것을 탄 것인지 모호함.
수식 범위의 중의성	수식어의 위치 때문에 중의성이 발생함. 예 키가 큰 영수의 친구를 만났다. → '큰'이 '영수'를 수식하는지 '친구'를 수식하는지 모호함.
비교 범위의 중의성	비교의 대상이 명확하지 않아 중의성이 발생함. 예 나는 너보다 강아지를 좋아해. → 비교 대상이 '나와 너'인지 '너와 강아지'인지 모호함.
동작상의 중의성	'−고 있다'의 의미 때문에 중의성이 발생함. 예 언니가 신발을 신고 있다. → 신발을 신고 있는 상태인지 신는 행위를 하는 중인지 모호함.

◆ **부사** 주로 동사, 형용사를 수식하는 품사

◆ **용언** 활용하는 품사인 동사, 형용사를 아울러 이르는 말

꿀정보

중의성의 해소

중의성을 해소하기 위해서는 쉼표(,)를 추가하거나, 문장 성분의 순서를 바꾸거나, 보조사 '은/는'을 추가하거나, 다른 단어를 새로 추가하는 등의 방법을 활용할 수 있어요.

개념 확인 문제

01 다음 빈칸에 들어갈 알맞은 말을 순서대로 쓰시오.

> (   )은/는 문장의 내용에 대해 의미적으로 부정하는 표현이다. 내용에 따라 상태·의지 부정과 (   )(으)로 나눌 수 있고, 형식에 따라 짧은 부정문과 (   )(으)로 나눌 수 있다.

02 다음 설명이 맞으면 ○, 틀리면 ×에 표시하시오.

(1) 부정 표현은 내용과 형식의 두 기준에 따라 분류할 수 있다. (○ , ×)

(2) 부정 표현은 부정의 범위에 따라 다양하게 해석되며 중의성을 가질 수 있다. (○ , ×)

03 〈보기〉의 문장에 대한 설명의 빈칸에 들어갈 알맞은 말을 쓰시오.

> **보기**
>
> 비가 오지 않는다.

(1) 〈보기〉의 문장은 내용을 기준으로 했을 때 (   ) 부정이다.

(2) 〈보기〉의 문장은 형식을 기준으로 했을 때 (   ) 부정문이다.

04 다음 중 짧은 부정문이 아닌 것은?

① 어제 일을 다 못 했어.
② 오늘은 날씨가 안 좋다.
③ 약속한 것을 지키지 못했어.

05 다음 문장을 부정문으로 바꾸어 쓰시오.

(1) 말을 크게 해라.

→ ____________________

(2) 영희와 함께 가자.

→ ____________________

06 다음 문장을 긴 부정문으로 바꾸어 쓰시오.

> 바다가 안 깨끗하다.

____

07 다음 설명이 맞으면 ○, 틀리면 ×에 표시하시오.

(1) 수식어가 쓰인 경우 그 위치에 따라 문장에 중의성이 생길 수 있다. (○ , ×)

(2) 동작상을 나타내는 표현 '–고 있다'가 사용되었을 때 그 의미 때문에 중의성이 생길 수 있다. (○ , ×)

08 〈보기〉에 해당하는 문장이면 ○, 해당하지 않는 문장이면 ×에 표시하시오.

> **보기**
>
> 중의적 표현은 하나의 문장이 특정한 이유로 둘 이상의 의미를 갖게 되는 표현이다.

(1) 나는 영화를 안 보았다. (○ , ×)

(2) 친구를 만나서 너무 기뻤다. (○ , ×)

01 부정 표현에 대한 설명으로 적절하지 <u>않은</u> 것은?

① 부정 표현은 문장의 내용에 대해 의미적으로 부정하는 표현이다.
② 부정 표현은 내용에 따라 상태 부정, 의지 부정, 능력 부정으로 구분한다.
③ 부정 표현은 형식에 따라서 문장을 짧은 부정문과 긴 부정문으로 구분한다.
④ 긴 부정문은 부정 용언 '-지 않다', '-지 못하다'를 활용하여 만들 수 있다.
⑤ 부정 부사 '안', '못'을 사용하여 평서문과 명령문의 부정 표현을 만들 수 있다.

02 다음 중 부정 표현이 <u>아닌</u> 것은?

① 상한 음식은 먹지 마라.
② 제때 학교에 도착하지 못했다.
③ 오늘만은 학교에 지각하지 말자.
④ 우리 팀은 축구 대회 예선을 못 통과했다.
⑤ 부모님은 내가 게임을 잘한다는 사실을 모른다.

03 부정 표현의 종류와 그 예문이 올바르게 연결되지 <u>않</u>은 것은?

① 상태 부정 – 교실이 정리되어 있지 않다.
② 의지 부정 – 오늘은 운동을 하지 않았다.
③ 의지 부정 – 꽃들의 색깔이 다 같지 않다.
④ 능력 부정 – 비가 와서 걸어가지 못했다.
⑤ 능력 부정 – 공부량이 부족해서 시험을 못 봤다.

04 다음 문장에 대한 설명으로 적절하지 <u>않은</u> 것은?

> 재훈이가 수지를 만나지 못했다.

① 긴 부정문에 해당한다.
② 능력 부정을 표현한 문장이다.
③ 부정 용언을 활용한 부정문이다.
④ 부정 부사를 활용한 부정문이다.
⑤ 짧은 부정문으로 바꾸어 쓸 수 있다.

서술형

05 다음 문장이 중의성을 갖는 이유를 쓰고, 〈조건〉에 따라 중의성을 해소할 수 있는 방법 두 가지를 쓰시오.

> 그녀는 웃으면서 걸어오는 손님을 반겼다.

조건
• '수식어'를 중심으로 이유를 설명할 것.
• 해소 방법에서 새로운 단어를 추가하는 방법은 제외할 것.

06 〈보기〉의 ㉠에 해당하는 것은?

> **[보기]**
>
> 부정 표현은 내용에 따라 상태·의지 부정, 능력 부정으로, 형식에 따라 짧은 부정문과 긴 부정문으로 나눌 수 있다. '________㉠________'와 같은 문장은 의지 부정이자 긴 부정문에 해당한다.

① 그는 춤추는 것을 안 좋아한다.
② 가뭄이 들도록 비가 내리지 않았다.
③ 이 팀은 전력 차이로 승리하지 못했다.
④ 연수는 외국 소설을 전혀 읽지 않는다.
⑤ 오늘 선화가 장미꽃을 한 송이도 안 샀다.

07 부정 부사를 활용하여 행위나 행동이 불가능함을 표현한 문장은?

① 여름이라 딸기가 나지 않는다.
② 절대 낯선 사람을 따라가지 마라.
③ 그는 다리를 다쳐서 등산을 못 간다.
④ 친구에게 화가 나서 전화를 안 받았다.
⑤ 좋아하는 노래를 더 이상 들을 수 없다.

08 다음 중 중의성이 생기는 이유가 나머지와 <u>다른</u> 것은?

① 아름다운 그녀의 친구를 만났다.
② 귀여운 옆집 아이의 강아지를 보았다.
③ 성현이는 알록달록한 스카프를 매고 있다.
④ 상호는 성격이 좋은 그녀의 동생을 좋아한다.
⑤ 친절한 친구의 누나가 아이스크림을 사 주었다.

09 다음 문장의 중의성을 해소한 문장으로 가장 적절한 것은?

> 오빠가 모자를 쓰고 있다.

① 오빠가, 모자를 쓰고 있다.
② 오빠가 쓰고 있다, 모자를.
③ 오빠가 멋진 모자를 쓰고 있다.
④ 오빠가 지금 모자를 쓰고 있다.
⑤ 오빠가 모자를 쓰고 있는 중이다.

10 다음 문장에 대한 설명으로 적절하지 <u>않은</u> 것은?

> 수영이가 어제 그 친구를 안 만났다.

① 주체의 의지로 행위를 하지 않음을 나타낸다.
② 부정 부사를 활용하여 만든 짧은 부정문이다.
③ 부정의 범위에 따라 중의적으로 해석될 수 있다.
④ 보조사 '는'을 활용하여 중의성을 해소할 수 있다.
⑤ 긴 부정문으로 고쳐 쓰면 중의성을 해소할 수 있다.

> **문제 해결의 🔑** 내용과 형식에 따라 어떤 부정 표현에 해당하며, 어떤 문법 요소를 통해 부정 표현을 실현하는지 파악해 보자. 또한 부정 표현의 중의성을 어떤 방법을 통해 해소할 수 있는지 떠올려 보자.

고1 학력평가

01 〈보기〉의 ㄱ~ㄷ을 통해 부정 표현에 대해 탐구한 내용으로 적절하지 <u>않은</u> 것은?

〔보기〕
ㄱ. 나팔꽃이 **안** 예쁘다.
ㄴ. 그는 다리를 다쳐 축구를 **못 한다.**
ㄷ. 고래는 어류가 **아니다.**

① ㄱ에서 '안'을 '못'으로 바꾸면 어색한 문장이 된다.
② ㄱ에서 '안'은 '예쁘다'라는 상태를 부정하기 위해 사용되었다.
③ ㄴ에서 '못'은 축구를 하고자 하는 '그'의 의지를 부정하고 있다.
④ ㄴ에서 '못 한다'는 '하지 못한다'로 바꾸어도 어법상 문제가 없다.
⑤ ㄷ에서 '아니다'는 '고래'가 '어류'라는 것을 부정하기 위해 사용되었다.

고1 학력평가

02 〈보기〉의 ㉠과 ㉡이 모두 적용된 예로 적절한 것은?

〔보기〕
　부정 표현이란 부정의 뜻을 나타내는 표현을 말한다. 부정 표현은 부사인 '안'과 '못'을 사용해서 짧게 표현할 수도 있고, ㉠<u>'-지 아니하다'와 '-지 못하다'</u> 등을 사용해서 길게 표현할 수도 있다. 부정 표현은 능력을 부정하거나 의지를 부정하는 것 이외에 ㉡<u>단순히 사실이나 상태를 부정하는 의미</u>로도 해석된다.

① 우리가 묵은 방은 두 평이 채 못 된다.
② 나는 저녁을 먹으려고 간식을 안 먹었다.
③ 그는 용기가 없어서 발표를 잘하지 못했다.
④ 다행히 소풍을 가는 날 비가 내리지 않았다.
⑤ 동생은 숙제를 한다며 놀이터에 나가지 않았다.

고1 학력평가

03 〈보기 1〉을 바탕으로 〈보기 2〉의 부정 표현에 대해 탐구했을 때, 적절하지 <u>않은</u> 것은?

〔보기 1〕
　부정 표현은 부정 부사 '안'과 '못', 부정 용언 '아니하다'와 '못하다'를 사용하여 만들 수 있다. 부정 부사로 만들어진 부정문을 짧은 부정문, 부정 용언으로 만들어진 부정문을 긴 부정문이라고 한다.

〔보기 2〕
민규: 오늘 탁구 시합이 있던데 넌 ㉠안 가니?
진우: ㉡안 가는 게 아니라 ㉢못 가는 거야.
민규: 왜?
진우: 내가 예선에서 영수를 ㉣이기지 못했어.
민규: 네가 ㉤못 이겼다고? 영수 대단하구나.

① ㉠, ㉡, ㉢, ㉤은 부정 부사를 사용하여 만들어진 부정문이군.
② ㉡에서 '안'이 사용된 부정 표현은 '하고 싶지 않다'는 뜻으로 해석할 수 있겠군.
③ ㉢에서 '못'이 사용된 부정 표현은 '능력이 없어서 할 수 없다'는 뜻으로 해석할 수 있겠군.
④ ㉣은 부정 용언을 사용하여 만들어진 부정문이군.
⑤ ㉣과 ㉤을 보니, 긴 부정문이냐 짧은 부정문이냐에 따라 의미의 차이가 크다는 것을 알 수 있군.

04 〈보기〉의 ㉠~㉤에 대해 탐구한 내용으로 적절하지 **않은** 것은?

보기
㉠ 경준이는 손이 크다.
㉡ 효정이는 구두를 신고 있다.
㉢ 상호는 아름다운 그녀의 어머니를 만났다.
㉣ 어머니께서 나에게 사과와 귤 두 개를 주셨다.
㉤ 지훈이는 웃으면서 들어오는 소민이를 맞이했다.

① ㉠은 '손이 크다'의 의미가 신체의 손이 큰지 씀씀이가 큰지 모호하기 때문에 명확하게 해석하기 어렵군.
② ㉡은 '신고 있다'의 의미가 구두를 신는 중인지 구두를 신은 상태인지가 모호하기 때문에 명확하게 해석하기 어렵군.
③ ㉢은 '아름다운'이 수식하는 대상이 '어머니'인지 '그녀'인지 모호하기 때문에 명확하게 해석하기 어렵군.
④ ㉣은 '사과'와 '귤'의 결합에 따라 '사과'와 '귤'이 각각 몇 개인지가 모호하기 때문에 명확하게 해석하기 어렵군.
⑤ ㉤은 '웃으면서'의 주체가 '지훈이'인지 '지훈이와 소민이'인지가 모호하기 때문에 명확하게 해석하기 어렵군.

Q 다음의 ㉠~㉤에 대해 검토한 것으로 적절하지 **않은** 것은?

◆ 문장의 중의성 해소 방법 학습 활동지 ◆	
중의성 있는 문장	중의성 해소 방법
예쁜 모자의 장식물이 돋보였다.	'장식물'이 예쁜 경우에는 ㉠"예쁜, 모자의 장식물이 돋보였다."로 고친다.
손님들이 다 오지 않았어.	손님들 중 일부만 온 경우에는 ㉡"손님들 중 일부가 오지 않았어."로 고친다.
언니가 교복을 입고 있다.	교복을 입는 동작이 진행 중인 경우에는 ㉢"언니가 교복을 입는 중이다."로 고친다.
형은 나보다 동생을 더 좋아한다.	'나'와 '동생'이 비교 대상인 경우에는 ㉣"형은 나를 좋아하는 것보다 동생을 더 좋아한다."로 고친다.
나는 웃으면서 매장에 들어오는 손님에게 인사했다.	'나'가 웃으면서 인사하는 경우에는 ㉤"나는 매장에 들어오는 손님에게 웃으면서 인사했다."로 고친다.

① ㉠은 "모자의 예쁜 장식물이 돋보였다."로도 고칠 수 있다.
② ㉡은 "손님들이 다는 오지 않았어."로도 고칠 수 있다.
③ ㉢은 "언니가 지금 교복을 입고 있다."로도 고칠 수 있다.
④ ㉣은 "형은 나와 동생 중에서 동생을 더 좋아한다."로도 고칠 수 있다.
⑤ ㉤은 "매장에 들어오는 손님에게 나는 웃으면서 인사했다."로도 고칠 수 있다.

01 다음 문장에 대한 설명으로 적절하지 <u>않은</u> 것은?

> 선생님, 저희를 미워하지 않으시고 진심으로 챙겨 주셨던 것 잘 알고 있습니다.

① 부정 용언을 사용해 부정 표현을 실현하고 있다.
② 선어말 어미를 사용해 행위의 대상을 높이고 있다.
③ '-습니다'를 사용해 청자인 '선생님'을 높이고 있다.
④ 선어말 어미를 사용해 발화시보다 앞선 사건에 대해 이야기하고 있다.
⑤ 평서형 종결 어미를 사용해 자신의 생각을 진술하고자 하는 의도를 드러내고 있다.

02 〈보기〉의 ㉠과 ㉡이 모두 실현된 문장으로 적절한 것은?

〔보기〕
> 우리말의 문법 요소로는 종결 표현, 높임 표현, 시간 표현, 피동 표현, ㉠사동 표현, ㉡부정 표현 등이 있다.

① 친구가 상처받을 말은 하지 말자.
② 연주한테 연극 대본 작성을 맡기고 싶어.
③ 은호는 다리를 다쳤으니까 청소시키지 말자.
④ 선생님께서 우리가 먼저 간식을 먹게 해 주셨어.
⑤ 요즘 우리 마을은 갈등 상황이 거의 일어나지 않아.

03 〈보기〉를 사동 표현의 의문문으로 바꾼 문장으로 적절한 것은?

〔보기〕
> 한결이가 사과를 깎았다.

① 한결이가 사과를 깎았니?
② 한결이가 사과를 깎고 있니?
③ 엄마가 한결이에게 사과를 깎게 했다.
④ 엄마가 한결이에게 사과를 깎게 했니?
⑤ 엄마가 한결이에게 사과를 깎게 하고 있다.

04 〈보기 1〉에 대해 설명한 〈보기 2〉의 빈칸에 들어갈 알맞은 말을 순서대로 나열한 것은?

〔보기 1〕
> 아빠가 등산복을 입고 있다.

〔보기 2〕
> 〈보기 1〉에 제시된 문장은 단순한 사실을 진술하는 (　　　)이고, '-고 있다'를 통해 (　　　) 표현을 실현하고 있다. 그러나 '-고 있다'는 이 문장에서 동작의 (　　　)과 (　　　)로 동시에 해석할 수 있기 때문에 중의성이 생긴다.

① 평서문, 시간, 부정, 완료
② 평서문, 시간, 진행, 완료
③ 평서문, 부정, 진행, 완료
④ 감탄문, 시간, 종결, 완료
⑤ 감탄문, 부정, 진행, 완료

05 다음 문장의 유형을 밝히고, 문장에서 실현된 높임 표현을 모두 쓰시오.

> 선생님께 진심을 담은 선물을 드리자.

✎ ________________________________
____

똑똑한 독해
똑똑
중학 국어
문법
실력편
정답과 해설
이투스북
이투스북

DAY 01 체언

개념 확인 문제
본문 · 011쪽

01 (1) 여름, 소망 (2) 경기도, 세종대왕 　**02** (1) × (2) ○ 　**03**
(1) 동생 (2) 화분 　**04** ③ 　**05** (1) ○ (2) × 　**06** (1) 순서
(2) 조사 　**07** (1) 셋, 이(二), 하나 (2) 첫째, 제삼 　**08** ㉠: 대명
사 ㉡: 명사 ㉢: 수사

내신 대비 문제
본문 · 012~013쪽

01 ③ 　**02** ⑤ 　**03** ③ 　**04** ⑤ 　**05** 예 ㉠과 ㉡
은 명사, ㉢과 ㉣은 대명사이다. ㉠과 ㉡은 대상의 이름을 나타내는
데 반해, ㉢과 ㉣은 대상의 이름을 대신하여 나타낸다. 　**06** ⑤
07 ⑤ 　**08** ④ 　**09** ⑤ 　**10** ②

01 　정답 ③

정답 풀이 체언은 '나는 과자를 좋아해.'와 같이 조사와 결합할 수
있지만, '나 과자 좋아해.'와 같이 조사 없이 쓰이기도 한다.

오답 풀이

① 대상의 이름을 나타내는 명사, 대상의 이름을 대신 나타내는 대명
　사, 수량이나 순서를 나타내는 수사가 체언에 포함된다.
② '새 신발을 사다.'의 '새'와 '그 고양이는 잠을 잔다.'의 '그'와 같이
　체언의 앞에는 꾸며 주는 말이 올 수 있다.
④ 체언인 명사, 대명사, 수사는 문장에서 주로 동작이나 상태의 주
　체(주어)가 되거나 동작의 대상(목적어)이 되는 품사이다.
⑤ 체언인 명사, 대명사, 수사는 문장에서 쓰일 때 형태가 변하지 않
　는 불변어이다.

> **개념 복습!** 체언은 문장에서 주로 주체나 대상의 구실을 하는, 명
> 사, 대명사, 수사를 묶어 이르는 말이다. 체언은 문장에서 쓰일 때 형태
> 가 변하지 않는(활용을 하지 않는) 불변어에 속한다. 조사와 결합할 수
> 있으며, 앞에 꾸미는 말이 올 수 있다.

02 　정답 ⑤

정답 풀이 ⑤에서 명사는 '친구', 대명사는 '그것', 수사는 '둘'로 세
품사가 모두 사용되었다.

오답 풀이

① 명사는 '물'과 '잔', 대명사는 '저'이다. 수사는 사용되지 않았다.
　'한'은 명사 '잔'을 꾸며 주는 수 관형사에 해당한다.
② 명사는 '번'과 '기회', 대명사는 '나'이다. 수사는 사용되지 않았다.
　'세'는 명사 '번'을 꾸며 주는 수 관형사에 해당한다.

③ 명사는 '가족'과 '등산'이고, 대명사는 '우리'이다. 수사는 사용되지
　않았다.
④ 대명사는 '그', 명사는 '것', '통일'이다. 수사는 사용되지 않았다.

03 　정답 ③

정답 풀이 〈보기〉는 '명사'에 관한 설명이다. '여기'는 장소의 이름을
대신하여 나타내는 대명사로 〈보기〉에 해당하지 않는다.

오답 풀이

① '개'는 '낱으로 된 물건을 세는 단위'를 나타내는 의존 명사이다.
② '세종'은 '사람의 이름'을 나타내는 명사이다.
④ '사랑'은 '어떤 사람이나 존재를 몹시 아끼고 귀중히 여기는 마음'
　을 나타내는 명사이다.
⑤ '부산'은 '경상남도 동남부에 있는 광역시'를 나타내는 명사이다.

04 　정답 ⑤

정답 풀이 '이것'은 사물의 이름을 대신하여 나타내는 대명사이고,
'저기'는 장소의 이름을 대신하여 나타내는 대명사이다.

오답 풀이

① 대명사는 조사와 결합할 수 있다.
② 대상의 이름을 나타내는 것은 명사이다.
③ 수량이나 순서를 나타내는 것은 수사이다.
④ 대명사는 문장에서 쓰일 때 형태가 변하지 않는다.

서술형

05 　정답 예 ㉠과 ㉡은 명사, ㉢과 ㉣은 대명사이다. ㉠과 ㉡은 대상의 이름
을 나타내는 데 반해, ㉢과 ㉣은 대상의 이름을 대신하여 나타낸다.

채점 기준
• ㉠과 ㉡, ㉢과 ㉣의 품사를 각각 바르게 씀.
• ㉠과 ㉡, ㉢과 ㉣의 차이점을 각각의 품사가 나타내는 의미를 기준으로 밝힘.

필수 단어 명사, 대명사, 이름, 대신

정답 풀이 ㉠은 사람의 이름을, ㉡은 사물의 이름을 나타내는 명사
이다. ㉢은 ㉠을, ㉣은 ㉡을 대신하여 나타내는 대명사이다.

06 　정답 ⑤

정답 풀이 〈보기〉에서 '첫째'는 순서를 나타내는 서수사로 사용되
었다.

오답 풀이

① 수사는 체언에 해당한다.
② 수사는 문장에서 쓰일 때 형태가 변하지 않는다.
③ 〈보기〉의 문장에서 '첫째'는 주어의 역할을 하고 있다.
④ 수사는 조사와 결합하여 사용할 수 있다. 〈보기〉에서 '첫째'가 조
　사 '는'과 결합하여 사용된 것을 통해서도 확인할 수 있다.

07 정답 ⑤

정답 풀이 '천'은 의존 명사 '마리'를 수식하는 수 관형사로, ⑤에는 수사가 사용되지 않았다.

오답 풀이
① '삼', '사', '칠'이 수사이다.
② '하나'가 수사이다.
③ '여든'이 수사이다. '세'는 수 관형사이다.
④ '열'이 수사이다.

08 정답 ④

정답 풀이 '아홉'은 수사가 아니라 차례가 정하여진 시각을 뜻하는 명사 '시'를 수식하는 수 관형사이다.

오답 풀이
① '너'는 듣는 사람을 대신 나타내는 대명사이다.
② '둘'은 하나에 하나를 더한 수를 나타내는 수사이다.
③ '민지'는 사람의 이름을 나타내는 명사이다.
⑤ '이곳'은 장소의 이름을 대신 나타내는 대명사이다.

09 정답 ⑤

정답 풀이 '아무'는 어떤 사람을 특별히 정하지 않고 이르는 인칭 대명사이다. 나머지 단어는 모두 명사이다.

오답 풀이
① '어린이'는 '어린아이(나이가 적은 아이)'를 대접하거나 격식을 갖추어 이르는 명사이다.
② '서로'는 짝을 이루거나 관계를 맺고 있는 상대를 뜻하는 명사이다.
③ '평화'는 전쟁, 분쟁 또는 일체의 갈등이 없이 평온함, 또는 그런 상태를 뜻하는 명사이다.
④ '탁자'는 물건을 올려놓기 위하여 책상 모양으로 만든 가구를 통틀어 이르는 명사이다.

고난도

10 정답 ②

정답 풀이 ②의 두 문장에서 '일'은 모두 수사이다. 이는 '일' 뒤에 각각 조사인 '이다'와 '로'가 붙은 것을 통해 확인할 수 있다.

오답 풀이
① 앞 문장의 '백'은 뒤에 오는 명사 '원'을 수식하는 수 관형사이고, 뒤 문장의 '백'은 수사이다.
③ 앞 문장의 '열'은 사람이나 물건이 죽 벌여 늘어선 줄을 뜻하는 명사이다. 뒤 문장의 '열'은 수를 나타내는 수사이다.
④ 앞 문장의 '일곱'은 수사이고, 뒤 문장의 '일곱'은 뒤에 오는 명사 '번째'를 수식하는 수 관형사이다.
⑤ 앞 문장의 '둘째'는 순서가 두 번째가 되는 차례를 나타내는 수사이다. 뒤 문장의 '둘째'는 뒤에 오는 명사 '아이'를 수식하는 수 관형사이다.

01 ①   **02** ①   **03** ④   **04** ①   **Q 수능 맛보기** ⑤

01 정답 ①

정답 풀이 '군데'는 '한 군데, 두 군데'처럼 '낱낱의 곳을 세는 단위'의 뜻을 가진 의존 명사로서, 자립 명사에 해당하지 않으며 항상 관형어의 수식을 받아야 한다.

오답 풀이
② '그릇'은 '음식이나 물건 따위를 담는 기구를 통틀어 이르는 말'의 의미를 지닌 자립 명사이면서, '((수량을 나타내는 말 뒤에 쓰여)) 음식이나 물건을 그릇에 담아 그 분량을 세는 단위'의 의미를 지닌 명사로도 쓰인다.
③ '덩어리'는 '크게 뭉쳐서 이루어진 것'의 의미를 지닌 자립 명사이면서, '((수량을 나타내는 말 뒤에 쓰여)) 부피가 큰 것이나 크게 뭉쳐서 이루어진 것을 세는 단위'의 의미를 지닌 명사로도 쓰인다.
④ '숟가락'은 '밥이나 국물 따위를 떠먹는 기구'의 의미를 지닌 자립 명사이면서, '((수량을 나타내는 말 뒤에 쓰여)) 밥 따위의 음식물을 숟가락으로 떠 그 분량을 세는 단위'의 의미를 지닌 명사로도 쓰인다.
⑤ '발자국'은 '발로 밟은 자리에 남은 모양'의 의미를 지닌 자립 명사이면서, '((수량을 나타내는 말 뒤에 쓰여)) 발을 한 번 떼어 놓는 걸음을 세는 단위'의 의미를 지닌 명사로도 쓰인다.

개념 복습! 명사는 자립성의 유무에 따라 홀로 자립하여 사용할 수 있는 명사인 '자립 명사'와 명사의 성격을 띠고 있지만 관형어의 수식을 받아야만 사용할 수 있는 명사인 '의존 명사'로 구분할 수 있다.

02 정답 ①

정답 풀이 ①의 '무엇'은 화단에 있는 꽃의 이름을 묻는 발화에 사용되었으므로 〈보기〉의 '모르는 사실이나 사물을 가리키는 경우'에 사용된 대명사로 볼 수 있다.

오답 풀이
② '무엇'은 배고픔을 해소할 수 있는 음식이면 어떤 것이든 상관 없고 특별히 정해져 있는 음식이 아니라는 의미를 가지고 있으므로 '정하지 않은 대상'을 가리키는 경우에 사용된 것이다.
③ '무엇'은 남자가 어떤 것을 증언하듯 목소리를 내었다고 한 것에서 비유적 표현인 '증언이라도 하듯'의 대상이므로 '정하지 않은 대상이나 이름을 밝힐 필요가 없는 대상'을 가리키는 경우에 사용된 것이다.
④ '무엇'은 꿈속에서 쫓는 '어떤' 주체를 이르는 표현이므로 '정하지 않은 대상이나 이름을 밝힐 필요가 없는 대상'을 가리키는 경우에 사용된 것이다.
⑤ 방에 아무것도 없는 상태이므로 '무엇'은 '정하지 않은 대상이나 이름을 밝힐 필요가 없는 대상'을 가리키는 경우에 사용된 것이다.

03 정답 ④

정답 풀이 〈자료〉에서 '우리'는 청자를 포함하는 경우도 있고 포함하지 않는 경우도 있으며, 전자의 경우 '저희'로 바꾸어 쓸 수 없다고 하였다. ④의 '우리'는 말을 하는 사람인 '화자'와 듣는 사람인 '청자'를 모두 포함하는 문맥적 의미를 지니고 있다. 따라서 '우리'를 '저희'로 바꾸어 표현하면 듣는 사람인 '청자'까지 낮추는 표현이 되므로, '우리'를 '저희'로 바꾸어 쓰면 어색한 문장이 된다.

오답 풀이

① 청자인 '부장님'에게 청자가 포함되지 않은 화자인 '우리'의 계획에 대한 의견을 묻는 문장이기 때문에 '우리'를 '저희'로 바꾸어 써도 어색하지 않다.

② 청자인 '여러분'에게 청자가 포함되지 않은 화자인 '우리'의 의견이 다름을 서술하는 문장이기 때문에 '우리'를 '저희'로 바꾸어 써도 어색하지 않다.

③ 청자인 '시장님'에게 청자가 포함되지 않은 화자인 '우리'가 논의한 내용에 대해 알리는 문장이기 때문에 '우리'를 '저희'로 바꾸어 써도 어색하지 않다.

⑤ 청자인 '선생님'에게 청자가 포함되지 않은 화자인 '우리 모둠'이 답사를 떠난다는 사실을 알리는 문장이기 때문에 '우리'를 '저희'로 바꾸어 써도 어색하지 않다.

04 정답 ①

정답 풀이 '가'에 사용된 '저희'는 '우리'의 낮춤말이므로 1인칭이다. '나'에 사용된 '저희'는 앞에서 이미 말하였거나 나온 바 있는 사람들을 도로 가리키는(재귀) 3인칭 대명사이다. 따라서 동일한 형태의 '저희'가 1인칭과 3인칭으로 사용되었으므로 ㉠에 해당하는 예로 볼 수 있다.

오답 풀이

② '가'에 사용된 '누구'는 '((의문문에 쓰여)) 잘 모르는 사람을 가리키는 인칭 대명사'로서 미지칭이다. '나'에 사용된 '누구'는 특정한 사람이 아닌 막연한 사람을 가리키는 인칭 대명사로서 부정칭이다. 따라서 1, 2, 3인칭 중 두 가지 인칭으로 사용되었다고 보기 어렵다.

③ '가'에 사용된 '그'는 말하는 이와 듣는 이가 아닌 사람을 가리키는 3인칭 대명사이다. '나'에 사용된 '그'는 앞에서 이미 이야기하였거나 듣는 이가 생각하고 있는 대상을 가리키는 지시 대명사이다. '가'는 인칭 대명사이지만 '나'는 인칭 대명사가 아니므로 두 가지 인칭으로 사용되었다고 보기 어렵다.

④ '가'에 사용된 '너희'는 듣는 이가 친구나 아랫사람들일 때, 그 사람들을 가리키는 2인칭 대명사이고, '나'에 사용된 '너희'는 ((일부 명사 앞에 쓰여)) 가리키는 대상이 듣는 이와 친밀한 관계임을 나타내는 2인칭 대명사이다. 따라서 두 가지 인칭으로 사용되었다고 보기 어렵다.

⑤ '가'와 '나'에 사용된 '우리'는 모두 말하는 이가 자기를 포함한 여러 사람을 가리키는 1인칭 대명사이다. 따라서 두 가지 인칭으로 사용되었다고 보기 어렵다.

수능 맛보기 대명사의 특징 파악   정답 ⑤

정답 풀이 '저희'는 1인칭 복수 '우리'의 낮춤말이 아니라, '앞에서 이미 말하였거나 나온 바 있는 사람들을 도로 가리키는(재귀) 3인칭 대명사'이다. 여기에서는 '우리 집 아이들', 즉 '선생님의 아이들'을 가리킨다.

오답 풀이

① ㉠의 '이것'은 학생이 손에 들고 있는 책을 가리키는 지시 대명사이다.

② ㉡의 '그것'은 할아버지께서 생일마다 사 주신 책들을 가리키는 지시 대명사이다.

③ ㉢의 '당신'은 '듣는 이를 가리키는 2인칭 대명사'가 아니라 '앞에서 이미 말하였거나 나온 바 있는 사람을 도로 가리키는(재귀) 3인칭 대명사'인 '자기'를 아주 높여 이르는 말이다.

④ ㉣의 '우리'는 선생님 혹은 선생님의 가족을 가리키기 때문에 청자(학생)를 포함하지 않는다.

개념 복습! 사람을 가리키는 대명사인 '인칭 대명사'에는 1인칭, 2인칭, 3인칭이 있으며, 모르는 사람을 가리키는 대명사인 미지칭과 정해지지 않은 사람을 가리키는 대명사인 부정칭도 있다.

문제 TIP 동일한 형태의 대명사가 담화 속에서 다양한 대상을 가리킬 수 있다. 이때는 대명사가 가리키는 대상이 무엇인지 정확히 파악하고 그 대상을 넣어 담화가 매끄럽게 이어지는지 여부로 대명사가 가리키는 대상을 구별할 수 있다.

문제 해결

STEP 1 각 대명사가 가리키는 대상을 앞부분에서 찾아 확인한다.
STEP 2 인칭 대명사의 경우 가리키는 대상이 몇 인칭인지 확인한다.

DAY 02 용언

개념 확인 문제

본문 · 017쪽

01 (1) 가변어 (2) 용언, 서술어 **02** (1) 날다, 벗다, 자다 (2) 높다, 작다, 흐뭇하다 **03** ㉠ **04** (1) 동사 – 닳다 (2) 동사 – 굴리다 (3) 형용사 – 그립다 (4) 형용사 – 하얗다 **05** ② **06** (1) × (2) ○ (3) × **07** (1) 활용 (2) 상태, 성질 **08** 어떠하다

내신 대비 문제

본문 · 018~019쪽

01 ⑤ **02** ② **03** ③ **04** ④ **05** ㉠ 형용사는 '예쁘다', '사랑스럽다', '그렇다'이다. 이 중 '예쁘다', '사랑스럽다'는 성상 형용사, '그렇다'는 지시 형용사에 해당한다. **06** ⑤ **07** ③ **08** ④ **09** ⑤ **10** ④

01 정답 ⑤

정답 풀이 용언(동사, 형용사)의 기본형은 어간에 어미 '–다'가 붙은 형태이다.

오답 풀이
① 동사와 형용사는 '빨리 달린다.', '몹시 아프다.'와 같이 앞에 오는 부사어의 꾸밈을 받을 수 있다.
② 용언은 문장에서 주로 주체를 서술하는 말로 쓰인다.
③ 동사와 형용사를 묶어 용언이라고 한다.
④ 용언은 쓰임에 따라 형태가 변하는 활용을 하는데, 이렇게 형태가 변하는 말을 가변어라고 한다.

> **개념 복습!** 용언은 문장에서 주로 주체를 서술하는 구실을 하는, 동사와 형용사를 묶어 이르는 말이다. 용언은 문장에서 쓰일 때 형태가 변하며 활용을 하는 가변어에 속한다. 용언은 어간에 '–다'가 붙은 형태가 기본형이며, 실질적인 뜻을 지닌 어간과 문법적인 뜻을 지니는 어미로 구성된다. 용언은 문장에서 주로 서술어로 쓰이며, 부사어의 수식을 받는다.

02 정답 ②

정답 풀이 '두껍다'는 '층을 이루는 사물의 높이나 집단의 규모가 보통의 정도보다 크다.'는 의미를 지닌 형용사의 기본형에 해당한다.

오답 풀이
① 동사 '생각하라'의 기본형은 '생각하다'이다.
③ 동사 '마신다'의 기본형은 '마시다'이다.
④ 동사 '시작한다'의 기본형은 '시작하다'이다.
⑤ 형용사 '기뻤다'의 기본형은 '기쁘다'이다.

03 정답 ③

정답 풀이 '맛있구나'라는 용언은 '더욱'이라는 부사어의 수식을 받고 있다.

오답 풀이
①, ② 문장에 사용된 용언은 동사인 '끓인', 형용사인 '맛있구나'의 2개이다.
④ 문장의 가변어는 동사인 '끓인', 서술격 조사 '이라서', 형용사인 '맛있구나'이며, 나머지 단어는 모두 불변어이다.
⑤ 동사 '끓인'의 기본형은 '끓이다', 형용사 '맛있구나'의 기본형은 '맛있다'이다.

04 정답 ④

정답 풀이 ㉠ '싫어요'는 형용사로, 이를 활용하여 명령형('싫어라')과 청유형('싫자') 표현을 만들 수 없다.

오답 풀이
① 의미를 기준으로 할 때 ㉠ '싫어요'는 형용사, ㉡의 '다쳤습니다'는 동사이므로, ㉠과 ㉡의 품사는 서로 다르다.
② ㉠, ㉡의 기본형은 각각 '싫다'와 '다치다'이다. 기본형은 활용할 때 변하지 않는 부분인 어간에 '–다'가 붙는 형태이다.
③ ㉠, ㉡은 문장에서 주로 주체를 서술하는 역할을 한다. 체언을 수식하는 역할을 하는 것은 수식언이다.
⑤ ㉡ '다쳤습니다'는 '다치었습니다'의 축약형이다. 따라서 ㉡의 어간은 '다치–'이고, 어미는 '–었습니다'이다.

서술형

05 정답 ㉠ 형용사는 '예쁘다', '사랑스럽다', '그렇다'이다. 이 중 '예쁘다', '사랑스럽다'는 성상 형용사, '그렇다'는 지시 형용사에 해당한다.

채점 기준
• 형용사 3개를 모두 찾음.
• 각 형용사의 종류를 성상 형용사와 지시 형용사로 정확히 구분하여 씀.

필수 단어 예쁘다, 사랑스럽다, 그렇다, 성상 형용사, 지시 형용사

정답 풀이 형용사는 일반적으로 대상의 상태나 성질을 나타내는 단어를 말한다. 〈보기〉의 '예쁘다', '사랑스럽다'는 대상의 상태나 성질을 나타내는 성상 형용사이다. 그런데 '그렇다'는 '상태, 모양, 성질 따위가 그와 같다.'라는 뜻으로, 대상의 상태나 성질을 형식적으로 나타내는 지시 형용사이다.

06 정답 ⑤

정답 풀이 동사는 명령형, 청유형 표현을 사용할 수 있다. '서둘러라'는 동사 '서두르다'의 명령형으로 활용 형태가 자연스럽다.

오답 풀이
①~④ 형용사는 명령형, 청유형 표현을 사용할 수 없다. '행복해라'는 형용사 '행복하다'의 명령형, '건강하자'는 형용사 '건강하다'의 청

유형, '현명하여라'는 형용사 '현명하다'의 명령형, '파래라'는 형용사 '파랗다'의 명령형이므로, 모두 자연스러운 활용 형태로 볼 수 없다.

07 정답 ③

정답 풀이 동사인 '잡았다'는 '잡아라', '잡자'와 같이 명령형, 청유형 표현으로 나타낼 수 있다.

오답 풀이
① '잡았다'의 기본형은 어간 '잡-'에 어미 '-다'가 붙은 '잡다'이다.
② 현재형 표현은 기본형 '잡다'에 현재 시제 어미 '-는-'이 붙은 형태인 '잡는다'이다.
④ '잡았다'는 동작의 대상이 되는 '소매치기를'과 같은 목적어를 필요로 한다.
⑤ 활용할 때 형태가 변하지 않는 부분인 어간은 '잡-'이고, 형태가 변하는 부분인 어미는 '-았다'이다.

08 정답 ④

정답 풀이 〈보기〉에서 설명하는 품사는 형용사이다. '부드럽다'는 '천'이라는 대상의 '감촉'이라는 성질을 나타내는 형용사에 해당한다.

오답 풀이
① '이다'는 문장에서 쓰일 때 활용하기는 하나, 형용사가 아닌 서술격 조사에 해당한다.
② '찡그리다'는 '얼굴의 근육이나 눈살을 몹시 찌그리다.'라는 뜻의 동사이다.
③ '피다'는 '꽃봉오리 따위가 벌어지다.'라는 뜻의 동사이다.
⑤ '미워하다'는 '밉게 여기거나 밉게 여기는 생각을 직접 행동으로 드러내다.'라는 뜻의 동사이다.

09 정답 ⑤

정답 풀이 활용을 하는 품사는 동사, 형용사, 서술격 조사 '이다'로 3가지이다. '입다'와 '갈다'는 동사이고, '이다'는 서술격 조사이다. 따라서 활용을 하는 단어는 3개로 가장 많다.

오답 풀이
① '먹다'와 '주다'는 동사이다. 따라서 활용을 하는 단어는 2개이다.
② '비다'는 동사, '요란하다'는 형용사이다. 따라서 활용을 하는 단어는 2개이다.
③ '굽다'는 형용사, '지키다'는 동사이다. 따라서 활용을 하는 단어는 2개이다.
④ '하다'는 동사이다. 따라서 활용을 하는 단어는 1개이다.

고난도

10 정답 ④

정답 풀이 ②의 '복잡하고도', ③의 '이러한', ⑤의 '넓은'은 형용사로만 쓰이는 단어이다. ①의 '감사합니다'와 ④의 '늦는다'는 동사와 형용사로 모두 쓰이는 단어인데, ①의 '감사합니다'는 맥락상 '고마운 마음이 있다.'라는 의미의 형용사로 이해할 수 있다. 그러나 ④의 '늦

는다'는 '정해진 때보다 지나다.'라는 뜻의 동사로, 어간 뒤에 현재 시제를 나타내는 어미 '-는-'이 들어가 있다는 점을 통해서도 동사임을 확인할 수 있다.

심화 학습 문제 본문 · 020~021쪽

01 ④ **02** ⑤ **03** ① **04** ④ **Q 수능 맛보기** ③

01 정답 ④

정답 풀이 ㄴ의 '더워'는 본용언으로, ㄴ의 '온다'는 보조 용언으로 쓰인 것이다. 반면 ㄷ에 쓰인 '먹고'와 '갔다'는 모두 본용언으로 쓰인 것이다. ㄴ을 '날씨가 덥다.'와 '날씨가 온다.' 등의 두 문장으로 나누면 '날씨가 온다.'라는 문장은 의미가 성립하지 않는다. ㄷ은 '철수가 밥을 먹었다.'와 '철수가 갔다.'라는 온전한 두 문장을 만들 수 있다. 따라서 ㄴ과 ㄷ 중 ㄷ만이 ㄹ처럼 의미가 성립하는 두 문장으로 나눌 수 있다.

오답 풀이
① ㄱ은 '덥다'라는 용언이 홀로 쓰인 문장이고, ㄴ은 ㄱ에 사용된 용언인 '덥다'의 활용형 '더워'가 본용언으로서 '온다'라는 보조 용언과 어울려 쓰인 문장이다.
② ㄴ은 앞에 있는 '더워'가 실질적인 의미를 가진 본용언이며, 뒤에 있는 '온다'가 본용언에 의미를 더해 주는 보조 용언으로서 보충적 역할을 하고 있다.
③ ㄷ의 '먹고'와 '갔다'는 모두 실질적인 의미를 지닌 본용언으로 사용되고 있다. 이 경우 '철수가 밥을 먹고 갔다.'는 올바른 문장이지만 '철수가 밥을 먹고갔다.'로 두 용언을 붙여 쓴 것은 비문이라고 한 것으로 보아 두 용언이 모두 실질적인 의미를 가지고 있으면 띄어 써야 함을 알 수 있다.
⑤ ㄴ과 ㄹ은 '-아/어', ㄷ은 '-고'라는 보조적 연결 어미를 이용하여 용언과 용언을 연결하고 있다.

개념 복습! 본용언은 서술의 주된 의미를 나타내는 용언이고, 보조 용언은 본용언의 의미를 보충하는 용언이다. 보조 용언은 동사처럼 활용하는 보조 동사와 형용사처럼 활용하는 보조 형용사로 나눌 수 있다.

02 정답 ⑤

정답 풀이 '싶다'는 '((동사 뒤에서 '-고 싶다' 구성으로 쓰여)) 앞말이 뜻하는 행동을 하고자 하는 마음이나 욕구를 갖고 있음을 나타내는 말'의 뜻을 갖고 있다. ⑤의 '싶다'는 앞말인 '가다'라는 본용언을 보충하는 역할을 하는 보조 용언이다.

① '보자'는 '눈으로 대상을 즐기거나 감상하다.'의 뜻으로 쓰인 본용언이다.

② '일어났다'는 '잠에서 깨어나다.'의 뜻으로 쓰인 본용언이다.

③ '왔다'는 '움직여 위치를 옮기다.'의 뜻으로 쓰인 본용언이다.

④ '가자'는 '장소를 이동하다.'의 뜻으로 쓰인 본용언이다.

03 정답 ①

정답 풀이 '옷에 단추를 달다.'에 사용된 '달다'는 동사로서, 의도를 나타내는 '-려 한다'를 붙여 '달려 한다'의 형태로 쓸 수 있다. 하지만 '과일은 대부분 맛이 달다.'의 '달다'는 형용사로서, '달려 한다'와 같이 결합할 수 없다. 따라서 ⓐ의 동사와 형용사의 구분 결과는 적절하다. 또한 동사 '달다'는 명령형 종결 어미 '-아라'를 붙여 '달아라'로 활용할 수 있으나, 형용사 '달다'는 명령형으로 활용할 수 없다. 따라서 ⓑ의 동사와 형용사의 구분 결과는 적절하다.

오답 풀이

ⓒ 동사 '달다'는 청유형 종결 어미 '-자'를 붙여 '달자'로 활용할 수 있으나, 형용사 '달다'는 청유형으로 활용할 수 없다. 따라서 ⓒ는 ◯와 ×를 바꾸어야 한다.

ⓓ 동사 '달다'는 진행을 나타내는 '-고 있다'를 붙여 '달고 있다'로 활용할 수 있다. 하지만 형용사 '달다'는 '달고 있다'로 활용할 수 없다. 따라서 ⓓ는 ◯와 ×를 바꾸어야 한다.

04 정답 ④

정답 풀이 '기대가 크다'에서 '크다'는 '기대나 생각이 보통 정도를 넘는다.'라는 뜻으로 '기대가 큰다'와 같이 현재형으로 사용할 수 없으므로 형용사이다. '쑥쑥 큰다'에서 '크다'는 '동식물이 몸의 길이가 자라다.'라는 뜻으로 작용을 나타내며 현재형으로 사용되고 있으므로 동사이다.

오답 풀이

① '속눈썹은 길다'에서 '길다'는 '잇닿아 있는 물체의 두 끝이 서로 멀다.'라는 뜻이며, '긴 겨울 방학이'에서 '길다'는 '이어지는 시간상의 한 때에서 다른 때까지의 동안이 오래다.'라는 뜻으로 모두 형용사에 해당한다. '길다'는 '머리카락, 수염 따위가 자라다.'라는 뜻의 동사로 쓰이기도 하나, 제시된 예문에서는 모두 형용사로 쓰였다.

② '얼굴이 젊다'에서 '젊다'는 '보기에 나이가 제 나이보다 적은 듯하다.'라는 뜻이며, '젊은 나이에'에서 '젊다'는 '나이가 한창때에 있다.'라는 뜻으로 모두 형용사에 해당한다.

③ '봄바람이 따뜻하다'에서 '따뜻하다'는 '덥지 않을 정도로 온도가 알맞게 높다.'라는 뜻이며, '따뜻한 마음씨를'에서 '따뜻하다'는 '감정, 태도, 분위기 따위가 정답고 포근하다.'라는 뜻으로 모두 형용사에 해당한다.

⑤ '시간이 너무 늦다'에서 '늦다'는 '시간이 알맞을 때를 지나 있다.'라는 뜻이며, '늦은 나이에'에서 '늦다'는 '시기가 한창인 때를 지나

있다.'라는 뜻으로 모두 형용사에 해당한다. '늦다'는 '정해진 때보다 지나다.'라는 뜻의 동사로 쓰이기도 하나, 제시된 예문에서는 모두 형용사로 쓰였다.

정답 풀이 〈보기〉에서 어말 어미를 ㉠ '종결 어미', ㉡ '연결 어미', ㉢ '전성 어미'로 구분하여 설명하고 있다. ㉢ '읽을'의 '-을'은 용언이 뒤의 '책'을 꾸미게 하는 관형사형 전성 어미에 해당한다. ③ '가는'은 뒤의 '이유'를 꾸미고 있으므로, '가는'의 '-는'은 ㉡이 아니라 용언을 관형사처럼 기능하게 하는 어미인 ㉢에 해당한다.

오답 풀이

① '도착했겠구나'의 '-구나'는 흔히 감탄의 뜻을 지니며, 해라할 자리나 혼잣말에 쓰여, 화자가 새롭게 알게 된 사실에 주목함을 나타내는 어미로 문장을 끝맺어 주고 있으므로 ㉠에 해당한다.

② '오시지?'의 '-지'는 어떤 사실을 물을 때 쓰이는 어미로 문장을 끝맺어 주고 있으므로 ㉠에 해당한다.

④ '먹었으나'의 '-으나'는 앞 절의 내용과 뒤 절의 내용이 서로 다름을 나타내는 어미로, 두 문장을 연결해 주는 어미인 ㉡에 해당한다.

⑤ '운동하기에'의 '-기'는 용언의 어간 '운동하-'에 붙어 그 말이 명사처럼 기능하게 하고 있으므로 ㉢에 해당한다.

> **개념 복습!** 어말 어미에는 문장을 끝맺어 주는 '종결 어미', 두 문장을 연결해 주는 '연결 어미', 용언을 다른 품사로 기능하게 하는 '전성 어미'가 있다.

문제 TIP 용언을 활용할 때, 해당 용언이 문장의 어디에 위치하는지에 따라 사용되는 어미의 종류도 달라진다. 용언이 문장의 맨 끝에 위치하면 종결 어미, 두 개의 문장이 이어지는 자리에 위치하면 연결 어미가 사용된 것으로 판단할 수 있다.

문제 해결

STEP 1 밑줄 친 어미가 문장의 어느 위치에 사용되었는지 확인한다.

STEP 2 밑줄 친 어미가 문장의 맨 마지막에 쓰이지 않았다면 해당 어미가 연결 어미(㉡)인지 전성 어미(㉢)인지 구별한다.

정답과 해설

DAY 03 수식언

01 (1) 수식언 (2) 불변어　**02** (1) ㉢, ㉣, ㉥ (2) ㉠, ㉤　**03** (1) 새, 여러 (2) 쾅, 몹시　**04** ㉠　**05** (1) ○ (2) × (3) ○　**06** ②　**07** (1) 바싹 (2) 매우 (3) 온 (4) 두　**08** ㉠: 관형사 ㉡: 부사 ㉢: 부사

01 ③　**02** ⑤　**03** ③　**04** ①　**05** 예 ㉠은 관형사, ㉡은 부사이다. 공통점은 ㉠, ㉡ 모두 다른 말을 꾸며 주는(수식하는) 기능을 하며 형태가 변하지 않는다는(불변어라는) 점이고, 차이점은 ㉠은 체언을, ㉡은 주로 용언을 꾸며 준다는 점이다.　**06** ②　**07** ④　**08** ①　**09** ③　**10** ②

01 정답 ③

정답 풀이　수식언은 문장에서 쓰일 때 형태가 변하지 않는(활용을 하지 않는) 불변어이다.

오답 풀이

① 관형사와 부사는 '새 친구', '조금 주다' 등과 같이 주로 꾸밈을 받는 말 앞에 놓여 뒷말을 수식하는 기능을 한다.

②, ④ 수식언은 체언을 꾸며 주는 관형사와 주로 용언을 꾸며 주는 부사를 묶어서 이르는 말이다.

⑤ 관형사에는 조사가 붙지 않지만, 일부 부사에는 '빨리도 먹었구나.'와 같이 조사가 붙기도 한다.

> **개념 복습!** 수식언은 관형사와 부사를 묶어 이르는 말로, 문장에서 쓰일 때 형태가 변하지 않는(활용을 하지 않는) 불변어이다. 관형사는 체언을 꾸며 주는 단어로 조사가 붙을 수 없으며, 부사는 주로 용언을 꾸며 주는 단어로 보조사와 결합하기도 한다.

02 정답 ⑤

정답 풀이　수식언은 관형사와 부사를 묶어서 이르는 말이다. '맑은'은 형용사인 '맑다'의 활용형이므로, 품사는 형용사로 용언이다.

오답 풀이

① '역시'는 용언인 '피곤하다'를 수식하는 부사로 수식언에 해당한다.

② '꼭'은 용언인 '잡고'를 수식하는 부사로 수식언에 해당한다.

③ '저'는 체언인 '사람'을 수식하는 관형사로 수식언에 해당한다.

④ '천'은 체언인 '년'을 수식하는 관형사로 수식언에 해당한다.

03 정답 ③

정답 풀이　③은 체언 '사람'을 꾸며 주는 관형사인 '어떤'과 용언 '궁금하다'를 꾸며 주는 부사인 '정말'을 포함한 문장이다.

오답 풀이

①, ② 각각 부사인 '무척'과 '분명'만 포함한 문장이다.

④, ⑤ 각각 관형사인 '모든'과 '세'만 포함한 문장이다.

04 정답 ①

정답 풀이　〈보기〉에 체언을 꾸며 주는 단어인 관형사는 쓰이지 않았다.

오답 풀이

② 용언을 꾸며 주는 단어인 부사는 '펑펑', '온통'이다.

③ 대상의 이름을 나타내는 단어인 명사는 '함박눈', '마을'이다.

④ 대상의 상태나 성질을 나타내는 단어인 형용사는 '하얗다'이다.

⑤ 대상의 이름을 대신하여 나타내는 단어인 대명사는 '우리'이다.

서술형

05 정답 예 ㉠은 관형사, ㉡은 부사이다. 공통점은 ㉠, ㉡ 모두 다른 말을 꾸며 주는(수식하는) 기능을 하며 형태가 변하지 않는다는(불변어라는) 점이고, 차이점은 ㉠은 체언을, ㉡은 주로 용언을 꾸며 준다는 점이다.

채점 기준
• ㉠, ㉡의 품사를 모두 정확히 씀.
• ㉠, ㉡의 공통점을 바르게 씀.
• ㉠, ㉡의 차이점을 바르게 씀.

✏ **필수 단어** 관형사, 부사, 꾸며 주는(수식하는), 형태가 변하지 않는다(불변어), 체언, 용언

정답 풀이　㉠은 뒤에 오는 체언인 명사 '무렵'을 수식하는 관형사이고, ㉡은 뒤에 오는 용언인 형용사 '예민하게'를 수식하는 부사이다. 관형사와 부사는 공통적으로 다른 말을 꾸며 주는 기능을 하는 수식언이고, 활용을 하지 않아 형태가 변하지 않는 불변어이다. 그렇지만 관형사는 체언을, 부사는 주로 용언을 수식한다는 점에서 차이가 있다.

06 정답 ②

정답 풀이　〈보기〉에서 설명하는 특징을 모두 갖춘 품사는 관형사이다. 관형사는 불변어로 체언을 수식하며, 조사와 결합하지 않는다. ①의 '온', ③의 '헌', ④의 '어느', ⑤의 '한'이 관형사이며 ②에는 관형사가 사용되지 않고 부사인 '또'가 사용되었다.

07 정답 ④

정답 풀이　'모두'는 문맥에 따라 부사로 쓰일 때도 있고 명사로 쓰일 때도 있다. 부사로 쓰일 때는 '일정한 수효나 양을 빠짐없이 다'를 뜻한다. 또한 명사로 쓰일 때는 '일정한 수효나 양을 기준으로 하여 빠

짐이나 넘침이 없는 전체'를 뜻한다. 단어의 기능과 의미를 고려할 때 ④의 '모두'는 명사로 쓰였으며, 나머지 '모두'는 부사로 쓰였다.

08 정답 ①

정답 풀이 '아직'은 관형사가 아니라, 문장 전체를 수식하는 부사에 해당한다.

오답 풀이
② '아무'는 체언인 '말'을 수식하는 관형사이다.
③ '저'는 체언인 '학생'을 수식하는 관형사이다.
④ '일'은 체언인 '년'을 수식하는 관형사이다.
⑤ '옛'은 체언인 '노래'를 수식하는 관형사이다.

09 정답 ③

정답 풀이 '두'는 체언 '마리'를 수식하는 관형사, '성큼'은 용언 '다가왔다'를 수식하는 부사이다. 따라서 두 단어의 공통점은 문장에서 다른 말을 꾸며 주는 구실을 한다는 것이다.

오답 풀이
① 관형사는 조사와 결합하여 쓰이지 않는다. 그러나 부사는 조사와 결합하여 쓰이기도 한다.
② 관형사와 부사는 모두 문장에서 쓰일 때 형태가 변하지 않는 불변어이다.
④ 문장에서 주체나 동작의 대상이 되는 것은 체언(명사, 대명사, 수사)이다.
⑤ 사람이나 사물의 상태나 성질을 나타내는 것은 형용사이다.

고난도

10 정답 ②

정답 풀이 〈보기〉에서 설명하는 품사는 부사이다. 부사는 용언, 관형사, 체언뿐만 아니라 다른 부사를 수식하기도 한다. ②의 '이렇게'는 형용사 '이렇다'의 활용형이므로 품사는 형용사이다.

오답 풀이
① '바로'는 체언인 '당신'을 수식하는 부사이다.
③ '아니'는 용언인 '쬐겠다'를 (부정의 의미를 담아) 수식하는 부사이다.
④ '설마'는 문장 전체를 수식하는 부사이다.
⑤ '이제'는 부사인 '곧'을 수식하는 부사이다.

심화 학습 문제

본문 · 026~027쪽

01 ⑤ **02** ④ **03** ② **04** ④ **Q** 수능 맛보기 ①

01 정답 ⑤

정답 풀이 〈자료〉의 '아주'는 뒤의 용언(형용사) '좋다'를, '벌써'는 용언(동사) '떠났다'를 수식하는 부사이다. ⑤의 '수'는 '어떤 일을 할

만한 능력이나 어떤 일이 일어날 가능성'을 나타내는 의존 명사이므로 부사와 기능이 다르다.

오답 풀이
① '꼭'은 용언인 '맞다'를 수식하는 부사이다.
② '더'는 용언인 '크다'를 수식하는 부사이다.
③ '조금씩'은 용언인 '지쳐'를 수식하는 부사이다.
④ '몹시'는 용언인 '피곤하니'를 수식하는 부사이다.

02 정답 ④

정답 풀이 '아주'는 뒤에 이어지는 관형사 '새'를 수식하고 있으므로 적절한 설명이다.

오답 풀이
① '매우'는 뒤에 이어지는 부사 '빨리'를 수식하고 있다.
② '설마'는 '나에게 맞는 옷이 없을까?'를 수식하는 문장 부사이다.
③ '바로'는 뒤에 오는 명사인 '옆'을 수식하고 있다.
⑤ '과연'은 '그 아이는 재능이 정말 뛰어나군.'을 수식하고 있는 문장 부사이다. 그러나 '정말'은 뒤에 이어지는 용언 '뛰어나군'을 수식한다.

> **개념 복습!** 부사는 주로 용언을 수식하지만 때로 다른 부사, 관형사, 체언이나 문장 전체를 수식하기도 한다. 또한 부사는 형태가 변하지 않으며, 문장 내에서 위치가 비교적 자유로운 편이다.

03 정답 ②

정답 풀이 ㄱ의 '아름다운'은 '꽃이 아름답다'처럼 주어인 '꽃이'를 서술하는 기능을 하며, ㅁ의 '빠른'은 '일처리가 빠르다'처럼 주어인 '일처리가'를 서술하는 기능을 하므로 둘 다 형용사이다. 반면, ㄴ의 '웬'은 서술의 기능 없이 '말'을, ㄷ의 '새'는 서술의 기능이 없이 '가구'를, ㄹ의 '모든'은 서술의 기능 없이 '사람들'을 꾸미고 있으므로 모두 관형사이다.

04 정답 ④

정답 풀이 '부디'는 '민우가 어디에 살고 있든 부디 편안하게 지냈으면 하는 생각뿐이다.'와 같이 '편안하게' 앞에 놓여도 문장의 의미가 자연스럽게 전달된다. 즉 ㄹ이 문장에 놓이는 위치는 고정되어 있지 않다.

오답 풀이
① '겨우'는 수량을 나타내는 '열' 앞에서 사용되었다.
② '바로'는 다른 것이나 다른 데에 있는 것이 아니라는 뜻으로 특정의 대상을 집어서 가리키는 부사로, 〈보기〉에서는 체언인 '옆'을 꾸미면서 그 의미를 제한하고 있다.
③ '설마'는 '그럴 리가 없겠지만'이라는 뜻을 드러내면서 부정적인 추측을 강조할 때 쓰는 부사이다. 〈보기〉에서 '설마'는 '민우가 이곳에 있지는 않겠지.'라는 화자의 부정적인 추측을 강조하면서 문장 전체를 꾸미고 있다.

⑤ '못'은 '동사가 나타내는 동작을 할 수 없다거나 상태가 이루어지지 않았다는 부정의 뜻을 나타내는 말'로서 〈보기〉에서는 뒤에 오는 '만났지만'이라는 용언을 부정하는 기능을 하고 있다.

수능 맛보기 문장 부사의 특징 파악 및 적용 정답 ①

정답 풀이 '다행히'는 '뜻밖에 일이 잘되어 운이 좋게'의 뜻을 지니고 있어 말하는 사람의 심리적 태도를 드러내는 부사이다. '다친 사람은 없었다.'라는 문장 전체를 꾸며 주고 있으며, '다행히 다친 사람은 없었다.', '다친 사람은 다행히 없었다.', '다친 사람은 없었다, 다행히.'처럼 쓸 수 있어 문장 내에서 위치 이동이 자유롭다. 또한 '다친 사람이 없었다니 다행이다.'처럼 형태를 바꾸어서 서술어로 표현할 수 있다. 따라서 〈보기〉의 '의외로'와 같은 특징을 지닌다고 볼 수 있다.

오답 풀이
② '그리고'는 문장 전체를 꾸미는 문장 부사이지만 문장 내에서 이동이 '의외로'와 비교하여 자유롭지 않으며, 화자의 심리적 태도를 드러내지 않으며 서술어로 표현할 수 없다.
③ '데굴데굴'은 뒤에 오는 용언인 '굴렀다'를 수식하는 성분 부사로, 위치 이동이 문장 부사에 비해 자유롭지 않다. 또한 화자의 심리적 태도를 드러내지 않으며 서술어로 표현할 수 없다.
④ '너무'는 뒤에 오는 용언인 '바빠서'를 수식하는 성분 부사로, 위치 이동이 문장 부사에 비해 자유롭지 않다. 또한 화자의 심리적 태도를 드러내지 않으며 서술어로 표현할 수 없다.
⑤ '못'은 뒤에 오는 용언인 '먹었다'를 수식하는 성분 부사로, 위치 이동이 문장 부사에 비해 자유롭지 않다. 또한 화자의 심리적 태도를 드러내지 않으며 서술어로 표현할 수 없다.

개념 복습! 부사 중에서 문장의 한 성분만 수식하는 부사를 '성분 부사'라고 하고, 뒤에 오는 문장 전체를 수식하는 부사를 '문장 부사'라고 한다. 문장 부사는 다시 말하는 이의 마음이나 태도를 표시하는 '양태 부사'와 단어와 단어, 문장과 문장을 연결해 주는 '접속 부사'로 나뉜다.

문제 TIP 말하는 사람의 심리적 태도를 나타내고, 문장 전체를 수식하며 문장 내의 위치 이동이 자유로운 부사는 '양태 부사'이다.

문제 해결
STEP 1 밑줄 친 단어가 문장 전체를 수식하는지, 혹은 문장의 한 성분만 수식하는지 확인한다.
STEP 2 밑줄 친 단어가 문장 전체를 수식하는 경우, 심리적 태도를 나타내는지 혹은 문장이나 단어를 연결하는지 확인한다.

DAY 04 관계언과 독립언

개념 확인 문제 본문 · 029쪽

01 (1) 관계언 (2) 불변어, 이다 (3) 감탄사 **02** (1) × (2) × (3) ○
03 (1) 아, 에 (2) 은, 와, 를 (3) 께서, 의, 을 **04** ⑤ **05** (1) × (2) × (3) ○ **06** ⑤ **07** 아, 이런 **08** ㉠

내신 대비 문제 본문 · 030~031쪽

01 ④ **02** ① **03** ② **04** ② **05** 예 홀로 쓰일 수 없고 반드시 앞말에 붙어서 쓰인다. 형태가 변하지 않는다. 단어들 사이의 문법적 관계를 나타내거나 특별한 의미를 더해 준다. **06** ③ **07** ⑤ **08** ⑤ **09** ⑤ **10** ⑤

01 정답 ④

정답 풀이 조사는 문장에서 주로 체언 뒤에 붙어서 다른 말과의 문법적 관계를 나타내거나 특별한 뜻을 더해 주는 단어이다.

오답 풀이
① 조사는 주로 체언에 붙어 쓰지만, '참 일찍도 일어나는구나.'와 같이 부사에 붙여 쓰기도 한다.
② 조사는 일반적으로 활용하지 않으며, 예외로 서술격 조사 '이다'만 활용할 수 있다.
③ 조사는 홀로 쓰일 수 없으며 반드시 다른 말에 붙어서 쓰인다. 문장 속에서 독립적으로 쓰일 수 있는 것은 조사가 아니라 감탄사이다.
⑤ 조사 중에는 단어의 뒤에 붙어 특별한 뜻을 더해 주는 '도', '만', '뿐'과 같은 보조사가 있다.

개념 복습! 관계언은 문장에 쓰인 단어들의 관계를 나타내는 구실을 하는 조사를 이르는 말이다. 조사는 주로 체언에 붙어서(용언이나 부사에 붙기도 함) 다른 말과의 문법적 관계를 나타내거나 뜻을 더해 주는 단어이다. 예외인 서술격 조사 '이다'를 제외하면 문장에서 쓰일 때 형태가 변하지 않는(활용을 하지 않는) 불변어에 속하며, 홀로 쓰일 수 없어서 반드시 다른 말에 붙어서 쓰인다.

02 정답 ①

정답 풀이 '아니다'는 형용사로, 여기서 '-다'는 조사가 아니라 어간 '아니-'에 붙는 어미이다.

오답 풀이
② '아'는 호격 조사, ③ '한테'는 부사격 조사, ④ '이'는 보격 조사, ⑤ '에서'는 주격 조사로 모두 격 조사에 해당한다.

03 정답 ②

정답 풀이 앞말에 특별한 뜻을 더해 주는 조사를 보조사라 한다. ②에서 '이'는 앞말인 '동생'이 문장의 주어임을 나타내는 주격 조사이다.

오답 풀이

① '도'는 이미 어떤 것이 포함되고 그 위에 더함의 뜻을 나타내는 보조사이다.

③ '밖에'는 '그것 말고는', '그것 이외에는', '기꺼이 받아들이는', '피할 수 없는'의 뜻을 나타내는 보조사이다. 주로 뒤에 부정을 나타내는 말이 따른다.

④ '만'은 다른 것으로부터 제한하여 어느 것을 한정함을 나타내는 보조사이다.

⑤ '조차'는 이미 어떤 것이 포함되고 그 위에 더함의 뜻을 나타내는 보조사이다.

04 정답 ②

정답 풀이 조사 중 활용하는 것은 서술격 조사인 '이다'뿐이다. ②에서는 주격 조사 '는', 관형격 조사 '의'와 함께 서술격 조사 '이다'가 사용되었다.

오답 풀이

① 조사는 '과', '은', '에'가 사용되었다.

③ 조사는 '는', '을', '도'가 사용되었다.

④ 조사는 '는', '으로', '을'이 사용되었다.

⑤ 조사는 '이여', '을'이 사용되었다. 여기서 '이여'는 정중하게 부르는 뜻을 나타내는 격 조사로 흔히 감탄이나 호소의 뜻이 포함된다.

서술형

05 정답 ⓔ 홀로 쓰일 수 없고 반드시 앞말에 붙어서 쓰인다. 형태가 변하지 않는다. 단어들 사이의 문법적 관계를 나타내거나 특별한 의미를 더해 준다.

채점 기준
• 조사의 특성 세 가지를 모두 정확히 씀.
• 조사의 특성을 완결된 문장으로 씀.

필수 단어 홀로, 형태, 문법적 관계, 특별한 의미

정답 풀이 자립성의 측면에서 보면, 조사는 홀로 쓰일 수 없으며 반드시 체언 등의 뒤에 붙어서 쓰인다. 또한 조사는 서술격 조사 '이다'를 제외하고는 문장에서 쓰일 때 형태가 변하지 않는(활용하지 않는) 불변어이다. 그리고 기능 및 의미 면에서 조사는 단어들 사이의 문법적 관계를 나타내거나 특별한 의미를 더해 주는 기능 및 의미를 갖는다.

06 정답 ③

정답 풀이 〈보기〉의 '앗', '어이', '아니'는 감탄사이다. 문장에서 뒤에 오는 말을 수식하는 역할을 하는 것은 관형사와 부사이다.

오답 풀이

① 감탄사에는 조사가 결합하지 않는다.

② 감탄사는 문장에서 쓰일 때 활용하지 않는 불변어이다.

④ 감탄사는 말하는 사람의 놀람, 느낌, 부름이나 대답 등의 의미를 나타낸다.

⑤ 감탄사는 문장에서 다른 단어와 관계를 맺지 않고 독립적으로 쓰인다.

> **개념 복습!** 독립언은 다른 단어와 관계를 맺지 않고 독립적으로 쓰이는 감탄사를 이르는 말이다. 감탄사는 놀람이나 느낌, 부름, 대답 따위를 나타내는 단어로, 문장에서 쓰일 때 형태가 변하지 않는(활용을 하지 않는) 불변어이며, 조사와 결합하지 않는다.

07 정답 ⑤

정답 풀이 '자기야'는 '주로 연인이나 부부 사이에서 상대방을 정답게 가리키는 말'인 '자기'에 호격 조사 '야'가 결합된 형태로 감탄사가 아니다.

오답 풀이

① '어이쿠'는 놀람, ② '와'는 느낌, ③ '여보세요'는 부름, ④ '네'는 대답을 나타내는 감탄사이다.

08 정답 ④

정답 풀이 '일단'은 '우선 먼저'라는 뜻의 부사이다. 나머지는 모두 감탄사에 해당한다.

오답 풀이

①, ② ㉠, ㉡은 놀람을 나타내는 감탄사에 해당한다.

③, ⑤ ㉢, ㉤은 대답을 나타내는 감탄사에 해당한다.

09 정답 ⑤

정답 풀이 〈보기〉의 세 가지 특성을 모두 갖춘 단어는 감탄사이다. '청춘'은 느낌표와 함께 쓰였으나, 품사는 감탄사가 아니라 명사이다.

오답 풀이

① '얘'는 감탄사로, 여기서는 어른이 아이를 부르거나 같은 또래끼리 서로 부르는 말로 사용되었다.

② '에라'는 감탄사로, 여기서는 실망의 뜻을 나타낼 때 내는 소리에 해당한다.

③ '아니'는 감탄사로, 여기서는 놀라거나 의아스러울 때 하는 말로 사용되었다.

④ '오냐'는 감탄사로, 여기서는 아랫사람의 부름에 대하여 대답할 때 하는 말로 사용되었다.

고난도

10 정답 ⑤

정답 풀이 〈보기〉의 '와'는 다른 문장 성분에 얽매이지 않는 독립성을 지닌 단어인 감탄사이다. 이어지는 체언의 내용을 자세히 수식해 주는 기능을 하는 것은 관형사이다.

오답 풀이

① 앞뒤에 다른 말이 붙지 않은 것으로 보아 조사 없이 홀로 쓰일 수

있음을 알 수 있다.
② 문장이 끝날 때 사용하는 문장 부호의 하나인 느낌표와 함께 쓰인 것으로 보아 혼자서 문장을 이룰 수 있음을 알 수 있다.
③ 감탄사 뒤에 말하는 사람이 좋아하는 반찬들이 나온 상황이 이어지고 있는 것에서 말하는 사람이 느끼는 기쁨을 나타내고 있음을 알 수 있다.
④ 말하는 사람의 본능적인 놀람이나 느낌을 담고 있다는 점에서 상황을 생생하고 실감나게 전달하고 있음을 알 수 있다.

심화 학습 문제

본문 · 032~033쪽

01 ③　　**02** ③　　**03** ③　　**04** ⑤　　**Q** 수능 맛보기 ①

01 정답 ③

정답 풀이　단어의 품사는 조사의 쓰임에 따라 변하지 않는다. ㄷ에서 '물만'의 '만'은 '한정', '물도'의 '도'는 '더함'의 뜻을 앞말에 더해 주는 보조사인데, 이때 조사의 앞에 쓰인 체언 '물'의 품사는 조사와 상관없이 명사이다.

오답 풀이
① ㄱ에서 '동생', '여기'와 결합한 주격 조사 '이/가'는 앞의 체언이 문장에서 주어의 자격을 갖게 해 준다. 또한 '책을'에서 조사 '을'은 앞의 체언 '책'이 목적어의 자격을, '천국이다'에서 '이다'는 앞의 체언 '천국'이 서술어의 자격을 갖게 해 준다.
② ㄴ에서는 '엄마'와 '나'를 접속 조사 '와'를 통해, '나'와 '동생'을 접속 조사 '랑'을 통해 같은 자격으로 이어 주었다.
④ ㄹ에서 조사 '이'는 '꽃'이라는 체언 뒤에 붙어 쓰였고, 조사 '도'는 '예쁘게'라는 용언 뒤에, 조사 '만'은 '천천히'라는 부사 뒤에 붙어 쓰였다.
⑤ ㅁ에서 주격 조사인 '이'는 체언 '이것' 뒤에 붙어 '이것'을 주어로 만들어 주며, 이때 주격 조사 '이'를 생략하고 '이것'만 쓰기도 함을 알 수 있다. 또한 조사 '만'과 '으로', '도'가 연달아 쓰인 것에서 조사를 둘 이상 겹쳐 쓰기도 함을 알 수 있다.

02 정답 ③

정답 풀이　'나는 개와 고양이를 좋아한다.'에서 '와'는 '개'와 '고양이'가 같은 자격으로 서술어의 목적어가 되도록 이어 주는 접속 조사이므로 앞말에 특별한 뜻을 더해 주는 보조사로 볼 수 없다.

오답 풀이
① '오직 새소리만 들렸다.'에서 '만'은 '다른 것으로부터 제한하여 어느 것을 한정함.'의 뜻을 더해 주는 보조사이다.
② '시험까지 한 달도 안 남았다.'에서 '도'는 체언이나 부사, 연결 어미 '−아/어, −게, −지, −고' 등의 뒤에 붙어 '이미 어떤 것이 포함되고 그 위에 더함.'의 뜻을 더해 주는 보조사이다.
④ '할아버지께서는 신문을 보셨다.'에서 '는'은 받침 없는 체언 뒤에

붙어 문장 속에서 어떤 대상이 화제임을 나타내는 보조사이다.
⑤ '그는 평생 가족밖에 모르고 살았다.'에서 '밖에'는 주로 체언 뒤에 붙어 '그것 말고는', '그것 이외에는', '기꺼이 받아들이는', '피할 수 없는'의 뜻을 더해 주는 보조사이다.

> **개념 복습!** 조사에는 체언 뒤에 붙어 일정한 자격을 갖도록 해 주는 '격 조사', 체언 등에 어떤 특별한 뜻을 더해 주는 '보조사', 단어와 단어, 문장과 문장을 같은 자격으로 이어 주는 '접속 조사'가 있다.
>
> 조사 = 격 조사 + 보조사 + 접속 조사

03 정답 ③

정답 풀이　③의 보조사 '도'는 '놀라움'이 아니라 '이미 어떤 것이 포함되고 그 위에 더함.'의 의미를 지니고 있다.

오답 풀이
① ㉠에서 보조사 '도'가 쓰인 '축구도'는 목적이 되는 대상의 역할을 하므로 목적격 조사인 '를'이 쓰일 수 있다. 따라서 목적어 자리에 보조사 '도'를 사용할 수 있음을 알 수 있다.
② ㉡의 '평소에도'는 '평소'라는 체언에 '에'라는 부사격 조사가 붙고, 그 뒤에 보조사 '도'가 붙은 것이다.
④ ㉣의 '깎아도 먹고 구워도 먹었다는 '깎다'와 '굽다'라는 행위가 모두 일어났음을 나타내므로 보조사 '도'가 두 가지 행위가 동등하게 일어났음을 보여 줌을 알 수 있다.
⑤ ㉤의 '갈아입지도'에 쓰인 '도'는 옷을 갈아입는 것을 포함하여 다른 일도 하지 못했다는 것을 나타낸다.

04 정답 ⑤

정답 풀이　한 문장 안에 목적어가 겹쳐 나타나는 경우 목적격 조사 중 하나를 생략할 수 있다. ㅁ의 경우 '선생님께서 책을 열 권을 주셨다.'를 '선생님께서 책 열 권을 주셨다.' 또는 '선생님께서 책을 열 권 주셨다.'로 바꾸어도 의미가 통하므로 겹쳐 나타나는 목적격 조사 중 하나의 생략이 가능하다.

오답 풀이
① ㄱ에서 '누굴'은 '누구를'과 같은 표현으로, 목적격 조사 '을/를'이 모음 뒤에서는 'ㄹ'의 형태로 나타난 것으로 볼 수 있다.
② ㄴ에서 '사과를'처럼 목적격 조사 '를'이 쓰일 자리에 보조사 '는'을 넣어 '사과는'으로 사용하였으므로, 목적격 조사의 자리에 보조사 '는'이 쓰일 수 있음을 알 수 있다.
③ ㄷ에서 '너만을'처럼 보조사 '만'을 목적격 조사 '을/를' 앞에 위치시키는 것이 가능하므로 체언과 목적격 조사 사이에 보조사 '만'이 올 수도 있음을 알 수 있다.
④ ㄹ에서 '영수와'의 '와'는 부사격 조사이지만, 부사격 조사 대신 목적격 조사인 '를'을 사용한 '영수를'로 바꾸어도 의미가 통하므로 바꾸어 쓰기도 함을 알 수 있다.

정답 풀이 '그는 낯선 사람과 잘 사귄다.'에서 조사 '과'는 '낯선 사람'이 사귀는 행위의 상대임을 나타내므로, ㉠의 '다른 것과 비교하거나 기준으로 삼는 대상'을 나타내는 경우의 예문에 해당하지 않는다. ㉢의 '상대로 하는 대상'을 나타내는 경우에 해당한다.

오답 풀이

② '그는 형님과 고향에 다녀왔다.'에서는 '과'가 다른 사람인 '형님'과 '고향에 다녀'오는 일을 함께 했음을 드러내므로 ㉡에 들어가기에 적절한 예문이다.

③ **1**은 모두 부사격 조사로서의 '과'의 기능을 설명한 부분이다.

④ '닭이랑 오리는 동물이다.', '책이랑 연필을 가져와라.'가 가능하므로 '이랑'도 '과'의 유의어로 볼 수 있다.

⑤ 앞말이 받침 있는 체언일 경우에는 '과'가 쓰이고, 앞말이 받침 없는 체언일 경우에는 '와'가 쓰인다. 곧 앞의 체언이 자음으로 끝나면 '과'가, 모음으로 끝나면 '와'가 쓰인다.

📖 **개념 복습!** 격 조사의 종류로는 주격 조사, 서술격 조사, 목적격 조사, 보격 조사, 관형격 조사, 부사격 조사, 호격 조사가 있다. 접속 조사에는 '와/과, 하고, (이)랑' 등이 있다.

문제 **TIP** 동일한 형태의 조사가 격 조사, 보조사, 접속 조사 중 두 개 이상으로 쓰이는 경우가 있다. 이 경우 문장의 의미와 조사 앞에 오는 단어의 품사, 문장의 구조를 파악하면 어떤 조사로 쓰였는지 판단할 수 있다.

문제 **해결**

STEP 1 '과'가 쓰인 어절이 전체 문장에서 어떤 역할을 하는지 확인한다.
STEP 2 '과'와 같은 역할을 하는 조사의 종류를 확인한다.

I 품사   단원 종합 문제

01 ③	**02** ⑤	**03** ⑤	**04** ④	**05** ②	**06** ③
07 ②	**08** ①	**09** ③	**10** 감탄사, 관형사, 명사, 조사, 부사, 동사		

01   정답 ③

정답 풀이 품사는 형태, 기능, 의미에 따라서 공통된 성질을 가진 것끼리 묶은 단어의 갈래이다.

오답 풀이

① 우리말의 품사는 명사, 대명사, 수사, 동사, 형용사, 관형사, 부사, 조사, 감탄사로, 모두 아홉 가지이다.

② 관형사는 수식언, 형용사는 용언이라 한다.

④ 문장에서 주로 서술어로 쓰이는 것은 용언(동사, 형용사)이다. 체언은 문장에서 주로 주어, 목적어, 보어 등의 역할을 하고, 관계언은 문장에 쓰인 단어들의 관계를 나타내는 구실을 한다.

⑤ 문장에서 쓰임에 따라 형태가 변하는 것은 동사, 형용사, 서술격 조사 '이다'이다. 부사는 형태가 변하지 않는다.

02   정답 ⑤

정답 풀이 '먹나요'는 '음식 따위를 입을 통하여 배 속에 들여보내다.'라는 뜻을 지닌 동사 '먹다'의 활용형이다.

오답 풀이

① '여러분'은 듣는 이가 여러 사람일 때 그 사람들을 높여 이르는 이인칭 대명사이다.

② '자유롭게'는 '구속이나 속박 따위가 없이 제 마음대로 할 수 있다.'는 뜻을 지닌 형용사 '자유롭다'의 활용형이다.

③ '저'는 말을 꺼내기가 어색하거나 곤란하여 머뭇거릴 때 쓰는 말로, 감탄사이다.

④ '은'은 체언인 '밥'에 붙어 특별한 의미를 더해 주는 조사이다.

03   정답 ⑤

정답 풀이 '두세'는 뒤에 오는 체언(명사인 '자루')을 수식하는 수 관형사이다.

오답 풀이

① '여보세요'는 전화를 할 때 상대편을 부르는 말로, 감탄사이다.

② '아직'은 문장 전체를 수식하는 부사이다.

③ '모든'은 뒤에 오는 체언(명사인 '사람')을 수식하는 관형사이다.

④ '야'는 체언(명사인 '정수')에 붙어 부름의 대상임을 나타내는 호격 조사이다.

04   정답 ④

정답 풀이 의미에 따라 단어를 ㉢과 같이 분류할 때, '아홉'은 수를 나타내는 수사이고, '학생'은 배우는 사람을 의미하는 명사이다. 따라서 둘은 품사가 다르다.

오답 풀이
① '착실한'은 형용사로 기본형 '착실하다'가 활용한 형태이고, '이다'
는 서술격 조사로 '이니', '이고' 등과 같이 활용할 수 있다. 따라서
둘 모두 형태가 변하는 단어인 가변어에 해당한다.
② '열'은 수를 나타내는 수사이며, '학생'은 대상의 이름을 나타내는
명사이다. 따라서 둘 모두 문장의 주체로 주로 사용되는 체언에
해당한다.
③ '은'은 특별한 뜻을 더해 주는 보조사이고, '이다'는 서술격 조사이
다. 따라서 둘 모두 문장에 쓰인 단어들의 관계를 나타내는 관계
언에 해당한다.
⑤ '매우'는 용언 '착실한'을 수식하는 부사이고, '착실한'은 대상의 성
질을 나타내는 형용사이다. 따라서 두 단어의 품사는 다르다.

05 정답 ②

정답 풀이 문장에서 쓰일 때 형태가 변하는 단어는 동사, 형용사,
서술격 조사 '이다'뿐이다. 〈보기〉에는 이 중 형용사 '온순하대'('온순
하다'의 활용형)만 사용되었으므로 〈보기〉의 단어 중 형태가 변하는
단어의 개수는 1개이다.

오답 풀이
① 〈보기〉에는 '고양이', '성격'이라는 2개의 명사가 사용되었다.
③ 〈보기〉에는 '명사, 대명사, 수사'라는 체언에 해당하는 세 가지 품
사 중 '고양이', '성격'이라는 '명사'만 사용되었다.
④ 〈보기〉에서 '저'는 뒤에 오는 명사 '고양이'를 꾸며 주는 관형사이
고, '참'은 뒤에 오는 형용사 '온순하대'를 꾸며 주는 부사이다.
⑤ 〈보기〉에는 체언(고양이, 성격), 용언(온순하대), 수식언(저, 참),
관계언(는, 이), 독립언(애)이 모두 사용되었다.

06 정답 ③

정답 풀이 '두'는 체언(명사인 '팔')을 수식하는 관형사로 문장 안에
서 수식의 기능을 하는 수식언에 해당한다. 그러나 '하나'는 수사로
문장에서 주로 주어, 목적어, 보어 등의 역할을 하는 체언에 해당
한다.

오답 풀이
① '도'와 '만'은 특별한 뜻을 더해 주는 조사로, 형태가 변하지 않는
불변어이다.
② '이루었다'와 '그린'은 대상의 움직임을 나타내는 동사로, 기본형
'이루다'와 '그리다'에서 형태가 변하는 가변어이다.
④ '나무'와 '꽃'은 대상의 이름을 나타내는 명사이다.
⑤ '넓게'의 기본형은 '넓다'로, '넓게'와 '희미하다'는 둘 다 대상의 상
태를 나타내는 형용사이다.

07 정답 ②

정답 풀이 '웃는'은 동사, '곱다'는 형용사로 두 단어의 품사가 서로
다르다.

오답 풀이
① '너'와 '저기'는 모두 대명사로 두 단어의 품사가 같다.
③ '헌'과 '새'는 모두 관형사로 두 단어의 품사가 같다.
④ '으로'와 '에게'는 모두 조사로 두 단어의 품사가 같다.
⑤ '엉금엉금'과 '깜짝'은 모두 부사로 두 단어의 품사가 같다.

08 정답 ①

정답 풀이 '하나'는 수사, '아뿔싸'는 감탄사, '석'은 관형사, '으로서'
는 조사이다. 이 품사들에 해당하는 단어는 모두 문장에서 쓰일 때
형태가 변하지 않는다.

오답 풀이
② 수식언이자 관형사인 '석'에만 해당하는 특성이다.
③ 관계언이자 조사인 '으로서'에만 해당하는 특성이다.
④ 체언이자 수사인 '하나'에만 해당하는 특성이다.
⑤ 독립언이자 감탄사인 '아뿔싸'에만 해당하는 특성이다.

09 정답 ③

정답 풀이 문장에서 쓰일 때 형태가 변하는 단어는 형용사인 '빨간'
과 동사인 '땄다'로 2개이다.

오답 풀이
① '언니', '딸기', '바구니'는 명사, '우리'는 대명사이다. 그러나 수사
는 사용되지 않았다. '한'은 수사가 아니라 '바구니'를 꾸며 주는
수 관형사이다.
② '한'은 체언 '바구니'를 수식하는 관형사이다. 〈보기〉에는 부사가
사용되지 않았다.
④ 홀로 쓰이지 못하고 다른 말에 붙어서 쓰이는 단어는 조사이다.
〈보기〉에는 '가'와 '를' 2개가 사용되었다.
⑤ 문장에서 다른 단어와 관계를 맺지 않고 독립적으로 쓰이는 단어
는 독립언인 감탄사이다. 〈보기〉에는 감탄사가 사용되지 않았다.

10 정답 감탄사, 관형사, 명사, 조사, 부사, 동사

정답 풀이
• '아'는 말하는 이의 느낌을 나타내는 감탄사이다.
• '옛'은 체언(명사인 '추억')을 수식하는 관형사이다.
• '추억'은 대상의 이름을 나타내는 명사이다.
• '이'는 단어들 사이의 관계를 나타내는 조사이다.
• '새록새록'은 용언(동사인 '솟아오른다')을 수식하는 부사이다.
• '솟아오른다'는 대상의 움직임을 나타내는 동사이다.

DAY 05 형태소, 어근, 접사

개념 확인 문제

본문 · 039쪽

01 (1) 형태소 (2) 어근, 접사　**02** (1) × (2) × (3) ○　**03** (1) 저녁 (2) 밤나무, 있다, 팔다리 (3) 오가다, 새하얗다　**04** 오늘, 은, 날씨, 가, 맑ㅡ, ㅡ을, 것, 같ㅡ, ㅡ다　**05** (1) 의존, 형식 (2) 자립, 실질 (3) 의존, 실질　**06** ②　**07** (1) 보 (2) 님 (3) 짓 (4) 치　**08** ㉡, ㉢

내신 대비 문제

본문 · 040~041쪽

01 ⑤　**02** ④　**03** ⑤　**04** ⑤　**05** 예 〈보기〉의 문장을 형태소로 분석하면 '꽃, 밭, 에, 붉ㅡ, ㅡ은, 장미, 가, 가득, 피ㅡ, ㅡ었ㅡ, ㅡ다'가 된다. 이 중 자립 형태소는 '꽃', '밭', '장미', '가득'이고, 의존 형태소는 '에', '붉ㅡ', 'ㅡ은', '가', '피ㅡ', 'ㅡ었ㅡ', 'ㅡ다'이다.　**06** ③　**07** ③　**08** ②　**09** ③　**10** ③

01 정답 ⑤

정답 풀이 접사는 어근에 붙어 그 의미를 제한하거나 보충하는 말로, 접사들끼리 결합하여 '막둥이', '맏이' 등과 같은 단어를 형성할 수 있다.

오답 풀이

① 형태소는 뜻을 가진 가장 작은 말의 단위이며, 더 이상 나누면 뜻이 사라진다.

② 자립 형태소는 홀로 쓰일 수 있는 형태소로 명사, 대명사, 수사, 관형사, 부사, 감탄사 등이 이에 해당하는데, 이들은 모두 실질적인 의미를 지니고 있다.

③ 실질 형태소에는 용언의 어간도 포함되는데, 용언의 어간은 홀로 쓰일 수 없는 의존 형태소이다.

④ 분리하여 자립적으로 쓸 수 있는 자립 형태소와, 형식 형태소 중 자립할 수 있는 말 뒤에 붙어 앞말과 쉽게 분리가 되는 말인 조사는 모두 단어에 해당한다.

📖 개념 복습! 형태소는 뜻을 가진 가장 작은 말의 단위로, 자립성 유무에 따라 자립 형태소와 의존 형태소로, 실질적 의미 유무에 따라 실질 형태소와 형식 형태소로 구분된다. 모든 자립 형태소는 실질 형태소에 해당하며, 의존 형태소 중에서는 용언의 어간만이 실질 형태소에 해당한다.

02 정답 ④

정답 풀이 '시퍼렇다'를 형태소로 나누면 '시ㅡ + 퍼렇ㅡ + ㅡ다'와 같이 분석된다. '시ㅡ'는 접사, '퍼렇ㅡ'은 어근, 'ㅡ다'는 어미에 해당한다.

오답 풀이

① '개울물'은 '개울'과 '물'의 2개의 형태소로 이루어져 있다.

② '시나브로'는 1개의 형태소로 이루어져 있다.

③ '검붉다'는 어근인 '검ㅡ'과 '붉ㅡ', 어미인 'ㅡ다'의 3개의 형태소로 이루어져 있다.

⑤ '예뻤다'는 어간(어근)인 '예쁘ㅡ'와 과거 시제임을 나타내는 어미 'ㅡ었ㅡ', 문장의 종결을 나타내는 어미 'ㅡ다'로 분석되므로 3개의 형태소로 이루어져 있다.

03 정답 ⑤

정답 풀이 토끼, 와, 거북, 은, 달리ㅡ, ㅡ기, 시합, 을, 하ㅡ, ㅡㄴㅡ, ㅡ다(11개)

오답 풀이

① 나, 는, 물, 고기, 를, 잡ㅡ, ㅡ으러, 가ㅡ, ㅡㄴㅡ, ㅡ다(10개)

② 너, 는, 항상, 나, 의, 좋ㅡ, ㅡ은, 친구, ㅡ야(9개)

③ 작ㅡ, ㅡ은, 아버지, 께, 세배, 를, 하ㅡ, ㅡ겠ㅡ, ㅡ다(9개)

④ 하늘, 은, 높ㅡ, ㅡ고, 말, 이, 살, 찌ㅡ, ㅡ는, 가을(10개)

04 정답 ⑤

정답 풀이 실질적인 뜻을 지니면서 홀로 쓰이지 못하는 형태소는 용언의 어간인 '닮ㅡ'과 '좋ㅡ' 2개이다.

오답 풀이

① 〈보기〉의 문장은 '이모, 는, 엄마, 를, 닮ㅡ, ㅡ아서, 참, 좋ㅡ, ㅡ다.'와 같이 9개의 형태소로 분석할 수 있다.

② 자립 형태소는 '이모', '엄마', '참' 3개이다.

③ 형식 형태소는 조사인 '는'과 '를', 용언의 어미인 'ㅡ아서'와 'ㅡ다' 4개이다.

④ 의존 형태소로만 이루어진 단어는 '닮아서(닮ㅡ + ㅡ아서)'와 '좋다(좋ㅡ + ㅡ다)' 2개이다.

🖌 서술형

05 정답 예 〈보기〉의 문장을 형태소로 분석하면 '꽃, 밭, 에, 붉ㅡ, ㅡ은, 장미, 가, 가득, 피ㅡ, ㅡ었ㅡ, ㅡ다'가 된다. 이 중 자립 형태소는 '꽃', '밭', '장미', '가득'이고, 의존 형태소는 '에', '붉ㅡ', 'ㅡ은', '가', '피ㅡ', 'ㅡ었ㅡ', 'ㅡ다'이다.

채점 기준
• 〈보기〉의 문장을 형태소로 바르게 분석함.
• 형태소를 자립성 유무에 따라 자립 형태소와 의존 형태소로 바르게 분류함.

✏ 필수 단어 형태소, 자립 형태소, 의존 형태소

정답 풀이 형태소는 뜻을 가진 가장 작은 말의 단위로, 자립성 유무에 따라 자립 형태소와 의존 형태소로 나뉜다. 〈보기〉의 문장에서 명사인 '꽃', '밭', '장미'와 부사인 '가득'은 자립 형태소에 해당하며, 이를 제외한 형태소, 즉 조사인 '에', '가'와 어간 '붉ㅡ', '피ㅡ', 어미 'ㅡ은', 'ㅡ었ㅡ', 'ㅡ다'는 의존 형태소에 해당한다.

06 정답 ③

정답 풀이 '앞뒤'에는 접미사가 사용되지 않았다. '앞'과 '뒤'는 모두 어근에 해당한다.

오답 풀이
① '물음'에는 접미사 '-음'이 사용되었다.
② '공부하다'에는 접미사 '-하다'가 사용되었다.
④ '높이'에는 접미사 '-이'가 사용되었다.
⑤ '선생님'에는 접미사 '-님'이 사용되었다.

개념 복습! 접사는 어근의 앞이나 뒤에 붙어 그 의미를 제한하거나 보충하는 부분을 말한다. 이때 어근의 앞에 붙는 접사는 접두사, 뒤에 붙는 접사는 접미사라고 한다.

07 정답 ③

정답 풀이 '날것'에서 '날-'은 '말리거나 익히거나 가공하지 않은'의 뜻을 더하는 접두사이고, '것'은 사물을 나타내는 어근이다.

오답 풀이
① '값지다'에서 '-지다'는 '그런 성질이 있음.'의 뜻을 더하고 형용사를 만드는 접미사이다.
② '민소매'에서 '민-'은 '그것이 없음.'의 뜻을 더하는 접두사이다.
④ '풋나물'에서 '풋-'은 '처음 나온', 또는 '덜 익은'의 뜻을 더하는 접두사이다.
⑤ '선무당'에서 '선-'은 '서툰'의 뜻을 더하는 접두사이다.

08 정답 ③

정답 풀이 〈보기〉에서는 접두사에 대해 설명하고 있다. '덧버선'에는 '겹쳐 신는'의 뜻을 더하는 접두사인 '덧-'이 사용되었다.

오답 풀이
① '지우개'에는 동사 어간 뒤에 붙어 '그러한 행위를 하는 간단한 도구'의 뜻을 더하고 명사를 만드는 접미사인 '-개'가 사용되었다.
② '나무꾼'에는 '어떤 일을 전문적으로 하는 사람'의 뜻을 더하는 접미사인 '-꾼'이 사용되었다.
④ '아드님'에는 '높임'의 뜻을 더하는 접미사인 '-님'이 사용되었다.
⑤ '겁쟁이'에는 '그것이 나타내는 속성을 많이 가진 사람'의 뜻을 더하는 접미사인 '-쟁이'가 사용되었다.

개념 복습! 어근의 앞에 붙는 접사인 접두사는 어근의 뜻을 한정하며 일반적으로 어근의 품사를 바꾸지 못한다. 반면 어근의 뒤에 붙는 접사인 접미사는 어근의 뜻을 더해 주고 어근의 품사를 바꾸기도 한다. 예를 들어 '덮개'는 동사 '덮다'의 어간인 '덮-'에 접미사 '-개'가 붙어 품사가 동사에서 명사로 바뀐 경우이다.

09 정답 ②

정답 풀이 '개죽음'은 '아무런 보람이나 가치가 없는 죽음'을 비유적으로 이르는 말이다. '개죽음'에서 '개-'는 '헛된'의 뜻을 더하는 접두사이다.

오답 풀이
① '짓누르다'는 '함부로 마구 누르다.'라는 뜻으로, 여기서 '짓-'은 '함부로', '마구'의 뜻을 더하는 접두사이다.
③ '헛수고'는 '아무 보람도 없이 애를 쓰는 수고'라는 뜻으로, 여기서 '헛-'은 '보람 없는'의 뜻을 더하는 접두사이다.
④ '홀몸'은 '배우자나 형제가 없는 사람'이라는 뜻으로, 여기서 '홀-'은 '짝이 없이 혼자뿐인'의 뜻을 더하는 접두사이다.
⑤ '잠꾸러기'는 '잠이 아주 많은 사람'을 낮잡아 이르는 말로, 여기서 '-꾸러기'는 '그것이 심하거나 많은 사람'의 뜻을 더하는 접미사이다.

고난도

10 정답 ③

정답 풀이 '초봄'과 '얼음'은 각각 '처음' 또는 '초기'의 뜻을 더하는 접두사인 '초-'와 용언의 어간 뒤에 붙어 명사를 만드는 접미사인 '-음'을 포함하고 있다.

오답 풀이
① '초봄이 되면 얼음은 녹고 동물도 겨울잠에서 깬다.'를 형태소로 나누면 '초-, 봄, 이, 되-, -면, 얼-, -음, 은, 녹-, -고, 동물, 도, 겨울, 잠, 에서, 깨-, -ㄴ-, 다'가 된다. 이 중 자립 형태소는 '봄', '동물', '겨울', '잠'이다.
② '겨울잠'은 어근 '겨울'과 어근 '잠'으로 이루어진 단어이다.
④ 형식 형태소 중 단어에 해당하는 것은 조사이다. '이', '은', '도', '에서'가 이에 해당한다.
⑤ 의존 형태소이면서 실질 형태소인 것은 용언의 어간이다. '되-', '얼-', '녹-', '깨-'가 이에 해당한다.

심화 학습 문제

본문 · 042~043쪽

01 ② **02** ⑤ **03** ⑤ **Q** 수능 맛보기 ①

01 정답 ②

정답 풀이 예문에서 '경찰'은 명사로, 실질적 의미가 있는 실질 형태소이다. 따라서 ㉠에는 '예'라는 대답이 적절하다. '을'은 조사로, 앞말에 붙어 다른 말과의 문법적 관계를 나타내거나 앞말에 특별한 의미를 더해 주는 단어이므로 홀로 쓰일 수 없는 의존 형태소이다. 따라서 ㉡에는 '아니요'라는 대답이 적절하다. '잡-'은 용언의 어간으로, 홀로 쓰이지 못하는 의존 형태소이지만 '달아나지 못하게 하다.'라는 구체적인 동작을 나타내는 실질적 의미가 있으므로 실질 형태소이다. 따라서 ㉢에는 '예'라는 대답이 적절하다.

02 정답 ⑤

정답 풀이 '욕심쟁이'는 '욕심이 많은 사람'을 의미하므로 (1)의 예로 적절하다. 한편 자료의 (2)와 (3)을 통해 '-쟁이'는 '어떤 일을 직업으로 하는 사람'을 낮잡아 이를 때 쓰는 말이고, '-장이'는 '관련된 기술을 가진 기술자'를 이를 때 붙는 말임을 알 수 있다. 따라서 '대장일을 하는 기술자'를 가리킬 때에는 '-쟁이'가 아니라 '-장이'를 붙여 '대장장이'라고 써야 한다. 또한 '중매장이'는 '중매를 하는 사람'을 낮잡아 이르는 말이므로 '-장이'가 아니라 '-쟁이'를 붙여 '중매쟁이'라고 써야 한다.

오답 풀이

① (1)의 '고집쟁이'와 '거짓말쟁이'는 '고집'과 '거짓말'에 '-쟁이'가 결합하여 앞말의 속성이 많은 사람이라는 의미를 더하고 있다. 따라서 (1)의 '-쟁이'의 의미는 '어떤 속성을 많이 가진 사람'으로 볼 수 있다.

② (2)와 (3)을 보면 '노래쟁이', '그림쟁이', '땜장이', '옹기장이'는 모두 직업과 관련된 말이지만, '땜질하는 기술자'와 '옹기 만드는 기술자'를 의미할 때는 '-장이'를 사용하였다. '노래쟁이'와 '그림쟁이'에는 '기술자'의 의미가 포함되지 않으며 해당 직업을 낮잡아 이르는 의도로 '-쟁이'를 사용하고 있다.

③ (1)~(3)에 제시된 단어는 각각 '고집', '거짓말', '노래', '그림', '땜', '옹기'라는 명사에 접미사 '-쟁이'나 '-장이'가 결합하여 만들어진 새로운 단어이다.

④ (1)~(3)을 보면, 명사인 '고집', '거짓말', '노래', '그림', '땜', '옹기'에 접미사 '-쟁이'나 '-장이'가 결합한 '고집쟁이', '거짓말쟁이', '노래쟁이', '그림쟁이', '땜장이', '옹기장이' 역시 모두 명사이다. 따라서 '-쟁이'와 '-장이'는 모두 어근의 품사를 변화시키지 않는 접미사이다.

03 정답 ⑤

정답 풀이 '별이 많다'를 형태소로 분석하면 '별', '이', '많-', '-다'가 된다. 이때 '별'은 혼자 쓰일 수 있는 자립 형태소이고, 나머지는 다른 형태소에 의존하여 쓰이는 의존 형태소이다. 따라서 '별이 많다'에는 하나의 자립 형태소와 세 개의 의존 형태소가 있다.

오답 풀이

① '하늘에'는 '하늘'과 '에'라는 두 개의 형태소로 구성되었다.

② '별이'를 형태소로 분석하면 '별', '이'가 되는데, '별'은 자립 형태소, '이'는 의존 형태소이다.

③ '많다'는 '많-'과 '-다'라는 두 개의 의존 형태소로 구성되었다.

④ '에'와 '이'는 모두 혼자 쓰일 수 없고 반드시 다른 형태소와 결합하여 쓰이는 의존 형태소이다.

정답 풀이 〈보기〉에 따르면, ㉠ '이형태 관계'는 의미는 서로 같고 그 앞뒤에 어떤 말이 있느냐에 따라 모습만 다르게 나타나는 형태소의 관계를 의미한다. '공연을 보러 우리는 광주에 왔다.'에서 '에'는 도착 지점을 의미하고, '나를 만나러 친구들이 경주에서 왔다.'의 '에서'는 출발 지점을 의미한다. 따라서 '에'와 '에서'는 이형태 관계가 아니라 서로 다른 형태소이다. 참고로 '에'는 앞말에 붙어 진행 방향을 나타내는 부사격 조사이고, '에서'는 앞말에 붙어 출발점의 뜻을 갖게 하는 부사격 조사이다.

오답 풀이

② '으로/로'는 앞말이 자음으로 끝날 때는 '으로'로 나타나고, 앞말이 모음으로 끝날 때는 '로'로 나타나는 이형태 관계에 있다.

③ '나/이나'는 앞말이 자음으로 끝날 때는 '이나'로 나타나고, 앞말이 모음으로 끝날 때는 '나'로 나타나는 이형태 관계에 있다.

④ '-으면/면'은 앞말이 자음으로 끝날 때는 '으면'으로 나타나고, 앞말이 모음으로 끝날 때는 '면'으로 나타나는 이형태 관계에 있다.

⑤ '-아라/어라'는 어간의 끝이 'ㅏ, ㅗ'일 때는 '-아라'로 나타나고, 어간의 끝이 그 외의 모음으로 끝날 때는 '-어라'로 나타나는 이형태 관계에 있다.

개념 복습! 이형태는 의미는 서로 동일하지만 환경에 따라 둘 이상의 모습으로 나타나는 형태소를 말한다.

문제 TIP 이형태는 하나의 형태소가 그 앞뒤에 어떤 말이 있느냐에 따라 둘 이상의 모습으로 나타나는 것이므로, 이형태 관계에 있는 형태소들은 모습만 다를 뿐 의미는 서로 같아야 한다.

문제 해결
STEP 1 각 문장에서 밑줄 친 형태소의 의미를 확인한다.
STEP 2 두 문장에서 형태소의 의미가 서로 같고 모습만 다르게 나타난 것인지, 의미와 모습이 모두 다른 것인지 파악한다.

DAY 06 단일어와 복합어

개념 확인 문제
본문 · 045쪽

01 (1) 단일어 (2) 합성어, 파생어, 복합어　**02** (1) 무지개, 어머나 (2) 비바람, 안팎 (3) 마개, 군말　**03** (1) 가위 (2) 어머니 (3) 복숭아, 나무 (4) 반짝　**04** ㉡　**05** (1) × (2) ○ (3) ○　**06** (1) ㉢ (2) ㉠ (3) ㉡　**07** (1) 마소, 논밭 (2) 손수건, 종이컵 (3) 보릿고개, 춘추　**08** ②

내신 대비 문제
본문 · 046~047쪽

01 ①　**02** ②　**03** ④　**04** ①　**05** 〈예〉 '깊이'는 형용사인 '깊다'의 어근 '깊–'에 접미사인 '–이'가 붙은 것이므로 파생어이다. 이 과정에서 단어의 품사가 명사로 바뀌었다.　**06** ①　**07** ⑤　**08** ①　**09** ②　**10** ④

---

01 정답 ①

정답 풀이 단일어는 하나의 실질 형태소를 지닌 단어를 말한다. 단일어 중에는 실질 형태소인 어간과 형식 형태소인 어미가 결합하여 2개 이상의 형태소로 이루어진 단어도 있다. 예를 들어 '가다'의 경우 어간 '가–'와 어미 '–다'가 결합하여 이루어진 단일어이다.

오답 풀이
② 복합어에는 둘 이상의 어근이 결합하여 형성된 합성어와, 어근에 접사가 결합하여 형성된 파생어가 있다.
③ 단어는 형성 방법에 따라 하나의 어근으로 이루어진 단일어와 어근끼리 결합되었거나 어근에 접사가 결합된 복합어로 나뉜다.
④ 합성어는 '논밭'이나 '앞뒤'와 같이 접사 없이 어근만 두 개 이상 결합된 단어이다.
⑤ '덧신'이나 '헛고생'과 같이 어근의 앞에 접두사가 붙어 이루어진 단어는 접두 파생어, '멋쟁이'나 '지우개'와 같이 어근의 뒤에 접미사가 붙어 이루어진 단어는 접미 파생어라 한다.

개념 복습! 단어는 형성 방법에 따라 크게 단일어와 복합어로 나뉜다. 단일어는 하나의 어근으로 이루어진 단어이며, 복합어는 합성어와 파생어를 포괄하는 개념이다. 합성어는 두 개 이상의 어근이 접사 없이 결합하여 형성된 단어를, 파생어는 어근에 접두사나 접미사가 결합하여 형성된 단어를 가리킨다.

02 정답 ②

정답 풀이 '구름'은 하나의 어근으로 이루어진 단일어이다.

오답 풀이
① '겁쟁이'는 어근 '겁'에 '그것이 나타내는 속성을 많이 가진 사람'의

뜻을 더하는 접미사인 '–쟁이'가 결합된 파생어이다.
③ '구경꾼'은 어근 '구경'에 '어떤 일 때문에 모인 사람'의 뜻을 더하는 접미사 '–꾼'이 결합된 파생어이다.
④ '소나무'는 어근인 '솔'과 어근인 '나무'가 결합된 합성어이다.
⑤ '오가다'는 어근인 '오다'와 어근인 '가다'가 결합된 합성어이다.

03 정답 ④

정답 풀이 '참사랑'은 '진짜' 또는 '진실하고 올바른'의 뜻을 더하는 접두사인 '참–'이 어근인 '사랑'에 결합된 파생어이다.

오답 풀이
① '시냇물'은 어근인 '시내'와 어근인 '물'이 결합된 합성어이며, 두 어근이 결합될 때 '시내'와 '물' 사이에 'ㅅ'이 첨가된 것이지, 어근이 '시냇'인 것은 아니다.
② '군소리'는 '쓸데없는'의 뜻을 더하는 접두사인 '군–'이 어근인 '소리'에 결합된 파생어이다.
③ '햇보리'는 '당해에 난'의 뜻을 더하는 접두사인 '햇–'이 어근인 '보리'에 결합된 파생어이다.
⑤ '돌다리'는 어근인 '돌'과 어근인 '다리'가 결합된 합성어이다.

04 정답 ①

정답 풀이 '강산'은 강과 산이라는 뜻으로, 자연의 경치를 이르는 말로 쓰이기도 하지만, ①에서는 나라의 영토를 이르는 말로 사용되었다.

오답 풀이
② '쥐뿔'은 아주 보잘것없거나 규모가 작은 것을 비유적으로 이르는 말이다.
③ '춘추'는 봄과 가을을 아울러 이르는 말로 쓰이기도 하나, ③에서는 어른의 나이를 높여 이르는 말로 사용되었다.
④ '종이호랑이'는 종이로 만든 호랑이라는 뜻으로, 겉보기에는 힘이 셀 것 같으나 사실은 아주 약한 것을 이르는 말이다.
⑤ '피땀'은 피와 땀을 아울러 이르는 말로 쓰이기도 하나, ⑤에서는 무엇을 이루기 위하여 애쓰는 노력과 정성을 비유적으로 이르는 말로 사용되었다.

서술형

05 정답 〈예〉 '깊이'는 형용사인 '깊다'의 어근 '깊–'에 접미사인 '–이'가 붙은 것이므로 파생어이다. 이 과정에서 단어의 품사가 명사로 바뀌었다.

채점 기준
• '깊이'가 파생어임을 밝히고 그 이유를 바르게 제시함.
• 단어의 품사가 형용사에서 명사로 바뀌었음을 언급함.

필수 단어 어근, 접미사, 파생어, 형용사, 명사

정답 풀이 '깊이'는 형용사인 '깊다'의 어근 '깊–'에 명사를 만드는 접미사인 '–이'가 결합되어 이루어진 파생어이다. 이때 단어의 품사는 형용사에서 명사로 변화하였다.

06 정답 ①

정답 풀이 '밤낮'은 어근 '밤'과 '낮'이 결합된 합성어로, 원래 어근의 형태에 변화는 일어나지 않았다.

오답 풀이
② '좁쌀'은 어근 '조'와 '쌀'이 결합된 합성어이다.
③ '안팎'은 어근 '안'과 '밖'이 결합된 합성어이다.
④ '대여섯'은 어근 '다섯'과 '여섯'이 결합된 합성어이다.
⑤ '까막까치'는 어근 '까마귀'와 '까치'가 결합된 합성어이다.

07 정답 ⑤

정답 풀이 '여닫다(열다+닫다)', '마소(말+소)', '바느질(바늘+-질)' 모두 형태소의 결합 과정에서 자음 'ㄹ'이 탈락하였다.

오답 풀이
① 하나의 어근으로 이루어진 것은 단일어이다. 〈보기〉의 단어들은 모두 복합어이다.
② 두 개의 어근이 결합하여 형성된 것은 '여닫다'와 '마소'뿐이다.
③ 〈보기〉에 접사가 사용된 단어는 '바느질'뿐이다. 또한 접사 '-질'은 '그 도구를 가지고 하는 일'의 뜻을 더하는 접미사로, 어근의 품사를 바꾸는 기능을 하고 있지 않다.
④ 〈보기〉에 한쪽의 어근이 다른 한쪽의 어근을 수식하는 종속 합성어는 제시되어 있지 않다. '여닫다'와 '마소'는 대등 합성어이다.

08 정답 ①

정답 풀이 '맨손'은 어근 '손'에 '다른 것이 없는'의 뜻을 더하는 접두사 '맨-'이 결합된 파생어이다. '날개'는 어근 '날-'에 명사를 만드는 접미사 '-개'가 결합된 파생어이다. '잡히다'는 어근 '잡-'에 피동의 뜻을 더하는 접미사 '-히-'가 결합된 파생어이다.

오답 풀이
② '울보'는 어근 '울-'에 '그러한 행위를 특성으로 지닌 사람'의 뜻을 더하고 명사를 만드는 접미사인 '-보'가 결합된 파생어이다. '치솟다'는 어근 '솟-'에 '위로 향하게' 또는 '위로 올려'의 뜻을 더하는 접두사인 '치-'가 결합된 파생어이다. '놀이터'는 어근 '놀이'와 어근 '터'가 결합된 합성어이다.
③ '외아들'은 어근 '아들'에 '혼자인' 또는 '하나인'의 뜻을 더하는 접두사 '외-'가 결합된 파생어이다. '고추장'은 어근 '고추'와 어근 '장'이 결합된 합성어이다. '손발'은 어근 '손'과 어근 '발'이 결합된 합성어이다.
④ '칠장이'는 어근 '칠'에 '그것과 관련된 기술을 가진 사람'의 뜻을 더하는 접미사인 '-장이'가 결합된 파생어이다. '논밭'은 어근 '논'과 어근 '밭'이 결합된 합성어이다. '복스럽다'는 어근 '복'에 '그러한 성질이 있음.'의 뜻을 더하고 형용사를 만드는 접미사 '-스럽다'가 결합된 파생어이다.
⑤ '이슬비'는 어근 '이슬'과 어근 '비'가 결합된 합성어이다. '퐁당퐁당'은 어근 '퐁당'이 반복하여 결합된 합성어이다. '예닐곱'은 어근 '여섯'과 어근 '일곱'이 결합된 합성어이다.

09 정답 ②

정답 풀이 '덮밥'은 관형사형 어미('-은')가 생략된 형태이므로, 우리말의 단어 배열법에 어긋나는 비통사적 합성어에 해당한다.

오답 풀이
① '알아보다'는 '알다'와 '보다'가 연결 어미 '-아'로 이어진 경우이다.
③ '이리저리'는 부사인 '이리'와 '저리'가 결합한 경우이다.
④ '눈물'은 명사인 '눈'과 '물'이 결합한 경우이다.
⑤ '잘하다'는 부사인 '잘'과 동사인 '하다'가 결합한 경우이다.

고난도

10 정답 ④

정답 풀이 '빛나다'는 어근인 '빛'과 어근인 '나다'가 결합한 합성어로, 단어 형성 과정에서 형태가 변하지 않은 예에 해당한다.

오답 풀이
① '아무래도'는 하나의 어근으로 이루어진 단일어의 예에 해당한다.
② '낱낱이'는 명사인 어근 '낱낱'에 부사를 만드는 접미사 '-이'가 붙어 품사가 변한 예에 해당한다.
③ '생쌀'은 어근 '쌀'에 '익지 아니한'의 뜻을 더하는 접두사 '생-'이 붙어 어근의 뜻을 제한한 예에 해당한다.
⑤ '집안'은 어근 '집'과 '안'이 결합하여 '가족을 구성원으로 하여 살림을 꾸려 나가는 공동체. 또는 가까운 일가'라는 새로운 의미를 나타내는 합성어의 예에 해당한다.

심화 학습 문제 본문 · 048~049쪽

| 01 ① | 02 ② | 03 ② | 04 ⑤ | Q **수능 맛보기** ① |

01 정답 ①

정답 풀이 '새해'는 '새로 시작되는 해'를 뜻하는 단어로, '새'와 '해' 모두 단어의 실질적인 의미를 나타내는 어근이다. 따라서 '새해'는 어근과 어근이 결합한 합성어이다.

오답 풀이
② '밤낮'은 밤과 낮을 아울러 이르는 말로, 실질적인 의미를 나타내는 어근 '밤'과 어근 '낮'이 결합한 합성어이다.
③ '구경꾼'은 '구경하는 사람'을 뜻하는 단어로, 실질적인 의미를 나타내는 어근 '구경'과 '어떤 일 때문에 모인 사람'이라는 의미를 더하는 접미사 '-꾼'이 결합한 파생어이다.
④ '이슬비'는 '아주 가늘게 내리는 비'를 뜻하는 단어로, 실질적인 의미를 나타내는 어근 '이슬'과 어근 '비'가 결합한 합성어이다.
⑤ '민들레'는 '국화과의 여러해살이풀'을 이르는 단어로, 더 이상 쪼갤 수 없는 하나의 어근으로 이루어진 단일어이다.

02 정답 ②

정답 풀이 〈보기 2〉에서 ㉠은 단일어, ㉡은 파생어, ㉢은 합성어이다. '군살'은 '쓸데없는'의 뜻을 더하는 접두사 '군-'과 실질적인 의미를 나타내는 어근 '살'이 결합한 파생어이고, '맨손'은 '다른 것이 없는'의 뜻을 더하는 접두사 '맨-'과 실질적인 의미를 나타내는 어근 '손'이 결합한 파생어이다. 따라서 '군살'과 '맨손'은 모두 ㉡에 해당한다.

오답 풀이

① '바다'는 더 이상 쪼갤 수 없는 하나의 어근으로 이루어진 단일어로 ㉠에 해당한다. 그러나 '일꾼'은 실질적인 의미를 나타내는 어근 '일'과 '어떤 일 때문에 모인 사람'이라는 의미를 더하는 접미사 '-꾼'이 결합한 파생어로 ㉡에 해당한다.

③ '일꾼'은 어근 '일'과 접미사 '-꾼'이 결합한 파생어로 ㉡에 해당한다. 그러나 '논밭'은 실질적인 의미를 나타내는 어근 '논'과 어근 '밭'이 결합한 합성어로 ㉢에 해당한다.

④ '큰집'은 형용사 '크다'의 관형사형 '큰'과 명사 '집'이 결합된 것으로, 실질적인 의미를 나타내는 어근과 어근이 결합한 합성어로 ㉢에 해당한다. 그러나 '소리'는 더 이상 쪼갤 수 없는 하나의 어근으로 이루어진 단일어로 ㉠에 해당한다.

⑤ '논밭'은 어근 '논'과 어근 '밭'이 결합한 합성어로 ㉢에 해당하지만 '군살'은 접두사 '군-'과 어근 '살'이 결합한 파생어로 ㉡에 해당한다.

03 정답 ②

정답 풀이 합성어는 둘 이상의 어근이 결합한 단어이다. ㉠ '물고기'는 '물(어근) + 고기(어근)'로 구성된 합성어이고, ㉣ '책가방'은 '책(어근) + 가방(어근)'으로 구성된 합성어이다.

오답 풀이

㉡ '지우개'는 '지우-(어근) + -개(접사)'로 구성된 파생어이다. 이때 '-개'는 '그러한 행위를 하는 간단한 도구'의 뜻을 더하고 명사를 만드는 접미사이다.

㉢ '심술쟁이'는 '심술(어근) + -쟁이(접사)'로 구성된 파생어이다. 이때 '-쟁이'는 '그것이 나타내는 속성을 많이 가진 사람'의 뜻을 더하는 접미사이다.

04 정답 ⑤

정답 풀이 '앞서다'는 체언 '앞'과 용언 '서다'가 결합한 것이므로, 비통사적 합성어 중 ㉣이 아니라 통사적 합성어 중 ㉠의 예이다.

오답 풀이

① '낯설다'는 체언 '낯'과 용언 '설다'가 결합한 것이므로 통사적 합성어 중 ㉠의 적절한 예이다.

② '첫사랑'은 관형사 '첫'과 체언 '사랑'이 결합한 것이므로 통사적 합성어 중 ㉡의 적절한 예이다.

③ '뜬소문'은 용언 '뜨다'의 관형사형 '뜬'과 체언 '소문'이 결합한 것이므로 통사적 합성어 중 ㉢의 적절한 예이다.

④ '덮밥'은 용언의 어간 '덮-'에 체언 '밥'이 결합한 것이므로 비통사적 합성어 중 ㉣의 적절한 예이다.

수능 맛보기 합성어의 결합 방식 파악 정답 ①

정답 풀이 우리말의 일반적인 문장 구성 방식에서 용언과 용언은 연결 어미로 이어진다. 그런데 '뛰노는'은 용언 '뛰다'와 '놀다'가 결합할 때 연결 어미가 생략되었으므로 비통사적 합성어이다.

오답 풀이

② '몰라볼'은 '모르- + -아 + 보- + -ㄹ'로 분석되는데, 용언 '모르다'의 어간 '모르-'와 용언 '보다'의 어간 '보-'가 연결 어미 '-아'로 이어져 있으므로 통사적 합성어이다.

③ '타고난'은 '타- + -고 + 나- + -ㄴ'으로 분석되는데, 용언 '타다'의 어간 '타-'와 용언 '나다'의 어간 '나-'가 연결 어미 '-고'로 이어져 있으므로 통사적 합성어이다.

④ 우리말의 일반적인 문장 구성 방식에 따르면 용언이 체언을 수식할 때는 용언의 어간에 관형사형 어미가 결합해야 한다. 관형사형 어미를 생략하고 용언의 어간과 체언이 바로 결합하면 비통사적 합성어이다. '지난달'은 '지나- + -ㄴ + 달'로 분석되는데, 용언 '지나다'의 어간 '지나-'가 관형사형 어미 '-ㄴ'과 결합하여 체언 '달'을 수식하였으므로 통사적 합성어이다.

⑤ '굳은살'은 '굳- + -은 + 살'로 분석되는데, 용언 '굳다'의 어간 '굳-'이 관형사형 어미 '-은'과 결합하여 체언 '살'을 수식하였으므로 통사적 합성어이다.

> **개념 복습!** 합성어는 둘 이상의 어근이 결합하여 만들어진 단어로, 어근들의 결합 방식이 일반적인 문장 구성 방식과 같으면 통사적 합성어, 다르면 비통사적 합성어로 분류할 수 있다.

문제 TIP 어근들의 결합 방식이 일반적인 문장 구성 방식과 같다는 것은 우리가 평소에 말하는 방식으로 만들어졌다는 의미이다. 예를 들어 '그는 굳은 표정으로 말했다.'에서 '굳은 표정'의 '-은'을 생략하지 않는 것처럼 '굳은살' 역시 '-은'이 생략되지 않는 것이다. 우리말에서는 일반적으로 어미를 생략할 수 없다는 것을 기억해 두면 비통사적 합성어를 쉽게 찾을 수 있다.

문제 해결

STEP 1 각 합성어가 어떤 어근이 결합하여 만들어진 합성어인지 분석한다.

STEP 2 어근과 어근이 결합할 때 어미가 생략되어 우리말의 일반적인 문장 구성 방식과 다른 방식으로 결합했는지 확인한다.

개념 확인 문제

본문 · 051, 053쪽

[어휘의 체계/어휘의 양상]

01 (1) 고유어 (2) 한자어 (3) 외래어   **02** (1) × (2) × (3) ○

03 (1) 버선, 치마 (2) 양복, 운동화 (3) 블라우스, 슬리퍼   **04** ④

05 ㉠ 지역 방언, ㉡ 사회 방언   **06** (1) ○ (2) ○ (3) ×   **07** 성별, 세대, 직업   **08** ③, ④

[어휘의 의미]

01 (1) 유의 관계 (2) 반의 관계 (3) 상위어(상의어), 하위어(하의어)

02 (1) × (2) ○ (3) ×   **03** (1) 반의 관계 (2) 유의 관계 (3) 상하 관계   **04** (1) 다의어 (2) 소리, 의미   **05** ③   **06** 다리

07 ㉠, 주변적   **08** ㉡

내신 대비 문제

본문 · 054~055쪽

01 ③   **02** ②   **03** ④   **04** ②   **05** 예 (가)에서는 손자가 자신들의 세대에서 쓰는 사회 방언을 사용하였으며, (나)에서는 민박집 주인이 자신의 거주 지역에서 쓰는 지역 방언을 사용하였기 때문에 의사소통에 어려움이 생긴 것이다.   **06** ③   **07** ②

08 ⑤   **09** ②   **10** ④

01 정답 ③

정답 풀이 고유어는 우리말에 본래부터 있던 말과 그것에 기초하여 새롭게 만들어진 말을 모두 포함한다.

오답 풀이

①, ② 외래어와 한자어는 고유어를 보완하는 기능을 하지만, 낯선 외래어나 어려운 한자어를 지나치게 사용할 경우에는 효율적인 의사소통에 방해가 된다.

④ 한자어 중에는 중국에서 만들어진 것 외에도 우리나라에서 만들어진 한자어나 일본식 한자어도 있다. '복덕방(福德房)', '사돈(査頓)' 등이 우리나라에서 새롭게 만들어진 한자어의 예이다.

⑤ 외래어는 '버스(bus)', '피아노(piano)', '햄버거(hamburger)' 등과 같이 외국 문화나 문물과 함께 들어온 말로 현재는 우리말처럼 사용되고 있으며, 그 수가 점차 늘어나고 있다.

02 정답 ②

정답 풀이 '고치다'라는 고유어 하나로 다양한 상황을 나타내고 있는데 반해, 한자어로는 이를 '수리하다', '수선하다', '치료하다', '수정하다', '개정하다' 등과 같이 보다 분화된 의미를 담은 어휘로 나타내고 있다.

오답 풀이

① 추상적인 개념이나 전문 분야의 용어를 나타낼 때 주로 한자어를 사용하므로 한자어가 고유어보다 이해하기 쉽다고 볼 수는 없다.

③ 한자어는 고유어보다 전문적인 개념을 나타내는 표현이 많다.

④ 새로운 문물을 나타내는 데 주로 사용되는 것은 한자어가 아니라 외래어이다.

⑤ 한자어는 고유어만큼 우리 민족의 정서를 효과적으로 드러내기에 적절하지 않다.

03 정답 ④

정답 풀이 '속살거리다'는 고유어로 순화의 대상이 아니다.

오답 풀이

①, ③ '게임', '디스카운트'는 각각 '놀이', '에누리'로 순화할 수 있다.

② '안물안궁'은 어리거나 젊은 세대에서 '안 물어보았고, 안 궁금하다.'를 줄여 쓴 말로, '궁금하지 않다.' 정도로 순화할 수 있다.

⑤ '잔반'은 '음식 찌꺼기'나 '남은 음식' 정도로 순화할 수 있다.

04 정답 ②

정답 풀이 지역 방언은 그 지역의 고유한 정서와 문화를 담고 있는 말로 표준어에 비해 뒤떨어진다고 할 수 없다.

오답 풀이

① 지역 방언은 그 지역의 정감을 드러내기 때문에 지역 방언을 쓰는 사람들은 유대감과 친밀감을 느끼게 된다.

③ 문학 작품에서 향토적인 정서나 지방색을 표현하기 위해서는 지역 방언을 사용하는 것이 효과적이다.

④ 직업, 세대, 성별, 집단 등에 따라 달리 쓰이는 말을 사회 방언이라 한다.

⑤ 사회 방언이나 지역 방언은 그 말을 사용하지 않는 사람들과의 의사소통을 어렵게 하거나 소외감을 줄 수도 있다. 따라서 사회 방언이나 지역 방언은 상대방과 대화 상황을 고려하여 사용해야 한다.

> **개념 복습!** 방언은 한 언어에서 사용 지역 또는 사회 계층에 따라 달라진 말을 이른다. 방언은 지역에 따라 다르게 쓰는 말인 지역 방언, 사회적 요인에 의해 다르게 쓰는 말인 사회 방언으로 나뉜다. 지역 방언은 민족 고유의 정서를 담아내며, 같은 지역 사람들끼리의 친밀감과 유대감을 형성한다.

서술형

05 정답 예 (가)에서는 손자가 자신들의 세대에서 쓰는 사회 방언을 사용하였으며, (나)에서는 민박집 주인이 자신의 거주 지역에서 쓰는 지역 방언을 사용하였기 때문에 의사소통에 어려움이 생긴 것이다.

채점 기준
• (가)에서 의사소통에 어려움이 생긴 이유로 '사회 방언'을 언급함.
• (나)에서 의사소통에 어려움이 생긴 이유로 '지역 방언'을 언급함.

🖋 **필수 단어** 세대, 사회 방언, 지역, 지역 방언

정답 풀이 (가)에서는 손자가 자신들의 세대에서 주로 사용하는 말이며 할아버지는 알지 못하는 사회 방언인, '엄빠(엄마와 아빠)', '생선(생일 선물)', '문상(문화 상품권)' 등을 사용하였기 때문에 의사소통이 잘 이루어지지 않았다. (나)에서는 민박집 주인이 제주도 지역의 방언인 '혼저 옵서예.(어서 오세요.)'라는 지역 방언을 지역 외부 사람인 손님들에게 사용하였기 때문에 의사소통이 잘 이루어지지 않았다.

06 정답 ③

정답 풀이 〈보기〉는 반의 관계에 대한 설명이다. '얼굴(눈, 코, 입이 있는 머리의 앞면) − 낯(눈, 코, 입 따위가 있는 얼굴의 바닥)'은 단어들의 의미가 서로 비슷한 유의 관계에 있는 단어 쌍이다.

오답 풀이
① '삶'과 '죽음'은 '인생'이라는 공통되는 의미 요소가 있으면서 동시에 '생명'이라는 차이점을 가진다.
② '시작'과 '끝'은 '사건'이라는 공통되는 의미 요소가 있으면서 동시에 '지점'이라는 차이점을 가진다.
④ '자주'와 '가끔'은 '행동'이라는 공통되는 의미 요소가 있으면서 동시에 '빈도'라는 차이점을 가진다.
⑤ '삼키다'와 '뱉다'는 '입 안에 머금은 상태'이라는 공통되는 의미 요소가 있으면서 동시에 '행위'라는 차이점을 가진다.

📖 **개념 복습!** 단어들은 그 의미 관계에 따라 유의 관계, 반의 관계, 상하 관계 등으로 구분할 수 있다. 유의 관계는 단어들의 의미가 서로 비슷한 관계, 반의 관계는 단어들의 의미가 서로 대립되는 관계를 뜻한다. 또 상하 관계는 의미상 다른 단어를 포함하거나 다른 단어의 의미에 포함되는 관계를 뜻한다.

07 정답 ②

정답 풀이 ㉠은 의미상 ㉢에 포함되는 하위어이다.

오답 풀이
① ㉠과 ㉡은 의미상 포함 관계에 있지 않으므로, 의미의 상하 관계가 성립하지 않는다.
③ ㉡은 ㉢의 하위어로, 상위어인 ㉢에 비해 개별적, 구체적인 의미를 갖는다.
④ ㉢은 ㉠의 상위어로, 하위어인 ㉠에 비해 의미가 일반적이고 포괄적이다.
⑤ ㉢은 의미상 ㉡을 포함하므로 ㉡의 상위어이고, ㉡은 의미상 ㉢에 포함되므로 ㉢의 하위어이다.

08 정답 ⑤

정답 풀이 ㉠~㉢은 소리는 같지만 의미가 서로 다른 단어들이며, 사전에 별개의 표제어로 실려 있으므로 동음이의 관계이다.

오답 풀이
① 유의 관계는 의미가 서로 비슷한 관계를 말한다.
② 반의 관계는 의미가 서로 대립되는 관계를 말한다.
③ 상하 관계는 한 단어의 의미가 다른 단어의 의미를 포함하거나 포함되는 관계를 말한다.
④ 다의 관계는 하나의 단어에 포함된 두 가지 이상의 의미들 간의 관계를 말한다.

09 정답 ②

정답 풀이 ②의 '손'은 '사람의 팔목 끝에 달린 부분'이라는 중심적 의미로 사용되었다.

오답 풀이
① '어떤 일을 하는 데 드는 사람의 힘이나 노력, 기술'을 뜻하는 주변적 의미로 사용되었다.
③ '사람의 수완이나 꾀'를 뜻하는 주변적 의미로 사용되었다.
④ '일을 하는 사람'을 뜻하는 주변적 의미로 사용되었다.
⑤ '어떤 사람의 영향력이나 권한이 미치는 범위'를 뜻하는 주변적 의미로 사용되었다.

🏅 **고난도**

10 정답 ④

정답 풀이 〈보기〉에서 앞 문장의 '때'는 '시간의 어떤 순간이나 부분'의 의미로, 뒤 문장의 '때'는 '옷이나 몸 따위에 묻은 더러운 먼지 따위의 물질'의 의미로 사용되었다. 두 단어는 소리는 같으나 의미상 연관성이 없으므로 동음이의어에 해당한다. ④의 '보다'는 모두 '눈으로 대상의 존재나 형태적 특징을 알다.'라는 중심적 의미를 가진 단어 '보다'의 주변적 의미로 사용되었다. 앞 문장의 '보다'는 '눈으로 대상을 즐기거나 감상하다.', 뒤 문장의 '보다'는 '맡아서 보살피거나 지키다.'의 의미로 사용되었다. 따라서 두 단어는 의미상 연관성을 지니므로 다의어에 해당한다.

오답 풀이
① 앞 문장의 '간'은 '가로막 바로 밑의 오른쪽에 있는 기관'의 의미로, 뒤 문장의 '간'은 '음식물의 짠 정도'의 의미로 사용되었다. 두 단어는 의미상 연관성이 없으므로 동음이의어에 해당한다.
② 앞 문장의 '정'은 '사랑이나 친근감을 느끼는 마음'의 의미로, 뒤 문장의 '정'은 '굳이 그러고자 하는 마음이 일어나는 모양'의 의미로 사용되었다. 두 단어는 의미상 연관성이 없으므로 동음이의어에 해당한다.
③ 앞 문장의 '감'은 '수신기나 측정기 따위가 전파나 소리를 받는 정도'의 의미로, 뒤 문장의 '감'은 '감나무의 열매'의 의미로 사용되었다. 두 단어는 의미상 연관성이 없으므로 동음이의어에 해당한다.
⑤ 앞 문장의 '병'은 '주로 액체나 가루를 담는 데에 쓰는 목과 아가리가 좁은 그릇'의 의미로, 뒤 문장의 '병'은 '생물체의 전신이나 일부분에 이상이 생겨 정상적 활동이 이루어지지 않아 괴로움을 느끼게 되는 현상'의 의미로 사용되었다. 두 단어는 의미상 연관성이 없으므로 동음이의어에 해당한다.

01 ③ **02** ② **03** ① **04** ④ **Q** 수능 맛보기 ①

01 정답 ③

정답 풀이 '고치다'의 세분화된 의미에 해당하는 (다)의 한자어들은 (가)에 비해 의미가 좁고 제한적이어서 문장에서 서로 바꿔 쓰기 어렵다.

오답 풀이

① (가)의 '고치다'는 다의어로, '이름, 제도 따위를 바꾸다.', '병 따위를 낫게 하다.', '잘못되거나 틀린 것을 바로잡다.', '모양이나 내용 따위를 바꾸다.', '고장이 나거나 못 쓰게 된 물건을 손질하여 제대로 되게 하다.' 등 상황에 따라 여러 가지 의미로 쓰일 수 있다.

② '고치다'는 상황에 따라 여러 가지 의미로 쓰일 수 있으나, 앞에 어떤 목적어가 오느냐에 따라 '고치다'의 뜻이 제한적으로 해석되기도 한다. (나)의 의미는 제시된 예와 같이 목적어가 '제도를'일 때는 '이름, 제도 따위를 바꾸다.'의 뜻으로 해석되고, 목적어가 '병을'일 때는 '병 따위를 낫게 하다.'의 뜻으로 해석된다.

④ (다)의 의미는 모두 '고치다'의 의미에 포함되므로 문장에서 (가)로 바꿔 쓸 수 있다. (다)보다 (가)의 어휘가 의미의 폭이 넓다.

⑤ (가)의 '고치다'는 의미의 범위가 넓어 (다)의 의미를 두루 포괄하고 있지만, 반대로 (다)의 한자어들은 (가)의 '고치다'의 의미 영역 중 각각 특정한 부분의 의미만을 나타낸다. 따라서 (다)는 (가)에 비해 세분화된 의미를 지닌다고 할 수 있다.

02 정답 ②

정답 풀이 '얻다'는 '거저 주는 것을 받아 가지다.'라는 의미를 지닌 말이고, '획득하다'는 '얻어 내거나 얻어 가지다.'라는 의미의 말이므로 '얻다'는 '획득하다', '가지다'와 모두 유의 관계에 있다.

오답 풀이

① '가깝다'는 '친하다'와 유의 관계, '멀다'와 반의 관계에 있다. '가깝다'는 '서로의 사이가 다정하고 친하다.'라는 의미를 지니고 있으므로 '서로의 사이가 가깝다.', '서로의 사이가 친하다.', '서로의 사이가 멀다.'로 바꾸어 이해하면 유의 관계와 반의 관계를 파악하기 쉽다.

③ '헤어지다'는 '이별하다'와 유의 관계, '만나다'와 반의 관계에 있다.

④ '멈추다'는 '정지하다'와 유의 관계, '가다'와 반의 관계에 있다.

⑤ '부유하다'는 '재물이 넉넉하다.'라는 의미를 가진 말이므로, '넉넉하다'와 유의 관계, '가난하다'와 반의 관계에 있다.

03 정답 ①

정답 풀이 〈보기〉에서 '배'은 '사람이나 동물의 몸에서 위장, 창자, 콩팥 따위의 내장이 들어 있는 곳으로 가슴과 엉덩이 사이의 부위'라는 의미이다. '저 돌기둥은 배가 불룩하다.'에서의 '배'는 '긴 물건 가운데의 볼록한 부분'이라는 의미이다. 〈보기〉의 '배'은 사람이나 동물의 몸에서 가운데 부분을 의미하므로 ①의 '배'와 의미상 연관성을 가지고 있다. 즉 ①의 '배'는 〈보기〉의 '배'과 같은 어원에서 나왔지만 뜻이 분화되면서 여러 가지 의미를 가지게 된 다의어에 해당하므로 ㉠에 들어갈 수 없다.

오답 풀이

② '이번 달에는 물가가 배로 올랐다.'에서의 '배'는 '어떤 수나 양을 두 번 합한 만큼'이라는 의미이므로 '배'의 동음이의어에 해당한다.

③ '태풍 때문에 배가 뜨지 못하였다.'에서의 '배'는 '사람이나 짐 따위를 싣고 물 위로 떠다니도록 나무나 쇠 따위로 만든 물건'이라는 의미이므로 '배'의 동음이의어에 해당한다.

④ '할아버지는 달콤한 배를 좋아하신다.'에서의 '배'는 '배나무의 열매'라는 의미이므로 '배'의 동음이의어에 해당한다.

⑤ '우리는 총장 배 야구 대회에서 우승을 하였다.'에서의 '배'는 '운동 경기에서 우승한 팀이나 사람에게 주는 트로피'라는 의미이므로 '배'의 동음이의어에 해당한다.

> **개념 복습!** 동음이의어는 소리는 같지만 뜻이 다른 단어로, 서로 의미적 연관성이 없는 별개의 단어이다. 다의어는 두 가지 이상의 의미를 가진 단어로, 같은 어원에서 나와 의미가 분화된 것이므로 국어사전에 하나의 표제어로 등재된다.

04 정답 ④

정답 풀이 '옷을 몸에 꿰거나 두르다.'의 의미를 지닌 '입다'와 상하 관계에 있는 '쓰다'와 '달다'는 각각 '모자 따위를 머리에 얹어 덮다.', '물건을 일정한 곳에 붙이다.'의 의미를 지닌다. 따라서 '쓰다'와 '달다'는 '입다'의 하위어라는 공통점이 있을 뿐, 서로 반의 관계는 아니므로 [B]에 '↔'이 표시될 수 없다. '쓰다'와 '달다'는 맛을 기준으로 했을 때 서로 반의 관계이지만, '입다'의 상하 관계에 있는 '쓰다'와 '달다'는 반의 관계가 아니다.

오답 풀이

① '장갑을 끼다.', '반지를 끼다.'처럼 쓸 수 있으므로 '끼다'와 어울리는 대상은 장갑이나 반지 등이라고 할 수 있다.

② 〈보기〉의 '입다'는 '쓰다', '달다', '끼다', '두르다', '매다'와 상하 관계에 있는 것으로 볼 때, '옷을 몸에 꿰거나 두르다.'라는 중심적 의미를 지닌 어휘이다. '이번 태풍으로 농가에서 큰 피해를 입다.'의 '입다'는 '받거나 당하다.'라는 뜻으로 주변적 의미에 해당하므로 〈보기〉의 '입다'와 다의 관계로 볼 수 있다.

③ '매다'와 '두르다'는 '스카프를 매다.'와 '스카프를 두르다.'처럼 쓸 수 있다는 점에서 의미가 유사한 유의 관계이다. 따라서 [A]에는 유의 관계를 나타내는 '≒'로 표시할 수 있다.

⑤ '옷에 이름표를 달다.'의 '달다'는 '물건을 일정한 곳에 붙이다.'의 의미를 지니므로, '달다' 대신 '붙이다'를 사용하여 '옷에 이름표를 붙이다.'처럼 쓸 수 있다. '입다'와 '달다'가 상하 관계이므로 이때의 '붙이다'도 '입다'와 상하 관계로 볼 수 있다.

정답 풀이 '물은 낮은 곳으로 흐른다.'에서 '낮다'는 '아래에서 위까지의 높이가 기준이 되는 대상이나 보통 정도에 미치지 못하는 상태에 있다.'라는 의미로 쓰였다. 이는 공간과 관련된 중심적 의미이므로 ㉠에 해당한다. 반면 '환경에 대한 관심도가 낮다.'에서 '낮다'는 '품위, 능력, 품질 따위가 바라는 기준보다 못하거나 보통 정도에 미치지 못하는 상태에 있다.'라는 의미로 쓰였다. 이는 중심적 의미가 추상화된 주변적 의미이므로 ㉡에 해당한다.

오답 풀이

② '크다'의 중심적 의미는 '사람이나 사물의 외형적 길이, 넓이, 높이, 부피 따위가 보통 정도를 넘다.'이다. '그는 성공할 가능성이 크다.'에서 '크다'는 '가능성 따위가 많다.'라는 추상화된 주변적 의미를 지니므로 ㉡에 해당한다. 한편 '힘든 만큼 기쁨이 큰 법이다.'에서의 '크다'도 '일의 규모, 범위, 정도, 힘 따위가 대단하거나 강하다.'라는 추상화된 주변적 의미를 지니므로 ㉡에 해당한다.

③ '넓다'의 중심적 의미는 '면이나 바닥 따위의 면적이 크다.'이다. '두 팔을 최대한 넓게 벌렸다.'와 '도로 폭이 넓어서 좋다.'에서 '넓다'는 모두 '너비가 크다.'라는 주변적 의미를 지니므로 ㉡에 해당한다.

④ '좁다'의 중심적 의미는 '면이나 바닥 따위의 면적이 작다.'이다. '내 좁은 소견을 말씀드렸다.'와 '마음이 좁아서는 곤란하다.'에서 '좁다'는 모두 '마음 쓰는 것이 너그럽지 못하다.'라는 추상화된 주변적 의미를 지니므로 ㉡에 해당한다.

⑤ '작은 힘이라도 보태고 싶다.'에서 '작다'는 '일의 규모, 범위, 정도, 중요성 따위가 비교 대상이나 보통 수준에 미치지 못하다.'라는 추상화된 주변적 의미를 지니므로 ㉡에 해당한다. 반면 '우리 학교는 운동장이 작다.'에서 '작다'는 '길이, 넓이, 부피 따위가 비교 대상이나 보통보다 덜하다.'라는 중심적 의미를 지니므로 ㉠에 해당한다.

> 📖 **개념 복습!** 다의어는 중심적 의미와 하나 이상의 주변적 의미를 가지는 단어이다. 중심적 의미는 가장 기본적이고 핵심적인 의미이며, 주변적 의미는 중심적 의미에서 확장되어 사용된 의미이다.

문제 TIP 한 단어가 중심적 의미로 쓰일 수도 있고 주변적 의미로도 쓰일 수도 있는데, 이 둘을 구별할 때는 중심적 의미는 국어사전에 가장 먼저 제시될 만한 기본적이고 핵심적인 의미, 주변적 의미는 문맥이나 상황에 따라 그 범위가 확장된 의미나 추상화된 의미, 비유적 의미, 함축적 의미라고 판단하면 된다.

문제 해결
STEP 1 각 문장에서 해당 단어가 어떤 의미로 사용되었는지 확인한다.
STEP 2 파악한 단어의 의미가 중심적 의미인지, 주변적 의미인지 판단한다.

Ⅱ 단어, 어휘　　　단원 종합 문제

01 ①	02 ③	03 ④	04 ⑤	05 ④	06 ④
07 ①	08 ④	09 ④	10 있으므로, 다의어, 하나의		

01　정답 ①

정답 풀이 '하늘이 매우 높고 푸르다.'의 형태소는 '하늘, 이, 매우, 높-, -고, 푸르-, -다'로 분석할 수 있다. 이 중에서 자립 형태소는 '하늘'과 '매우' 2개이다.

오답 풀이

② 형식 형태소에 해당하는 것은 조사와 용언의 어미이다. 따라서 ㉠에서 형식 형태소는 '이', '-고', '-다' 3개이다.

③ 의존 형태소에 해당하는 것은 조사, 용언의 어간과 어미이다. ㉠에서 의존 형태소는 '이', '높-', '-고', '푸르-', '-다' 5개이다.

④ 실질 형태소이면서 의존 형태소인 것은 용언의 어간이다. ㉠에서는 '높-'과 '푸르-' 2개가 이에 해당한다.

⑤ ㉠에서 실질 형태소이면서 자립 형태소인 것은 '하늘'과 '매우' 2개이다.

02　정답 ③

정답 풀이 '새'와 '해'는 모두 단어의 실질적인 의미를 나타내는 어근에 해당한다. 따라서 '새해'는 어근과 어근이 결합한 합성어이다.

오답 풀이

① '이슬'과 '비'는 모두 단어의 실질적인 의미를 나타내는 어근에 해당한다. 따라서 '이슬비'는 어근과 어근이 결합한 합성어이다.

② 단어는 하나의 어근으로 이루어진 단일어 또는 어근과 어근이 결합하거나 어근과 접사가 결합한 복합어로 나뉘어진다. 따라서 모든 단어에는 하나 이상의 어근이 들어 있다고 할 수 있다.

④ '사냥'은 단어의 실질적인 의미를 나타내는 어근에 해당하며, '-꾼'은 어근 뒤에 붙어서 '어떤 일을 전문적으로 하는 사람'의 뜻을 더하는 접미사에 해당한다.

⑤ '민들레'는 실질적 의미를 가지는 하나의 형태소로 이루어진 말로, 더 이상 나눌 수 없는 단일어이다.

03　정답 ④

정답 풀이 '바가지'가 명사로 쓰일 때는 '박을 두 쪽으로 쪼개거나 또는 나무나 플라스틱으로 그와 비슷하게 만들어 물을 푸거나 물건을 담는 데 쓰는 그릇'의 뜻을 지닌다. 그러나 '주책바가지'에서의 '-바가지'는 '매우 심함'의 뜻을 더하는 접미사로, 속되거나 놀림조에 쓰인다.

오답 풀이

① '-질'은 '그 도구를 가지고 하는 일'의 뜻을 더하는 접미사이다.

② '-내'는 '그 기간의 처음부터 끝까지'의 뜻을 더하고 부사를 만드는 접미사이다.

③ '-장이'는 '그것과 관련된 기술을 가진 사람'의 뜻을 더하는 접미사이다.

⑤ '-둥이'는 '그러한 성질이 있거나 그와 긴밀한 관련이 있는 사람'의 뜻을 더하는 접미사이다.

04 정답 ⑤

정답 풀이 ⑤에서 '쑥밭'은 '매우 어지럽거나 못 쓰게 된 모양'을 비유적으로 이르는 말로 쓰였다. 이는 어근인 '쑥'과 '밭'이 결합하여 제3의 새로운 의미를 지닌 합성어가 된 예로 볼 수 있다.

오답 풀이
① '논밭'은 '논과 밭'을 아울러 이르는 말로, 어근인 '논'과 '밭'의 뜻을 그대로 담고 있다.
② '아들딸'은 '아들과 딸'을 아울러 이르는 말로, 어근인 '아들'과 '딸'의 뜻을 그대로 담고 있다.
③ '오가다'는 '오고 가다'라는 뜻으로, 어근인 '오(다)'와 '가(다)'의 뜻을 그대로 담고 있다.
④ '높푸르다'는 '높고 푸르다'라는 뜻으로, 어근인 '높(다)'과 '푸르(다)'의 뜻을 그대로 담고 있다.

05 정답 ④

정답 풀이 ⓛ은 실질 형태소인 동사의 어간 '달리-'와 형식 형태소인 접사 '-기'로 이루어진 파생어로 복합어이다.

오답 풀이
①, ② ㉠은 형용사 어근 '젊-'과 명사를 만드는 접미사 '-음'이 결합한 파생어이다.
③ ⓛ은 동사 어근 '달리-'와 명사를 만드는 접미사 '-기'가 결합한 파생어이다.
⑤ ㉠과 ⓛ은 모두 어근에 명사를 만드는 접미사 '-음'과 '-기'가 결합한 명사에 해당한다.

06 정답 ④

정답 풀이 ㉠은 표준어, ⓛ은 지역 방언에 해당한다. '집단 내부의 사람들끼리 비밀스럽게 대화하기 위한 말'은 지역 방언이 아니라 사회 방언인 '은어'에 해당한다. ⓛ과 같은 지역 방언은 상대방에게 친밀감을 느끼게 하는 효과가 있다.

오답 풀이
①, ② ㉠은 전국의 시청자들을 대상으로 한 방송 대사로, 사회자는 표준어를 사용하고 있다. 표준어는 한 나라의 공용어로, 전국 각지의 사람들이 원활하게 의사소통하기 위해 정한 말이다.
③ ⓛ은 방송이 끝난 이후 힘들어하는 출연자를 격려하기 위해 사회자가 개인적인 상황에서 지역 방언을 사용한 것이다.
⑤ 사회자는 공적인 상황에서는 표준어를, 사적인 상황에서는 지역 방언을 사용하고 있다. 이를 통해 표준어와 지역 방언은 상황에 따라 적절하게 선택해서 사용하는 것이 효율적임을 알 수 있다.

07 정답 ①

정답 풀이 '누명을 벗다.'에서 '벗다'는 '누명이나 치욕 따위를 씻다.'라는 뜻으로, 이때 '벗다'의 반의어는 '사람이 죄나 누명 따위를 가지거나 입게 되다.'라는 뜻의 '쓰다'이다. 한편 '배낭을 벗다.'에서 '벗다'는 '메거나 진 배낭이나 가방 따위를 몸에서 내려놓다.'라는 뜻으로, 이때 '벗다'의 반의어는 '어깨에 걸치거나 올려놓다.'라는 뜻의 '메다'이다.

오답 풀이
②, ④ '안경을 벗다.', '모자를 벗다.'에서 '벗다'는 '사람이 자기 몸 또는 몸의 일부에 착용한 물건을 몸에서 떼어 내다.'라는 뜻으로, 이때 '벗다'의 반의어는 '쓰다'가 된다. 하지만 '배낭을 벗다'에서 '벗다'의 반의어로 '끼다'와 '걸다'가 될 수 없다.
③ '장갑을 벗다.'에서 '벗다'는 '사람이 자기 몸 또는 몸의 일부에 착용한 물건을 몸에서 떼어 내다.'라는 뜻으로, 이때 '벗다'의 반의어는 '쓰다'가 아니라 '끼다'('끼우다'의 준말)가 적절하다.
⑤ '허물을 벗다.'에서 '벗다'는 '동물이 껍질, 허물, 털 따위를 갈다.'의 뜻으로, 이때 '벗다'의 반의어는 '쓰다'가 될 수 없다.

08 정답 ④

정답 풀이 ㉢에서 의미상 '과일'은 '포도'를 포함하는 상위어이고, '포도'는 '과일'에 포함되는 하위어이다.

오답 풀이
① ㉠에서 '이빨'은 '이'를 낮잡아 이르는 말이며, '치아'는 '이'를 점잖게 이르는 말이므로, 두 단어는 의미가 서로 비슷한 유의 관계에 있다. 하지만 유의 관계에 있는 단어라 해도 의미와 느낌 차이가 있으므로 단어들끼리 서로 바꾸어 쓸 수 없다.
② '양친'은 '부친(아버지)과 모친(어머니)을 이르는 말'이므로 ㉠과 같은 관계의 단어 쌍으로는 '아버지 - 양친'이 아니라, '아버지 - 부친'이 적절하다.
③ ⓛ은 의미가 서로 대립하는 반의 관계에 있는 단어 쌍이다.
⑤ ㉣에서 '생물'은 상위어, '동물'은 하위어이다. 하위어는 상위어보다 의미가 제한적, 구체적이므로 상위어인 '생물'보다 하위어인 '동물'의 의미가 구체적이다.

09 정답 ④

정답 풀이 우리말 어휘는 단어의 뿌리에 따라 '고유어 - 한자어 - 외래어'의 3중 체계를 이루고 있다.

오답 풀이
① 고유어는 본래 있던 우리말에 기초해 새로 만들어진 말도 포함한다.
② 외래어는 다른 나라에서 들어와서 우리말처럼 쓰이는 말이다.
③ 한자어는 고유어에 비해 분화된 의미를 가지고 있다.
⑤ 한자어나 외래어를 남용할 경우 우리말의 정체성을 해칠 수 있다.

10 정답 있으므로, 다의어, 하나의

정답 풀이 ㉠은 '신체 표면이나 땅 위에 솟아나다.', ⓛ은 '신문, 잡지 따위에 어떤 내용이 실리다.'의 뜻으로 의미상 연관성이 있으므로 다의어에 해당한다. ㉠과 ⓛ은 사전에 하나의 단어로 실려 있으며, ㉠은 중심적 의미, ⓛ은 주변적 의미로 사용된 것이다.

DAY
08   한글의 창제 원리

개념 확인 문제
본문 · 063쪽

01 (1) ○ (2) ○   **02** (1) 상형 (2) 가획   **03** (1) 사람 (2) 땅 (3) 하늘   **04** ①   **05** (1) × (2) ○   **06** (1) 가획 (2) 가획 (3) 상형   **07** (1) ㅓ (2) ㅑ   **08** ㉠: 상형 ㉡: 합성 ㉢: 합성

내신 대비 문제
본문 · 064~065쪽

01 ⑤   **02** ④   **03** ⑤   **04** ④   **05** 예 재출자로는 'ㅛ, ㅑ, ㅠ, ㅕ'가 있으며, 초출자에 기본자 'ㆍ'를 합성하여 만들었다.
06 ③   **07** ⑤   **08** ③   **09** ⑤   **10** ⑤

01 정답 ⑤

정답 풀이 재출자는 모음의 초출자보다 소리가 세게 나기 때문에 초출자에 가획하여 만든 글자가 아니라, 초출자에 기본자 'ㆍ'를 한 번 더 더하여 만든 글자이다.

오답 풀이
① 자음의 기본자는 'ㄱ, ㄴ, ㅁ, ㅅ, ㅇ'으로 5개, 모음의 기본자는 'ㆍ, ㅡ, ㅣ'로 3개이다.
② 자음의 기본자 'ㄱ, ㄴ, ㅁ, ㅅ, ㅇ'과 모음의 기본자 'ㆍ, ㅡ, ㅣ'는 모두 모양을 본떠 만든 상형의 원리에 따라 만들었다.
③ 자음의 기본자보다 소리가 세게 나는 자음은 기본자에 획을 더하는 가획의 제자 원리에 따라 만들었다.
④ 모음의 기본자끼리 서로 결합하는 합성의 원리에 따라 초출자를 만들었다.

02 정답 ④

정답 풀이 'ㄴ'은 혓소리로, 혀끝이 윗잇몸에 닿는 모양을 본떠 만든 글자이다.

오답 풀이
① 'ㅅ'은 잇소리로, 이의 모양을 본떠 만든 글자이다.
② 'ㅇ'은 목구멍소리로, 목구멍의 모양을 본떠 만든 글자이다.
③ 'ㅁ'은 입술소리로, 입(입술)의 모양을 본떠 만든 글자이다.
⑤ 'ㄱ'은 어금닛소리로, 혀뿌리가 목구멍을 막는 모양을 본떠 만든 글자이다.

03 정답 ⑤

정답 풀이 'ㅋ', 'ㅍ', 'ㅎ'은 각각 'ㄱ', 'ㅁ', 'ㅇ'에 가획하여 만든 글자이다.

오답 풀이
① 'ㄷ'은 'ㄴ'에 가획하여, 'ㅂ'은 'ㅁ'에 가획하여 만든 글자이지만, 'ㅿ'은 상형이나 가획의 원리를 적용하지 않고 모양을 달리하여 만든 글자이다.
② 'ㅅ'은 이의 모양을 본떠 글자를 만드는 상형의 원리를 이용하여, 'ㅿ'은 모양을 달리하여, 'ㅎ'은 'ㅇ'에 가획하여 만든 글자이다.
③ 'ㄷ'은 'ㄴ'에 가획하여, 'ㅿ'과 'ㆁ'은 모양을 달리하여 만든 글자이다.
④ 'ㅋ'은 'ㄱ'에 가획하여, 'ㅌ'은 'ㄴ'에 가획하여, 'ㆁ'은 모양을 달리하여 만든 글자이다.

> 📖 **개념 복습!** 'ㆁ', 'ㄹ', 'ㅿ'은 이체자로, 자음 대부분이 만들어진 상형이나 가획의 원리를 따르지 않고 다른 원리에 따라 다른 모양으로 만든 글자이다.

04 정답 ④

정답 풀이 '낮'의 초성 'ㄴ'은 혀끝이 윗잇몸에 닿는 모양을 본떠 만든 잇소리, 중성 'ㅏ'는 사람의 모양을 본뜬 기본자(ㅣ)와 하늘의 모양을 본뜬 기본자(ㆍ)를 한 번 더하여 만든 초출자이고, 종성 'ㅈ'은 이의 모양을 본떠 만든 기본자(ㅅ)보다 소리가 거세게 나는 글자이다.

오답 풀이
① '농'의 초성 'ㄴ'은 혀끝이 윗잇몸에 닿는 모양을 본떠 만든 글자이지만, 중성은 하늘의 모양을 본뜬 기본자(ㆍ)와 땅의 모양을 본뜬 기본자(ㅡ)를 한 번 더하여 만든 글자인 'ㅗ'이다. 그리고 종성은 목구멍의 모양을 본떠 만든 글자인 'ㅇ'이다.
② '눈'의 초성 'ㄴ'은 혀끝이 윗잇몸에 닿는 모양을 본떠 만든 글자이지만, 중성 'ㅜ'는 하늘의 모양을 본뜬 기본자(ㆍ)와 땅의 모양을 본뜬 기본자(ㅡ)를 한 번 더하여 만든 글자인 'ㅜ'이다. 그리고 종성은 혀끝이 윗잇몸에 닿는 모양을 본떠 만든 글자인 'ㄴ'이다.
③ '답'의 초성 'ㄷ'은 혀끝이 윗잇몸에 닿는 모양을 본떠 만든 글자(ㄴ)에 가획한 글자이고, 중성 'ㅏ'는 하늘의 모양을 본뜬 기본자(ㆍ)와 사람의 모양을 본뜬 기본자(ㅣ)를 한 번 더하여 만든 글자인 'ㅏ'이다. 그리고 종성은 입(입술)의 모양을 본떠 만든 글자인 기본자 'ㅁ'에 소리의 세기에 따라 획을 더하여 만든 글자인 'ㅂ'이다.
⑤ '널'의 초성 'ㄴ'은 혀끝이 윗잇몸에 닿는 모양을 본떠 만든 글자이고, 중성 'ㅓ'는 하늘의 모양을 본뜬 기본자(ㆍ)와 사람의 모양을 본뜬 기본자(ㅣ)를 한 번 더하여 만든 글자인 'ㅓ'이다. 하지만 종성은 상형이나 가획이 아닌 다른 원리로 만든 이체자인 'ㄹ'이다.

> 📖 **개념 복습!** 우리말 음절은 초성, 중성, 종성으로 구성되어 있는데, 종성은 초성을 그대로 활용하며 이를 '종성부용초성'이라고 한다.

05 정답 예) 재출자로는 'ㅛ, ㅑ, ㅠ, ㅕ'가 있으며, 초출자에 기본자 'ㆍ'를 합성하여 만들었다.

채점 기준
• ⓐ에 들어갈 재출자 'ㅛ, ㅑ, ㅠ, ㅕ' 네 가지를 모두 씀.
• ⓑ에 재출자의 제자 원리가 초출자에 기본자 'ㆍ'를 합성하여 만든 것이라는 점을 밝혀 서술함.

필수 단어 'ㅛ, ㅑ, ㅠ, ㅕ', 초출자, 기본자, 합성

정답 풀이 재출자는 초출자 'ㅗ, ㅏ, ㅜ, ㅓ'에 기본자 'ㆍ'를 한 번 더 더하여 만든 글자로, 모음 기본자를 서로 결합하여 글자를 만드는 합성의 원리에 따라 만든 글자이다.

06 정답 ③

정답 풀이 'ㆍ'는 자연(하늘)의 모양을 본떠 만든 글자이고, 'ㅏ'는 기본자 'ㆍ'와 기본자 'ㅣ'를 한 번 합하여 만든 글자이다.

오답 풀이

① 'ㅡ'는 자연(땅)의 모양을 본떠 만든 글자이지만, 'ㅠ'는 초출자 'ㅜ'에 기본자 'ㆍ'를 한 번 더 합하여 만든 글자이다.

② 'ㅜ'는 기본자끼리 한 번 합하여 만든 글자이고, 'ㆍ'는 자연의 모양을 본떠 만든 글자이다.

④ 'ㅗ'는 기본자끼리 한 번 합하여 만든 글자이고, 'ㅏ'도 기본자끼리 한 번 합하여 만든 글자이다.

⑤ 'ㆍ'는 자연의 모양을 본떠 만든 글자이고, 'ㅑ'는 초출자 'ㅏ'에 기본자 'ㆍ'를 한 번 더 합하여 만든 글자이다.

> **개념 복습!** 훈민정음의 모음자는 상형의 원리에 따라 만들어진 기본자 'ㆍ', 'ㅡ', 'ㅣ', 기본자끼리 한 번 합성하여 만들어진 'ㅏ, ㅓ, ㅗ, ㅜ', 이러한 네 모음에 기본자 'ㆍ'를 한 번 더 합성하여 만들어진 'ㅑ, ㅕ, ㅛ, ㅠ'가 있다.

07 정답 ⑤

정답 풀이 'ㄹ'은 상형이나 가획이 아닌 이체의 원리에 따라 만든 글자이다.

오답 풀이

① 'ㄷ'은 'ㄴ'을 기본자로 하여 가획의 원리에 따라 만든 글자이다.

② 'ㆆ'은 'ㅇ'을 기본자로 하여 가획의 원리에 따라 만든 글자이다.

③ 'ㅍ'은 'ㅁ'을 기본자로 하여 가획의 원리에 따라 만든 글자이다.

④ 'ㅈ'은 'ㅅ'을 기본자로 하여 가획의 원리에 따라 만든 글자이다.

08 정답 ③

정답 풀이 발음할 때의 입(입술)의 모양을 본떠 만든 글자는 'ㅁ'이고, 'ㅁ'과 같은 위치에서 발음되지만 더 세게 발음하는 글자는 'ㅁ'에 가획하여 만든 'ㅂ'이다.

오답 풀이

① 'ㅌ'은 혀끝이 윗잇몸에 닿는 모양을 본떠 만든 글자인 'ㄴ'과 같은 위치에서 발음되지만 더 세게 발음하는 글자로, 'ㄴ'에 가획하여 만든 글자이다.

② 'ㄷ'은 혀끝이 윗잇몸에 닿는 모양을 본떠 만든 글자인 'ㄴ'과 같은 위치에서 발음되지만 더 세게 발음하는 글자로, 'ㄴ'에 가획하여 만든 글자이다.

④ 'ㅈ'은 이의 모양을 본뜬 글자인 'ㅅ'과 같은 위치에서 발음되지만 더 세게 발음하는 글자로, 'ㅅ'에 가획하여 만든 글자이다.

⑤ 'ㆆ'은 목구멍의 모양을 본뜬 글자인 'ㅇ'과 같은 위치에서 발음되지만 더 세게 발음하는 글자로, 'ㅇ'에 가획하여 만든 글자이다.

09 정답 ⑤

정답 풀이 센 소리를 나타내기 위해 'ㅇ'에 획을 추가하면 'ㆆ', 'ㅎ'이 된다. 'ㆁ'은 가획의 원리가 아닌 이체의 원리에 따라 만든 글자이다.

오답 풀이

① 자음자는 '종성부용초성'에 따라 초성으로도 쓰였지만 종성에도 쓰였다.

② 자음의 제자 원리로는 발음 기관의 모양을 본뜨는 상형, 기본자에 획을 더하는 가획, 다른 모양으로 만드는 이체의 원리가 있다.

③ 상형의 원리에 따라서 자음의 기본자 'ㄱ, ㄴ, ㅁ, ㅅ, ㅇ'을 만들었다.

④ 기본자 'ㄱ'보다 센 소리를 나타내기 위해 획을 추가하는 가획의 원리에 따라 'ㅋ'을 만들었다.

고난도

10 정답 ⑤

정답 풀이 '무'의 자음 'ㅁ'은 입(입술)의 모양을 본뜬 상형의 원리에 따라 만든 자음이며, 모음 'ㆍ'는 하늘 둥근의 모양을 본뜬 상형의 원리에 따라 만든 모음이다.

오답 풀이

① '느'의 자음 'ㄴ'은 혓소리로 혀끝이 윗잇몸에 닿는 모양을 본뜬 상형의 원리에 따라 만든 자음이며, 모음 'ㅡ'는 평평한 땅의 모양을 본뜬 상형의 원리에 따라 만든 모음이다.

② '퍼'의 자음 'ㅍ'은 입(입술)의 모양을 본뜬 상형의 원리에 따라 만든 입술소리 'ㅁ'에 소리의 세기에 따라 획을 더하는 가획의 원리에 따라 만든 자음이며, 모음 'ㅓ'는 모음 기본자 'ㆍ'와 'ㅣ'를 한 번 결합하는 합성의 원리에 따라 만든 모음이다.

③ '로'의 자음 'ㄹ'은 상형, 가획의 원리를 따르지 않고 다른 원리에 따라 글자를 다른 모양으로 만드는 이체의 원리에 따라 만든 자음이며, 모음 'ㅗ'는 모음 기본자 'ㆍ'와 'ㅡ'를 한 번 결합하는 합성의 원리에 따라 만든 모음이다.

④ '야'의 자음 'ㅇ'은 목구멍의 모양을 본뜬 상형의 원리에 따라 만든 자음이며, 모음 'ㅑ'는 초출자 'ㅏ'에 기본자 'ㆍ'를 한 번 더 결합하는 합성의 원리에 따라 만든 모음이다.

01 ②   **02** ①   **03** ②   **Q** 수능 맛보기 ③

01 정답 ②

정답 풀이 훈민정음의 초성 중에서 이[齒] 모양을 본뜬 기본자는 'ㅅ'이며, 'ㅅ'에 획을 더하여 만든 가획자는 'ㅈ, ㅊ'이다. 중성 중에서 초출자 'ㅗ'에 기본자 'ㆍ'를 결합하여 만든 글자는 재출자 'ㅛ'이다. '상형'이나 '가획'의 원리를 적용하지 않고 별도로 만든 글자인 이체자는 'ㆁ, ㄹ, ㅿ'이다. 따라서 세 가지 조건을 모두 만족하는 글자는 '쬴'이다.

02 정답 ①

정답 풀이 [현대어 해석]을 보면 ⓐ 'ㆍ'는 깊은 소리가 나고, ⓒ 'ㅣ'는 얕은 소리가 난다고 했으므로 ⓐ는 ⓒ와 달리 발음할 때 깊은 소리가 남을 알 수 있다.

오답 풀이

② ⓑ 'ㅡ'는 '모양이 평평함은 땅을 본뜬 것'이라고 하였고, ⓐ 'ㆍ'는 '모양이 둥근 것은 하늘을 본뜬 것'이라고 하였으므로 ⓑ는 ⓐ와 달리 글자 모양이 평평함을 알 수 있다.

③ ⓒ 'ㅣ'는 '혀를 오그라들지 않게 조음하고'라고 하였고, ⓐ 'ㆍ'는 '혀를 오그라지게 해서 조음하고'라고 하였으므로 ⓒ는 ⓐ와 달리 발음할 때 혀가 오그라들지 않는다.

④ 〈보기〉는 '훈민정음 제자해'의 일부로, 가운뎃소리가 모두 열한 자임을 언급하면서, 그중 'ㆍ', 'ㅡ', 'ㅣ'의 조음 방법과 상형의 원리를 설명하고 있다. 따라서 ⓐ, ⓑ, ⓒ는 모두 가운뎃소리 열한 자에 포함된다.

⑤ ⓐ 'ㆍ'는 하늘을, ⓑ 'ㅡ'는 땅을, ⓒ 'ㅣ'는 사람을 본뜬 것이라고 하였으므로 ⓐ, ⓑ, ⓒ 모두 대상의 모양을 본뜬 것임을 알 수 있다.

03 정답 ②

정답 풀이 이체자는 '모양이 다른 글자'라는 의미로, 가획자에 한 번 더 획을 더하여 만든 글자가 아니다. 가획자에 한 번 더 획을 더하여 이체자를 만들었다면 'ㆁ' 같은 모양이 아닐 것이다.

오답 풀이

① 어금닛소리의 기본자 'ㄱ'은 같은 조음 위치의 가획자 'ㅋ'과 형태가 유사하다. 혓소리, 입술소리, 잇소리, 목구멍소리의 기본자와 가획자 역시 마찬가지이다. 즉, 가획자는 기본자에서 획을 더하여 만든 것이므로, 같은 위치에서 소리 나는 기본자와 가획자는 형태상의 유사성이 있다.

③ 'ㄱ'과 'ㅋ' 등 기본자와 가획자를 비교해 보면, 가획자는 기본자에 획을 더하는 방식으로 만들어졌음을 알 수 있다.

④ 모음의 초출자는 기본자 'ㆍ, ㅡ, ㅣ'의 결합으로 만들어졌다. 모음의 재출자는 초출자에 기본자 'ㆍ'가 결합하여 이루어진 것으로, 이것 역시 기본자의 결합으로 만들어졌다고 볼 수 있다.

---

⑤ 종성자를 따로 만들지 않고, 초성 글자를 다시 쓰도록 한 것은 문자 운용의 효율성을 높이는 데 기여했음을 알 수 있다.

정답 풀이 '학생 3'은 〈예사소리〉-〈거센소리〉-〈된소리〉의 관계를 설명하고 있는데, 〈예사소리〉-〈거센소리〉를 〈A〉-〈A에 획 추가〉로 표현한 것을 통해 '나'의 '가획의 원리'를 확인할 수 있다. 또한, 〈예사소리〉-〈된소리〉를 〈A〉-〈AA〉로 표현한 것을 통해 '다'의 '병서의 원리'를 확인할 수 있다. 'ㄱ'을 예로 들어 보면, 'ㄱ-ㅋ-ㄲ'에서 거센소리 'ㅋ'은 예사소리 'ㄱ'에 가획하여 만든 글자이고, 된소리 'ㄲ'은 'ㄱ'을 나란히 이어 써서 만든 글자이다.

오답 풀이

① '학생 1'은 자음자 중 'ㄱ'이 혀뿌리가 목구멍을 막는 모양을 형상화한 것임을 설명하고 있는데, 이는 '가'의 상형의 원리와 관련된 것이다.

② '학생 2'는 기본자 'ㆍ, ㅡ, ㅣ'를 바탕으로 모든 모음자를 만들 수 있음을 언급하고 있는데, 이는 '라'의 중성자의 제자 원리와 관련된 것이다.

④ '학생 4'는 'ㅁ'에 획을 더해 만든 자음자 'ㅂ, ㅍ'은 모두 'ㅁ' 모양을 공통적으로 지니며, 이것은 'ㅁ, ㅂ, ㅍ'의 공통된 소리 특징을 반영한다고 설명을 하고 있다. 이는 '나'의 가획의 원리와 관련된 것이다.

⑤ '학생 5'는 종성자, 즉 받침 글자를 따로 만들지 않았다는 점을 통해 한글의 효율성을 설명하고 있는데, 이는 〈보기 2〉에 제시된 한글의 제자 원리와는 관련이 없다.

> **개념 복습!** 훈민정음의 초성은 발음 기관의 모양을 본뜬 기본자, 기본자에 획을 더해 소리의 세기를 나타내는 가획자, '상형'이나 '가획'의 원리를 따르지 않는 이체자가 있다. 중성은 하늘, 땅, 사람의 모양을 본뜬 기본자, 기본자를 합쳐서 만든 초출자와 재출자가 있다. 종성은 초성의 글자를 다시 쓰도록 하였다.

문제 TIP 〈보기 1〉에 제시된 각 학생의 의견과 〈보기 2〉에 제시된 한글의 제자 원리가 한글의 초성, 중성, 종성 중 어느 것과 관련된 것인지 먼저 확인하면 〈보기 1〉과 〈보기 2〉를 연결 지어 판단하는 데 도움이 된다.

문제 해결

STEP 1 〈보기 1〉에 제시된 각 학생의 의견을 살피며 한글의 초성, 중성, 종성 중 어느 것과 관련된 것인지 확인한다.

STEP 2 〈보기 1〉에서 파악한 내용이 〈보기 2〉에 제시된 한글의 제자 원리 중 어느 것과 관련 있는지 확인한다.

개념 확인 문제 본문 · 069쪽

01 (1) 소리 (2) 어법 **02** (1) × (2) ○ **03** (1) 명사 (2) 부사 **04** ③ **05** ② **06** 먹어, 울어 **07** (1) × (2) ○ **08** 나는 너를 많이 좋아해.

내신 대비 문제 본문 · 070~071쪽

01 ③ **02** ③ **03** ② **04** ③ **05** ⓔ 공부한 만큼 좋은 결과를 얻을 것이다. / 한글 맞춤법에 따르면, 동사 '공부한', 명사 '만큼' 등의 단어는 띄어 씀을 원칙으로 하므로 띄어 쓰지만, '를', '이다'와 같은 조사는 앞말에 붙여 써야 한다. **06** ⑤ **07** ② **08** ⑤ **09** ④ **10** ③

01 정답 ③

정답 풀이 '반듯이'는 [반드시]라고 소리 나지만, 원형을 밝혀 어법에 맞도록 적은 것이기 때문에 ㉠이 아닌 ㉡의 예에 해당한다.

오답 풀이

① '연필'은 [연필]이라고 소리 나는 대로 적은 것이기 때문에 표준어를 소리대로 적는다는 ㉠의 예로 적절하다.
② '안경'은 [안:경]이라고 소리 나는 대로 적은 것이기 때문에 표준어를 소리대로 적는다는 ㉠의 예로 적절하다.
④ '넘어가다'는 [너머가다]라고 소리 나는 대로 적은 것이 아니라, 원형을 밝혀 적은 것이기 때문에 어법에 맞도록 표기한다는 ㉡의 예로 적절하다.
⑤ '오뚝이'는 [오뚜기]라고 소리 나는 대로 적은 것이 아니라, 원형을 밝혀 적은 것이기 때문에 어법에 맞도록 표기한다는 ㉡의 예로 적절하다.

📖 **개념 복습!** 한글 맞춤법 제1항은 '표준어를 소리대로 적되, 어법에 맞도록 함을 원칙으로 한다.'는 내용이다. 이는 쓰기의 편의를 고려함과 동시에 단어의 뜻을 쉽게 파악할 수 있도록 하기 위해 만든 원칙이다.

02 정답 ③

정답 풀이 조사는 그 앞말에 붙여 쓰는 것이 원칙이다. '예쁜', '강아지', '왔다'와 같은 각 단어를 모두 띄어 쓴 것은 적절하지만, 조사 '처럼'을 앞말에 붙여 쓰지 않았기 때문에 띄어쓰기가 바르지 않은 문장이다.

오답 풀이

① 조사 '가'는 앞말에 붙여 쓰고, '노력하는', '자세', '필요하다'와 같

은 각 단어는 모두 띄어 썼으므로 띄어쓰기가 바른 문장이다.
② 조사 '이'는 앞말에 붙여 쓰고, '햇살', '따뜻하게', '느껴진다'와 같은 각 단어는 모두 띄어 썼으므로 띄어쓰기가 바른 문장이다.
④ 조사 '가', '에', '는', '이'는 앞말에 붙여 쓰고, '날씨', '좋은', '날', '기분', '좋다'와 같은 각 단어는 모두 띄어 썼으므로 띄어쓰기가 바른 문장이다.
⑤ 조사 '는', '가', '을'은 앞말에 붙여 쓰고, '나', '글씨', '작은', '책', '선호한다'와 같은 각 단어는 모두 띄어 썼으므로 띄어쓰기가 바른 문장이다.

03 정답 ②

정답 풀이 'ㄱ, ㅂ' 받침 뒤에서 나는 된소리는, 같은 음절이나 비슷한 음절이 겹쳐나는 경우가 아니면 된소리로 적지 않는다고 하였으므로 '깍두기'로 적어야 한다.

오답 풀이

① '기쁘다'의 'ㅃ'은 두 모음 사이에서 뚜렷한 까닭 없이 나는 된소리이므로 된소리로 적어야 한다.
③ '갑자기'는 [갑짜기]로 발음하지만, 'ㅂ' 받침 뒤에서 된소리가 나는 경우에 해당하므로 '갑자기'로 적어야 한다.
④ '아깝다'의 'ㄲ'은 두 모음 사이에서 뚜렷한 까닭 없이 나는 된소리이므로 된소리로 적어야 한다.
⑤ '산뜻하다'의 'ㄸ'은 'ㄴ' 받침 뒤에서 뚜렷한 까닭 없이 나는 된소리이므로 된소리로 적어야 한다.

04 정답 ③

정답 풀이 '먹이'의 '-이'는 접사이기 때문에 '용언의 어간과 어미는 구별하여 적는다.'라는 한글 맞춤법 제5항의 예로 적절하지 않다. '먹이'는 '어간에 '-이'가 붙어서 명사로 된 것은 그 어간의 원형을 밝혀 적는다.'라는 한글 맞춤법 제19항의 예로 적절하다.

오답 풀이

① '먹어'의 '먹-'은 어간, '-어'는 어미이므로, '먹어'로 적는 것은 '용언의 어간과 어미를 구별하여 적는다.'라는 한글 맞춤법 제15항의 예로 적절하다.
② '먹여'의 '먹이-'는 어간, '-어'는 어미이므로, '먹여'로 적는 것은 '용언의 어간과 어미를 구별하여 적는다.'라는 한글 맞춤법 제15항의 예로 적절하다.
④ '먹으니'의 '먹-'은 어간, '-으니'는 어미이므로, '먹으니'로 적는 것은 '용언의 어간과 어미를 구별하여 적는다.'라는 한글 맞춤법 제15항의 예로 적절하다.
⑤ '먹은'의 '먹-'은 어간, '-은'은 어미이므로, '먹은'으로 적는 것은 '용언의 어간과 어미를 구별하여 적는다.'라는 한글 맞춤법 제15항의 예로 적절하다.

서술형

05 정답 예 공부한 만큼 좋은 결과를 얻을 것이다. / 한글 맞춤법에 따르면, 동사 '공부한', 명사 '만큼' 등의 단어는 띄어 씀을 원칙으로 하므로 띄어 쓰지만, '를', '이다'와 같은 조사는 앞말에 붙여 써야 한다.

채점 기준
• '공부한 만큼 좋은 결과를 얻을 것이다.'로 정확히 띄어쓰기를 함.
• 문장의 각 단어는 모두 띄어 써야 하지만, 조사는 앞말에 붙여 써야 한다고 설명함.

필수 단어 단어, 조사

정답 풀이 동사 '공부한', 명사 '만큼', 형용사 '좋은', 명사 '결과', 동사 '얻을', 명사 '것'은 모두 단어이므로 띄어 써야 한다. 그러나 '를', '이다'와 같은 조사의 경우 앞말에 붙여 써야 한다.

개념 복습! 우리말의 단어는 명사, 대명사, 수사, 부사, 관형사, 동사, 형용사, 조사, 감탄사의 아홉 품사로 분류할 수 있다. 이 중 조사는 자립성이 없어 앞말에 붙여 써야 하고, 나머지 품사는 자립성이 있기 때문에 앞말과 띄어 쓰는 것을 원칙으로 한다.

06 정답 ⑤

정답 풀이 '놀음꾼'의 '놀음'은 어간 '놀-'에 명사를 만드는 접미사 '-음'이 붙어서 명사로 된 것처럼 보이지만, 어간의 뜻과 멀어져 도박이라는 뜻으로 사용되기 때문에 원형을 밝혀 적지 않고 소리대로 적어 '노름꾼'으로 적어야 한다.

오답 풀이

① '깊이'는 어간 '깊-'에 '-이'가 붙어서 명사로 된 것이므로 어간의 원형을 밝혀 '깊이'로 적는다.

② '믿음'은 어간 '믿-'에 '-음'이 붙어서 명사로 된 것이므로 어간의 원형을 밝혀 '믿음'으로 적는다.

③ '앎'은 어간 '알-'에 '-ㅁ'이 붙어서 명사로 된 것이므로 어간의 원형을 밝혀 '앎'으로 적는다.

④ '익히'는 어간 '익-'에 '-히'가 붙어서 부사로 된 것이므로 어간의 원형을 밝혀 '익히'로 적는다.

07 정답 ②

정답 풀이 '여닫다'는 '열다'와 '닫다'의 두 단어가 어울려 이루어진 말이지만, 원형을 밝혀 적은 표기가 아니기 때문에 〈보기〉의 예로 적절하지 않다. '여닫다'는 '끝소리가 'ㄹ'인 말과 딴 말이 어울릴 적에 'ㄹ' 소리가 나지 아니하는 것은 아니 나는 대로 적는다.'라는 한글 맞춤법 제28항의 예로 적절하다.

오답 풀이

① '뒤뜰'은 '뒤'와 '뜰'의 두 단어가 어울려 이루어진 말로 각각 그 원형을 밝혀 적은 단어이다. 따라서 〈보기〉의 예로 적절하다.

③ '헛웃음'은 접두사 '헛-'이 붙어서 이루어진 말로 각각 그 원형을 밝혀 적은 단어이다. 따라서 〈보기〉의 예로 적절하다.

④ '꽃이랑'은 '꽃'과 '이랑'의 두 단어가 어울려 이루어진 말로 각각 그 원형을 밝혀 적은 단어이다. 그러므로 〈보기〉의 한글 맞춤법 제27항으로 그 표기를 설명할 수 있다.

⑤ '샛노랗다'는 접두사 '샛-'이 붙어서 이루어진 말로 각각 그 원형을 밝혀 적은 단어이다. 그러므로 〈보기〉의 한글 맞춤법 제27항으로 그 표기를 설명할 수 있다.

08 정답 ⑤

정답 풀이 '반짇고리'는 '바느질'과 '고리'가 어울려 이루어진 말로, 'ㄹ'이 'ㄷ'으로 소리 나기 때문에 'ㄷ'으로 적은 단어이다. 그러므로 ㉠에 들어갈 단어로 적절하지 않다.

오답 풀이

① '따님'은 '딸'과 '님'이 어울릴 적에 'ㄹ' 소리가 나지 않아 안 나는 대로 적은 단어이므로, ㉠에 들어가기에 적절하다.

② '싸전'은 '쌀'과 '전'이 어울릴 적에 'ㄹ' 소리가 나지 않아 안 나는 대로 적은 단어이므로, ㉠에 들어가기에 적절하다.

③ '미닫이'는 '밀다'와 '닫다'가 어울릴 적에 'ㄹ' 소리가 나지 않아 안 나는 대로 적은 단어이므로, ㉠에 들어가기에 적절하다.

④ '소나무'는 '솔'과 '나무'가 어울릴 적에 'ㄹ' 소리가 나지 않아 안 나는 대로 적은 단어이므로, ㉠에 들어가기에 적절하다.

09 정답 ④

정답 풀이 '되어'로 풀어 쓸 수 있는 경우, '돼'로 적어야 하므로 '안 돼요'가 올바른 표기이다.

오답 풀이

① '봬요'는 '뵈어요'의 준말이므로 '봬요'는 올바른 표기이다.

② 문장의 맥락상 '감기라는 병이 고쳐져 본래대로 되면'의 의미이므로 '나으면'은 '낫다'의 활용형으로 볼 수 있다. 따라서 '나으면'은 올바른 표기이다.

③ '다쳤대'의 '-대'는 '-다고 해'의 준말이므로 '다쳤대'는 올바른 표기이다.

⑤ '낳았다'는 문장의 맥락상 '배 속의 아이를 몸 밖으로 내놓다.'라는 뜻인 '낳다'의 활용형으로 볼 수 있으므로 '낳았다'는 올바른 표기이다.

고난도

10 정답 ③

정답 풀이 '마음'은 '마음'으로 적는 것이 맞으나, 어간에 '-음'이 붙어서 명사로 된 것이 아니라 원래부터 한 단어인 것이므로 '어간에 '-음'이 붙어서 명사로 된 것은 그 어간의 원형을 밝히어 적는다.'라는 ⓒ '제19항'을 근거로 설명할 수 없다.

오답 풀이

① '아빠'의 'ㅃ'은 모음과 모음 사이에서 나는 된소리, 즉 한 단어 사이에서 뚜렷한 까닭 없이 나는 된소리이므로 된소리로 적어야 하며, 이는 ⓐ '제5항'을 근거로 설명할 수 있다.

② '잡아'는 [자바]로 발음하지만 어간 '잡-'과 어미 '-아'를 구별하여 적어야 하므로 '잡아'로 적어야 한다. 이는 '용언의 어간과 어미를 구별하여 적는다.'라는 ⓑ '제15항'을 근거로 설명할 수 있다.

④ '풋사과'는 접두사 '풋-'이 '사과'에 붙어서 이루어진 말이며 각각 원형을 밝혀 적은 것이다. 이는 '접두사가 붙어서 이루어진 말은 각각 그 원형을 밝히어 적는다.'라는 ⓓ '제27항'을 근거로 설명할 수 있다.

⑤ '나날이'는 '날', '날', '-이'의 결합이므로 끝소리가 'ㄹ'인 말과 딴 말이 어울린 것이며, 'ㄹ' 소리가 나지 않기 때문에 안 나는 대로 '나날이'로 적어야 한다. 이는 ⓔ '제28항'을 근거로 설명할 수 있다.

01 ⑤　　**02** ⑤　　**03** ⑤　　**Q 수능 맛보기** ⑤

01　정답 ⑤

정답 풀이　나-2의 '반드시'는 소리대로 적은 것이므로 어근의 본뜻이 파악되도록 어법에 맞게 적은 것으로 볼 수 없다. 또한 '반드시'는 '틀림없이 꼭'이라는 뜻을 지닌 부사로, 형용사 '반듯하다'의 '반듯-'과는 아무런 연관성이 없으므로 소리 나는 대로 적은 것이다.

오답 풀이

① 가-1의 '어름'은 '구역과 구역의 경계점'이라는 뜻을 지닌 단어로, 소리대로 적어 표기한 것이다. 소리대로 적으면 표기를 기억하지 않더라도 발음 형태대로 쓸 수 있으므로 표기하기에 편리하다.

② 가-2의 '얼음'은 '얼다'의 어근 '얼-'에 접미사 '-음'이 결합하여 만들어진 단어이다. 소리대로 적으면 '어름'으로 표기해야 하지만, 의미 파악이 쉽도록 각 형태소의 본 모양을 밝히어 어법에 맞게 적은 것이다.

③ 가-1의 '어름'과 가-2의 '얼음'은 발음이 [어름]으로 서로 같으므로 발음만으로는 의미를 구분할 수 없다.

④ 나-1의 '반듯이'는 '작은 물체, 또는 생각이나 행동 따위가 비뚤어지거나 기울거나 굽지 아니하고 바르게'라는 뜻을 지닌 단어로, 형용사 '반듯하다'의 어근 '반듯-'에 접미사 '-이'가 결합하여 만들어진 단어이다. 이는 어법에 맞게 적은 것으로, 이처럼 형태소의 본 모양을 밝히어 적으면 그 뜻이 쉽게 파악된다.

> **개념 복습!** 한글 맞춤법은 표준어를 소리대로 적되, 어법에 맞도록 함을 원칙으로 한다. 소리대로 적으면 표기하기에 편리하고, 어법대로 적으면 의미를 파악하기 쉽다.

02　정답 ⑤

정답 풀이　(ㄱ)의 '밖에'는 앞말인 '수'에 붙여 쓴 것으로 보아 조사이므로 한 단어이다. 반면 (ㄴ)의 '밖에'는 앞말인 '잠시'와 띄어 쓴 것으로 보아 명사 '밖'과 조사 '에', 즉 두 단어의 결합임을 알 수 있다.

오답 풀이

① (ㄱ)의 '밖에'는 앞말인 '수'에 붙여 썼으므로 '제41항'에 따라 조사임을 알 수 있다.

② (ㄱ)의 '밖에'는 조사로, '그것 말고는', '그것 이외에는' 등의 뜻을 나타내며 주로 뒤에 부정을 나타내는 말이 따른다. (ㄱ)에서도 서술어 '없었다'라는 부정을 나타내는 말과 함께 쓰이고 있다.

③ (ㄴ)의 '밖에'는 앞말인 '잠시'와 띄어 쓴 것으로 보아 '제2항'에 따라 하나의 단어이며, 명사 '밖'과 조사 '에'가 결합한 형태임을 알 수 있다.

④ (ㄴ)의 '밖'은 명사이므로 '밖이 되는 곳'이라는 의미를 지닌 명사 '바깥'으로 바꾸어 쓸 수 있으나, (ㄱ)의 '밖'은 조사의 일부이므로 '바깥'으로 바꾸어 쓸 수 없다.

03　정답 ⑤

정답 풀이　ㄴ의 '-대'는 기상 예보에서 말한 내용을 간접적으로 전달하는 말에 쓰인 것이고, ㄷ의 '-데'는 혜정이의 노래를 들었던 경험을 바탕으로 알게 된 사실을 현재의 말하는 장면에 그대로 옮겨 와서 말할 때 쓰인 것이다. ㄴ의 '-대'는 '-다고 해'가 줄어든 말이고, ㄷ의 '-데'는 '-더라'와 같은 의미로 쓰이므로 바꾸어도 의미가 달라지지 않는다.

오답 풀이

①, ② ㄱ의 '많대'의 '-대'는 〈보기 1〉에 제시된 것처럼, '승우는 회사에서 할 일이 많다.'라는 사실을 주어진 것으로 치고, 그 사실에 대한 의문을 나타내는 종결 어미이다. 이때의 '-대'는 못마땅하게 여기는 뜻을 드러낸다.

③ ㄴ의 '덥대'는 '덥다고 해'가 줄어든 말이다. 이때의 '-대'는 〈보기 1〉에 제시된 것처럼, 남이 말한 내용을 간접적으로 전달할 때 쓰인다.

④ ㄷ의 '잘하데'는 '잘하더라'와 같은 의미로, 이때의 '-데'는 〈보기 2〉에 제시된 것처럼, 과거 어느 때에 직접 경험하여 알게 된 사실을 현재로 옮겨 와서 말할 때 쓰인다.

정답 풀이 '깍뚜기'가 아니라 '깍두기'로 적는 것은 〈보기〉의 ㉯를 따른 것이다. '깍두기'는 'ㄱ' 받침 뒤에서 [ㄸ]으로 된소리가 나는데, 같은 음절이나 비슷한 음절이 겹쳐 나는 경우가 아니므로 된소리로 적지 않는 것이다. ㉰의 '맏사위'는 접두사 '맏-'과 '사위'가 결합하여 이루어진 단어이기 때문에 그 원형을 밝혀 적은 것으로 '깍두기'와는 적용된 규정이 다르다.

오답 풀이

① ㉮의 '어깨'는 모음 뒤에서 나는 된소리가 소리 나는 대로 표기된 것이고, '잔뜩'은 'ㄴ' 받침, '살짝'은 'ㄹ' 받침, '듬뿍'은 'ㅁ' 받침, '몽땅'은 'ㅇ' 받침 뒤에서 나는 된소리가 소리 나는 대로 표기된 것이다.

② '납짝'이 아니라 '납작'으로 적는 것은 ㉯에 따른 것이다. '납작'은 'ㅂ' 받침 뒤에서 [ㅉ]으로 된소리가 나는데, 같은 음절이나 비슷한 음절이 겹쳐 나는 경우가 아니므로 된소리로 적지 않는 것이다. '법석'도 이와 마찬가지로 'ㅂ' 받침 뒤에서 [ㅆ]으로 된소리가 나지만, 같은 음절이나 비슷한 음절이 겹쳐 나는 경우가 아니므로 된소리로 적지 않는다.

③ '짭잘하다'가 아니라 '짭짤하다'로 적는 것은 ㉯에 따른 것이다. '짭짤하다'는 'ㅂ' 받침 뒤에서 [ㅉ]으로 된소리가 나는데, 비슷한 음절이 겹쳐 나는 경우이므로 된소리로 적는 것이다.

④ '물뼝'이 아니라 '물병'으로 적는 것은 ㉰에 따른 것이다. '물병'은 '물'과 '병'이라는 두 단어가 결합하여 이루어진 단어이므로 그 원형을 밝히어 적은 것이다. '칼날'도 이와 마찬가지로 두 단어 '칼'과 '날'이 결합하여 이루어진 단어이므로 그 원형을 밝히어 적은 경우이다.

> **개념 복습!** 한 단어 안에서 뚜렷한 까닭 없이 나는 된소리는 다음 음절의 첫소리를 된소리로 적되, 'ㄱ, ㅂ' 받침 뒤에서 나는 된소리는 같은 음절이나 비슷한 음절이 겹쳐 나는 경우에만 된소리로 적는다. 또한 둘 이상의 단어가 어울리거나 접두사가 붙어서 이루어진 말은 각각 그 원형을 밝히어 적는다.

문제 TIP ㉮와 ㉯를 구별할 때는 'ㄱ, ㅂ' 받침 뒤에서 나는 된소리가 같은 음절이나 비슷한 음절이 겹쳐 나는 경우인지로 판단할 수 있다. ㉮, ㉯와 ㉰를 구별할 때는 둘 이상의 단어가 결합하거나 접두사가 결합한 말인지로 판단할 수 있다.

문제 해결

STEP 1 제시된 단어들이 어떤 환경에서 된소리가 나는지 확인한다.
STEP 2 〈보기〉에 제시된 ㉮, ㉯, ㉰ 중 어느 규정과 관련된 내용인지 확인한다.

DAY 10 표준 발음법

개념 확인 문제 본문 · 075쪽

01 실제 발음, 합리성 **02** ㉠: 넉, ㉡: 갑, ㉢: 흑 **03** ㄷ
04 (1) ○ (2) × **05** 닥, 안, 넙 **06** (1) [저, 쩌, 처] (2) 자음
07 (1) ○ (2) ○ **08** 우리의 허비, 우리에 허비, 우리의 허비, 우리에 허비

내신 대비 문제 본문 · 076~077쪽

01 ④ **02** ④ **03** ③ **04** ① **05** 예 '꽃이랑'의 올바른 발음은 [꼬치랑]이고, 그렇게 발음해야 하는 근거는 홑받침 뒤에 모음으로 시작된 조사가 결합한 경우 홑받침을 제 음가대로 뒤 음절 첫소리로 옮겨 발음해야 하기 때문이다. **06** ② **07** ②
08 ① **09** ③ **10** ⑤

01 정답 ④

정답 풀이 '희망'의 '희'는 자음을 첫소리로 가지고 있는 'ㅢ'로 [ㅣ]로 발음해야 하므로 [희망]이 아닌 [히망]으로 발음해야 한다.

오답 풀이

① '의사'의 '의'는 첫음절이므로 [의]로 발음해야 하므로 [의사]로 발음해야 한다.

② '띄다'의 '띄'는 자음을 첫소리로 가지고 있으므로 [띠]로 발음해야 하므로 [띠:다]로 발음해야 한다.

③ '논의'의 '의'는 첫음절 이외의 '의'로 [ㅢ]로 발음하는 것이 원칙이지만 [ㅣ]로 발음하는 것도 허용하므로 [노늬/노니]로 발음해야 한다.

⑤ '나의'의 '의'는 조사 '의'로, [ㅢ]로 발음하는 것이 원칙이지만 [ㅔ]로 발음하는 것도 허용하므로 [나의/나에]로 발음해야 한다.

02 정답 ④

정답 풀이 〈보기〉에 따르면 용언의 활용형에 나타나는 '져'는 [저]로 발음해야 한다. 따라서 용언 '가지다'의 활용형인 '가져'는 [가저]로만 발음해야 한다.

오답 풀이

① 〈보기〉에 따르면 '예'는 [ㅖ]로만 발음해야 하므로. '예'는 [예:]로 발음해야 한다.

② 〈보기〉에 따르면 '예, 례' 이외의 'ㅖ'는 [ㅔ]로도 발음할 수 있기 때문에, '은혜'는 [은혜/은혜]로 발음할 수 있다.

③ 〈보기〉에 따르면 용언의 활용형에 나타나는 '쪄'는 [쩌]로 발음해야 하기 때문에, 용언 '찌다'의 활용형 '쪄서'는 [쩌서]로 발음해야 한다.

⑤ 〈보기〉에 따르면 '예, 례' 이외의 'ㅖ'는 [ㅔ]로도 발음할 수 있기 때문에, '계이름'은 [계이름/게이름]으로 발음할 수 있다.

03 정답 ③

정답 풀이 받침 'ㅌ'의 대표음은 [ㄷ]이므로 '솥'은 [솟]이 아닌 [솓]으로 발음해야 한다.

오답 풀이
① 받침 'ㅊ'의 대표음은 [ㄷ]이므로 '옻'은 [옫]으로 발음해야 한다.
② 받침 'ㅍ'의 대표음은 [ㅂ]이므로 '잎'은 [입]으로 발음해야 한다.
④ 'ㄷ'은 받침소리로 발음할 수 있으므로 '곧'은 [곧]으로 발음해야 한다.
⑤ 'ㅁ'은 받침소리로 발음할 수 있으므로 '감'은 [감:]으로 발음해야 한다.

개념 복습! 우리말은 종성에서 발음할 수 있는 자음의 종류가 제한되어 있어서, 받침소리로는 'ㄱ, ㄴ, ㄷ, ㄹ, ㅁ, ㅂ, ㅇ'의 7개 자음만 발음할 수 있다. 이외의 다른 자음 'ㄲ', 'ㅋ', 'ㅅ, ㅆ', 'ㅈ, ㅊ', 'ㅌ', 'ㅍ'이 받침에 올 경우, 각각 대표음 [ㄱ, ㄷ, ㅂ] 중 하나로 바꾸어 발음해야 한다.

04 정답 ①

정답 풀이 '부엌 안'은 받침 'ㅋ' 뒤에 모음 'ㅏ'로 시작하는 실질 형태소 '안'이 연결되는 경우이므로, 〈보기〉에 따라 받침 'ㅋ'을 대표음 [ㄱ]으로 바꾸어 뒤 음절 '안'의 첫소리로 옮겨 발음해야 한다. 그러므로 '부엌 안'의 올바른 발음은 [부어칸]이 아닌 [부어간]이다.

오답 풀이
② '밭 위'는 받침 'ㅌ' 뒤에 모음 'ㅟ'로 시작하는 실질 형태소 '위'가 연결되는 경우이므로, 〈보기〉에 따라 받침 'ㅌ'을 대표음 [ㄷ]으로 바꾸어 '위'의 첫소리로 옮겨 발음해야 한다. 따라서 '밭 위'의 올바른 발음은 [바뒤]이다.
③ '늪 앞'은 받침 'ㅍ' 뒤에 모음 'ㅏ'로 시작하는 실질 형태소 '앞'이 연결되는 경우이므로, 〈보기〉에 따라 받침 'ㅍ'을 대표음 [ㅂ]으로 바꾸어 '앞'의 첫소리로 옮겨 발음해야 한다. 따라서 '늪 앞'의 올바른 발음은 [느밥]이다.
④ '맛없다'는 받침 'ㅅ' 뒤에 모음 'ㅓ'로 시작하는 실질 형태소 '없–'이 연결되는 경우이므로, 〈보기〉에 따라 받침 'ㅅ'을 대표음 [ㄷ]으로 바꾸어 '없–'의 첫소리로 옮겨 발음해야 한다. 따라서 '맛없다'의 올바른 발음은 [마덥따]이다.
⑤ '헛웃음'은 받침 'ㅅ' 뒤에 모음 'ㅜ'로 시작하는 실질 형태소 '웃–'이 연결되는 경우이므로, 〈보기〉에 따라 받침 'ㅅ'을 대표음 [ㄷ]으로 바꾸어 '웃–'의 첫소리로 옮겨 발음해야 한다. 따라서 '헛웃음'의 올바른 발음은 [허두슴]이다.

05 정답 ⓔ '꽃이랑'의 올바른 발음은 [꼬치랑]이고, 그렇게 발음해야 하는 근거는 홑받침 뒤에 모음으로 시작된 조사가 결합한 경우 홑받침을 제 음가대로 뒤 음절 첫소리로 옮겨 발음해야 하기 때문이다.

채점 기준
• '꽃이랑'의 올바른 발음([꼬치랑])을 씀.
• 표준 발음법 제13항을 활용하여 발음의 근거를 명확하게 밝힘.

필수 단어 꼬치랑, 모음, 조사, 홑받침, 뒤 음절, 첫소리

정답 풀이 '꽃'은 홑받침으로 끝난 단어이고, '꽃' 뒤에 모음으로 시작된 조사 '이랑'이 결합했기 때문에 '꽃'의 받침 'ㅊ'은 대표음으로 바꾸지 않고 제 음가대로 뒤 음절 '이'의 첫소리로 옮겨 [꼬치랑]으로 발음해야 한다.

06 정답 ②

정답 풀이 ㉠ '값이'는 겹받침 'ㅄ' 뒤에 모음으로 시작된 조사 '이'가 결합한 경우이므로, 겹받침 중 뒤엣것 'ㅅ'만을 제 음가대로 뒤 음절 첫소리로 옮겨 발음해야 한다. 이때 첫음절의 받침소리 'ㅂ'의 영향을 받아 뒤 음절 첫소리로 옮겨 간 'ㅅ'이 된소리가 되므로, '값이'는 [갑씨]로 발음해야 한다. ㉢ '닭고'는 겹받침 뒤에 자음으로 시작되는 어미가 결합한 경우이므로, 겹받침 'ㄺ'은 [ㅁ]으로 발음해야 한다. 이때 첫음절의 받침소리 'ㅁ'의 영향을 받아 뒤에 오는 음절의 첫소리 'ㄱ'이 된소리가 되므로, '닭고'는 [담:꼬]로 발음해야 한다.

오답 풀이
㉡ '핥는다'는 겹받침 'ㄾ'은 뒤에 자음으로 시작하는 어미가 결합한 경우이므로, 겹받침 'ㄾ'은 [ㄹ]로 발음해야 한다. 이때 첫음절의 받침소리 'ㄹ'과 뒤에 오는 음절의 첫소리 'ㄴ' 사이에 유음화가 일어나므로 '핥는다'는 [할른다]로 발음해야 한다.
㉣ '넓고'는 겹받침 뒤에 자음으로 시작되는 어미가 결합한 경우이므로, 겹받침 'ㄼ'은 [ㄹ]으로 발음해야 한다. 이때 첫음절의 받침소리 'ㄹ'의 영향을 받아 뒤에 오는 음절의 첫소리 'ㄱ'이 된소리가 되므로, '넓고'는 [널꼬]로 발음해야 한다.

07 정답 ②

정답 풀이 '넓죽하다'의 겹받침 'ㄼ'은 자음 앞에서 [ㄹ]로 발음하는 것이 원칙이지만, '넓죽하다', '넓둥글다'와 같은 경우에 '넓–'은 [넙]으로 발음한다. 그러므로 '넓죽하다'의 올바른 발음은 [널쭈카다]가 아닌 [넙쭈카다]이다.

오답 풀이
① '없다'의 겹받침 'ㅄ'은 어말 또는 자음 앞에서 [ㅂ]으로 발음해야 한다. 이때 [ㅂ]과 뒤에 오는 음절의 첫소리 'ㄷ' 사이에 된소리 현상이 일어나므로 '없다'의 올바른 발음은 [업:따]이다.
③ '얹어'의 겹받침 'ㄵ'이 모음으로 시작하는 어미와 결합했으므로 뒤엣것만을 제 음가대로 옮겨 발음해야 한다. 그러므로 '얹어'의 올바른 발음은 [언저]이다.

④ '밟으면'의 겹받침 'ㄼ'이 모음으로 시작하는 어미와 결합했으므로 뒤엣것만을 제 음가대로 옮겨 발음해야 한다. 그러므로 '밟으면'의 올바른 발음은 [발브면]이다.

⑤ '흙의'의 겹받침 'ㄺ'이 모음으로 시작하는 조사와 결합했으므로 뒤엣것만을 제 음가대로 옮겨 발음해야 한다. 또한 조사 '의'는 [의]로 발음할 수도, [에]로 발음할 수도 있다. 그러므로 '흙의'의 올바른 발음은 [흘긔/흘게]이다.

08 정답 ①

정답 풀이 '겉옷'은 홑받침 뒤에 모음 'ㅗ'로 시작하는 실질 형태소 '옷'이 결합한 경우이므로, 앞말의 받침 'ㅌ'을 대표음 [ㄷ]으로 바꾸어 뒤 음절 첫소리로 옮겨 발음해야 하므로 '겉옷'은 [거돋]으로 발음해야 한다.

오답 풀이

② '깎아'는 쌍받침이 모음으로 시작하는 어미와 결합한 경우이므로, 쌍받침을 제 음가대로 뒤 음절 첫소리로 옮겨 발음해야 한다.

③ '앞으로'는 홑받침이 모음으로 시작하는 조사와 결합한 경우이므로, 홑받침을 제 음가대로 뒤 음절 첫소리로 옮겨 발음해야 한다.

④ '솟아'는 홑받침이 모음으로 시작하는 어미와 결합한 경우이므로, 홑받침을 제 음가대로 뒤 음절 첫소리로 옮겨 발음해야 한다.

⑤ '썼어'는 쌍받침이 모음으로 시작하는 어미와 결합한 경우이므로, 쌍받침을 제 음가대로 뒤 음절 첫소리로 옮겨 발음해야 한다.

09 정답 ③

정답 풀이 겹받침 'ㄺ'은 어말 또는 자음 앞에서 [ㄱ]으로 발음하는 것이 원칙이지만, 용언의 어간 말음 'ㄺ'은 'ㄱ' 앞에서 [ㄹ]로 발음해야 한다. 그러므로 '맑게'는 [말께]로 발음해야 한다.

오답 풀이

① '맑다'의 겹받침 'ㄺ'은 자음 앞에서 [ㄱ]으로 발음하는 것이 원칙이므로 [막따]로 발음해야 한다.

② '맑지'의 겹받침 'ㄺ'은 자음 앞에서 [ㄱ]으로 발음하는 것이 원칙이므로 [막찌]로 발음해야 한다.

④ '맑도록'의 겹받침 'ㄺ'은 자음 앞에서 [ㄱ]으로 발음하는 것이 원칙이므로 [막또록]으로 발음해야 한다.

⑤ '맑다가'의 겹받침 'ㄺ'은 자음 앞에서 [ㄱ]으로 발음하는 것이 원칙이므로 [막따가]로 발음해야 한다.

고난도

10 정답 ⑤

정답 풀이 '무릎이'는 홑받침 뒤에 모음으로 시작하는 조사가 결합한 것이므로, 홑받침을 제 음가대로 뒤 음절 첫소리로 옮겨 [무르피]로 발음해야 한다.

오답 풀이

① '예, 례'는 [ㅖ]로만 발음해야 하기 때문에, '제례'의 올바른 발음은 [제례]가 맞다.

② 첫음절 이외의 '의'는 [ㅣ]로 발음하는 것도 허용한다. 따라서 '자본주의'의 원칙적인 표준 발음은 [자본주의]지만 [자본주이]로도 발음할 수 있다.

③ '흙'과 '긁-'의 겹받침 'ㄺ'은 어말 또는 자음 앞에서 [ㄱ]으로 발음하는 것이 원칙이지만, 용언의 어간 말음 'ㄺ'은 'ㄱ' 앞에서 [ㄹ]로 발음해야 한다. 즉 '흙'은 용언의 어간이 아니기 때문에 '흙과'의 표준 발음은 [흑꽈]이지만, '긁-'은 용언의 어간에 해당하므로 '긁고'의 표준 발음은 [글꼬]이다.

④ '숯 위에'는 홑받침 뒤에 모음으로 시작하는 실질 형태소 '위'가 결합한 것이므로 앞말의 받침 'ㅊ'을 대표음 [ㄷ]으로 바꾸어 뒤 음절 첫소리로 옮겨 발음해야 하므로 '숯 위에'는 [수 뒤에]로 발음해야 한다.

01 ① **02** ④ **03** ① **04** ③ **Q 수능 맛보기** ①

01 정답 ①

정답 풀이 제13항에 의하면 '동녘에서'는 [동녀케서]로 발음해야 한다. '동녘'의 홑받침 'ㅋ'이 모음으로 시작하는 조사 '에서'와 결합한 경우이므로 'ㅋ'을 제 음가대로 뒤 음절 첫소리로 옮겨 발음해야 하는 것이다.

오답 풀이

② 제9항에 의하면 '꽃밭'의 받침 'ㅊ'과 'ㅌ'은 모두 대표음 [ㄷ]으로 발음된다. 따라서 '꽃밭'은 [꼳빧]으로 발음해야 한다.

③ 제11항에 의하면 용언의 어간 말음 'ㄺ'은 'ㄱ' 앞에서 [ㄹ]로 발음한다. '맑게'는 용언의 어간 '맑-'의 말음 'ㄺ'이 'ㄱ'으로 시작하는 어미 '-게' 앞에 있으므로 [말께]로 발음해야 한다.

④ 제10항에 의하면, '밟-'은 자음 앞에서 [밥]으로 발음한다. '밟고'는 '밟-'이 자음 'ㄱ' 앞에 있으므로 [밥:꼬]로 발음해야 한다.

⑤ 제10항에 의하면 겹받침 'ㄼ'은 어말 또는 자음 앞에서 [ㄹ]로 발음한다. '외곬'은 겹받침 'ㄼ'이 어말에 있으므로 [외골]로 발음해야 한다.

02 정답 ④

정답 풀이 제14항에 의하면 겹받침이 모음으로 시작된 조사와 결합되는 경우에는 뒤엣것만을 뒤 음절 첫소리로 옮겨 발음한다. '값이'는 겹받침 'ㅄ'이 모음으로 시작된 조사와 결합하고 있으므로 'ㅄ'에서 뒤엣것인 'ㅅ'을 뒤 음절 첫소리로 옮겨 발음해야 하는데, 'ㅅ'은 된소리로 발음한다고 하였으므로 [갑시]가 아니라 [갑씨]로 발음해야 한다.

오답 풀이

① 제10항에 의하면 겹받침 'ㄼ'은 자음 앞에서 [ㄹ]로 발음하므로, '넓지'는 [널찌]로 발음해야 한다.

② 제11항에 의하면 겹받침 'ㄻ'은 자음 앞에서 [ㅁ]으로 발음하므로 '옮겨'는 [옴겨]로 발음해야 한다.

③ 제11항에 의하면 용언의 어간 말음 'ㄺ'은 'ㄱ' 앞에서 [ㄹ]로 발음하므로, '읽고'는 [일꼬]로 발음해야 한다.

⑤ 제14항에 의하면 겹받침이 모음으로 시작된 어미와 결합되는 경우에는 뒤엣것만을 뒤 음절 첫소리로 옮겨 발음하므로, '훑어'는 [훌터]로 발음해야 한다.

03 정답 ①

정답 풀이 제13항에 의하면 쌍받침이 모음으로 시작된 어미와 결합되는 경우에는 제 음가대로 뒤 음절 첫소리로 옮겨 발음한다. '깎아'는 쌍받침 'ㄲ'이 모음으로 시작된 어미 '-아'와 결합한 경우이므로 쌍받침을 제 음가대로 뒤 음절 첫소리로 옮겨 [까까]로 발음해야 한다.

오답 풀이

② '읊어'는 겹받침 'ㄿ'이 모음으로 시작하는 어미 '-어'와 결합한 경우이므로, 제14항에 따라 뒤엣것인 'ㅍ'을 뒤 음절 첫소리로 옮겨 [을퍼]로 발음해야 한다.

③ '여덟을'은 겹받침 'ㄼ'이 모음으로 시작하는 조사 '을'과 결합한 경우이므로, 제14항에 따라 뒤엣것인 'ㅂ'을 뒤 음절 첫소리로 옮겨 [여덜블]로 발음해야 한다.

④ '덮이다'는 홑받침 'ㅍ'이 모음으로 시작하는 접미사 '-이-'와 결합한 경우이므로, 제13항에 따라 홑받침을 제 음가대로 뒤 음절 첫소리로 옮겨 [더피다]로 발음해야 한다.

⑤ '부엌이'는 홑받침 'ㅋ'이 모음으로 시작된 조사 '이'와 결합한 경우이므로, 제13항에 따라 홑받침을 제 음가대로 뒤 음절 첫소리로 옮겨 [부어키]로 발음해야 한다.

개념 복습! 홑받침이나 쌍받침이 모음으로 시작된 조사, 어미, 접미사와 결합될 때는 제 음가대로 뒤 음절 첫소리로 옮겨 발음하고, 겹받침이 모음으로 시작된 조사, 어미, 접미사와 결합될 때는 뒤엣것만 뒤 음절 첫소리로 옮겨 발음한다.

04 정답 ③

정답 풀이 '다만 4'에 의하면, '의무'에서 '의'는 단어의 첫음절이므로 표기대로 [의]로 발음해야 한다. 또한 '무예'와 '예절'의 '예'는 '다만 2'에 따라 표기대로 이중 모음으로 발음해야 한다. 따라서 단어의 표기대로만 발음해야 하는 것은 '의무, 무예, 예절'이다.

오답 풀이

'다만 4'에 의해 '예의'는 [예의/예이], '의의'는 [의의/의이], '절의'는 [저릐/저리]로 발음할 수 있다.

정답 풀이 '무릎이야'는 '무릎' 뒤에 모음으로 시작되는 형식 형태소인 조사 '이야'가 결합한 것이다. 그러므로 '무릎이야'는 ㉠에 따라 받침 'ㅍ'을 제 음가대로 뒤 음절의 첫소리로 옮겨 [무르피야]로 발음해야 한다. '무릎 아래'는 '무릎' 뒤에 모음 'ㅏ'로 시작되는 실질 형태소인 '아래'가 결합한 것이다. 그러므로 '무릎 아래'는 ㉡에 따라 받침 'ㅍ'을 대표음 [ㅂ]으로 바꾸어서 뒤 음절의 첫소리로 옮겨 [무르바래]로 발음해야 한다.

오답 풀이

② '서녘이나'와 '서녘에서'는 모두 '서녘' 뒤에 모음으로 시작되는 형식 형태소인 조사 '이나'와 '에서'가 결합한 것이므로, ㉠에 따라 [서녀키나]와 [서녀케서]로 발음해야 한다.

③ '겉으로'는 '겉' 뒤에 모음으로 시작되는 형식 형태소인 조사 '으로'가 결합한 것이므로, ㉠에 따라 [거트로]로 발음해야 한다. 그러나 '겉아가미'는 '겉' 뒤에 모음 'ㅏ'로 시작되는 실질 형태소인 '아가미'가 결합한 것이므로, ㉡에 따라 [거다가미]로 발음해야 한다.

④ '배꽃이'는 '배꽃' 뒤에 모음으로 시작되는 형식 형태소인 조사 '이'가 결합한 것이므로, ㉠에 따라 [배꼬치]로 발음해야 한다. '배꽃 위'는 '배꽃' 뒤에 'ㅟ'로 시작되는 실질 형태소인 '위'가 결합한 것이므로, ㉡에 따라 [배꼬뒤]로 발음해야 한다.

⑤ '빛에'와 '빛이며'는 모두 '빛' 뒤에 모음으로 시작되는 형식 형태소인 조사 '에'와 조사 '이며'가 결합한 것이므로, ㉠에 따라 [비체]와 [비지며]로 발음해야 한다.

개념 복습! 홑받침이나 쌍받침 뒤에 모음으로 시작된 조사나 어미, 접미사 등과 같은 형식 형태소가 결합하면, 제 음가대로 뒤 음절 첫소리로 옮겨 발음한다. 받침 뒤에 모음 'ㅏ, ㅓ, ㅗ, ㅜ, ㅟ'들로 시작되는 실질 형태소가 결합하면, 앞말의 받침을 대표음으로 바꾸어 뒤 음절 첫소리로 옮겨 발음한다.

문제 TIP 같은 받침이더라도 발음이 달라지는 경우가 있는데, 이는 뒤에 형식 형태소가 오는지, 실질 형태소가 오는지에 따라 구분할 수 있다.

문제 해결
STEP 1 제시된 말들을 각각 형태소로 구분한다.
STEP 2 받침이 있는 단어 뒤에 형식 형태소가 결합했는지 실질 형태소가 결합했는지 확인한다.

DAY 11 담화

개념 확인 문제
본문 · 081쪽

01 담화 **02** (1) ○ (2) × (3) × **03** 역사적·사회적 상황, 공동체의 관습 **04** ③ **05** 통일성, 응집성 **06** ③ **07** ㉠: 이것 ㉡: 그런데 **08** ㉠: 지시 표현 ㉡: 접속 표현

내신 대비 문제
본문 · 082~083쪽

01 ② **02** ④ **03** ③ **04** ③ **05** 예 ㉠ 조용히 해 주십시오. ㉡ 임산부를 위해 자리를 비워 둡시다. ㉢ 장애인을 위해 주차 구역을 비워 둡시다. / ㉠~㉢에서 같은 문장이 다르게 해석되는 이유는 장소라는 상황 맥락이 다르기 때문이다. **06** ⑤ **07** ③ **08** ⑤ **09** ⑤ **10** ⑤

01 정답 ②

정답 풀이 말하는 이와 듣는 이는 의사소통의 과정 속에서 계속해서 바뀌므로 고정된 것으로 볼 수 없다.

오답 풀이
① 담화는 문장이나 발화가 연속되어 이루어지는 말이나 글의 단위이다.
③ 담화의 의미는 상황 맥락 혹은 사회·문화적 맥락에 따라 달라질 수 있다.
④ 시간·공간적 상황과 같은 맥락은 담화의 생산 및 수용 활동에 영향을 미친다.
⑤ 담화의 필수 구성 요소로는 담화 참여자, 내용, 맥락이 있다.

> **개념 복습!** 담화가 이루어지려면, 말하는 이(글쓴이)인 화자, 듣는 이(읽는 이)인 청자와 같은 담화 참여자, 이들이 말하고 쓰는 문장이나 발화 즉 내용, 상황 맥락과 사회·문화적 맥락 등 맥락이 있어야 한다.

02 정답 ④

정답 풀이 담화에 직접적으로 영향을 미치는 맥락은 상황 맥락으로, 화자와 청자는 상황 맥락에 해당한다. 하지만 지역, 성별은 담화에 간접적으로 영향을 미치는 요인으로 사회·문화적 맥락에 해당한다.

오답 풀이
① 담화의 맥락은 담화의 흐름이나 의미 해석에 결정적인 역할을 하므로, 원활한 의사소통을 위해서는 맥락을 고려해야 한다.
② 담화의 맥락에는 담화에 직접적인 영향을 미치는 상황 맥락과, 담화에 간접적인 영향을 미치는 사회·문화적 맥락이 있다.
③ 발화나 문장의 의미를 파악할 때는 말하는 이의 의도와 목적, 즉 맥락을 고려해야 한다.
⑤ 담화에 간접적으로 영향을 미치는 맥락은 사회·문화적 맥락으로 역사적·사회적 배경, 이념 등이 이에 해당한다.

03 정답 ③

정답 풀이 '그러하다'는 사물의 성질, 시간, 수량 따위가 어떠하다는 것을 형식적으로 나타내는 지시 형용사로 제시된 문장에서는 대용 표현에 해당한다.

오답 풀이
① '그래서'는 앞 문장과 뒤 문장을 인과의 의미로 이어 주는, 혹은 앞 문장의 내용이 뒤 문장의 내용의 근거나 조건임을 드러내는 접속 표현이다.
② '그런데'는 주로 앞 문장의 내용과 뒤 문장의 내용이 상반됨을 나타내거나 화제를 전환할 때 쓰는 접속 표현이다.
④ '그러므로'는 앞 문장과 뒤 문장을 인과의 의미로 이어 주는 접속 표현이다.
⑤ '그러나'는 앞 문장과 뒤 문장의 내용이 상반됨을 나타내는 접속 표현이다.

04 정답 ③

정답 풀이 ㉢은 유선이가 들고 있는 '노트'를 가리키는 표현으로 ㉠, ㉡과 동일한 대상을 가리키는 것이다.

오답 풀이
① ㉠은 유선이가 들고 있는 '노트'를 가리키는 것이므로, 담화 상황 속의 사물을 가리키는 지시 표현이다.
② ㉡은 유선이가 들고 있는 '노트'를 가리키는 것이므로, 자신이 가지고 있는 사물을 가리키는 지시 표현이다.
④ ㉣은 앞 문장에 언급된 '학교 앞 문구점'을 가리키는 것이므로, 이전 발화에서 언급된 장소를 가리키는 대용 표현이다.
⑤ ㉤은 한결이의 발화, '나도 오늘 거기에 가야겠다.'를 가리키는 것이므로, 담화 상황에서 이미 언급된 내용을 가리키는 대용 표현이다.

서술형

05 정답 예 ㉠ 조용히 해 주십시오. ㉡ 임산부를 위해 자리를 비워 둡시다. ㉢ 장애인을 위해 주차 구역을 비워 둡시다. / ㉠~㉢에서 같은 문장이 다르게 해석되는 이유는 장소라는 상황 맥락이 다르기 때문이다.

채점 기준
• ㉠~㉢에서 해당 문장의 의미를 각각 적절히 파악하여 씀.
• 상황 맥락 중 장소가 다르기 때문에 의미가 달라진다는 내용을 밝혀 씀.

필수 단어 장소, 상황 맥락

정답 풀이 ㉠은 도서관 열람실이므로, 장소를 고려하면 '타인을 배려합시다.'라는 문장은 '조용히 해 주십시오.'라는 의미로 파악할 수 있다. ㉡은 지하철 임산부석이므로, 장소를 고려하면 '타인을 배려합

시다.'라는 문장은 '임산부를 위해 자리를 비워 둡시다.'라는 의미로 파악할 수 있다. ㉢은 장애인 주차 구역이므로, 장소를 고려하면 '타인을 배려합시다.'라는 문장은 '장애인을 위해 주차 구역을 비워 둡시다.'라는 의미로 파악할 수 있다. 이처럼 같은 문장이 다른 의미를 가지는 이유는, 장소라는 구체적인 상황 맥락이 다르기 때문이다.

06 정답 ⑤

정답 풀이 대화가 이루어지는 구체적인 상황을 알 수 없기 때문에 무엇을 '부탁'하는 것인지 파악할 수 없다.

오답 풀이

①, ② 〈보기〉 대화의 화자와 청자는 '경완'과 '슬기'이다.

③ 역사적 상황은 〈보기〉의 대화의 의미를 파악하는 데 중요한 맥락이 아니다.

④ 해석이 어려운 단어가 사용된 것은 아니므로, 어려운 단어 때문에 문장의 의미를 파악하기 어려운 것은 아니다.

개념 복습! 담화의 구성 요소 중 '맥락'은 담화의 생산과 수용 및 담화의 의미 파악에 있어서 매우 중요하다. 특히 화자의 발화 목적과 같은 상황 맥락은 담화의 의미를 결정한다.

07 정답 ③

정답 풀이 '밥을 너무 많이 먹었다.'는 문장과 '배가 불렀다.'는 문장은 각각 원인과 결과에 해당하기 때문에 이러한 의미를 가진 접속 표현 '그래서'가 ㉠에 들어가기에 적절하다. 또한 '자꾸만 음식을 더 먹고 싶었다.'는 앞 문장과 상반된 내용이기 때문에 양보 혹은 상반됨의 의미를 가지는 접속 표현 '그럼에도'가 ㉡에 들어가기에 적절하다.

오답 풀이

① '그러나'는 대조의 의미를 가지므로 ㉠에 들어가기에 적절하지 않고, '그래서'도 인과의 의미를 가지므로 ㉡에 들어가기에 적절하지 않다.

② '그러므로'는 인과의 의미를 가지므로 ㉠에 들어가기에 적절하지만, '그래서'는 인과의 의미를 가지므로 ㉡에 들어가기에 적절하지 않다.

④ '그래서'는 인과의 의미를 가지므로 ㉠에 들어가기에 적절하지만, '그러므로'는 인과의 의미를 가지므로 ㉡에 들어가기에 적절하지 않다.

⑤ '그리고'는 나열, 열거의 의미를 가지므로 ㉠에 들어가기에 적절하지 않지만 '그러나'는 상반됨의 의미를 가지므로 ㉡에 들어가기에 적절하다.

08 정답 ⑤

정답 풀이 담화 상황 속의 대상을 다른 말로 지칭하는 표현은 '지시 표현'이다. 〈보기〉의 밑줄 친 단어 중 '그러면'은 '지시 표현'이 아닌 발화와 발화를 이어 주는 접속 표현이다.

오답 풀이

① '그쪽'은 담화 상황 속의 장소를 가리키는 지시 표현이다.

② '거기'는 담화 상황 속의 장소를 가리키는 지시 표현이다.

③ '이것'은 담화 상황 속의 사물을 가리키는 지시 표현이다.

④ '이거'는 담화 상황 속의 사물을 가리키는 지시 표현이다.

09 정답 ⑤

정답 풀이 담화의 맥락, 즉 상황을 고려했을 때 민재는 자신이 알리지 않았는데 어떻게 알고 찾아왔냐는 의미로 '윤희야, 어떻게 왔어?'라는 발화 행위를 한 것이다. 그러므로 ⓐ는 '내가 병원에 입원한 것을 어떻게 알고 왔어?'의 의미로 해석해야 적절하다.

고난도

10 정답 ⑤

정답 풀이 〈보기〉의 담화의 의미를 파악할 때는 담화가 이루어지는 공간, 담화 참여자의 발화 의도 등의 상황 맥락이 사회·문화적 맥락보다 더 중요한 영향을 미친다.

오답 풀이

① '동영', '태현', '동규'는 역할이 계속해서 바뀌는 화자와 청자인 담화 참여자이므로 담화의 구성 요소에 해당한다.

② '이'는 담화 상황 속의 대상인 '옷'을 가리키는 지시 표현이다.

③ '이'와 '그거'는 화자에 따라 다르게 표현되었지만 동일한 대상인 '옷'을 가리키는 표현이다.

④ '그게'는 이미 말한 내용('일단 입어 보려고.')를 대신 드러내는 대용 표현으로 담화의 응집성을 높이는 기능을 한다.

심화 학습 문제

본문 • 084~085쪽

01 ③ **02** ④ **03** ③ **Q** 수능 맛보기 ⑤

01 정답 ③

정답 풀이 ㉣과 ⓞ이 포함된 말의 화자는 모두 '학생'으로, ㉣은 '원장'이 '학생'에게 한 말을 높이기 위해 사용한 표현이고, ⓞ은 '학생'이 '원장'에게 한 말을 낮추기 위해 사용한 표현이다. 따라서 화자가 자신의 행위를 낮추기 위해 사용한 표현이라는 것은 ⓞ에만 해당한다.

오답 풀이

① ㉠은 문장의 객체인 '원장님'을 높이는 표현이고, ㉡은 문장의 주체인 '원장님'을 높이는 표현이다.

② ㉢과 ㉦은 모두 '학생'과 '원장'이 전화로 약속을 잡았던 날을 가리키므로, 동일한 날을 지칭하는 표현이다.

④ ㉤ '저쪽'은 화자와 청자 모두에게서 멀리 떨어진 장소를 가리키는 지시 표현이다.

⑤ ⑪은 '학생'의 부모로, 담화 상황에 참여하지 않은 인물이다.

02 정답 ④

정답 풀이 '승객 1'의 '내립시다.'는 상황 맥락을 고려할 때 비켜 달라는 뜻을 담고 있는데, '승객 2'가 자신은 이번에 내리지 않는다고 말한 것으로 보아 '승객 2'는 '승객 1'의 발화를 언어적 맥락을 중심으로 이해한 것이다. 즉 ②은 상황 맥락을 고려하지 않고 언어적 맥락을 중심으로 발화를 이해하였음을 보여 준다.

오답 풀이
① ㉠은 '영수'가 '선희'와 '철호'의 발화를 상황 맥락을 중심으로 추우니까 창문을 닫아 달라는 뜻으로 이해하였음을 보여 준다.
② ㉡은 '영수'가 '철호'의 '나도 조금 추워!'라는 앞선 발화를 상황 맥락을 중심으로 창문을 닫아 달라는 뜻으로 이해한 것이 정확히 이해한 것이었음을 알려 주는 발화이다.
③ ㉢은 '선희'가 '영수'에게 앞선 자신의 발화가 언어적 맥락을 중심으로 단순히 춥다는 의미로 이해되어야 함을 밝히고 있는 발화이다.
⑤ ㉤은 '승객 1'이 '내립시다.'라는 앞선 자신의 발화를 '승객 2'가 제대로 이해하지 못하자, '승객 2'가 언어적 맥락을 중심으로 이해하도록 비켜 달라고 직접적으로 말하고 있는 발화이다.

03 정답 ③

정답 풀이 같은 대상을 철수는 '이 과자'라고 표현하고 영희는 '그거?'라고 표현한 것은 '과자'가 영희보다 철수에게 더 가까운 위치에 있기 때문이다. 지시 표현 '이'는 말하는 이에게 가까운 대상을 가리킬 때 사용하고, '그'는 말하는 이에게는 멀지만 듣는 이에게는 가까운 것을 가리킬 때 사용한다.

오답 풀이
① 철수를 쳐다보며 묻고 있는 영희의 행위를 고려할 때, '먹었지?'라는 표현에는 철수가 빵을 먹은 사실에 대해 의심하면서 이를 확인하려는 심리가 담겨 있음을 알 수 있다.
② 영희가 철수에게 높임 표현을 쓰지 않다가 ㉡에서 높임 표현을 하며 '잘했다'라고 한 것은 철수의 행위에 대한 언짢음을 반어적으로 드러내기 위해서라고 할 수 있다. 영희는 말하는 이와 듣는 이의 상하 관계를 드러내고자 한 것도 아니고, 잘했다는 의미를 전달하고자 한 것도 아니므로 '참 잘하셨네요.'는 표현된 진술과 발화의 의도가 일치하지 않음을 알 수 있다.
④ 철수의 직전 발화 내용인 '대신 이 과자라도 먹을래?'를 고려할 때, ㉣에는 먹는 행위의 주체인 '나(영희)'와 대상인 '과자'가 생략되어 있음을 알 수 있다.
⑤ 과자를 건네는 영희의 행위와 '넌 배 안 고파?'라는 물음에 담긴 의도를 고려할 때, ㉤에는 과자를 먹으라는 영희의 제안을 거절하려는 철수의 심리가 담겨 있다고 볼 수 있다.

정답 풀이 〈보기〉의 담화 상황은 '엄마'와 '아들'의 대화로 ㉣ '누나'는 '아들'인 영수의 누나를 가리키는 지칭이므로 화자와 청자를 제외한 제삼자임을 알 수 있다. 그러나 ㉤ '영수'는 앞서 나온 '우리 아들'을 고려할 때 청자인 '아들'을 가리키므로 화자와 청자를 제외한 제삼자가 아니다.

오답 풀이
① ㉠ '엄마'와 ㉣ '누나'는 모두 청자인 '아들(영수)'의 관점에서 사용한 지칭어이다.
② ㉠ '엄마'는 현재의 담화 상황에 참여하고 있는 '엄마', ㉧ '우리 아들'은 현재의 담화 상황에 참여하고 있는 '아들(영수)'을 가리키는 말이다.
③ ㉡과 ㉢의 '저거'는 모두 '옷 가게 광고판'이라는 동일한 대상을 가리킨다.
④ ㉣ '오늘'과 ㉤ '어제'는 모두 광고판에 쓰여 있는 '2015년 12월 30일'이라는 동일한 날을 가리킨다.

📖 개념 복습! 하나 이상의 발화가 유기적으로 연결된 것을 담화라고 한다. 담화를 정확하고 적절하게 이해하기 위해서는 화자와 청자, 맥락을 고려하여 담화에 사용된 표현을 파악해야 한다.

문제 TIP 담화 상황을 이해할 때는 먼저 담화 참여자를 확인하고 각 발화의 화자, 청자, 맥락을 파악하여 호칭어와 지칭어가 어떤 대상을 가리키는지 판단해야 한다.

문제 해결
STEP 1 담화 참여자를 확인하고 각 발화에서 화자와 청자가 누구인지 파악한다.
STEP 2 화자, 청자, 맥락을 고려하여 담화 상황에 쓰인 표현들이 어떤 대상을 가리키는지 확인한다.

Ⅲ 국어생활과 담화 — 단원 종합 문제

01 ③	**02** ②	**03** ⑤	**04** ④	**05** ⑤	**06** ②
07 ③	**08** ⑤	**09** ④	**10** 사회·문화적 맥락		

01 정답 ③

정답 풀이 'ㅿ'은 기본자 'ㅅ'에 가획하여 만든 글자가 아니라 모양을 달리하여 만든 이체자이다.

오답 풀이
① 'ㄷ'은 기본자 'ㄴ'에 가획하여 만든 글자이다.
② 'ㅍ'은 기본자 'ㅁ'에 가획하여 만든 글자이다.
④ 'ㄹ'은 상형하여 만든 'ㄴ', 가획하여 만든 'ㄷ, ㅌ'과는 다른 원리로 만든 이체자이다.
⑤ 'ㅅ'은 이의 모양을 상형하여 만든 글자이다.

02 정답 ②

정답 풀이 기본자 'ㅣ'는 사람의 모양을, 기본자 'ㅡ'는 평평한 땅의 모양을 본떠 만들었다.

오답 풀이
① 기본자 'ㆍ'는 동그란 하늘의 모양, 즉 자연의 모양을 본떠 만들었다.
③ 모음 제자 원리로는 자연과 사람의 모양을 본뜬 상형의 원리와, 모음끼리 서로 결합하여 만든 합성의 원리가 있다.
④ 초출자 'ㅏ, ㅓ, ㅗ, ㅜ'는 기본자 'ㅣ'와 'ㅡ'에 기본자 'ㆍ'를 결합하여 만든 글자이다.
⑤ 재출자 'ㅑ, ㅕ, ㅛ, ㅠ'는 초출자 'ㅏ, ㅓ, ㅗ, ㅜ'에 기본자 'ㆍ'를 결합하여 만든 글자이다.

03 정답 ⑤

정답 풀이 '-데'는 직접 경험한 일을 이야기할 때 쓰는 말이므로, 타인에게 전해 들은 말을 이야기할 때는 '-대'를 써야 한다.

오답 풀이
① '가을비'는 한글 맞춤법 제27항에 근거하여, 둘 이상의 단어가 어울려 이루어진 말이므로 각각 그 원형을 밝혀 '가을비'로 적어야 한다.
② '아드님'은 한글 맞춤법 제28항에 근거하여, 끝소리가 'ㄹ'인 '아들'과 '-님'이 어울릴 적에 'ㄹ' 소리가 나지 않으므로 안 나는 대로 '아드님'으로 적어야 한다.
③ '잡으니'는 한글 맞춤법 제15항에 근거하여, 용언의 어간 '잡-'과 어미 '-으니'를 구별하여 '잡으니'로 적어야 한다.
④ '넓이'는 한글 맞춤법 제19항에 근거하여, 어간 '넓-'에 '-이'가 붙어 명사가 된 것이므로 그 어간의 원형을 밝혀 '넓이'로 적어야 한다.

04 정답 ④

정답 풀이 [씩씩]은 된소리 'ㅆ'이 'ㄱ' 받침 뒤에서 나지만, 비슷한 음절이 겹쳐 나는 경우이므로 ⓑ가 아닌 ⓒ에 따라 '씩씩'으로 표기해야 한다.

오답 풀이
① [으뜸]은 된소리 'ㄸ'이 두 모음 사이에 나는 것이므로, ⓐ에 따라 '으뜸'으로 표기해야 한다.
② [거꾸로]는 된소리 'ㄲ'이 두 모음 사이에 나는 것이므로 ⓐ에 따라 '거꾸로'로 표기해야 한다.
③ [살짝]은 된소리 'ㅉ'이 'ㄹ' 받침 뒤에서 나는 것이므로 ⓑ에 따라 '살짝'으로 표기해야 한다.
⑤ [낙찌]는 된소리 'ㅉ'이 'ㄱ' 받침 뒤에서 나지만, 같은 음절이나 비슷한 음절이 겹쳐 나는 경우가 아니므로 ⓒ에 따라 '낙지'로 표기해야 한다.

05 정답 ⑤

정답 풀이 용언의 활용형에서 나타나는 '쳐'는 [처]로 발음해야 하므로, '쳐서'는 [처서]로만 발음해야 한다.

오답 풀이
① 'ㅏ'와 'ㅣ'는 단모음으로, 'ㅑ'는 이중 모음 [ㅑ]로 발음해야 한다.
② 'ㅖ'는 이중 모음으로 발음하는 것이 원칙이지만, '예, 례' 이외의 'ㅖ'는 [ㅔ]로 발음하는 것도 허용하므로 '혜'는 [헤]로도 발음할 수 있다.
③ 'ㅢ'는 [ㅢ]로 발음하는 것이 원칙이지만, 자음을 첫소리로 가지는 'ㅢ'는 [ㅣ]로 발음해야 한다. 그러므로 '의사'는 [의사]로, '희열'은 [히열]로 발음해야 한다.
④ 단어의 첫음절 이외의 조사 '의'는 [에]로 발음하는 것도 허용하므로, '나의'는 [나의/나에]로 모두 발음할 수 있다.

06 정답 ②

정답 풀이 〈보기〉에 따르면 겹받침 'ㄻ'은 [ㅁ]으로 발음한다고 하였으므로 '닭고'는 [담:꼬]로 발음해야 한다.

오답 풀이
① 〈보기〉에 따르면 겹받침 'ㄼ'은 [ㄹ]로 발음해야 하므로 '넓고'는 [넙꼬]가 아니라 [널꼬]로 발음해야 한다.
③ 〈보기〉에 따르면 겹받침 'ㄺ'은 [ㄱ]으로 발음하지만 용언의 어간 말음 'ㄺ'은 'ㄱ' 앞에서 [ㄹ]로 발음하므로, '묽고'는 [묵꼬]가 아닌 [물꼬]로 발음해야 한다.
④ 〈보기〉에 따르면 겹받침 'ㄿ'은 [ㅂ]으로 발음하므로 '읊고'는 [을:꼬]가 아닌 [읍:꼬]로 발음해야 한다.
⑤ 〈보기〉에 따르면 겹받침 'ㅀ'은 [ㄹ]로 발음하므로 '훑고'는 [훈꼬]가 아닌 [훌꼬]로 발음해야 한다.

07 정답 ③

정답 풀이 ⓒ '저기'는 듣는 이인 '성모'와 가까운 장소를 가리키는 말이 아니라, 말하는 이인 '지수'와 듣는 이인 '성모' 모두에게서 멀리 있는 장소를 가리키는 말이다.

오답 풀이
① ㉠ '그것'은 '지수'가 끼고 있는 '장갑'을 가리키는 지시 표현이다.
② ㉡ '여기'는 '성모'와 '지수'가 대화하고 있는 공간적 배경, 즉 장소를 가리키는 지시 표현이다.
④ ㉣ '거기'는 앞 발화에서 언급된 내용이자, 대화 상황에서 눈에 보이지 않는 장소인 '편의점'을 나타내는 대용 표현이다.
⑤ ㉤ '그곳'은 앞 발화에서 언급된 내용이자, '지수'의 언니가 장갑을 산 '우리 동네 시장에 있는 가게'를 나타내는 대용 표현이다.

08 정답 ⑤

정답 풀이 상황 맥락을 고려하였을 때, 교사의 '지금이 대체 몇 시야?'라는 발화는 '왜 이렇게 늦게 왔냐.'의 의미로 해석해야 한다. 그러나 학생은 표면적인 의미로 이해하여 '열 시요.'라고 대답하였으므로, 학생은 교사의 발화 의도를 적절히 파악하지 못한 것이다.

오답 풀이
① 교사의 발화 두 개, 학생의 발화 한 개로 구성된 담화이다.
② 구체적인 공간은 교무실, 구체적인 시간은 '열 시'임을 알 수 있다.
③ 담화 참여자(학생, 교사), 내용(학생과 교사의 발화 내용), 맥락(시간, 공간, 발화의 목적 등)이 모두 갖추어진 담화이다.
④ 화자와 청자는 교사와 학생이며, 발화자가 누구인지에 따라 그 역할이 계속해서 달라진다.

09 정답 ④

정답 풀이 찌개를 먹으며 '시원하다'고 표현하는 것을 외국인이 이해하지 못한 이유는, 뜨겁고 얼큰한 것을 먹으며 '시원하다'고 표현하는 한국인의 언어 관습 및 문화라는 맥락을 공유하고 있지 않기 때문이다.

오답 풀이
① 화자와 청자의 관계가 원만한지의 여부에 대해서는 알 수 없다.
②, ③ 화자는 '음식이 뜨거우면서 속을 후련하게 하는 점이 있다.'라는 의미로 '시원하다'라는 표현을 적절하게 사용함으로써 자신의 의도를 나타냈다.
⑤ 발화가 이루어진 시간은 알 수 없다.

10 정답 사회·문화적 맥락

정답 풀이 담화의 의미를 결정하는 요소로 사회·문화적 맥락이 있다. 사회·문화적 맥락은 담화에 간접적인 영향을 미치며, 의사소통이 이루어지는 역사적·사회적 배경, 공동체의 가치, 이념, 신념, 지역, 세대, 성별, 문화 등이 이에 해당한다.

DAY 12 모음 체계

개념 확인 문제
본문 · 091쪽

01 (1) ○ (2) ○   **02** (1) 입술 모양 (2) 후설 모음   **03** (1) 평순 모음 (2) 원순 모음   **04** ㉠: 고모음 ㉡: 저모음 ㉢: 중모음   **05** ㉠: 전설 모음 ㉡: 후설 모음 ㉢: 전설 모음   **06** ③   **07** ㅘ, ㅖ, ㅑ, ㅛ   **08** ②

내신 대비 문제
본문 · 092~093쪽

01 ③   **02** ⑤   **03** ③   **04** ④   **05** 예 'ㅓ'와 'ㅗ'를 발음할 때의 공통점은 혀의 높이가 중간이며 혀의 최고점이 뒤쪽에 있어야 한다는 것이다. 차이점은 'ㅓ'는 입술 모양을 평평하게 해서 발음해야 하고 'ㅗ'는 입술 모양을 동그랗게 오므려 발음해야 한다는 것이다.   **06** ②   **07** ④   **08** ④   **09** ②   **10** ③

01 정답 ③

정답 풀이 이중 모음은 반모음과 반모음이 아닌, 반모음과 단모음의 결합으로 이루어진다.

오답 풀이
① 모음은 자음과 달리 발음할 때 공기의 흐름이 발음 기관의 방해를 받지 않는 음운이다.
② 단모음 'ㅣ, ㅔ, ㅐ, ㅟ, ㅚ, ㅡ, ㅓ, ㅏ, ㅜ, ㅗ'는 '혀의 최고점의 위치, 입술의 모양, 혀의 높이'의 세 가지 기준에 의해 분류할 수 있다.
④ 모음에는 크게 단모음과 이중 모음이 있고, 이중 모음은 발음할 때 입술 모양이나 혀의 위치가 바뀌는 모음을 말한다.
⑤ 모음에는 크게 단모음과 이중 모음이 있고, 단모음은 발음할 때 입술 모양이나 혀의 위치가 바뀌지 않는 모음을 말한다.

02 정답 ⑤

정답 풀이 'ㅔ'와 'ㅗ'는 모두 단모음으로 발음할 때 입술이나 혀를 움직이지 않는 모음이다. 그러므로 'ㅔ'가 'ㅗ'와 달리 입술이나 혀를 움직이지 않고 발음하는 모음이라는 내용은 적절하지 않다.

오답 풀이
① 'ㅜ'와 'ㅚ'는 모두 원순 모음으로, 입술을 동그랗게 오므려 발음하는 모음이다.
② 'ㅏ'는 후설 모음으로, 혀의 최고점을 입천장의 중간점보다 뒤에 놓은 상태에서 발음하는 모음이다.
③ 'ㅛ'와 'ㅟ'는 이중 모음으로, 발음할 때 발음 기관의 모양이 달라지는 모음이다.
④ 'ㅡ'와 'ㅣ'는 모두 고모음으로, 혀의 높이를 가장 높이 해서 발음하는 모음이다.

03 정답 ③

정답 풀이 〈보기〉에서 설명하는 모음은 이중 모음이다. 'ㅔ'는 이중 모음이 아닌 단모음으로, 발음할 때 입술이나 혀가 고정되어 움직이지 않는 모음이다.

오답 풀이
① 'ㅖ'는 반모음 'ㅣ[j]'와 단모음 'ㅔ'가 결합한 이중 모음이다.
② 'ㅑ'는 반모음 'ㅣ[j]'와 단모음 'ㅏ'가 결합한 이중 모음이다.
④ 'ㅙ'는 반모음 'ㅗ[w]'와 단모음 'ㅐ'가 결합한 이중 모음이다.
⑤ 'ㅝ'는 반모음 'ㅜ[w]'와 단모음 'ㅓ'가 결합한 이중 모음이다.

개념 복습! 이중 모음은 반모음과 단모음이 결합한 모음이기 때문에, 발음할 때 발음 기관인 입술이나 혀의 모양 및 위치를 바꾸며 발음해야 한다.

'ㅣ[j]'계 이중 모음	ㅑ, ㅕ, ㅛ, ㅠ, ㅒ, ㅖ
'ㅗ/ㅜ[w]'계 이중 모음	ㅘ, ㅝ, ㅙ, ㅞ

04 정답 ④

정답 풀이 발음할 때 입술 모양을 동그랗게 오므렸다가 나중에 평평하게 펴야 하므로 ㉠에는 반모음 'ㅗ/ㅜ[w]'를 가진 이중 모음이 들어가야 한다. 'ㅘ'는 반모음 'ㅗ[w]'와 단모음 'ㅏ'가 결합한 것이므로 ㉠에 들어가기에 적절한 모음이다.

오답 풀이
①, ② 'ㅜ'와 'ㅐ'는 발음할 때 입술 모양이 변하지 않는 단모음이다.
③, ⑤ 'ㅑ'와 'ㅖ'는 반모음 'ㅣ[j]'를 가진 이중 모음이기 때문에 입술 모양이 동그랗게 오므린 상태가 아니라 평평한 상태로 발음된다.

서술형

05 정답 ⑩ 'ㅓ'와 'ㅗ'를 발음할 때의 공통점은 혀의 높이가 중간이며 혀의 최고점이 뒤쪽에 있어야 한다는 것이다. 차이점은 'ㅓ'는 입술 모양을 평평하게 해서 발음해야 하고 'ㅗ'는 입술 모양을 동그랗게 오므려 발음해야 한다는 것이다.

채점 기준
• '혀의 높이', '혀의 최고점' 등의 표현을 모두 써서 공통점을 정확히 씀.
• '입술 모양' 등의 표현을 써서 차이점을 정확히 씀.

필수 단어 혀의 높이, 혀의 최고점, 입술 모양

정답 풀이 'ㅓ'와 'ㅗ'는 모두 중모음이므로 발음할 때 혀의 높이가 중간이어야 하고, 또한 모두 후설 모음이므로 혀의 최고점이 뒤쪽에 위치해야 한다. 한편 'ㅓ'는 평순 모음, 'ㅗ'는 원순 모음이므로 'ㅓ'를 발음할 때는 입술을 평평한 모양으로 해야 하고, 'ㅗ'를 발음할 때는 입술을 오므려 동그란 모양으로 만들어야 한다.

06 정답 ②

정답 풀이 〈보기〉에서 설명하는 조건은 고모음, 원순 모음, 후설 모

음이다. 이 조건을 모두 만족하는 모음은 'ㅜ'이다.

오답 풀이
① 'ㅔ'는 중모음, 평순 모음, 전설 모음이다.
③ 'ㅣ'는 고모음, 평순 모음, 전설 모음이다.
④ 'ㅐ'는 저모음, 평순 모음, 전설 모음이다.
⑤ 'ㅡ'는 고모음, 평순 모음, 후설 모음이다.

07 정답 ④

정답 풀이 'ㅓ'와 'ㅏ'는 모두 후설 모음, 평순 모음이므로 혀의 최고점의 위치나 입술의 모양에는 차이가 없다. 그러나 혀의 높이에는 차이가 있다. 'ㅓ'는 중모음, 'ㅏ'는 저모음이므로, 'ㅓ'와 달리 'ㅏ'를 정확하게 발음하려면, 혀의 높이를 더 낮추어 입을 크게 벌려야 한다.

오답 풀이
①, ② 'ㅓ'와 'ㅏ'는 모두 평순 모음이므로 입술 모양에는 차이가 없다.
③ 'ㅓ'와 'ㅏ'는 모두 후설 모음이므로 혀의 위치를 뒤에서 앞으로 바꾸어야 한다는 내용은 답변으로 적절하지 않다.
⑤ 'ㅓ'는 중모음이고 'ㅏ'는 저모음이므로, 'ㅓ'와 달리 'ㅏ'를 발음할 때 혀의 높이를 높이면서 입을 작게 만들어야 한다는 내용은 답변으로 적절하지 않다.

08 정답 ④

정답 풀이 '유아'의 첫 음절 모음 'ㅠ'는 반모음 'ㅣ[j]'와 단모음 'ㅜ'가 결합한 것이므로 입술을 평평하게 했다가 동그랗게 바꾸어 발음하는 것이 적절하다. 또한 둘째 음절의 모음 'ㅏ'는 평순 모음, 저모음이므로 평평한 입술 모양으로 입을 크게 하여 입술 모양을 바꾸지 않고 발음하는 것이 적절하다.

오답 풀이
① '아이'의 첫 음절 모음 'ㅏ'는 단모음으로 입술은 평평하게, 혀의 최고점은 뒤에, 혀의 높이는 낮게 하여 발음해야 한다. 둘째 음절의 모음 'ㅣ'는 입술은 평평하게, 혀의 최고점은 앞에, 혀의 높이는 높게 하여 발음해야 한다.
② '여유'의 첫 음절 모음 'ㅕ'는 반모음 'ㅣ[j]'와 단모음 'ㅓ'가 결합한 것이므로 입술을 평평하게 했다가 혀를 뒤로 보내고 입을 더 벌리면서 발음해야 하고, 둘째 음절의 모음 'ㅠ'는 반모음 'ㅣ[j]'와 단모음 'ㅜ'가 결합한 것이므로 입술의 모양을 평평하게 했다가 동그랗게 바꾸어 발음해야 한다.
③ '우와'의 첫 음절 모음 'ㅜ'는 단모음으로 입술 모양을 바꾸지 않은 채 동그랗게 오므려 발음해야 하고, 둘째 음절의 모음 'ㅘ'는 반모음 'ㅗ[w]'와 단모음 'ㅏ'가 결합한 것이므로 입술을 오므렸다가 평평하게 하면서 입을 크게 하여 발음해야 한다.
⑤ '유예'의 첫 음절 모음 'ㅠ'는 반모음 'ㅣ[j]'와 단모음 'ㅜ'가 결합한 것이므로 입술을 평평하게 했다가 동그랗게 바꾸어 발음해야 한다. 둘째 음절의 모음 'ㅖ'는 반모음 'ㅣ[j]'와 단모음 'ㅔ'가 결합한 것이므로 혀의 높이를 높게 하였다가 낮추며 발음해야 한다.

09 정답 ②

정답 풀이 'ㅔ, ㅚ, ㅓ, ㅗ'는 모두 중모음이므로 혀의 높이를 중간에 두고 발음해야 한다.

오답 풀이

①, ④ 'ㅔ, ㅓ'는 평순 모음이므로 입술을 평평하게 만들어 발음해야 하고, 'ㅚ, ㅗ'는 원순 모음이므로 입술을 동그랗게 만들어 발음해야 한다.

③ 'ㅔ, ㅚ, ㅓ, ㅗ'는 모두 중모음이므로 혀의 높이를 제일 아래에 두고 발음하지 않는다.

⑤ 'ㅔ, ㅚ'는 전설 모음이므로 혀의 가장 높은 부분을 입천장의 앞쪽에 두고 발음해야 하지만, 'ㅓ, ㅗ'는 후설 모음이므로 혀의 가장 높은 부분을 입천장의 뒤쪽에 두고 발음해야 한다.

개념 복습!

혀의 최고점의 위치	전설 모음		후설 모음	
입술의 모양 / 혀의 높이	평순 모음	원순 모음	평순 모음	원순 모음
고모음	ㅣ	ㅟ	ㅡ	ㅜ
중모음	ㅔ	ㅚ	ㅓ	ㅗ
저모음	ㅐ		ㅏ	

고난도

10 정답 ③

정답 풀이 'ㅣ'와 'ㅔ'는 모두 전설 모음, 평순 모음이지만 혀의 높이에 따라서 각각 고모음과 중모음으로 나뉜다. 또한 'ㅡ'와 'ㅜ'는 모두 후설 모음, 고모음이지만 입술의 모양에 따라서 각각 평순 모음과 원순 모음으로 나뉜다. 마지막으로 'ㅚ'와 'ㅗ'는 모두 중모음, 원순 모음이지만 혀의 (최고점의) 앞뒤 위치에 따라서 각각 전설 모음과 후설 모음으로 나뉜다. 그러므로 ⓐ에는 '혀의 높이', ⓑ에는 '입술의 모양', ⓒ에는 '혀의 앞뒤 위치'가 들어가야 한다.

심화 학습 문제   본문·094~095쪽

01 ③   **02** ③   **03** ①   **04** ②   **Q** 수능 맛보기 ③

01 정답 ③

정답 풀이 10개의 국어 단모음(ㅣ, ㅔ, ㅐ, ㅟ, ㅚ, ㅡ, ㅓ, ㅏ, ㅜ, ㅗ)을 입술의 모양을 기준으로 분류했을 때, ㉠'발음할 때 입술을 둥글게 오므리는 모음'은 '원순 모음'이다. 원순 모음에는 'ㅟ, ㅚ, ㅜ,

ㅗ' 네 가지가 있으며, 제시된 모음 중에 원순 모음에 해당하는 것은 ③ 'ㅜ'이다.

오답 풀이

①, ②, ④, ⑤ 국어 단모음을 입술의 모양을 기준으로 분류했을 때, 발음할 때 입술을 평평하게 하는 모음인 '평순 모음'에 해당하는 모음은 'ㅣ, ㅐ, ㅔ, ㅡ, ㅓ, ㅏ'이다. 따라서 'ㅐ, ㅔ, ㅡ, ㅣ'는 평순 모음이므로 ㉠에 해당하지 않는다.

개념 복습! 발음할 때 입술 모양이나 혀의 위치가 고정되어 움직이지 않는 모음을 '단모음'이라고 하며, 발음하는 동안 입술 모양이나 혀의 위치가 달라지는 모음을 '이중 모음'이라고 한다.

02 정답 ③

정답 풀이 〈보기〉에 나타난 승리 조건 중 첫 번째인 '입천장의 중간 점을 기준으로 혀의 가장 높은 부분을 앞쪽에 둔 상태로 발음하는 모음'은 '전설 모음'을, 두 번째인 '입술을 평평하게 해서 발음하는 모음'은 '평순 모음'을, 세 번째인 '입을 조금 벌리고 혀가 입천장에 닿을 만큼 높은 상태로 발음하는 모음'은 '고모음'을 의미한다. 이를 모두 만족시키는 모음은 'ㅣ'이다.

오답 풀이

① 'ㅔ'는 전설 모음이면서 평순 모음에 해당한다. 하지만 중모음이기 때문에 고모음의 조건에 부합하지 않는다.

② 'ㅜ'는 고모음에 해당한다. 하지만 후설 모음이면서 원순 모음이기 때문에 전설 모음과 평순 모음의 조건에 부합하지 않는다.

④ 'ㅟ'는 전설 모음이면서 고모음에 해당한다. 하지만 원순 모음이기 때문에 평순 모음의 조건에 부합하지 않는다.

⑤ 'ㅏ'는 평순 모음에 해당한다. 하지만 후설 모음이면서 저모음이기 때문에 전설 모음과 고모음의 조건에 부합하지 않는다.

03 정답 ①

정답 풀이 단모음 체계표를 참고하면, 'ㅐ'는 저모음(개모음), 'ㅔ'는 중모음(반개모음)으로 'ㅐ'는 'ㅔ'에 비해 입을 더 크게 벌려 혀의 높이를 낮춰서 발음해야 한다.

오답 풀이

② 'ㅔ'와 'ㅐ' 모두 평순 모음이므로 입술을 동그랗게 오므리는 정도는 변하지 않는다.

③ 'ㅔ'는 중모음, 'ㅐ'는 저모음이므로 혀의 높이를 더 높아지게 하는 것이 아니라 반대로 혀의 높이를 더 낮아지게 해야 한다.

④ 'ㅔ'와 'ㅐ' 모두 혀의 최고점의 위치가 앞쪽에 있는 전설 모음에 해당하므로 혀의 최고점의 위치를 변화시킬 필요는 없다.

⑤ 'ㅔ'와 'ㅐ' 모두 입술이나 혀를 움직이지 않는 단모음에 해당된다.

04 정답 ②

정답 풀이 〈보기〉의 단모음 체계표를 참고하면, '개'의 'ㅐ'는 저모음(개모음), '게'의 'ㅔ'는 중모음(반개모음)이므로 '개'를 발음할 때에는

‘게’에 비해 입을 더 크게 벌리고 혀의 높이를 낮추어야 한다.

① ‘ㅐ’와 ‘ㅔ’ 모두 평순 모음이므로 입술을 동그랗게 오므리는 정도
는 변하지 않는다.

③ ‘ㅔ’와 ‘ㅐ’는 모두 단모음이기 때문에 둘 다 소리를 내는 동안 입
술과 혀가 움직이지 않는다.

④ ‘ㅐ’와 ‘ㅔ’는 모두 평순 모음이므로 입술을 평평하게 하는 정도는
변하지 않는다. 또한 ‘ㅐ’는 저모음(개모음)이고 ‘ㅔ’는 중모음(반
개모음)이기 때문에 ‘ㅐ’를 발음할 때 입을 더 크게 벌려야 한다.

⑤ ‘ㅔ’와 ‘ㅐ’ 모두 전설 모음이므로, 둘 다 혀의 최고점이 앞쪽에 있
다는 느낌으로 발음해야 한다.

수능 맛보기 음운의 개념 및 특성 파악 정답 ③

정답 풀이 [A]에서 최소 대립쌍을 찾으면 ‘쉬리–소리’, ‘마루–
머루’, ‘구실–구슬’이다. 이를 통해 음운 ‘ㅟ, ㅗ’, ‘ㅏ, ㅓ’, ‘ㅣ, ㅡ’
를 추출할 수 있다. [B]의 단모음 체계에 따르면 ‘ㅟ, ㅗ, ㅏ, ㅓ,
ㅣ, ㅡ’ 중에서 평순 모음은 3개가 아니라 ‘ㅏ, ㅓ, ㅣ, ㅡ’의 4개
이다.

오답 풀이

① ‘ㅟ, ㅗ, ㅏ, ㅓ, ㅣ, ㅡ’ 중에서 전설 모음은 ‘ㅟ, ㅣ’ 2개이다.

② ‘ㅟ, ㅗ, ㅏ, ㅓ, ㅣ, ㅡ’ 중에서 중모음은 ‘ㅗ, ㅓ’ 2개이다.

④ ‘ㅟ, ㅗ, ㅏ, ㅓ, ㅣ, ㅡ’ 중에서 고모음은 ‘ㅟ, ㅣ, ㅡ’ 3개이다.

⑤ ‘ㅟ, ㅗ, ㅏ, ㅓ, ㅣ, ㅡ’ 중에서 후설 모음은 ‘ㅗ, ㅏ, ㅓ, ㅡ’ 4
개이다.

개념 복습! 음절의 다른 부분은 같고 하나만 다른 경우의 짝
을 ‘최소 대립쌍’이라고 한다. 최소 대립쌍을 통해 음운을 구분할
수 있다.

문제 TIP ‘음운’은 말의 뜻을 구별해 주는 소리의 가장 작은 단위이므로
‘최소 대립쌍’을 통해 찾을 수 있다.

문제 해결

STEP 1 유사한 고유어를 나란히 배치하고 서로 다른 부분을 찾아 음운을 추
출한다.

STEP 2 추출된 음운이 단모음 체계에서 어디에 위치하는지 확인한다.

DAY 13 자음 체계

개념 확인 문제 본문 · 097쪽

01 ㄱ, ㅁ, ㅊ **02** (1) ○ (2) ○ **03** (1) ㄴ, ㅁ, ㅇ, ㄹ (2) 잇몸
04 ③ **05** (1) × (2) ○ **06** (1) 파열음 (2) 비음 **07** ①
08 ○

내신 대비 문제 본문 · 098~099쪽

01 ④ **02** ③ **03** ⑤ **04** ⑤ **05** 예 ‘ㄴ, ㅁ, ㅇ’
은 조음 방법상 모두 비음이라는 공통점이 있으나, 조음 위치상 ‘ㄴ’은
잇몸소리, ‘ㅁ’은 입술소리, ‘ㅇ’은 여린입천장소리라는 차이점이 있다.
06 ② **07** ② **08** ③ **09** ④ **10** ④

01 정답 ④

정답 풀이 자음은 모음과 달리 기본적으로 안울림소리이다. ‘ㄴ, ㅁ,
ㅇ, ㄹ’만 예외적으로 울림소리이다.

오답 풀이

① 우리말 자음은 모두 19개이다.

② 자음은 조음 위치에 따라 입술소리, 잇몸소리, 센입천장소리, 여
린입천장소리, 목청소리의 다섯 가지로 나눌 수 있다.

③ 자음은 조음 방법에 따라 파열음, 파찰음, 마찰음, 비음, 유음의
다섯 가지로 나눌 수 있다.

⑤ 자음은 소리의 세기에 따라 예사소리, 거센소리, 된소리로 나눌
수 있다.

02 정답 ③

정답 풀이 ‘ㄱ, ㄷ, ㅂ’은 ‘예사소리–거센소리–된소리’의 계열성이
있으나 ‘ㅅ’은 거센소리가 없이 ‘예사소리–된소리’의 계열성만 있다.

오답 풀이

① 유음은 혀를 윗잇몸 끝에 대고 양옆으로 공기를 흘려보내면서 내
는 소리이다.

② 파찰음은 파열음과 마찰음의 속성을 모두 가지기 때문에 파찰음
이라는 명칭을 가진다.

④ 다른 자음들은 안울림소리인 반면, 비음과 유음은 울림소리이다.

⑤ 자음은 조음 위치에 따라 입술소리, 잇몸소리, 센입천장소리, 여
린입천장소리, 목청소리의 다섯 가지로 분류할 수 있다.

03 정답 ⑤

정답 풀이 ‘ㅈ’은 혀와 센입천장 사이에서 나는 소리인 센입천장소
리이다.

오답 풀이

① ‘ㅂ’은 두 입술 사이에서 나는 소리인 입술소리이다.

②, ③ 'ㅆ', 'ㅌ'은 혀끝이 윗잇몸에 닿아서 나는 소리인 잇몸소리이다.

④ 'ㄱ'은 혀와 여린입천장 사이에서 나는 소리인 여린입천장소리이다.

04 정답 ⑤

정답 풀이 'ㅅ, ㅆ, ㅎ'은 모두 마찰음이다. 마찰음은 공기가 나오는 통로를 좁히고 그 좁은 틈 사이로 공기를 내보내어 마찰을 일으키면서 내는 소리이다.

오답 풀이

① 'ㅅ, ㅆ'는 혀끝이 윗잇몸에 닿아서 나는 잇몸소리가 맞으나, 'ㅎ'은 잇몸소리가 아닌 목청소리이다.

② 'ㅅ, ㅆ, ㅎ'은 모두 센입천장소리에 해당하지 않는다.

③, ④ 'ㅅ, ㅆ, ㅎ'은 모두 비음과 파찰음에 해당하지 않는다.

서술형

05 정답 예 'ㄴ, ㅁ, ㅇ'은 조음 방법상 모두 비음이라는 공통점이 있으나, 조음 위치상 'ㄴ'은 잇몸소리, 'ㅁ'은 입술소리, 'ㅇ'은 여린입천장소리라는 차이점이 있다.

채점 기준
• 조음 방법상 공통점이 '비음'임을 밝힘.
• 조음 위치상 차이점을 각각 'ㄴ'은 '잇몸소리', 'ㅁ'은 '입술소리', 'ㅇ'은 '여린입천장소리'로 설명함.

필수 단어 비음, 잇몸소리, 입술소리, 여린입천장소리

정답 풀이 'ㄴ, ㅁ, ㅇ'은 모두 입안의 통로를 막고 공기를 코로 내보내면서 내는 소리, 즉 비음이라는 공통점이 있다. 하지만 'ㄴ'은 혀끝이 윗잇몸에 닿아서 나는 잇몸소리, 'ㅁ'은 두 입술 사이에서 나는 입술소리, 'ㅇ'은 혀와 여린입천장 사이에서 나는 여린입천장소리라는 차이점이 있다.

개념 복습! 비음은 파열음, 파찰음, 마찰음과 달리 코로 공기를 내보내면서 성대를 울려 내는 울림소리이다. 비음에는 'ㄴ, ㅁ, ㅇ'이 있으며, 조음 방법은 동일하지만 조음 위치는 'ㄴ'은 입술소리, 'ㅁ'은 잇몸소리, 'ㅇ'은 여린입천장소리로 각기 다르다.

06 정답 ②

정답 풀이 '보도국'을 발음할 때 발음되는 자음은 'ㅂ, ㄷ, ㄱ'으로 모두 파열음의 예사소리이다. 즉 공기의 흐름을 막았다가 터뜨리면서 소리를 낸다는 공통점이 있다.

오답 풀이

① 혀끝을 윗잇몸에 대었다가 떼면서 내는 잇몸소리는 'ㄷ'뿐이다.

③ 'ㅂ, ㄷ, ㄱ'은 모두 자음이므로 공기의 흐름이 방해를 받으면서 나는 소리이다.

④ 'ㅂ, ㄷ, ㄱ'은 모두 예사소리이므로 예사소리보다 공기의 흐름을

강하게 내보내며 내야 하는 소리가 아니다.

⑤ 혀끝을 잇몸에 댄 채 공기를 혀 양 옆으로 흘려보내면서 내는 소리는 유음인데, 'ㅂ, ㄷ, ㄱ'은 모두 파열음이다.

07 정답 ②

정답 풀이 잇몸소리이자 파열음의 예사소리에 해당하는 것은 'ㄷ'이고, 센입천장소리이자 파찰음의 거센소리에 해당하는 것은 'ㅊ'이다. 그러므로 이를 모두 만족하는 단어는 '닻'이다.

오답 풀이

① '탈'의 초성 'ㅌ'은 잇몸소리이자 파열음의 거센소리이고, 종성 'ㄹ'은 잇몸소리이자 유음이다.

③ '낮'의 초성 'ㄴ'은 잇몸소리이자 비음이고, 종성 'ㅈ'은 센입천장소리이자 파찰음의 예사소리이다.

④ '달'의 초성 'ㄷ'은 잇몸소리이자 파열음의 예사소리이고, 종성 'ㄹ'은 잇몸소리이자 유음이다.

⑤ '답'의 초성 'ㄷ'은 잇몸소리이자 파열음의 예사소리이고, 종성 'ㅂ'은 입술소리이자 파열음의 예사소리이다.

08 정답 ③

정답 풀이 'ㅂ'과 'ㅌ'은 모두 파열음으로 조음 방법이 동일하다.

오답 풀이

① 'ㄴ'은 비음, 'ㄹ'은 유음으로 조음 방법이 다르다.

② 'ㄷ'은 파열음, 'ㅉ'은 파찰음으로 조음 방법이 다르다.

④ 'ㅋ'은 파열음, 'ㅈ'은 파찰음으로 조음 방법이 다르다.

⑤ 'ㅍ'은 파열음, 'ㅎ'은 마찰음으로 조음 방법이 다르다.

개념 복습! 우리말 자음은 조음 방법에 따라 파열음(ㄱ, ㄲ, ㅋ, ㄷ, ㄸ, ㅌ, ㅂ, ㅃ, ㅍ), 파찰음(ㅈ, ㅉ, ㅊ), 마찰음(ㅅ, ㅆ, ㅎ), 비음(ㅁ, ㄴ, ㅇ), 유음(ㄹ)으로 나눌 수 있다.

09 정답 ④

정답 풀이 'ㄴ, ㅇ'은 비음, 'ㄷ, ㄲ, ㅍ'은 파열음, 'ㅊ'은 파찰음, 'ㅆ, ㅎ'은 마찰음이다.

오답 풀이

① 비음은 'ㄴ, ㅇ'의 두 개가 포함되어 있다.

② 파열음 'ㄷ, ㄲ, ㅍ', 파찰음 'ㅊ', 마찰음 'ㅆ, ㅎ'이 포함되어 있다.

③ 예사소리 'ㄷ', 된소리 'ㄲ, ㅆ', 거센소리 'ㅊ, ㅍ'이 포함되어 있다.

⑤ 조음 위치에 따라 잇몸소리 'ㄴ, ㄷ, ㅆ', 여린입천장소리 'ㅇ, ㄲ', 입술소리 'ㅍ', 센입천장소리 'ㅊ', 목청소리 'ㅎ'으로 묶을 수 있다.

고난도

10 정답 ④

정답 풀이 'ㄱ'이 [ㅇ]이 될 때, 조음 위치는 동일하게 여린입천장소리로 변하지 않으나, 조음 방법은 파열음 'ㄱ'에서 비음 'ㅇ'으로 바뀐다. 그러므로 조음 위치는 변하지 않고 조음 방법은 변함을 알 수 있다.

01 ①　　**02** ⑤　　**03** ③　　**Q** 수능 맛보기 ①

01 정답 ①

정답 풀이　'ㅁ'은 비음이고 'ㅃ'은 파열음이므로 비음인 'ㅁ'이 파열음인 'ㅃ'보다 강하게 파열되며 나는 소리라고 볼 수는 없다.

오답 풀이

② 'ㅁ'은 울림소리이므로 목청을 울리면서 소리를 내고, 'ㅃ'은 안울림소리이므로 목청을 울리면서 소리를 내지 않는다.

③ 'ㅁ'은 비음이므로 코로 공기를 내보내면서 소리를 내고, 'ㅃ'은 비음이 아니므로 코로 공기를 내보내면서 소리를 내지 않는다.

④ '두 입술 사이에서 나는 소리가 가장 먼저 발달한다.'라는 내용 이후에 '그중에서도' 'ㅁ'을 언급하였으며, 이후 'ㅃ'을 언급하였으므로 'ㅁ'과 'ㅃ' 모두 두 입술 사이에서 나는 소리로 이해할 수 있다.

⑤ 'ㅁ'과 'ㅃ'은 둘 다 자음으로, 발음을 할 때 모두 공기의 흐름이 방해를 받아 나는 소리이다.

02 정답 ⑤

정답 풀이　'좇아'는 '남의 말이나 뜻을 따라'라는 의미를 지니고, '쫓아'는 '어떤 대상을 잡거나 만나기 위하여 뒤를 급히 따라'의 의미를 지닌다. 즉 '좇아'와 '쫓아'는 어감의 차이가 나는 것이 아니라 뜻이 완전히 다른 단어이다.

오답 풀이

① '단단하게'와 '딴딴하게'는 '어떤 힘을 받아도 쉽게 그 모양이 변하거나 부서지지 아니하는 상태에 있게'라는 뜻으로, 된소리가 쓰인 '딴딴하게'는 '단단하게'보다 센 느낌을 준다.

② '덜거덕'과 '떨거덕'은 '크고 단단한 물건이 맞부딪치는 소리'로, '떨거덕'은 '덜거덕'보다 센 느낌을 준다.

③ '부옇게'와 '뿌옇게'는 '연기나 안개가 낀 것처럼 선명하지 못하고 조금 허옇게'라는 뜻으로, '뿌옇게'는 '부옇게'보다 센 느낌을 준다.

④ '삭삭'과 '싹싹'은 '거침없이 자꾸 밀거나 쓸거나 비비거나 하는 소리. 또는 그 모양'을 뜻하며, '싹싹'은 '삭삭'보다 센 느낌을 준다.

03 정답 ③

정답 풀이　'불'의 'ㅂ'은 조음 위치에 따라 입술소리이며, 조음 방법에 따라 안울림소리 중 파열음에 해당한다. 따라서 '불'은 두 입술을 맞닿게 하면서 목청을 울리지 않고 공기의 흐름을 막았다가 터뜨리면서 소리를 내야 한다. 반면 '눌'의 'ㄴ'은 윗잇몸소리이므로 입술이 맞닿지 않으며, 울림소리 중 비음에 해당하므로 목청을 울리는 소리에 해당한다.

오답 풀이

① '불'의 'ㅂ'은 입술소리이므로 윗잇몸소리인 '둘'의 'ㄷ'처럼 혀끝을 윗잇몸에 닿게 해서 소리 내면 안 된다.

② '불'의 'ㅂ'은 입술소리이므로 여린입천장소리인 '굴'의 'ㄱ'처럼 혓

바닥을 여린입천장에 맞닿게 해서 소리 내면 안 된다.

④ '불'의 'ㅂ', '둘'의 'ㄷ', '굴'의 'ㄱ'은 모두 파열음이므로 공기의 흐름을 일단 막았다가 순간적으로 터뜨리면서 소리 내야 한다.

⑤ '불'의 'ㅂ'과 '둘'의 'ㄷ'은 안울림소리 중 파열음에 해당하고 '눌'의 'ㄴ'은 울림소리 중 비음에 해당한다. 따라서 '불'의 'ㅂ'을 코로 공기를 내보내며 목청을 울리게 하여 소리 내면 안 된다.

> **개념 복습!** 자음은 소리 나는 위치, 소리 내는 방법, 소리의 세기에 따라 분류할 수 있다. 소리 내는 방법에 따른 분류 중 '파열음'은 공기의 흐름을 막았다가 터뜨리면서 내는 소리이며, '비음'은 입안의 통로를 막고 코로 공기를 내보내며 내는 소리이다.

수능 맛보기　자음의 조음 방식 파악　　　　　　　정답 ①

정답 풀이　'식물[싱물]', '입는[임는]', '뜯는[뜬는]'은 각각 'ㄱ, ㅂ, ㄷ'이 'ㅁ, ㄴ, ㄴ' 앞에서 'ㅇ, ㅁ, ㄴ'으로 바뀐다. 이를 제시된 자음 분류표에서 살펴보면, 파열음이 비음 앞에서 비음으로 변동하였음을 확인할 수 있다. 따라서 세 사례 모두 두 자음이 만나서 발음될 때 앞 자음의 조음 방식이 파열음에서 비음으로 변한 것이라 할 수 있다.

오답 풀이

② 뒤 자음인 'ㅁ, ㄴ, ㄴ'은 셋 다 변하지 않고 'ㅁ, ㄴ, ㄴ'을 유지하였다.

③ 두 자음이 모두 변한 것이 아니라 앞 자음인 'ㄱ, ㅂ, ㄷ'만 'ㅇ, ㅁ, ㄴ'으로 변화하고 뒤 자음은 'ㅁ, ㄴ, ㄴ'을 유지하였다.

④ 앞 자음이 'ㄱ, ㅂ, ㄷ'에서 'ㅇ, ㅁ, ㄴ'으로 변한 것은 맞지만 'ㄱ, ㅇ'은 모두 연구개음, 'ㅂ, ㅁ'은 모두 양순음, 'ㄷ, ㄴ'은 모두 치조음이므로 조음 위치는 그대로 유지되었다.

⑤ 뒤 자음은 'ㅁ, ㄴ, ㄴ'인데 조음 위치는 바뀌지 않고 'ㅁ, ㄴ, ㄴ'을 유지하였다.

> **개념 복습!** 국어에서 파열음은 'ㄱ, ㄲ, ㅋ, ㄷ, ㄸ, ㅌ, ㅂ, ㅃ, ㅍ'가 있으며, 비음은 'ㄴ, ㅁ, ㅇ'이 있다. 파열음은 안울림소리에 해당하며, 비음은 울림소리에 해당한다.

문제 TIP　단어를 발음할 때 앞 혹은 뒤 음운의 영향을 받아 표기와 다른 발음이 나는 경우가 있는데, 조음 위치는 같으나 조음 방식이 달라지는 현상이 대표적이다.

문제 해결

STEP 1 단어의 표기와 발음을 나란히 두고 어떤 자음에 변화가 있는지 확인한다.

STEP 2 변화한 자음이 표의 어느 위치에 해당하는지 확인한 후 조음 방식의 변화인지, 조음 위치의 변화인지 판단한다.

DAY 14 음운 교체

개념 확인 문제
본문 · 103쪽

01 (1) ○ (2) ○　　**02** (1) ㄴ, ㅁ (2) 유음화　　**03** ②　　**04**
㉠: 별:라라 ㉡: 민는　　**05** (1) 마지 (2) 역또 (3) 부치다　　**06** (1)
× (2) ○　　**07** (1) ○ (2) ○　　**08** 후설, 전설

내신 대비 문제
본문 · 104~105쪽

01 ④　　**02** ⑤　　**03** ③　　**04** ⑤　　**05** 예 '낯설다'는
[낟썰다]로 발음한다. 음절의 끝소리 규칙에 따라 '낯'의 받침 'ㅊ'은 음
절의 끝에서 발음될 수 없으므로 대표음 'ㄷ'으로 바뀌고, 교체된 받침
'ㄷ'의 영향으로 '설'에 된소리되기가 일어난다.　　**06** ②　　**07**
⑤　　**08** ③　　**09** ⑤　　**10** ③

01 정답 ④

정답 풀이 구개음화는 모음 'ㅣ'의 영향으로 자음이 바뀌는 현상이
맞으나, 된소리되기는 모음이 아닌 자음의 영향으로 자음이 바뀌는
현상이다.

오답 풀이
② 음운의 교체는 해당 음운이 음절 말에 있을 때, 혹은 다른 음운과
　인접해 있을 때 일어난다.
⑤ 비음화와 유음화는 자음 동화로, 각각 자음 'ㄱ, ㄷ, ㅂ'과 'ㄴ'이
　인접한 자음(비음, 유음)의 영향으로 바뀌는 음운 변동이다.

02 정답 ⑤

정답 풀이 '끝을'은 구개음화가 일어나는 환경('ㄷ, ㅌ' + 'ㅣ')이 아
니므로 [끄틀]로 발음해야 한다.

오답 풀이
① 한자어의 'ㄹ' 받침 뒤에 예사소리가 오면 된소리되기가 일어난다.
② 받침의 'ㅍ'은 음절의 끝소리 규칙에 따라 [ㅂ]으로 바뀐다.
③ 비음 'ㄴ'은 앞에 유음 'ㄹ'이 오면 유음화가 일어나 [ㄹ]로 바뀐다.
④ 받침의 'ㄷ'은 'ㄴ' 앞에서 비음화가 일어나 [ㄴ]으로 바뀐다.

03 정답 ③

정답 풀이 '번민'은 비음화가 일어나는 환경이 아니므로 [번민]으로
발음해야 한다.

오답 풀이
① '밭이[바치]는 'ㅌ'과 모음 'ㅣ'가 만나 구개음화가 일어난다.
② '먹는다[멍는다]는 받침 'ㄱ'이 'ㄴ'과 만나 비음화가 일어난다.
④ '원리[월리]'는 'ㄴ' 뒤에 'ㄹ'이 결합해 유음화가 일어난다.
⑤ '듣는[든는]'은 받침 'ㄷ'과 'ㄴ'이 만나 비음화가 일어난다.

개념 복습! 비음화는 앞말의 받침 'ㄱ, ㄷ, ㅂ'이 뒷말의 첫소리
'ㄴ, ㅁ' 앞에서 각각 [ㅇ, ㄴ, ㅁ]으로 바뀌고, 유음화는 'ㄴ'이 'ㄹ'의 앞
이나 뒤에서 유음 'ㄹ'로 바뀌는 음운 변동이다. 구개음화는 앞말의 받
침 'ㄷ, ㅌ'이 'ㅣ'로 시작하는 형식 형태소 앞에서 [ㅈ, ㅊ]으로 바뀌는
음운 변동이다.

04 정답 ⑤

정답 풀이 '덮는'은 받침의 'ㅍ'이 음절의 끝소리 규칙을 거쳐 [ㅂ]으
로 바뀐 뒤, 다시 비음화를 거쳐 [ㅁ]으로 발음되므로 한 번의 교체가
아닌 두 번의 교체가 일어나는 것이다.

오답 풀이
① '키읔만', '물난리', '덮는'은 각각 [키윽만 → 키웅만], [물랄리],
　[덥는 → 덤는]으로 발음한다. 즉 음운의 교체만 일어나므로 발음
　할 때 음운 개수에는 변화가 없다.
② '키읔만'의 '읔'은 음절의 끝소리 규칙과 비음화에 따라, '덮는'의
　'덮'은 음절의 끝소리 규칙과 유음화에 따라 받침의 자음이 교체
　된다.
③ '키읔만'은 받침 'ㅋ'이 음절의 끝소리 규칙을 거쳐 [ㄱ]으로 바뀐
　뒤, 다시 비음화를 거쳐 [ㅇ]으로 발음된다.
④ '물난리'는 둘째 음절 '난'의 초성과 종성의 두 'ㄴ'이 각각 한 번씩
　의 유음화를 거쳐 [ㄹ]로 발음된다.

서술형

05 정답 예 '낯설다'는 [낟썰다]로 발음한다. 음절의 끝소리 규칙에 따라
'낯'의 받침 'ㅊ'은 음절의 끝에서 발음될 수 없으므로 대표음 'ㄷ'으로 바뀌고,
교체된 받침 'ㄷ'의 영향으로 '설'에 된소리되기가 일어난다.

채점 기준
• 올바른 발음으로 [낟썰다]를 씀.
• 음절의 끝소리 규칙, 된소리되기가 일어난다는 점이 모두 드러나도록 해당 　음운 변동이 일어나는 환경과 과정을 순서대로 씀.

필수 단어 [낟썰다], 음절의 끝소리 규칙, 된소리되기

정답 풀이 '낯'의 받침 'ㅊ'은 음절의 끝에서 발음되는 자음이 아니므
로 음절의 끝소리 규칙에 따라 대표음 [ㄷ]으로 교체된다. 그리고 이
교체된 받침 [ㄷ]의 영향으로 뒷말 '설'의 첫소리 'ㅅ'에 된소리되기가
일어난다. 따라서 '낯설다'는 [낟설다 → 낟썰다]로 발음한다.

06 정답 ②

정답 풀이 〈보기〉에서 설명하는 음운 변동은 '비음화'이다. '팥죽'은
음절의 끝소리 규칙(팥 → [팓])과 된소리되기가 일어나는 것으로 비
음화는 일어나지 않는다.

오답 풀이
①, ⑤ 받침 'ㄱ'이 비음 'ㄴ, ㅁ' 앞에서 비음화가 일어난다.
③ 받침 'ㅌ'이 음절의 끝소리 규칙으로 [ㄷ]으로 바뀐 뒤 뒷말 첫소
　리 'ㅁ'의 영향으로 비음화가 일어나 [ㄴ]으로 바뀐다.

④ 받침 ‘ㅋ’이 음절의 끝소리 규칙으로 [ㄱ]으로 바뀐 뒤 뒷말 첫소리 ‘ㅁ’의 영향으로 비음화가 일어나 [ㅇ]으로 바뀐다.

07 정답 ⑤

정답 풀이 ⓒ은 인접한 자음 ‘ㄱ’과 ‘ㅁ’ 중 뒤의 자음 ‘ㅁ’이 앞의 자음 ‘ㄱ’에 영향을 주어 비음화가 일어난다.

오답 풀이

① ⓐ은 음운 변동 전의 ‘ㅅ’과 음운 변동 후의 ‘ㄷ’ 모두 잇몸소리이다.
② ⓐ은 음절의 끝소리 규칙에 따른 교체만 일어나므로 음운 변동 결과 음운 개수가 달라지지 않는다.
③ ⓑ은 음절의 끝소리 규칙(ㅍ → ㅂ), 된소리되기(ㅅ → ㅆ)가 일어나므로 교체가 두 번 일어난다.
④ ⓑ은 예사소리(ㅅ)가 된소리(ㅆ)로 바뀌는 음운 변동이 일어난다.

> **📖 개념 복습!** 음절의 끝소리 규칙은 받침에서 발음 가능한 ‘ㄱ, ㄴ, ㄷ, ㄹ, ㅁ, ㅂ, ㅇ’ 이외의 자음이 받침에 올 때 대표음으로 바뀌어 발음되는 음운 변동이다. 된소리되기는 파열음 받침 ‘ㄱ, ㄷ, ㅂ’ 뒤, 어간 받침 ‘ㄴ, ㅁ’ 뒤, 한자어의 받침 ‘ㄹ’ 뒤, 관형사형 어미 ‘-(으)ㄹ’ 뒤 등 특정 환경에서 뒤의 예사소리가 된소리로 바뀌어 발음되는 음운 변동이다.

08 정답 ③

정답 풀이 ‘대관령’은 유음화가 일어나므로 [대:괄령]으로 발음한다.

오답 풀이

① ‘겁내지’는 비음화가 일어나므로 [검내지]로 발음한다.
② ‘굳센’은 된소리되기가 일어나므로 [굳쎈]으로 발음한다.
④ ‘욕망’은 비음화가 일어나므로 [용망]으로 발음한다.
⑤ ‘잡고’는 된소리되기가 일어나므로 [잡꼬]로 발음한다.

09 정답 ⑤

정답 풀이 ‘패랭이꽃’에서 뒷말의 전설 모음 ‘ㅣ’ 앞에 나타난 모음은 원래 전설 모음 ‘ㅐ’로, ‘ㅣ’ 모음 역행 동화가 일어나서 교체된 것이 아니다.

오답 풀이

①, ③, ④ ‘아기’의 ‘ㅏ’와 ‘어미’의 ‘ㅓ’, ‘아지랑이’의 ‘ㅏ’가 뒷말의 전설 모음 ‘ㅣ’에 동화되어 [애기], [에미], [아지랭이]로 발음되는 것은 ‘ㅣ’ 모음 역행 동화의 사례로, 표준 발음으로 인정하지는 않는다.
② ‘남비’의 표준어는 ‘냄비’인데, ‘ㅣ’ 모음 역행 동화가 일어난 형태가 굳어진 것이다.

고난도

10 정답 ③

정답 풀이 ‘산다’는 [산다]로 발음하므로 ⓛ에 들어갈 예로 적절하지 않다. ‘산다’의 어간은 ‘살-’로 ‘ㄴ’은 어간 받침이 아니다. 따라서 ‘산다’는 된소리되기가 일어나는 환경에 해당하지 않는다.

오답 풀이

① ‘닫자’는 파열음 받침 ‘ㄷ’ 뒤에서 된소리되기가 일어나 [닫짜]로 발음하므로 ㉠에 들어가기에 적절한 예시이다.
② ‘신자’는 어간 받침 ‘ㄴ’ 뒤에서 된소리되기가 일어나 [신짜]로 발음하므로 ㉡에 들어가기에 적절한 예시이다.
④ ‘발달’은 한자어의 ‘ㄹ’ 받침 뒤에서 된소리되기가 일어나 [발딸]로 발음하므로 ㉢에 들어가기에 적절한 예시이다.
⑤ ‘볼 사람’은 관형사형 어미 ‘-ㄹ’ 뒤에서 된소리되기가 일어나 [볼 싸람]으로 발음하므로 ㉣에 들어가기에 적절한 예시이다.

심화 학습 문제   본문 · 106~107쪽

01 ⑤   **02** ⑤   **03** ④   **04** ③   **Q 수능 맛보기** ④

01 정답 ⑤

정답 풀이 ‘붙이다’는 ‘붙’의 받침 ‘ㅌ’이 뒤에 오는 접사 ‘-이-’의 모음 ‘ㅣ’와 만나 [ㅊ]으로 바뀌는 구개음화가 일어나 [부치다]로 발음한다.

오답 풀이

① ‘잔디’의 발음은 [잔디]로 음운 변동이 일어나지 않는다.
② ‘잡티’의 발음은 [잡티]로 음운 변동이 일어나지 않는다.
③ ‘달맞이’의 발음은 [달마지]로, ‘맞’의 받침 ‘ㅈ’이 뒷자리로 연음될 뿐 음운 변동이 일어나지 않는다.
④ ‘잊히다’의 발음은 [이치다]로, ‘ㅈ’과 ‘ㅎ’이 만나 [ㅊ]으로 축약된 것이지 구개음화가 일어난 것이 아니다.

02 정답 ⑤

정답 풀이 ‘땀받이[땀바지]’는 앞말의 끝소리 ‘ㄷ’이 연음되어 뒷말의 가운뎃소리 ‘ㅣ’와 만나 앞의 음운인 ‘ㄷ’이 [ㅈ]으로 바뀌는 교체 현상이 일어난다. 따라서 ⓛ이면서 ⓓ에 해당한다.

오답 풀이

① ‘마천루[마철루]’는 앞말의 끝소리 ‘ㄴ’과 뒷말의 첫소리 ‘ㄹ’이 만나(㉠) 앞의 음운 ‘ㄴ’이 [ㄹ]로 바뀌는(ⓐ) 교체 현상이 일어난다.
② ‘목덜미[목떨미]’는 앞말의 끝소리 ‘ㄱ’과 뒷말의 첫소리 ‘ㄷ’이 만나(㉠) 뒤의 음운 ‘ㄷ’이 [ㄸ]으로 바뀌는(ⓑ) 교체 현상이 일어난다.
③ ‘박람회[방남회]’는 앞말의 끝소리 ‘ㄱ’과 뒷말의 첫소리 ‘ㄹ’이 만나(㉠) 앞의 음운 ‘ㄱ’이 [ㅇ]으로, 뒤의 음운 ‘ㄹ’이 [ㄴ]으로 바뀌는(ⓒ) 교체 현상이 일어난다.
④ ‘쇠붙이[쇠부치]’는 앞말의 끝소리 ‘ㅌ’이 연음되어 뒷말의 가운뎃소리 ‘ㅣ’와 만나(㉡) 앞의 음운 ‘ㅌ’이 [ㅊ]으로 바뀐 것(ⓓ)이다.

03 정답 ④

정답 풀이 '닫는'은 뒷말의 비음 'ㄴ' 앞에서 앞말의 받침 'ㄷ'이 비음 'ㄴ'으로 변하는 비음화(㉠)가 일어나 [단는]으로 발음된다. '권리'는 뒷말의 유음 'ㄹ'의 영향으로 앞말의 받침 'ㄴ'이 'ㄹ'이 되는 유음화(㉡)가 일어나 [궐리]로 발음된다.

오답 풀이

① '먹물'은 뒷말의 비음 'ㅁ' 앞에서 앞말의 받침 'ㄱ'이 비음 'ㅇ'으로 변하는 비음화가 일어나 [멍물]로 발음된다. '중력' 역시 앞말의 받침 'ㅇ' 앞에서 뒷말의 'ㄹ'이 'ㄴ'으로 변하는 비음화가 일어나 [중녁]으로 발음된다.

② '국밥'은 앞말의 받침 'ㄱ' 앞에서 뒷말의 'ㅂ'이 된소리 'ㅃ'으로 변하는 된소리되기가 일어나 [국빱]으로 발음되는 것이므로 비음화에 해당하지 않는다. '설날'은 앞말의 받침 'ㄹ' 앞에서 뒷말의 'ㄴ'이 유음 'ㄹ'로 변하는 유음화가 일어나 [설랄]로 발음된다.

③ '입는'은 뒷말의 비음 'ㄴ' 앞에서 앞말의 받침 'ㅂ'이 비음 'ㅁ'으로 변하는 비음화가 일어나 [임는]으로 발음된다. '막내' 역시 뒷말의 비음 'ㄴ' 앞에서 앞말의 받침 'ㄱ'이 비음 'ㅇ'으로 변하는 비음화가 일어나 [망내]로 발음된다.

⑤ '솜이불'은 '솜'과 '이불'이 결합된 합성어이며, 앞말의 받침이 자음이고, 뒷말의 첫소리가 '이'이므로 뒷말의 첫소리에 'ㄴ'이 첨가되는 'ㄴ' 첨가 현상이 일어나 [솜니불]로 발음된다. '물난리'의 경우 유음 'ㄹ' 앞에서 'ㄴ'이 유음 'ㄹ'로 변하는 유음화가 일어나 [물랄리]로 발음된다.

04 정답 ③

정답 풀이 '작년[장년]'은 받침 'ㄱ'이 비음 'ㄴ' 앞에서 비음 [ㅇ]으로 바뀌므로 ㉠의 예에 해당한다. 그리고 '칼날[칼랄]'은 'ㄴ'이 유음 'ㄹ' 뒤에서 유음 [ㄹ]로 바뀌므로 ㉡의 예에 해당한다.

오답 풀이

① '겹눈[겸눈]'은 받침 'ㅂ'이 비음 'ㄴ' 앞에서 비음 [ㅁ]으로 바뀌므로 ㉠의 예에 해당하지만, '맨입[맨닙]'은 음운이 교체된 것이 아니라 발음 과정에서 'ㄴ'이 첨가된 것이다.

② '실내[실래]'는 'ㄴ'이 유음 'ㄹ' 뒤에서 유음 [ㄹ]로 바뀌므로 ㉡의 예에 해당하고, '국물[궁물]'은 받침 'ㄱ'이 비음 'ㅁ' 앞에서 비음 [ㅇ]으로 바뀌므로 ㉠의 예에 해당한다.

④ '백마[뱅마]'는 받침 'ㄱ'이 비음 'ㅁ' 앞에서 비음 [ㅇ]으로 바뀌므로 ㉠의 예에 해당하지만, '잡히다[자피다]'는 음운이 교체된 것이 아니라 'ㅂ'과 'ㅎ'이 만나 [ㅍ]으로 축약된 것이다.

⑤ '끓이다[끄리다]'는 '끓'의 겹받침 중 하나가 탈락된 뒤 연음된 것이므로 ㉠의 예에 해당하지 않는다. '물놀이[물로리]'는 'ㄴ'이 유음 'ㄹ' 뒤에서 유음 [ㄹ]로 바뀌므로 ㉡의 예에 해당한다.

수능 맛보기 음운 현상의 이해와 적용 ／ 정답 ④

정답 풀이 제시된 단어 중 음절 끝의 자음이 바뀌는 경우는 '부엌[부억]', '옷[옫]', '빚[빋]', '앞[압]'으로, 받침에서 'ㅋ'은 [ㄱ], 'ㅅ, ㅈ'은 [ㄷ], 'ㅍ'은 [ㅂ]으로 바뀌는 음절의 끝소리 규칙이 일어난 것을 확인할 수 있다. '밖[박]'은 받침의 'ㄲ'이 [ㄱ]으로, '밑[믿]'은 받침의 'ㅌ'이 [ㄷ]으로 바뀌므로, 음절의 끝소리 규칙에 따라 음운 변동이 일어난 예로 추가할 수 있다.

오답 풀이

① '부엌'은 [부억]으로 발음되므로 음절 끝의 자음이 'ㅋ'에서 [ㄱ]으로 바뀐다.

② '옷[옫]', '빚[빋]'을 보면 음절 끝 자음이 예사소리(ㅅ, ㅈ)일 때에도 바뀐다.

③ '옷[옫]', '빚[빋]'은 음절 끝 자음이 'ㄷ'으로 바뀐 경우이다.

⑤ 제시된 단어들은 각각 [부억], [간], [옫], [빋], [달], [섬], [압], [창]으로 발음한다. 이를 통해 음절의 끝에서 발음되는 자음은 'ㄱ, ㄴ, ㄷ, ㄹ, ㅁ, ㅂ, ㅇ'임을 알 수 있다.

> 📖 **개념 복습!** 음절의 끝소리 규칙은 음절의 끝에 대표음(ㄱ, ㄴ, ㄷ, ㄹ, ㅁ, ㅂ, ㅇ) 이외의 자음이 올 경우 대표음으로 교체되어 발음되는 현상이다.

문제 TIP 음절 끝의 자음이 'ㄱ, ㄴ, ㄷ, ㄹ, ㅁ, ㅂ, ㅇ'일 경우에는 발음할 때 자음이 바뀌지 않지만, 이외의 경우는 자음이 바뀐다. 즉 'ㄱ(ㄲ, ㅋ), ㄷ(ㅅ, ㅆ, ㅈ, ㅊ, ㅌ, ㅎ), ㅂ(ㅍ)'의 음운 교체가 일어난다.

문제 해결
STEP 1 각 단어를 정확하게 발음하고 음운의 변동을 확인한다.
STEP 2 변동되는 음운이 있는 경우, 어떤 자음으로 변하는지 확인한다.

음운 탈락, 첨가, 축약

개념 확인 문제

본문 · 109쪽

01 닭, 없다　　**02** (1) ○ (2) ×　　**03** ㉠: 받침 ㉡: ㅣ, ㅑ, ㅕ, ㅛ,
ㅠ　　**04** 'ㅡ' 탈락　　**05** (1) ○ (2) ○　　**06** (1) 축약, ㅍ (2)
축약, ㅊ　　**07** ㉠: 노아 ㉡: 구콰 ㉢: 신녀성　　**08** ㉠: 샀다 ㉡:
동음 탈락

내신 대비 문제

본문 · 110~111쪽

01 ②　　**02** ③　　**03** ⑤　　**04** ①　　**05** ⑩ '눈요기'의
올바른 발음은 [눈뇨기]이다. '눈요기'는 '눈'과 '요기'의 합성어로 앞말
에 받침 'ㄴ'이 있고 뒷말이 'ㅛ'로 시작하기 때문에 뒷말의 첫소리에
'ㄴ'이 첨가되는 'ㄴ' 첨가 현상이 일어난다.　　**06** ④　　**07** ④
08 ⑤　　**09** ⑤　　**10** ④

01 정답 ②

정답 풀이　음운의 첨가는 두 음운이 만날 때 새로운 음운이 첨가되
는 현상이다. 그러나 둘 중 하나와 동일한 음운이 첨가되는 경우도
있고, 그렇지 않은 경우도 있다.

오답 풀이
① 음운의 탈락은 두 음운이 만날 때 하나의 음운이 없어지는 현상이다.
③ 음운의 축약은 두 음운이 만날 때 새로운 하나의 음운으로 줄어드
　는 현상이다.
④ 음운의 탈락에는 자음 탈락과 모음 탈락, 음운의 첨가에는 'ㄴ' 첨
　가와 반모음 첨가, 음운의 축약에는 자음 축약(거센소리되기), 모
　음 축약 등이 있다. 음운의 탈락, 첨가, 축약은 자음과 모음 모두
　에서 일어난다.
⑤ 음운의 탈락과 축약은 음운 개수를 줄이고, 음운의 첨가는 음운
　개수를 늘리므로 모두 음운 개수에 영향을 미친다.

02 정답 ③

정답 풀이　'깎다[깍따]'에서 받침 'ㄲ'이 [ㄱ]으로 발음되는 것은 자음
탈락이 아닌 음절의 끝소리 규칙으로 받침의 자음이 교체된 것이다.

오답 풀이
① '읽다[익따]'는 겹받침 중 'ㄹ'이 탈락되므로 ㉠ '자음 탈락'의 예로
　적절하다.
② '낳아[나아]'는 'ㅎ'이 탈락하므로 ㉠ '자음 탈락'의 예로 적절하다.
④ '크-+-어 → 커'는 어간 말음의 모음 'ㅡ'가 탈락하므로 ㉡ '모음
　탈락'의 예로 적절하다.
⑤ '타-+-아 → 타'는 어간과 어미의 모음이 동일하여 하나가 탈락
　하므로 ㉡ '모음 탈락'의 예로 적절하다.

 음운 탈락은 크게 자음 탈락과 모음 탈락으로 나뉜다.
자음 탈락에는 단어의 형성이나 활용 과정에서 'ㄹ'이 탈락하는 'ㄹ' 탈
락, 모음과 모음 사이에서 'ㅎ'이 탈락하는 'ㅎ' 탈락이 있다. 모음 탈락
에는 모음 충돌 상황에서 모음 'ㅡ'가 탈락하는 'ㅡ' 탈락, 어간 '-아/-
어'가 동일한 모음 앞에서 탈락하는 동음 탈락이 있다.

03 정답 ⑤

정답 풀이　'앞마당'은 어근 '앞'과 어근 '마당'이 결합된 합성어로, 앞말
의 받침 'ㅍ'이 음절의 끝소리 규칙에 의해 [ㅂ]으로 바뀐 후, 뒷말의
첫소리인 비음 'ㅁ'의 영향을 받아 [ㅁ]으로 다시 바뀐다. 이처럼 '앞마
당'은 음운 변동에 따라 [암마당]으로 소리 나지만 음운의 개수는 7개
로 변화가 없다.

오답 풀이
① '법학'은 자음 축약에 의해 [버팍]으로 소리 나므로, 음운 개수는 6
　개에서 5개로 줄어든다.
② '맨입'은 'ㄴ' 첨가에 의해 [맨닙]으로 소리 나므로, 음운의 개수는
　5개에서 6개로 늘어난다.
③ '집일'은 'ㄴ' 첨가와 자음 동화에 의해 [짐닐]로 소리 나므로, 음운
　의 개수는 5개에서 6개로 늘어난다.
④ '신여성'은 'ㄴ' 첨가에 의해 [신녀성]으로 소리 나므로 음운의 개
　수는 7개에서 8개로 늘어난다.

04 정답 ①

정답 풀이　'끄- + -어'에서는 동일한 모음이 연속해 쓰이지 않았으
며, 모음의 탈락이 아니라 모음 'ㅡ'가 '-어'로 시작되는 어미 앞에서
탈락되는 'ㅡ' 탈락이 일어난다.

오답 풀이
② '알- + -니'에서는 어간 말음 'ㄹ'이 'ㄴ'으로 시작하는 어미 앞에
　서 탈락한다.
③ '열- + 닫- + -이'에서는 어근 '열-'과 어근 '닫-'이 결합하는 과
　정에서 '닫-'의 첫소리 'ㄷ' 앞의 받침 'ㄹ'이 탈락한다.
④ '없- + -다'에서는 첫음절의 겹받침 'ㅄ'이 자음군 단순화에 의해
　'ㅅ'이 탈락하고 [ㅂ]으로 발음된다.
⑤ '넣- + -어'에서는 어간 말음 'ㅎ'이 모음과 모음 사이에서 발음
　되기 어려우므로 탈락한다.

05 정답 ⑩ '눈요기'의 올바른 발음은 [눈뇨기]이다. '눈요기'는 '눈'과 '요기'
의 합성어로 앞말에 받침 'ㄴ'이 있고 뒷말이 'ㅛ'로 시작하기 때문에 뒷말의 첫
소리에 'ㄴ'이 첨가되는 'ㄴ' 첨가 현상이 일어난다.

채점 기준
• 올바른 발음으로 [눈뇨기]를 씀.
• 'ㄴ' 첨가라는 음운 변동의 명칭을 밝히고 합성어, 앞말의 받침 'ㄴ', 뒷말의 첫소리 'ㅛ'라는 음운 변동의 환경을 서술함.

필수 단어 [눈뇨기], 'ㄴ' 첨가, 앞말, 받침 'ㄴ', 뒷말 'ㅛ'

정답 풀이 '눈요기'라는 단어는 어근 '눈'과 어근 '요기'의 결합인 합성어이다. 또한 앞말에 받침 'ㄴ'이 있고, 뒷말의 첫소리가 'ㅛ'이므로 뒷말의 첫소리에 'ㄴ'을 첨가하여 [눈뇨기]로 발음한다.

06 정답 ④

정답 풀이 '좋다'는 'ㄷ'과 'ㅎ'이 만나 자음 축약이 일어나 'ㅌ'으로 줄어들며 [조:타]로 발음하므로, 탈락이 일어나는 다른 단어들과 음운 변동의 양상이 다르다.

오답 풀이

① '끓이다'는 'ㅎ' 탈락이 일어나 [끄리다]로 발음한다.

② '화살'은 '활'과 '살'이 결합된 합성어로 'ㄹ' 탈락이 일어난 말이다.

③ '하느님'은 '하늘'과 '-님'이 결합된 파생어로 'ㄹ' 탈락이 일어난 말이다.

⑤ '버드나무'는 '버들'과 '나무'가 결합된 합성어로 'ㄹ' 탈락이 일어난 말이다.

07 정답 ④

정답 풀이 〈보기〉에서 설명하는 음운 변동은 'ㄴ' 첨가이다. '능력'은 앞말의 받침 'ㅇ'의 영향을 받아 뒷말의 첫소리 'ㄹ'이 'ㄴ'으로 소리 나는 비음화 현상에 의해 [능녁]으로 발음되므로 'ㄴ' 첨가와는 관련이 없다.

오답 풀이

① '꽃잎'은 '꽃'과 '잎'의 결합된 말로, 앞말에 받침이 있고 뒷말의 첫소리가 'ㅣ'이므로 'ㄴ'을 첨가하여 [꼰닙]으로 발음한다.

② '한여름'은 '한'과 '여름'의 결합된 말로, 앞말에 받침이 있고 뒷말의 첫소리가 'ㅕ'이므로 'ㄴ'을 첨가하여 [한녀름]으로 발음한다.

③ '신여성'은 '신'과 '여성'의 결합된 말로, 앞말에 받침이 있고 뒷말의 첫소리가 'ㅕ'이므로 'ㄴ'을 첨가하여 [신녀성]으로 발음한다.

⑤ '홑이불'은 '홑'과 '이불'의 결합된 말로, 앞말에 받침이 있고 뒷말의 첫소리가 'ㅣ'이므로 'ㄴ'을 첨가하여 [혼니불]로 발음한다.

개념 복습! 'ㄴ' 첨가 현상은 한 형태소 안에서는 일어날 수 없고, 합성어나 파생어에서 일어난다. 특히 앞말에 받침이 있고, 뒷말의 첫소리가 'ㅣ'나 반모음 'ĭ'를 가지는 'ㅑ, ㅕ, ㅛ, ㅠ'와 같은 모음일 때 비어 있는 초성 자리에 'ㄴ'이 첨가된다.

08 정답 ⑤

정답 풀이 '섰다'는 '서-+-었-+-다'로 분석할 수 있다. 어간의 모음 'ㅓ'와 어미의 모음 'ㅓ'가 동일하기 때문에 그중 하나가 탈락하여 '섰다'가 된다. 이 과정에서 모음이 탈락한 것이므로 이는 모음 탈락에 해당하고, 나머지 선택지의 탈락은 자음 탈락에 해당한다.

오답 풀이

① '화살'은 '활+살'로 분석할 수 있다. 즉 합성의 과정에서 어근 '활'의 끝소리 'ㄹ'이 탈락한 것이므로 자음 탈락에 해당한다.

② '우는'은 '울다'의 '울-'과 어미 '-는'이 결합하면서 어간 말 자음 'ㄹ'이 탈락한 것이므로 자음 탈락에 해당한다.

③ '다달이'는 '달+달+-이'로 분석할 수 있다. 즉 첫음절 '달'의 끝소리 'ㄹ'이 탈락한 것이므로 자음 탈락에 해당한다.

④ '아드님'은 '아들+-님'으로 분석할 수 있다. 즉 파생의 과정에서 '들'의 끝소리 'ㄹ'이 탈락한 것이므로 자음 탈락에 해당한다.

09 정답 ⑤

정답 풀이 '젖힌'이 [저친]으로 발음되고, '먹히는'이 [머키는]으로 발음되는 것은 예사소리인 'ㅈ'과 'ㄱ'이 'ㅎ'과 만나 거센소리 [ㅊ], [ㅋ]으로 줄어드는 자음 축약(거센소리되기)이 일어나기 때문이다.

오답 풀이

① 예사소리인 'ㅈ'과 'ㄱ'이 'ㅎ'과 만나 축약이 일어난 것이지, 탈락한 것이 아니다.

②, ③ 예사소리인 'ㅈ'과 'ㄱ'이 'ㅎ' 앞에서 된소리나 거센소리로 바뀌지는 않는다.

④ 예사소리인 'ㅈ'과 'ㄱ'이 'ㅎ'과 결합하여 된소리가 아닌 거센소리로 줄어든다.

고난도

10 정답 ④

정답 풀이 '직행 + 열차 → [지캥녈차]'는 '직'의 'ㄱ'과 '행'의 'ㅎ'이 줄어 [ㅋ]이 되는 자음 축약이 일어나고, '열차'는 뒷말의 첫소리가 'ㅕ'이기에 'ㄴ'이 첨가되는 'ㄴ' 첨가가 일어난 것이다.

오답 풀이

① '쓰- + -어서 → [써서]'는 'ㅡ'가 '-어'로 시작하는 어미 앞에서 탈락하여 [ㅓ]가 된 것이므로 'ㅡ' 탈락이 일어난 것이다.

② '놀- + -으세 → [노세]'는 'ㅡ'가 어간 끝 자음 'ㄹ' 뒤에서 탈락하는 'ㅡ' 탈락이 일어나 [놀세]가 된 후, 'ㄹ'이 'ㅅ' 앞에서 탈락하는 'ㄹ' 탈락이 일어나 [노세]가 된 것이다.

③ '놀- + -ㅂ니다 → [놉니다]'는 어간 말음 'ㄹ'이 'ㅂ' 앞에서 탈락했으므로 'ㄹ' 탈락이 일어난 것이다.

⑤ '눈 + 약 → [눈냑]'은 합성어이고, 앞말에 받침이 있으며 뒷말의 첫소리가 'ㅑ'이므로 뒷말의 첫소리에 'ㄴ'이 첨가되는 'ㄴ' 첨가가 일어난 것이다.

심화 학습 문제 본문 · 112~113쪽

01 ①　**02** ①　**03** ①　**04** ④　**Q 수능 맛보기** ⑤

01 정답 ①

정답 풀이 '끊기지'의 겹받침 소리 'ㄶ' 중 'ㅎ'이 뒤에 오는 'ㄱ'과 합해져 거센소리인 [ㅋ]으로 발음되므로 [끈키지]가 올바른 발음이다.

② [끈이지]로 발음되려면 겹받침 소리 'ㄶ' 중 'ㅎ'이 탈락하고 뒤에 오는 자음 'ㄱ'도 탈락해야 하는데, 이는 음운 변동의 규칙에 어긋난다.

③ [끈끼지]로 발음되려면 겹받침 소리 'ㄶ' 중 'ㅎ'이 'ㄱ'과 만나 된소리인 [ㄲ]이 되어야 하는데, 이는 음운 변동의 규칙에 어긋난다.

④ [끈기지]로 발음되려면 겹받침 소리 'ㄶ' 중 'ㅎ'이 탈락해야 하는데, 이는 음운 변동의 규칙에 어긋난다.

⑤ [끈히지]로 발음되려면 둘째 음절의 첫소리인 자음 'ㄱ'이 탈락하고 겹받침 소리 'ㄶ' 중 'ㅎ'이 뒤 음절로 연음되어야 하는데, 이는 음운 변동의 규칙에 어긋난다.

02 정답 ①

정답 풀이 '값[갑]', '넋[넉]'은 끝소리에 위치한 두 자음 중 뒤에 있는 자음인 'ㅅ'이 탈락하여 앞에 있는 자음만 발음되는 예이다.

오답 풀이

②, ⑤ '닭[닥]'은 끝소리에 위치한 두 자음 중 앞에 있는 자음인 'ㄹ'이 탈락하여 뒤에 있는 자음만 발음되는 예이다.

③, ④ '삶[삼ː]'은 끝소리에 위치한 두 자음 중 앞에 있는 자음인 'ㄹ'이 탈락하여 뒤에 있는 자음만 발음되는 예이다.

03 정답 ①

정답 풀이 '먹히다'는 예사소리 'ㄱ'과 'ㅎ'이 만나서 [ㅋ]으로 줄어드는 자음 축약(거센소리되기)이 일어나 [머키다]로 발음되므로 ㉠에 해당한다.

오답 풀이

② '밭머리'는 밭의 'ㅌ'이 음절의 끝소리 규칙에 따라 [ㄷ]으로, 다시 [ㄷ]이 뒷말의 'ㅁ'의 영향으로 비음화가 일어나 [ㄴ]으로 변하여 [반머리]로 발음되므로, 한 음운이 다른 음운으로 바뀌는 교체 현상이 일어나는 사례에 해당한다.

③ '솜이불'은 'ㄴ'이 첨가되어 [솜ː니불]로 발음되므로, 없던 음운이 추가되는 첨가 현상이 일어나는 사례에 해당된다.

④ '좋으면'은 'ㅎ'이 탈락되어 [조으면]으로 발음되므로, 원래 있던 음이 없어지는 탈락의 사례에 해당된다.

⑤ '한여름'은 'ㄴ'이 첨가되어 [한녀름]으로 발음되므로, 없던 음운이 추가되는 첨가 현상이 일어나는 사례에 해당된다.

04 정답 ④

정답 풀이 'ㅋ- + -어서 → 커서'는 어간의 모음 'ㅡ'가 탈락한 것이므로 '탈락'인 ㉡과 모음에서 일어나는 경우인 ㉣에 해당된다.

오답 풀이

① '싫다[실타]'는 'ㅎ'과 'ㄷ'이 만나 [ㅌ]이 되는 자음 축약(㉠, ㉢)이 일어난 경우이다.

② '좋아요[조아요]'는 자음 'ㅎ'이 탈락(㉡, ㉢)한 것이다.

③ '울- + -는 → 우는'은 자음 'ㄹ'이 탈락(㉡, ㉢)한 것이다.

⑤ '나누- + -었다 → 나눴다'는 'ㅜ'와 'ㅓ'가 만나 'ㅝ'가 되는 모음 축약(㉠, ㉣)이 일어난 경우이다.

정답 풀이 '좋아요'를 [조아요]라고 발음하는 것은 음절의 끝소리 'ㅎ'이 모음으로 시작하는 어미 '-아'와 결합하면서 탈락한 것이므로 〈보기〉에서 설명한 'ㅎ' 탈락에 해당한다.

오답 풀이

① '하얗다'는 'ㅎ'과 'ㄷ'이 [ㅌ]으로 축약되어 [하야타]라고 발음한다.

② '좁히다'는 'ㅂ'과 'ㅎ'이 [ㅍ]으로 축약되어 [조피다]라고 발음한다.

③ '놓는다'는 'ㅎ'이 음절의 끝소리 규칙에 따라 [ㄷ]으로 교체되고, 다시 [ㄷ]이 뒷말의 비음 'ㄴ'의 영향으로 비음화가 일어나 [ㄴ]으로 교체되어 [논는다]라고 발음한다.

④ '그렇죠'는 'ㅎ'과 'ㅈ'이 [ㅊ]으로 축약되어 [그러쵸]로 발음한다.

개념 복습! 음운의 축약은 두 음운이 합쳐져서 하나의 음운이 되는 것이다. 그중에서 자음 축약은 예사소리 'ㄱ, ㄷ, ㅂ, ㅈ'과 'ㅎ'이 만나 거센소리인 [ㅋ, ㅌ, ㅍ, ㅊ]으로 줄어드는 것이다.

문제 TIP 축약과 탈락은 음운 변동 이후에 음운의 개수가 줄어든다는 점에서 비슷하다. 하지만 남은 음운이 변동 이전의 음운 중 하나라면 탈락, 이전의 음운과 다르다면 축약이라고 볼 수 있다.

문제 해결

STEP 1 각 단어 속에서 ㅎ과 ㅎ에 인접한 다른 음운을 파악한다.

STEP 2 음운 변동 이후 ㅎ과 ㅎ에 인접한 다른 음운이 어떻게 변화했는지 그 양상을 확인한다.

본문 · 114~115쪽

Ⅳ 음운　　　　　　　단원 종합 문제

| 01 ⑤ | 02 ① | 03 ② | 04 ④ | 05 ① | 06 ② |
| 07 ③ | 08 ③ | 09 ① | 10 'ㄴ' 첨가, 비음화 | | |

01 정답 ⑤

정답 풀이 센입천장소리인 파찰음은 'ㅈ, ㅉ, ㅊ'(ⓐ), 입술소리의 비음은 'ㅁ'(ⓑ), 'ㅡ, ㅓ, ㅏ, ㅜ, ㅗ'는 '후설 모음'(ⓒ), 전설 모음, 평순 모음이자 저모음은 'ㅐ'(ⓓ)이다.

02 정답 ①

정답 풀이 '불여우'는 '불'과 '여우'가 결합한 단어로 'ㄴ' 첨가가 일어나 [불녀우]가 된 뒤, 뒤 음절의 'ㄴ'이 앞 음절의 'ㄹ'의 영향으로 유음화가 일어나 [불려우]로 발음된다. 즉 유음으로 교체된 것이지 첨가된 것은 아니다.

오답 풀이

② 자음 동화 중 유음화가 일어난다.

③ 이중 모음 'ㅕ'가 포함되어 있다.

④ 원순 모음 'ㅜ'가 두 개 포함되어 있다.

⑤ 파열음의 예사소리인 'ㅂ'과 유음 'ㄹ'이 포함되어 있다.

03 정답 ②

정답 풀이 '여덟'은 음운이 탈락하는 자음군 단순화가 일어나 [여덜]로 발음된다.

오답 풀이

① '가랑잎[가랑닙]'은 음절의 끝소리 규칙에 따라 'ㅍ'이 [ㅂ]으로 발음된다.

③ '촛대[촏때]'는 음절의 끝소리 규칙에 따라 'ㅅ'이 [ㄷ]으로 발음된다.

④ '밑[믿]'은 음절의 끝소리 규칙에 따라 'ㅌ'이 [ㄷ]으로 발음된다.

⑤ '새벽녘[새병녁]'은 음절의 끝소리 규칙에 따라 'ㅋ'이 [ㄱ]으로 발음된다.

04 정답 ④

정답 풀이 '부엌에'는 [부어케]로 발음하는데, 이는 'ㅋ'이 첨가된 것이 아니라 자음으로 끝나는 음절이 모음으로 시작하는 형식 형태소와 결합하여 앞말의 받침을 연음한 것이다.

오답 풀이

① '신라'는 앞말의 받침 'ㄴ'이 인접 음운 'ㄹ'의 영향을 받아 [ㄹ]로 교체되는 경우, '낫'은 음절의 끝소리 규칙에 따라 앞말의 받침 'ㅅ'이 [ㄷ]으로 교체되는 경우이다.

② '좋아'는 앞말의 받침 'ㅎ'이 모음으로 시작하는 어미 '−아' 앞에서 탈락하는 경우이다.

③ '국화'는 앞말의 받침 'ㄱ'과 뒷말의 첫소리 'ㅎ'이 줄어 [ㅋ]으로 축약되는 경우이다.

⑤ '담요'는 '담'과 '요', '눈요기'는 '눈'과 '요기'가 결합한 말로 모두 앞말에 받침이 있고 뒷말의 첫소리가 'ㅛ'이므로 뒷말의 첫소리에 'ㄴ'을 첨가한다. 즉 '눈요기'는 [눈뇨기]로 발음하므로 'ㄴ' 첨가의 용례이다.

05 정답 ①

정답 풀이 '국물[궁물]'은 앞말의 받침 'ㄱ'이 뒷말의 비음 'ㅁ'의 영향으로 비음화가 일어나 [ㅇ]으로 바뀌는 '교체'가 일어난다. '몫[목]'은 겹받침 'ㄳ'에서 'ㅅ'이 탈락하고 'ㄱ'이 남는 자음군 단순화, 즉 탈락이 일어난다.

06 정답 ②

정답 풀이 '값싸다[갑싸다]'는 '값'의 겹받침 중 'ㅅ'이 탈락하는 자음군 단순화가 일어나므로, 교체가 아닌 탈락에 해당한다.

오답 풀이

① '밖'은 음절의 끝소리 규칙(교체)에 의해 [박]으로 발음한다.

③ '넣어'는 'ㅎ' 탈락이 일어나 [너어]로 발음한다.

④ '먹히다'는 거센소리되기(축약)가 일어나 [머키다]로 발음한다.

⑤ '논일'은 'ㄴ' 첨가가 일어나 [논닐]로 발음한다.

07 정답 ③

정답 풀이 '물받이'는 구개음화가 일어나 [물바지]로 발음하므로 교체가 한 번 일어난다.

오답 풀이

① '꽃다발'은 [꼳따발]로 발음하는데 음절의 끝소리 규칙(교체)과 된소리되기(교체)가 한 번씩 일어난다.

② '뜻하다'는 [뜨타다]로 발음하는데 음절의 끝소리 규칙(교체)과 거센소리되기(축약)가 한 번씩 일어난다.

④ '가랑잎'은 [가랑닙]으로 발음하는데 'ㄴ' 첨가(첨가)와 음절의 끝소리 규칙(교체)이 한 번씩 일어난다.

⑤ '닭똥'은 [닥똥]으로 발음하는데 자음군 단순화(탈락)가 한 번 일어난다.

08 정답 ③

정답 풀이 '그렇게'와 '싫다'는 모두 자음 축약인 거센소리되기가 일어나 [그러케]와 [실타]로 발음한다.

오답 풀이

① '맨입'은 'ㄴ' 첨가(첨가)가 일어나 [맨닙]으로 발음한다.

② '맏며느리'는 비음화(교체)가 일어나 [만며느리]로 발음한다.

④, ⑤ '난리통'은 유음화(교체)가 일어나 [날리통]으로 발음한다.

09 정답 ①

정답 풀이 '물약'은 '물'과 '약'의 합성어로 받침이 있는 앞말 뒤에 'ㅑ'로 시작하는 말이 이어졌으므로 'ㄴ' 첨가가 일어나 [물냑]이 된다. 그리고 첨가된 'ㄴ'이 앞말 'ㄹ'의 영향으로 [ㄹ]로 바뀌는 유음화가 일어나 [물략]으로 발음된다. 즉 'ㄴ' 첨가는 없던 음운이 추가되는 '첨가'(ㄱ), 유음화는 한 음운이 다른 음운으로 바뀌는 '교체'(ㄴ)에 해당한다.

10 정답 'ㄴ' 첨가, 비음화

정답 풀이 '색연필'은 합성어로 먼저 앞말 '색'이 받침으로 끝나고 뒷말이 모음 'ㅕ'로 시작하므로 뒷말의 초성에 'ㄴ'을 첨가하여 [색년필]이 되고, 그 후 첨가된 비음인 'ㄴ'의 영향으로 앞의 자음 'ㄱ'에 비음화가 일어나 [생년필]로 발음된다.

개념 확인 문제
본문 · 119쪽

01 (1) 문장 성분 (2) 주성분, 목적어, 보어 **02** (1) ○ (2) ×
03 (1) ⓒ (2) ⓐ (3) ⓑ **04** 되다, 아니다 **05** 할머니께서는, 대학생이, 되셨다 **06** (1) 보어 (2) 목적어 (3) 서술어 (4) 주어
07 목적어 **08** ㉠: 주어 ㉡: 목적어 ㉢: 서술어

내신 대비 문제
본문 · 120~121쪽

01 ④ **02** ④ **03** ③ **04** ⑤ **05** 예 ㉠은 목적어로, 서술어 '씻었다'의 동작의 대상이 된다. ㉡은 보어로, 서술어 '아니다' 앞에서 문장의 불완전한 부분을 보충해 준다. **06** ② **07** ③ **08** ② **09** ⑤ **10** ②

01 정답 ④

정답 풀이 문장 성분은 문장에서 어떤 문법적 기능을 하느냐에 따라 구분된다. 문장에서의 위치에 따라 구분되는 것은 아니다.

오답 풀이
① 문장 성립에 필수적인 주어, 서술어, 목적어, 보어를 묶어 주성분이라고 한다.
② 목적어는 '누구를'이나 '무엇을'에 해당하는 말로, 서술어가 나타내는 동작의 대상이 되는 문장 성분이다.
③ 보어는 서술어 '되다', '아니다'가 주어 외에 반드시 필요로 하는 문장 성분으로, '되다', '아니다'의 의미를 보충해 주는 기능을 한다.
⑤ 문장 성분은 크게 주성분(주어, 서술어, 목적어, 보어), 부속 성분(관형어, 부사어), 독립 성분(독립어)으로 나뉜다.

개념 복습! 문장에서 일정한 문법적 기능을 하는 각각의 부분을 문장 성분이라 하며, 문장 성분 중 문장 성립에 필수적인 주어, 서술어, 목적어, 보어를 묶어 주성분이라 한다. 주어는 서술어의 주체가 되는 문장 성분이며, 서술어는 주어를 풀이하는 문장 성분이다. 목적어는 서술어가 나타내는 동작의 대상이 되는 문장 성분이며, 보어는 서술어 '되다', '아니다'의 앞에서 의미를 보충해 주는 문장 성분이다.

02 정답 ④

정답 풀이 ㉡은 주어(누가/무엇이)와 체언+서술격 조사 '이다'(무엇이다) 형태의 서술어로 이루어진 문장의 구조를 나타낸다. '그는 대학생이 되다.'에서 '되다'는 동사이므로 ㉠의 예에 해당한다.

오답 풀이
① '누가/무엇이'는 문장의 주체가 되는 주어에 해당한다.

② '풀이'는 주어, '끓다'는 대상의 움직임을 나타내는 서술어이므로 ㉠의 예에 해당한다.
③ '달이'는 주어, '밝다'는 대상의 상태나 성질을 나타내는 서술어이므로 ㉡의 예에 해당한다.
⑤ '어찌하다', '어떠하다', '무엇이다'는 각각 대상의 움직임을 나타내는 동사인 서술어, 대상의 상태나 성질을 나타내는 형용사인 서술어, 체언+서술격 조사 '이다' 형태의 서술어에 해당한다.

03 정답 ③

정답 풀이 문장의 주성분은 주어, 서술어, 목적어, 보어이다. '밖에서 아이들이 뛰어논다.'에서 주성분에 해당하는 것은 주어인 '아이들이'와 서술어인 '뛰어논다'이다. '밖에서'는 부사어로 부속 성분에 해당한다.

오답 풀이
① '통일이다'는 서술어로 주성분에 해당한다.
② '어머니께서'는 주어로 주성분에 해당한다.
④ '친구들을'은 목적어로 주성분에 해당한다.
⑤ '태생이'는 보어로 주성분에 해당하며, 서술어 '아니다' 앞에서 의미를 보충해 준다.

04 정답 ⑤

정답 풀이 온전한 문장이 되기 위해 들어가야 할 문장 성분은 주성분인 주어, 서술어, 목적어, 보어이다. '우리는 깊이 사랑한다.'에서 주성분에 해당하는 것은 주어인 '우리는'과 서술어인 '사랑한다'이며, '사랑한다'의 대상이 되는 목적어가 빠져 있으므로 온전한 문장이 되기 위해서 목적어가 필요하다.

오답 풀이
① 주성분에 해당하는 것은 서술어인 '갔다'이며, 문장의 주체가 되는 주어가 빠져 있다.
② 주성분에 해당하는 것은 서술어인 '적합하다'이며, 문장의 주체가 되는 주어가 빠져 있다.
③ 주성분에 해당하는 것은 주어인 '나는', 목적어인 '과자를'이며, 주어의 동작을 풀이하는 서술어가 빠져 있다.
④ 주성분에 해당하는 것은 주어인 '그들은', 서술어인 '아니다'이며, 서술어 '아니다' 앞에서 의미를 보충해 주는 보어가 빠져 있다.

서술형

05 정답 예 ㉠은 목적어로, 서술어 '씻었다'의 동작의 대상이 된다. ㉡은 보어로, 서술어 '아니다' 앞에서 문장의 불완전한 부분을 보충해 준다.

채점 기준
• ㉠과 ㉡의 문장 성분을 바르게 제시함.
• ㉠과 ㉡의 문장 성분의 역할을 바르게 서술함.

필수 단어 목적어, 서술어, 동작, 대상, 보어, 불완전, 보충

정답 풀이 ㉠은 서술어가 나타내는 동작 '씻다'의 대상이 되는 문장

성분인 목적어이고, ⓒ은 서술어 '아니다' 앞에서 문장의 불완전한 부분을 보충해 주는 문장 성분인 보어이다.

06 정답 ②

정답 풀이 ②의 주어는 '민수는'이다. '범인이'는 서술어 '아니다'의 뜻을 보충해 주는 보어에 해당한다.

오답 풀이
① '내일도'는 주어, '공휴일이다'는 서술어이다.
③ '어머니께서는'는 주어, '생각에는'는 주로 용언을 꾸미는 문장 성분인 부사어, '잠기셨다'는 서술어이다.
④ '정부에서는'는 주어, '조사를'은 목적어, '실시하였다'는 서술어이다. '에서'는 '정부'와 같이 단체를 나타내는 명사 뒤에 붙어 앞말이 주어임을 나타내는 조사로 사용된다.
⑤ '도서관에서는'는 주로 용언을 꾸미는 문장 성분인 부사어, '학생들만'은 주어, '공부하였다'는 서술어이다.

07 정답 ③

정답 풀이 ⓒ '달콤하다'는 주어의 상태나 성질을 풀이하는 형용사가 문장의 서술어로 사용된 것이다.

오답 풀이
① ㉠ '된다'는 주어 외에 서술어 '되다' 앞에서 의미를 보충해 주는 보어를 필요로 하는 서술어이다.
② 주어 외에 보어를 필요로 하는 서술어는 '되다'와 '아니다'뿐이다. ⓒ '빗는다'는 주어 외에 서술어가 나타내는 동작의 대상이 되는 문장 성분인 목적어를 필요로 하는 서술어이다.
④ ㉣ '막내이다'는 체언(명사인 '막내')에 서술격 조사('이다')가 결합된 형태의 서술어이다.
⑤ ㉤ '솟아오른다'는 동사가 나타내는 동작이나 작용이 주어에만 미치는 동사이다. 따라서 동작의 대상이 되는 말을 필요로 하지 않는 서술어이다.

08 정답 ②

정답 풀이 ②에는 〈보기〉에서 설명한 목적어가 쓰이지 않았다. ②에서 서술어인 '내린다'는 동작이 주어에만 미치는 동사로, 목적어를 필요로 하지 않는다.

오답 풀이
① 서술어는 '가져갔다', 목적어는 '연필도'이다.
③ 서술어는 '불렀다', 목적어는 '노래를'이다.
④ 서술어는 '사랑한다', 목적어는 '서로를'이다.
⑤ 서술어는 '좋아한다', 목적어는 '사과만'이다.

09 정답 ⑤

정답 풀이 〈보기〉의 두 문장의 서술어가 '되었다'와 '아니다'인 것으로 볼 때, 빈칸에 들어갈 문장 성분은 보어이다. (예 '반장이', '거짓말쟁이가' 등) 보어는 문장을 이루는 데 필수적인 문장 성분인 주성분

에 속하므로 생략하면 문장이 성립하지 않는다.

오답 풀이
① 보어는 문장의 주성분에 해당한다.
②, ③ 보어는 '되다'와 '아니다'라는 특정 서술어가 필요로 하는 성분으로, 서술어 앞에서 쓰이면서 그 의미를 보충하는 역할을 한다.
④ 보어는 '반장이', '거짓말쟁이가' 등과 같이 체언에 보격 조사 '이/가'가 결합하여 이루어진다.

고난도

10 정답 ②

정답 풀이 ⓒ에서 '숙제는'은 목적어이고, '반드시'는 부사어, '해야 한다'는 서술어로 주어가 생략된 형태의 문장이다. 나머지 문장에는 모두 주어와 서술어가 드러나 있다. ㉠의 주어는 '소문은'이고, 서술어는 '아니다.', ⓒ의 주어는 '질이'이고, 서술어는 '우선이다', ㉣의 주어는 '얼굴이'이고, 서술어는 '창백하다', ㉤의 주어는 '토끼와 거북이가'이고, 서술어는 '한다'로 ㉠, ⓒ, ㉣, ㉤은 주어와 서술어가 드러나 있다.

오답 풀이
① ⓒ의 목적어는 '숙제는'이고, ㉤의 목적어는 '경주를'이다.
③ ⓒ의 서술어 '우선이다'와 ㉣의 서술어 '창백하다'는 주어만 필요로 하는 한 자리 서술어이다.
④ 주성분은 주어, 목적어, 보어, 서술어이다. ㉠은 '주어(소문은) + 보어(사실이) + 서술어(아니다)'로 이루어진 문장이고, ㉤은 '주어(토끼와 거북이가) + 목적어(경주를) + 서술어(한다)'로 이루어진 문장이다.
⑤ 문장의 기본 구조가 '누가/무엇이 + 무엇이다'라는 것은, 주어 뒤에 오는 서술어가 체언에 서술격 조사 '이다'가 결합한 형태임을 뜻한다. 〈보기〉에서 이에 해당하는 서술어로는 '우선(체언) + 이다(서술격 조사)'가 있다.

심화 학습 문제 본문 · 122~123쪽

01 ② **02** ① **03** ② **04** ② **Q 수능 맛보기** ④

01 정답 ②

정답 풀이 ⓒ '나무가'는 '누가/무엇이'에 해당하는 문장의 주어이기 때문에 주성분에 해당한다.

오답 풀이
① ㉠ '그는'는 '나무'를 꾸며 주는 관형사로서 문장 속에서 관형어로 기능하며 부속 성분에 해당한다.
③ ⓒ '창문'은 체언이면서 뒤의 '밖'을 꾸며 주는 관형어로 기능하며 부속 성분에 해당한다.
④ ㉣ '밖으로는'는 문장에서 부사어로 기능하며 '보였다'를 꾸며 준다. 따라서 부속 성분에 해당한다.

⑤ 'ⓜ'얼핏'은 '보였다'를 꾸며 주는 부사로서 문장 속에서 부사어로 기능하며 부속 성분에 해당한다.

02 정답 ①

정답 풀이 '산책을'은 체언 '산책'에 목적격 조사 '을'이 결합된 경우로 '체언+목적격 조사 '을/를''의 경우에 해당하므로 ㄱ에 해당하는 사례가 아니다.

오답 풀이
② '이사도'는 체언 '이사'에 '역시'라는 의미를 더해 주는 보조사 '도'가 붙은 경우로 ㄱ에 해당한다.
③ '꽃구경'은 체언 '꽃구경'이 단독으로 쓰인 경우로 ㄴ에 해당한다.
④ '배낭여행'은 체언 '배낭여행'이 단독으로 쓰인 경우로 ㄴ에 해당한다.
⑤ '한길만을'은 '하나의 길. 또는 같은 길'의 의미를 지닌 체언 '한길'에 '단독'이라는 의미를 더해 주는 보조사 '만'과 목적격 조사 '을'이 함께 쓰인 경우로 ㄷ에 해당한다.

> **개념 복습!** 목적어는 서술어가 나타내는 동작의 대상이 되는 문장 성분으로서, 문장에서 '누구를' 혹은 '무엇을'에 해당된다. 서술어가 타동사인 경우 문장에서 목적어가 필요하다.

03 정답 ②

정답 풀이 '되었다'는 주어와 보어가 필요한 서술어이다. ㄴ에서 '올해'는 시간을 나타내는 부사로 '되었다'가 꼭 필요로 하는 성분이 아니라 부속 성분이다.

오답 풀이
① ㄱ에서 '찍었다'는 '동생'의 동작을 나타내는 서술어이다.
③ ㄱ에서 '찍었다'는 동작의 대상이 필요한 서술어로 이때 대상은 '사진'이므로 이에 목적격 조사 '을'을 더한 '사진을'이 목적어이다. 반면 '되었다'는 동작의 대상이 필요하지 않은 서술어이므로 ㄴ에는 목적어가 없다.
④ ㄱ에서 '찍었다'의 주체는 '동생'이므로 '동생이'가 주어이다. ㄴ에서 '되었다'의 주체는 '언니'이므로 '언니는'이 주어이다. '대학생이'는 서술어인 '되었다'가 주어 외에 필요로 하는 보어이다.
⑤ ㄱ에 쓰인 주성분은 주어, 목적어, 서술어이고, ㄴ에 쓰인 주성분은 주어, 보어, 서술어이다. 따라서 주성분의 종류는 세 가지씩 있다.

04 정답 ②

정답 풀이 'ㄱ'의 주어는 '새가'이며, 주격 조사 '가'가 쓰였다. 'ㄹ'에서 전체 문장의 주어는 '우리 반이 승리했음이'이며, 주격 조사 '이'가 쓰였다. 주격 조사는 앞말에 받침이 없으면 '가', 앞말에 받침이 있으면 '이'가 쓰이므로 주격 조사의 형태가 앞말과 관계가 없다는 진술은 적절하지 않다.

오답 풀이
① 'ㄱ'에는 주어 '새가'에서 주격 조사 '가'가 사용되었으나, 'ㄷ'에는 주어 '우리'에서 주격 조사가 생략되었다.
③ 'ㄱ'에는 주어인 '새가'가 사용되었으나, 'ㅁ'에는 청자로 추측되는 주어가 생략되었다.
④ 'ㄴ'의 주어인 '영희는'은 문장의 제일 뒤에, 'ㄷ'의 주어인 '우리'는 문장의 제일 앞에 위치해 있으므로 주어의 위치는 이동이 가능하다.
⑤ 'ㄷ'의 주어인 '우리'는 한 단어이지만, 'ㄹ'의 주어인 '우리 반이 승리했음이'는 '주어-서술어'를 갖춘 절의 형식이다.

정답 풀이 ⓒ에서는 '신임'과 '장관'이 결합해 체언 구실을 하는 명사구를 이루고 여기에 조사인 '은'이 붙어 주어가 이루어졌다. ⓔ에서는 '새'와 '컴퓨터'가 결합해 체언 구실을 하는 명사구를 이루고 여기에 주격 조사인 '가'가 붙어 주어가 이루어졌다.

오답 풀이
① ⓐ의 주어인 '나도'는 '대명사+조사'의 형태이고, ⓑ의 주어인 '바깥이'는 '명사+조사'의 형태이므로 둘 다 명사구에 조사가 붙은 형태로 볼 수 없다.
② ⓐ의 '도'와 ⓒ의 '은'은 격 조사가 아니라 보조사로, 이처럼 보조사가 붙은 형태로 주어가 나타나기도 한다.
③ ⓒ의 주어인 '신임 장관은'은 '참석한다'라는 동작의 주체를 나타내고 있다. 하지만 ⓑ의 주어인 '바깥이'는 동작의 주체가 아니라 '어둡다'라는 상태의 주체를 나타내고 있다.
⑤ ⓔ의 서술어는 상태의 변화를 의미하는 것이 맞지만 주어가 두 번 쓰인 것이 아니다. '새 컴퓨터가'만 주어이고 '고물이'는 보어이다.

> **개념 복습!** 둘 이상의 단어가 모여 있을 때, 단어와 단어 사이에 '주어-서술어'의 관계가 성립하면 '절'이라고 하며, 성립하지 않으면 '구'라고 한다.

문제 TIP 문장에서 동작이나 상태, 또는 성질의 주체를 나타내는 문장 성분을 주어라고 한다. 주어는 체언이나 체언 구실을 하는 구 또는 절에 주격 조사가 붙어 성립하며 때로는 주격 조사가 생략되거나 보조사가 붙어 성립하기도 한다. 문장에서 이러한 주어를 찾고, 주어를 이루고 있는 구성 요소를 단어 단위로 나누어 판단해야 한다.

문제 해결
STEP 1 각 문장의 주어를 확인한다.
STEP 2 주어를 이루고 있는 구성 요소를 단어 단위로 나누어 확인한다.

DAY 17 부속 성분, 독립 성분

개념 확인 문제
본문 • 125쪽

01 (1) 관형어, 부사어 (2) 독립어　**02** (1) ○ (2) × (3) ×　**03**
(1) 헌, 이제 (2) 착한, 동생에게 (3) 그, 나중에　**04** 노란, 향기로운
05 (1) ○ (2) ○　**06** ㉠: 내리고 ㉡: 바람　**07** (1) ㉡ (2) ㉢
(3) ㉠　**08** ㉠, ㉡, ㉣

내신 대비 문제
본문 • 126~127쪽

01 ②　**02** ①　**03** ④　**04** ②　**05** ⑩ 공통점은 ㉠
과 ㉡ 모두 다른 말을 꾸며 주는 역할을 한다는 것이다. 차이점은 ㉠
은 체언인 '신발'을 수식하므로 관형어이고, ㉡은 용언인 '편하다'를 수
식하므로 부사어라는 점이다.　**06** ①　**07** ②　**08** ③
09 ④　**10** ③

01　정답 ②

정답 풀이　관형어는 단독으로 쓰이지 못하고 '헌 구두', '옛 친구',
'그 물건' 등과 같이 뒤에 수식의 대상이 함께 있어야 한다.

오답 풀이

①, ③, ④ 관형어는 '어떤', '무슨'에 해당하는 말로, 체언(명사, 대명
사, 수사)의 바로 앞에 위치하여 뒷말을 꾸미는 문장 성분이다.
⑤ 관형어는 주성분을 꾸며 주는 부속 성분으로, 문장을 이루는 필수
성분인 주성분에 해당하지 않는다.

02　정답 ①

정답 풀이　'우아'는 감탄을 나타내는 독립어로, 독립 성분이다.

오답 풀이

② '모든'은 체언 '국민'을 수식하는 관형어이다.
③ '어떤'은 체언 '색깔'을 수식하는 관형어이다.
④ '꽃밭에'는 서술어 '피어 있다'를 수식하는 부사어이다.
⑤ '과연'은 문장 전체를 수식하는 부사어이다.

개념 복습! 주성분을 꾸며 주는 부속 성분에는 체언을 꾸며 주는
관형어와 주로 용언을 꾸며 주는 부사어가 있다. 독립 성분은 독립적으
로 쓰이며, 감탄, 부름, 대답 등을 나타내는 독립어가 있다.

03　정답 ④

정답 풀이　부속 성분과 독립 성분은 생략해도 문장이 성립한다. '빛
나는'은 체언 '별'을 수식하는 관형어로, 부속 성분에 해당한다.

오답 풀이

① '물이'는 주성분인 보어로 생략하면 문장이 성립하지 않는다.

② '진실을'은 주성분인 목적어로 생략하면 문장이 성립하지 않는다.
③ '학교에서'는 주성분인 주어로 생략하면 문장이 성립하지 않는다.
⑤ '채식주의자이다'는 주성분인 서술어로 생략하면 문장이 성립하지
　않는다.

04　정답 ②

정답 풀이　㉢에 사용된 주성분은 주어(동생은), 목적어(옷을), 서술
어(입었다)로 3개이고, ㉣에 사용된 주성분은 주어(비가)와 서술어
(와요)로 2개이므로 문장에 사용된 주성분의 개수가 다르다.

오답 풀이

① ㉠은 주어(함박눈이)와 서술어(내린다)로, ㉡은 주어(민수는), 보
어(변호사가), 서술어(되었다)로 이루어진 문장이다. 따라서 ㉠과
㉡은 주성분만으로 이루어진 문장이다.
③ ㉢에 사용된 부속 성분은 관형어인 '예쁜'이고, ㉤에 사용된 부속
성분은 부사어인 '골고루'와 '잘'로 부속 성분의 종류가 다르다.
④ ㉣의 '아니요'는 대답을 나타내는 독립어로, 독립 성분에 해당한다.
⑤ ㉣에 사용된 부속 성분은 부사어인 '밖에'와 '많이'이고, ㉤에 사용
된 부속 성분은 부사어인 '골고루'와 '잘'이다. 따라서 ㉣과 ㉤에
사용된 부속 성분의 개수가 같다.

서술형

05　정답 ⑩ 공통점은 ㉠과 ㉡ 모두 다른 말을 꾸며 주는 역할을 한다는 것
이다. 차이점은 ㉠은 체언인 '신발'을 수식하므로 관형어이고, ㉡은 용언인 '편하
다'를 수식하므로 부사어라는 점이다.

채점 기준
• ㉠과 ㉡의 공통점이 꾸며 주는 역할임을 바르게 서술함.
• ㉠과 ㉡의 차이점이 관형어와 부사어임을 바르게 서술함.

필수 단어　꾸며 주다(수식하다), 체언, 관형어, 용언, 부사어

정답 풀이　㉠과 ㉡은 둘 다 뒤에 오는 말을 꾸며 주는 역할을 한다.
㉠은 체언인 '신발'을 꾸며 주는 관형어이고, ㉡은 용언인 '편하다'를
꾸며 주는 부사어이다.

06　정답 ①

정답 풀이　〈보기〉의 문장은 독립어(선생님), 주어(저희가), 부사어
(정말로), 서술어(잘못했습니다)의 순서로 배열되어 있다. ①도 독립
어(꼬마야), 주어(너), 부사어(지금), 서술어(우니)의 순서이다.

오답 풀이

② 독립어(아이쿠), 주어(내가), 목적어(컵을), 서술어(깼네)의 순서
이다.
③ 독립어(아니), 주어(내가), 목적어(너를), 부사어(잘못), 서술어(봤
구나)의 순서이다.
④ 독립어(어머), 관형어(저), 주어(고양이), 부사어(정말), 서술어(귀
엽다)의 순서이다.
⑤ 독립어(응), 주어(오빠는), 보어(소방관이), 서술어(되었단다)의

순서이다.

07 정답 ②

정답 풀이 ㉡은 문장 전체를 수식하는 부사어이고, ㉣은 체언을 꾸며 주는 관형어이다.

오답 풀이
① ㉠은 독립어로, 문장의 독립 성분에 해당한다.
③ 서술어가 나타내는 동작의 대상이 되는 문장 성분은 목적어이다. ㉢은 서술어가 나타내는 동작의 주체가 되는 문장 성분인 주어이다.
④ 주성분에 해당하는 것은 주어인 ㉢, 목적어인 ㉤, 서술어인 ㉥의 3개이다.
⑤ ㉤은 서술어인 ㉥이 나타내는 동작의 대상이 되는 목적어이다.

08 정답 ③

정답 풀이 ③의 '허사가'는 서술어 '되었다' 앞에서 부족한 뜻을 보충해 주는 보어로, 문장의 주성분이다. 나머지는 모두 문장의 부속 성분이다.

오답 풀이
① '파란'은 체언 '물'을 수식해 주는 관형어로, 부속 성분에 속한다.
② '나란히'는 용언 '걸어갑니다'를 수식해 주는 부사어로, 부속 성분에 속한다.
④ '한'은 체언 '송이'를 수식해 주는 관형어로, 부속 성분에 속한다.
⑤ '빛나는'은 체언 '재능'을 수식해 주는 관형어로, 부속 성분에 속한다.

09 정답 ④

정답 풀이 ④에는 독립어가 사용되지 않았다. '아직까지'는 부사어, '한'은 관형어, '사람도'는 주어, '오지 않았다'는 서술어이다.

오답 풀이
① '응'은 대답을 나타내는 독립어이다.
② '으악'은 놀람을 나타내는 독립어이다.
③, ⑤ '수민아'와 '어머니'는 부름을 나타내는 독립어이다.

고난도
10 정답 ③

정답 풀이 ㉠을 통해 부사어는 용언 앞뿐만 아니라 다른 부사 앞, 문장 앞 등 다양한 곳에 위치한다는 것을 알 수 있다.

오답 풀이
① ㉢을 통해 상황과 맥락에 따라 부사어를 단독으로 사용하는 경우가 있음을 알 수 있다.
② ㉣의 '많이도'는 부사 '많이'에 강조의 의미를 더해 주는 보조사 '도'가 결합한 형태의 부사어이다.
④ ㉠의 첫 번째 문장에서는 부사어 '빨리'가 용언 '달리는구나'를 수식하고 있고, 두 번째 문장에서는 부사어 '정말'이 뒤에 오는 부사어 '빨리'를 수식하고 있으며, 세 번째 문장에서는 부사어 '과연'이 문장 전체를 수식하고 있다.

⑤ ㉠의 부사어는 생략하여도 문장이 성립하나, ㉡의 부사어는 생략할 경우 문장의 의미가 불완전해진다.

| 01 ① | 02 ② | 03 ③ | 04 ② | Q 수능 맛보기 ③ |

01 정답 ①

정답 풀이 '꽤'는 '보통보다 조금 더한 정도로'의 뜻을 가진 부사로서 '많은'을 꾸며 주는 부사어의 역할을 하고 있다.

오답 풀이
② '헌'은 '오래되어 성하지 아니하고 낡은'의 뜻을 가진 관형사로서 체언인 '옷'을 꾸며 주는 관형어로 기능한다.
③ '즐거운'은 '즐겁다'라는 형용사의 어간에 관형사형 어미 '-(으)ㄴ'이 붙어 체언인 '시간'을 꾸며 주는 관형어로 기능한다.
④ '모든'은 '빠짐이나 남김이 없이 전부의'의 뜻을 가진 관형사로서 체언인 '소망'을 꾸며 주는 관형어로 기능한다.
⑤ '소중한'은 '소중하다'라는 형용사의 어간에 관형사형 어미 '-(으)ㄴ'이 붙어 체언인 '추억'을 꾸며 주는 관형어로 기능한다.

02 정답 ②

정답 풀이 서술어 '주었다'는 주어, 목적어와 함께 부사어를 필수 성분으로 요구한다. 따라서 '철수에게'는 필수 부사어에 해당한다.

오답 풀이
① '달렸다'는 주어를 필수 성분으로 요구하는 서술어로, '매우'는 빠져도 문법적으로 문제가 없어 필수 부사어에 해당하지 않는다.
③ '이루었다'는 주어와 목적어를 필수 성분으로 요구하는 서술어로, '마침내'는 빠져도 문법적으로 문제가 없어 필수 부사어에 해당하지 않는다.
④ '피었다'는 주어를 필수 성분으로 요구하는 서술어로, '예쁘게'는 빠져도 문법적으로 문제가 없어 필수 부사어에 해당하지 않는다.
⑤ '방문했다'는 주어와 목적어를 필수 성분으로 요구하는 서술어로, '오후에'는 빠져도 문법적으로 문제가 없어 필수 부사어에 해당하지 않는다.

03 정답 ③

정답 풀이 ㄹ의 '온갖'과 '저'는 뒤에 오는 '새'와 '두'를 꾸미는 것이 아니라 체언인 '물건들'과 '남자'를 꾸미는 역할을 한다. 따라서 두 관형어가 나열될 때에도 관형어는 관형어를 꾸미지 않고 이후에 나오는 체언을 꾸밈을 알 수 있다.

오답 풀이
① ㄱ의 '-던'은 과거, '-는'은 현재, '-ㄹ'은 미래를 뜻하는 시간의 의미를 담고 있다.
② ㄴ은 형용사 '새롭다'와 '예쁘다', 동사 '달리다'의 어간에 관형사형 어미 '-(으)ㄴ'과 '-는'이 결합하여 관형어로 쓰인 것으로 품사가

달라도 문장에서 관형어의 역할을 할 수 있다.

④ ㄴ은 형용사와 동사의 어간에 관형사형 어미가 결합하여 관형어로 쓰인 것이고, ㄷ은 서술격 조사 '이다'가 어미 '-ㄴ'을 통해 변형되어 관형어로 쓰인 것이다.

⑤ ㄱ~ㄹ 모두 꾸밈을 받는 체언 앞에 관형어가 위치하고 있다.

📖 **개념 복습!** 관형어는 체언의 앞에 놓여 뒤에 오는 체언을 꾸며 주는 부속 성분이다.

04 정답 ②

정답 풀이 ②의 '겨우'는 부사로 서술어인 '완성했다'를 수식하고 있으므로, 관형어의 형성 방법에 따른 문장 성분으로 볼 수 없다.

오답 풀이 ①의 '새'는 관형사로 체언 '운동화'를 수식하고, ③의 '시골'은 관형격 조사 '의'를 생략하여 체언 '풍경'을 수식한다. ④의 '다니던'은 용언 '다니다'에 관형사형 어미 '-던'을 결합하여 체언 '학교'를 수식하고, ⑤의 '국민의'는 체언 '국민'에 관형격 조사 '의'를 결합하여 체언 '단결'을 수식한다.

수능 맛보기 문장 성분의 기능 파악   정답 ③

정답 풀이 부사어 '너무'는 서술어 '샀다'가 아니라 관형어 '헌'을 수식하고 있다.

오답 풀이
① '주어-서술어'의 구성으로 이루어진 절인 '눈이 부시게'가 부사어로 쓰여 관형어 '푸른'을 수식하고 있다.
② 명사 '하늘'에 부사격 조사 '에서'가 결합한 '하늘에서'와 부사 '펑펑'이 부사어로 쓰여 서술어 '내리고 있다'를 수식하고 있다.
④ ㉠의 '엄마와'와 ㉡의 '취미로'는 모두 서술어를 수식하는 부사어이다. 하지만 '취미로'와 달리 '엄마와'는 서술어인 '닮았다'가 요구하는 필수적 부사어이다.
⑤ ㉡은 명사 '재'에 보격 조사 '가'가 결합한 보어이고, ㉠은 명사 '재'에 부사격 조사 '로'가 결합한 부사어이다. 이 둘은 서술어 '되었다'가 반드시 필요로 한다는 점에서 같다.

📖 **개념 복습!** 부사어는 부속 성분이지만 생략하면 문장의 의미가 달라지거나 어색해지는 필수적 부사어로 쓰이기도 한다.

문제 TIP 부사어는 주로 용언의 앞에 위치하여 용언을 꾸며 주지만, 용언 이외에도 다른 부사어나 관형어, 문장 전체를 꾸며 주기도 하므로 부사어가 수식하는 대상이 무엇인지 명확히 파악해야 한다.

문제 해결
STEP 1 부사어가 수식하는 대상을 찾는다.
STEP 2 부사어가 문장 내에서 어떤 역할을 하는지 확인한다.

DAY 18 이어진문장

개념 확인 문제   본문 · 131쪽

01 (1) 홑문장, 겹문장 (2) 안은문장 (3) 대등, 종속   **02** (1) ○ (2) ✕
03 (1) 홑 (2) 홑 (3) 겹 (4) 겹   **04** ②   **05** (1) 대학생이고 누나는 직장인이다. (2) 선물을 많이 받아서 기분이 좋다.   **06** (1) 종 (2) 대   **07** (1) 선택 (2) 대조   **08** 종속적, 조건

내신 대비 문제   본문 · 132~133쪽

01 ③   **02** ②   **03** ①   **04** ⑤   **05** 예 우리는 등산을 하려고 새벽에 일어났다.   **06** ①   **07** ④   **08** ③   **09** ④   **10** ④

01 정답 ③

정답 풀이 종속적으로 연결된 이어진문장은 앞 절과 뒤 절의 의미 관계가 독립적이지 못하고 종속적이다.

오답 풀이
① 홑문장은 '하늘이 높다.', '강물이 흘러간다.' 등과 같이 주어와 서술어의 관계가 한 번만 나타나는 문장이다.
② 겹문장은 '눈이 내려서 길이 매끄럽다.', '나는 형이 준 모자를 썼다.' 등과 같이 주어와 서술어의 관계가 두 번 이상 나타나는 문장이다.
④ 홑문장인 '나는 책을 읽었다.'와 '작가가 학생들에게 책을 추천하였다.'라는 문장이 겹문장으로 합쳐질 때, 중복되는 문장 성분인 목적어('책을')는 생략되어 '나는 작가가 학생들에게 추천한 책을 읽었다.'가 된다. 따라서 홑문장들이 하나의 겹문장으로 합쳐질 때 중복되는 문장 성분은 생략할 수 있다.
⑤ 이어진문장은 '산이 높고 골이 깊다.'의 '-고', '바람이 불어서 빨래가 금방 말랐다.'의 '-어서' 등과 같이 연결 어미를 통해 둘 이상의 홑문장이 나란히 이어진 문장이다.

📖 **개념 복습!** 문장은 주어와 서술어의 관계가 한 번만 나타나는 홑문장과 두 번 이상 나타나는 겹문장으로 나눌 수 있고, 겹문장은 다시 이어진문장과 안은문장으로 나눌 수 있다. 그중 이어진문장은 둘 이상의 홑문장이 연결 어미를 통해 나란히 이어진 문장으로, 대등하게 연결된 이어진문장과 종속적으로 연결된 이어진문장으로 나뉜다.

02 정답 ②

정답 풀이 주어와 서술어의 관계가 한 번만 나타나는 문장을 홑문장이라 한다. ②는 주어(가을이)와 서술어(왔다)가 한 번만 나타나므로 홑문장이다.

① 주어(차가) + 서술어(많아서) / 주어(길이) + (막힌다) – 겹문장

③ 주어(비가) + 서술어(내리고) / 주어(바람이) + 서술어(분다) – 겹문장

④ 주어(아이들은) + 서술어(기다린다) / 주어(눈이) + 서술어(내리기를) – 겹문장

⑤ 주어(지아는) + 서술어(좋아한다) / 주어(도윤이는) + 서술어(좋아한다) – 겹문장. 이 문장은 '지아는 개를 좋아한다.'와 '도윤이는 고양이를 좋아한다.'가 결합되는 과정에서 중복되는 문장 성분인 서술어 '좋아한다'가 생략된 경우이므로, 문장에 나타난 주어와 서술어의 관계는 두 번이라고 볼 수 있다.

03 정답 ①

정답 풀이 겹문장은 주어와 서술어가 한 번만 나타난 두 개 이상의 홑문장이 결합된 것이므로, 각각의 문장을 홑문장으로 나눌 수 있는지 살펴보아야 한다. ①은 '형은 농구를 잘한다.'와 '아우는 농구를 잘한다.'가 결합되면서 중복되는 목적어 '농구를'과 서술어 '잘한다'가 생략된 경우이므로 겹문장에 해당한다.

오답 풀이

② 주어(표범은) + 서술어(달린다) – 홑문장

③ 주어(개는) + 서술어(생겼다) – 홑문장

④ 주어(그는) + 서술어(인사했다) – 홑문장

⑤ 주어(난류와 한류가) + 서술어(만난다) – 홑문장

04 정답 ⑤

정답 풀이 〈보기〉는 대등하게 연결된 이어진문장 중 대조의 의미 관계로 연결된 이어진문장에 대한 설명이다. ⑤는 대조의 의미를 가진 연결 어미 '–지만'을 통해 연결된 이어진 문장이다.

오답 풀이

① 종속적으로 연결된 이어진문장 중 조건의 의미를 가진 연결 어미 '–면'을 통해 이어진 문장이다.

② 대등하게 연결된 이어진문장 중 나열의 의미를 가진 연결 어미 '–고'를 통해 이어진 문장이다.

③ 대등하게 연결된 이어진문장 중 나열의 의미를 가진 연결 어미 '–으며'를 통해 이어진 문장이다.

④ 종속적으로 연결된 이어진문장 중 양보의 의미를 가진 연결 어미 '–더라도'를 통해 이어진 문장이다.

서술형

05 정답 @ 우리는 등산을 하려고 새벽에 일어났다.

채점 기준
• 목적, 의도의 의미 관계를 나타내는 연결 어미를 활용하여 종속적으로 연결된 이어진문장을 만듦.
• 중복되는 문장 성분을 생략함.

필수 단어 우리는, 등산을, 하려고, 새벽에, 일어났다

정답 풀이 종속적으로 연결된 이어진문장 중 목적, 의도의 의미 관계로 연결된 이어진문장에서 사용되는 연결 어미는 '–(으)러', '–(으)려고' 등이다. 그중 문맥에 매끄럽게 연결되는 것은 '–(으)려고'이며, 중복되는 문장 성분인 주어 '우리는'은 생략해야 한다.

06 정답 ①

정답 풀이 ①은 연결 어미 '–아서'를 통해서 원인의 의미 관계로 종속적으로 연결된 이어진문장이다. 나머지 문장은 모두 대등하게 연결된 이어진문장이다.

오답 풀이

② 연결 어미 '–고'를 통해 나열의 의미 관계로 대등하게 연결된 이어진문장이다.

③ 연결 어미 '–거나'를 통해서 선택의 의미 관계로 대등하게 연결된 이어진문장이다.

④ 연결 어미 '–으나'를 통해서 대조의 의미 관계로 대등하게 연결된 이어진문장이다.

⑤ 연결 어미 '–지만'을 통해서 대조의 의미 관계로 대등하게 연결된 이어진문장이다.

07 정답 ④

정답 풀이 '–면'은 조건의 의미 관계를 나타내는 연결 어미이다.

오답 풀이

① '–거나'는 선택의 의미 관계를 나타내는 연결 어미이다.

② '–려고'는 목적, 의도의 의미 관계를 나타내는 연결 어미이다.

③ '쏟아져서'는 '쏟아지– + –어서'가 축약된 형태이다. '–어서'는 원인의 의미 관계를 나타내는 연결 어미이다.

⑤ '–으나'는 대조의 의미 관계를 나타내는 연결 어미이다.

08 정답 ③

정답 풀이 두 문장의 내용이 대조적이지 않으므로 '–지만'을 통한 두 문장의 연결은 적절하지 않다. '–고', '–며' 등과 같이 나열의 의미 관계를 나타내는 연결 어미를 통해 '언니는 늘 상냥하고(상냥하며) 오빠는 자주 웃는다.'와 같이 연결하는 것이 적절하다.

오답 풀이

① '네가 웃으면 나도 좋다.'와 같이 결합할 수 있다.

② '나는 다리가 부러져서 병원에 갔다.'와 같이 결합할 수 있다.

④ '동생은 초등학생이고 언니는 고등학생이다.'와 같이 결합할 수 있다.

⑤ '날씨가 흐릴지라도 우리는 소풍을 가겠다.'와 같이 결합할 수 있다.

09 정답 ④

정답 풀이 ④는 연결 어미 '–어서'를 통해 원인의 의미 관계로 이어진 종속적으로 연결된 이어진문장이다. 연결 어미 앞뒤의 내용을 바

꾸면 '차량 통행이 금지되어서 도로 공사중이었다.'로 의미가 어색한 문장이 된다.

오답 풀이

① 연결 어미 '-고'를 통해 나열의 의미 관계로 대등하게 연결된 이어진문장이다. 연결 어미 앞뒤의 내용을 바꾸면 '말은 살찌고 하늘은 높다.'가 되어 의미가 자연스럽다.

② 연결 어미 '-며'를 통해 나열의 의미 관계로 대등하게 연결된 이어진문장이다. 연결 어미 앞뒤의 내용을 바꾸면 '아내는 대범하며 남편은 세심하다.'가 되어 의미가 자연스럽다.

③ 연결 어미 '-든지'를 통해 선택의 의미 관계로 대등하게 연결된 이어진문장이다. 연결 어미 앞뒤의 내용을 바꾸면 '체육관에 가든지 도서관에 가든지 해라.'가 되어 의미가 자연스럽다.

⑤ 연결 어미 '-지만'을 통해 대조의 의미 관계로 대등하게 연결된 이어진문장이다. 연결 어미 앞뒤의 내용을 바꾸면 '나는 집에 있는 것을 좋아하지만 형은 밖에서 활동하는 것을 좋아한다.'가 되어 의미가 자연스럽다.

고난도

10 정답 ④

정답 풀이 '유치원생들은 학예회에서 노래를 불렀다.'와 '유치원생들은 학예회에서 춤을 추었다.'가 합쳐진 것으로 볼 수 있다. 중복되는 문장 성분인 주어 '유치원생들은'과 부사어 '학예회에서'만을 생략하며 문장을 결합하여 올바른 문장이 되었다.

오답 풀이

① 서술어 '분다'는 '바람'과는 어울리지만 '비'와는 어울리지 않으므로, '비'에 어울리는 '내린다(온다)' 정도의 서술어가 필요하다. 따라서 '비가 내린다(온다).'와 '바람이 세차게 분다.'가 합쳐지면서 앞 문장의 서술어가 잘못 생략된 것으로 볼 수 있다.

② 주어인 '공사가'는 서술어 '시작되고'와는 어울리지만 '개통될까'와는 어울리지 않으므로, '개통될까'에 어울리는 '도로는(다리는)' 정도의 주어가 필요하다. 따라서 '공사가 언제 시작될까?'와 '도로는(다리는) 언제 개통될까?'가 합쳐지면서 뒤 문장의 주어인 '도로는(다리는)'이 잘못 생략된 것으로 볼 수 있다.

③ 서술어 '정복하기도 하고'에 어울리는 목적어 '자연을'은 제시되어 있지만, 서술어 '순응하기도 한다'에 어울리는 부사어는 제시되어 있지 않다. 따라서 서술어 '순응하기도 한다'의 대상에 해당하는 부사어인 '자연에'가 들어가야 한다. 따라서 '인간은 자연을 정복하기도 한다.'와 '인간은 자연에 순응하기도 한다.'가 합쳐지면서 중복되는 문장 성분인 '인간은' 외에 중복되지 않는 문장 성분인 '자연에'가 잘못 생략된 것으로 볼 수 있다.

⑤ 서술어 '존경하였고'의 대상에 해당하는 목적어 '선생님을'은 제시되어 있지만, 서술어 '사랑하였다'의 대상에 해당하는 목적어 '학생들을'이 제시되어 있지 않다. 따라서 '학생들은 선생님을 존경하였다.'와 '선생님 또한 학생들을 사랑하였다.'가 합쳐지면서 뒤의 목적어가 잘못 생략된 것으로 볼 수 있다.

심화 학습 문제   본문 · 134~135쪽

| 01 ② | 02 ① | 03 ⑤ | Q 수능 맛보기 ⑤ |

01 정답 ②

정답 풀이 ㄱ, ㄷ은 각각 '암벽 등반은 재미있고 힘들다.', '암벽 등반은 재미있지만 힘들다.'와 같이 앞 절과 뒤 절의 순서를 바꾸어도 의미에 변화가 생기지 않는 대등하게 연결된 이어진문장이다. 하지만 ㄴ은 앞 절과 뒤 절의 순서를 바꾸어서 '암벽 등반은 재미있어서 힘들다.'라고 할 경우 의미에 변화가 생기는 종속적으로 연결된 이어진문장이다.

오답 풀이

① ㄱ, ㄴ, ㄷ은 모두 '암벽 등반은 힘들다.'와 '암벽 등반은 재미있다.'라는 두 홑문장이 이어진 문장이다.

③ ㄱ, ㄴ, ㄷ은 모두 두 홑문장의 주어가 '암벽 등반은'으로 같아서 뒤 절의 주어는 생략 가능하여 표면상으로 주어가 없다.

④ ㄱ의 '-고'는 '두 가지 이상의 사실을 대등하게 벌여 놓는 연결 어미'로서 나열의 의미를 갖고, ㄷ의 '-지만'은 '어떤 사실이나 내용을 시인하면서 그에 반대되는 내용을 말하거나 조건을 붙여 말할 때에 쓰는 연결 어미'로서 대조의 의미를 갖는다. ㄱ과 ㄷ의 앞뒤 절은 순서를 바꾸어도 의미에 변화가 생기지 않으므로 대등하게 연결된 이어진문장이다.

⑤ ㄴ의 '-어서'는 '이유나 근거를 나타내는 연결 어미'이므로 앞 절과 뒤 절이 종속적 관계를 갖는다.

02 정답 ①

정답 풀이 '-으면'은 '일반적으로 분명한 사실을 어떤 일에 대한 조건으로 말할 때 쓰는 연결 어미'로서 앞의 절과 뒤의 절이 조건의 의미 관계임을 나타낸다.

오답 풀이

② '-으려고'는 '어떤 행동을 할 의도나 욕망을 가지고 있음을 나타내는 연결 어미'이므로 앞의 절과 뒤의 절이 의도의 의미 관계임을 나타낸다.

③ '-어도'는 '가정이나 양보의 뜻을 나타내는 연결 어미'이므로 앞의 절과 뒤의 절이 양보의 의미 관계임을 나타낸다.

④ '-는데'는 '뒤 절에서 어떤 일을 설명하거나 묻거나 시키거나 제안하기 위하여 그 대상과 상관되는 상황을 미리 말할 때에 쓰는 연결 어미'로서 앞의 절과 뒤의 절이 배경의 의미 관계임을 나타낸다.

⑤ '-어서'는 '이유나 근거를 나타내는 연결 어미'로서 앞의 절과 뒤의 절이 원인의 의미 관계임을 나타낸다.

> **개념 복습!** 앞 절과 뒤 절의 의미가 독립적이지 않고 종속적으로 이어진 문장을 '종속적으로 연결된 이어진문장'이라고 하며, 이때 앞 절과 뒤 절의 순서를 바꾸면 의미가 달라질 수 있다.

03 정답 ⑤

정답 풀이 ⑤에서 '과'는 행위의 상대임을 나타내는 부사격 조사로, 서술어가 '사귀어 왔다' 하나이므로 홑문장이다.

오답 풀이

① '나는 시를 좋아한다.'와 '나는 소설을 좋아한다.'가 접속 조사 '와'로 연결된 이어진문장이다.

② '그녀는 집에서 공부했다.'와 '그녀는 도서관에서 공부했다.'가 접속 조사인 '과'로 연결된 이어진문장이다.

③ '고향의 산은 예전 그대로였다.'와 '고향의 하늘은 예전 그대로였다.'가 접속 조사인 '과'로 연결된 이어진문장이다.

④ '성난 군중이 앞문으로 들이닥쳤다.'와 '성난 군중이 뒷문으로 들이닥쳤다.'가 접속 조사인 '과'로 연결된 이어진문장이다.

수능 맛보기 연결 어미의 의미 파악 정답 ⑤

정답 풀이 '출근할 때, 일부는 버스를 이용한다.'와 '출근할 때, 일부는 지하철을 이용한다.'에서 '일부'는 하나의 집단에서 겹치지 않는 하위 집단을 의미하기 때문에 같은 주어로 볼 수 없다. 또한 '-(으)며'를 '-(으)면서'로 교체할 경우 '출근할 때, 일부는 버스를 이용하면서 일부는 지하철을 이용한다.'가 되어 문장의 의미가 어색해지므로 앞뒤 문장의 동작이 동시에 일어났다고 보기 어렵다.

오답 풀이

① 앞뒤 문장 모두 주어가 '우리'로 같으며, '우리는 함께 걸으면서 희망에 대해 이야기했다.'로 연결 어미를 바꾸어 쓸 수 있다.

② 앞뒤 문장 모두 주어가 '모두들'로 같으며, '모두들 음정에 주의하면서 노래를 제대로 부르자.'로 연결 어미를 바꾸어 쓸 수 있다.

③ 앞뒤 문장 모두 주어가 '아는 사람 하나가'로 같고, '아는 사람 하나가 미소를 지으면서 내게 다가왔다.'로 연결 어미를 바꾸어 쓸 수 있다.

④ 앞뒤 문장 모두 주어가 '마라톤 선수가'로 같으며, '마라톤 선수가 가쁜 숨을 몰아쉬면서 결승선을 통과했다.'로 연결 어미를 바꾸어 쓸 수 있다.

개념 복습! '대등하게 연결된 이어진문장'은 의미 관계가 대등한 두 홑문장이 이어진 문장이다. 이 경우 앞 절과 뒤 절의 구조가 대칭이 되며, 대체로 앞 절과 뒤 절의 순서를 바꾸어도 원래 의미를 벗어나지 않는다.

문제 TIP 두 홑문장을 하나의 이어진문장으로 만드는 경우 연결 어미에 따라 앞 문장과 뒤 문장의 의미 관계가 달라질 수 있다.

문제 해결

STEP 1 앞 문장과 뒤 문장의 주어가 같은지 혹은 다른지 확인한다.

STEP 2 '-(으)며'를 '-(으)면서'로 바꾸어 쓸 때 어색한지 파악한다.

DAY 19 안은문장과 안긴문장

개념 확인 문제 본문 · 137쪽

01 (1) 안은문장 (2) 절 **02** (1) ○ (2) × (3) × **03** (1) 김 박사가 백신 개발에 성공하였음 (2) 아래층 강아지가 짖는 **04** ③, ⑤ **05** (1) 부사어 (2) 서술어 **06** 나는 형이 산 운동화를 신었다. **07** 농부는 누렁소가 더 일을 잘한다고 대답하였다. **08** 명사절, 목적어

내신 대비 문제 본문 · 138~139쪽

01 ⑤ **02** ③ **03** ③ **04** ⑤ **05** 예) 명사절을 가진 안은문장이다. 안긴문장에 해당하는 부분은 '장마가 그치기'이고, 목적어의 역할을 하고 있다. **06** ③ **07** ① **08** ② **09** ② **10** ⑤

---

01 정답 ⑤

정답 풀이 안은문장을 사용하면 홑문장에 비해 내용의 논리적 관계를 더 잘 전달할 수 있다. 그러나 두 개 이상의 홑문장이 결합되므로 문장이 더 간결하거나 명확해지는 않는다.

오답 풀이

① 관형절은 문장 안에서 관형어의 기능(체언 수식)을 한다.

② 명사절은 문장에서 명사와 같이 주어(문장의 주체), 목적어(동작의 대상) 등의 기능을 한다.

③ 직접 인용에서는 인용한 말 뒤에 조사 '라고'가 붙고, 간접 인용에서는 인용한 말 뒤에 조사 '고'가 붙는다.

④ 안긴문장은 문장 속에서 하나의 문장 성분처럼 쓰이는 홑문장을 말하며, 문장 속에서의 역할에 따라 명사절, 관형절, 부사절, 서술절, 인용절로 나뉜다.

개념 복습! 안은문장은 절 형태의 안긴문장을 하나의 문장 성분으로 안고 있는 문장이다. 그 종류에는 명사절을 가진 안은문장, 관형절을 가진 안은문장, 부사절을 가진 안은문장, 서술절을 가진 안은문장, 인용절을 가진 안은문장이 있다.

---

02 정답 ③

정답 풀이 '내가 죽거든 나를 강가에 묻어 다오.'는 조건의 의미 관계를 나타내는 연결 어미 '-거든'을 통해 종속적으로 연결된 이어진문장이다. 나머지는 모두 안은문장에 해당한다.

오답 풀이

① '이 일을 해내기'라는 명사절을 가진 안은문장이다.

② '눈썹이 휘날리도록'이라는 부사절을 가진 안은문장이다.

④ '눈이 매우 밝으시다'라는 서술절을 가진 안은문장이다.
⑤ '내가 작년에 이미 본'이라는 관형절을 가진 안은문장이다.

03 정답 ③

정답 풀이　〈보기〉의 문장에서 안긴문장은 관형절인 '개학이 연기된다는'으로, 뒤에 오는 체언 '사실'을 꾸며 준다.

오답 풀이
① 명사절의 역할에 해당한다.
② 부사절의 역할에 해당한다.
④ 서술절의 역할에 해당한다.
⑤ 인용절의 역할에 해당한다.

04 정답 ⑤

정답 풀이　〈보기〉는 '바스락거린다고'라는 간접 인용에 해당하는 인용절을 가진 안은문장이다. ⑤도 직접 인용에 해당하는 인용절("지나침은 미치지 못함과 같다."라고)을 가진 안은문장이다.

오답 풀이
① '인심이 후하다'라는 서술절을 가진 안은문장이다.
② '해가 떠오르기'라는 명사절을 가진 안은문장이다.
③ '통일이 될 것임'이라는 명사절을 가진 안은문장이다.
④ '해가 다 지도록'이라는 부사절을 가진 안은문장이다.

서술형

05 정답 예 명사절을 가진 안은문장이다. 안긴문장에 해당하는 부분은 '장마가 그치기'이고, 목적어의 역할을 하고 있다.

채점 기준
• 안은문장의 종류를 '명사절을 가진 안은문장'으로 정확히 파악함.
• 안긴문장에 해당하는 부분을 바르게 찾아 씀.
• 안긴문장이 목적어의 역할을 함을 밝힘.

✏ 필수 단어　명사절을 가진 안은문장, '장마가 그치기', 목적어

정답 풀이　〈보기〉는 명사절('장마가 그치기')을 가진 안은문장이며, 안긴문장인 명사절은 문장에서 서술어 '기다리고 있다'의 대상인 목적어의 기능을 하고 있다.

06 정답 ③

정답 풀이　'영주는 회원이 아니다.'는 '주어 + 보어 + 서술어' 형태의 홑문장에 해당한다.

오답 풀이
① '꾀가 많다'가 서술절이다.
② '귀가 길다'가 서술절이다.
④ '그림이 예쁘다'가 서술절이다.
⑤ '눈이 초롱초롱하다'가 서술절이다.

07 정답 ①

정답 풀이　안긴문장은 '눈이 시리도록'이라는 부사절이다.

오답 풀이
② 안긴문장은 '과자가 먹고 싶다고'라는 인용절이다.
③ 안긴문장은 '곡식이 익기'라는 명사절이다.
④ 안긴문장은 '결혼을 한다는'이라는 관형절이다.
⑤ 안긴문장은 '유모차가 지나갈 수 있게'라는 부사절이다.

08 정답 ②

정답 풀이　부사절은 ㉠의 '벽화가 아름답게', ㉣의 '소리도 없이', ㉤의 '날이 밝도록'이다. 따라서 부사절을 가진 안은문장은 ㉠, ㉣, ㉤이다.

오답 풀이
㉡ 명사절('어린이가 그런 결심을 하기')을 가진 안은문장이다.
㉢ 관형절('수정같이 투명한')을 가진 안은문장이다.
㉥ 인용절('앞으로 행복하게 살자고')을 가진 안은문장이다.

09 정답 ②

정답 풀이　②는 '발 없는'이라는 관형절은 가진 안은문장이다.

오답 풀이
① 주어는 '용', 서술어는 '난다'이므로, 주어와 서술어의 관계가 한 번만 나타나는 홑문장이다.
③ 주어는 '원숭이도', 서술어는 '떨어진다'이므로, 주어와 서술어의 관계가 한 번만 나타나는 홑문장이다.
④ 연결 어미 '-으면'을 통해 조건의 의미 관계로 연결된 이어진문장이므로, 종속적으로 연결된 이어진문장이다.
⑤ 연결 어미 '-라도'를 통해 양보의 의미 관계로 연결된 이어진문장이므로, 종속적으로 연결된 이어진문장이다.

고난도

10 정답 ⑤

정답 풀이　㉤은 '서술절을 가진 안은문장'이다. '장정의 발이(주어) 매우 크다(서술어).'는 홑문장이므로 ㉤의 예로 적절하지 않다.

오답 풀이
① ㉠에 들어갈 말은 '홑문장'으로, 이는 주어와 서술어의 관계가 한 번만 나타나는 문장을 이른다.
② ㉡에 들어갈 말은 '종속적으로 연결된 이어진문장'으로, 이는 앞 절과 뒤 절의 의미 관계가 대등하지 못하고 종속적인 관계에 있는 문장을 이른다.
③ ㉢ '명사절'은 명사형 어미인 '-음', '-기' 등이 붙어 만들어진다.
④ ㉣ '부사절'은 문장에서 부사어의 기능(주로 용언 수식)을 하는 절이다.

심화 학습 문제　본문 · 140~141쪽

01 ①	02 ②	03 ②	04 ③	Q 수능 맛보기 ①

01 정답 ①

정답 풀이 ㉠에서 앞 문장의 주어인 '아이는'과 서술어 '예쁘다' 사이에 뒤 문장 '꽃과 같다.'를 넣은 것처럼, ㉡도 앞 문장의 주어인 '그들이'와 서술어 '돌아왔다' 사이에 뒤 문장 '소리가 없다.'를 넣어 안은문장을 만든다. 이때 부사 형성 접사 '-이'를 안긴문장의 용언에 붙여서 안긴문장을 부사절로 만든다. 그러면 '그들이 소리 없이 돌아왔다.'로 바꿀 수 있다.

오답 풀이

② '소리가 없는'은 '소리가 없다'를 관형절로 만든 것이기 때문에 ㉠의 부사절과 같이 바꾼 문장이 아니다.

③ 연결 어미 '-고'를 이용하여 이어진문장이 되었으므로 ㉠과 같은 안은문장으로 볼 수 없다.

④ 연결 어미 '-(어)서'를 이용하여 이어진문장이 되었으므로 ㉠과 같은 안은문장으로 볼 수 없다.

⑤ 연결 어미 '-(으)며'를 이용하여 이어진문장이 되었으므로 ㉠과 같은 안은문장으로 볼 수 없다.

02 정답 ②

정답 풀이 '이가 시리도록'은 '이가 시리다.'라는 문장에 부사형 어미 '-도록'이 결합하여 서술어 '차가웠다'를 수식하는 기능을 하고 있으므로 부사절로 볼 수 있다.

오답 풀이

① '이 일은 하기'는 서술어를 수식하지 않으며, 주격 조사 '가'가 결합하여 체언처럼 쓰이기 때문에 명사절로 볼 수 있다.

③ '꼭 꿈을 이루겠다'는 조사 '고'를 붙여 '은기'의 말을 간접 인용한 것이므로 인용절이다.

④ '마음이 따뜻한'은 '마음이 따뜻하다.'라는 문장에 관형사형 어미 '-ㄴ'이 결합하여 명사 '사람'을 수식하고 있으므로 관형절이다.

⑤ '우리가 어제 돌아온'은 '우리가 어제 돌아오다.'라는 문장에 관형사형 어미 '-ㄴ'이 결합하여 명사 '사실'을 수식하고 있으므로 관형절이다.

03 정답 ②

정답 풀이 ㉠ '누나가 주인임이 밝혀졌다.'에서 '누나가 주인임'은 명사절이다. ㉡ '삼촌은 농담을 던짐으로써 분위기를 풀었다.'에서 '(삼촌이) 농담을 던짐'은 명사절이고, 안은문장 안에서 용언을 꾸미는 부사어의 기능을 한다. ㉢ '형은 동생이 고향으로 돌아오기만 기다렸다.'에서 '동생이 고향으로 돌아오기'는 명사절이다.

오답 풀이

① ㉠~㉢에서 안긴문장의 종류는 명사절로 모두 동일하다. 하지만 ㉠에서 안긴문장은 안은문장 안에서 목적어의 기능을 하는 것이 아니라 주어의 기능을 한다.

③ ㉠~㉢에서 안긴문장의 종류는 명사절로 모두 동일하다. 하지만 ㉢에서 안긴문장은 안은문장 안에서 목적어의 기능을 한다.

④ ㉠에서 안긴문장은 문장 안에서 주어의 기능을 하는 것이 맞지만, ㉠~㉢에서 안긴문장의 종류는 명사절로 모두 동일하다.

⑤ ㉡에서 안긴문장은 문장 안에서 부사어의 기능을 하는 것이 맞지만, ㉠~㉢에서 안긴문장의 종류는 명사절로 모두 동일하다.

04 정답 ③

정답 풀이 ㉢의 안긴문장인 '말도 없이'는 안은문장의 서술어인 '가 버렸다'를 수식하는 부사절이므로, 안은문장의 부사어인 '학교로'를 수식한다는 설명은 적절하지 않다.

오답 풀이

① ㉠의 안긴문장인 '키가 매우 크다'는 서술절로, 안은문장의 주어인 '영수는'을 서술하는 서술어의 역할을 한다.

② ㉡의 안긴문장인 '꽃이 핀'은 뒤에 나오는 체언인 '사실'을 수식하여 의미를 제한하는 기능을 한다.

④ ㉣의 안긴문장인 '공원을 산책하기'의 주어는 '영수는'이므로, 안은문장과 주어가 동일하다.

⑤ ㉤의 안긴문장인 '빨리 오라'는 안은문장의 주어인 '영수'의 말을 인용한 것이다.

 문장의 짜임 파악   정답 ①

정답 풀이 안긴문장인 ⓐ는 관형사형 어미 '-는'이 쓰인 관형절로, 뒤에 나오는 체언인 '예보'를 꾸며 주고 있다. 인용절에는 조사 '라고' 또는 '고'가 쓰인다. 따라서 ⓐ는 인용절로 쓰였다고 볼 수 없다.

오답 풀이

② ⓑ는 '공원이 많고 거리가 깨끗하-'에 관형사형 어미 '-(으)ㄴ'이 결합한 관형절이다.

③ ⓒ는 '바람이 거세지고 어둠이 내리-'에 명사형 어미 '-기'가 결합한 명사절이다.

④ ⓓ는 명사형 어미 '-음'이 결합한 명사절이며, 목적격 조사 '을'과 결합하여 안은문장에서 주성분인 목적어로 쓰이고 있다.

⑤ ⓔ는 관형사형 어미 '-는'이 결합한 관형절이다. 조사와의 결합 없이, '들판'을 수식하는 부속 성분인 관형어로 쓰이고 있다.

개념 복습! '안긴문장'은 다른 문장 속에 들어가 하나의 문장 성분처럼 쓰이는 문장을 뜻한다. 이러한 안긴문장을 '안긴절'이라고도 부르는데, 명사절, 관형절, 부사절, 서술절, 인용절이 있다.

문제 TIP 안긴문장의 종류를 구분할 때에는 용언의 어미를 확인하는 것이 좋다. 대체로 '-기', '-(으)ㅁ'이 쓰이면 명사절, '-(으)ㄴ', '-는'이 쓰이면 관형절, '-이', '-게'가 쓰이면 부사절이다.

문제 해결
STEP 1 밑줄 친 안긴문장의 마지막에 쓰인 용언의 어미를 확인한다.
STEP 2 어미의 종류를 확인하고 이것이 안은문장 내에서 어떤 성분으로 쓰였는지 파악한다.

본문 · 142~143쪽

Ⅴ 문장 성분과 구조 — 단원 종합 문제

01 ⑤	**02** ⑤	**03** ③	**04** ⑤	**05** ③	**06** ①
07 ②	**08** ⑤	**09** ④	**10** ㉠: 명사절 ㉡: 인용절		

01 정답 ⑤

정답 풀이 '새로움을'은 서술어 '추구한다'의 목적어에 해당한다.

오답 풀이

① '새'는 체언인 '책'을 꾸며 주는 관형어이다.
② '새로운'은 체언인 '책'을 꾸며 주는 관형어이다.
③ '새롭다'는 주어인 '책'의 상태를 풀이하는 서술어이다.
④ '새롭게'는 용언인 '바뀌었다'를 꾸며 주는 부사어이다.

02 정답 ⑤

정답 풀이 문장 성분으로 분석하면 '부사어('초등학교에서'), 관형어('어린이날'), 주어('행사가'), 서술어('열렸다')가 된다. 즉 '초등학교에서'는 부사어이다. 나머지 선택지의 밑줄 친 부분들은 모두 주어이다.

오답 풀이

① 문장 성분으로 분석하면 '주어('혼자서'), 목적어('길을'), 서술어('걷는다')가 된다. '혼자서'의 '서'는 주격 조사이다.
② 문장 성분으로 분석하면 '주어('누구나'), 관형어('그'), 목적어('사실을'), 서술어('안다')가 된다.
③ 문장 성분으로 분석하면 '관형어('이런'), 목적어('일은'), 주어('아무도'), 부사어('못'), 서술어('한다')가 된다.
④ 문장 성분으로 분석하면 '부사어('다행히도'), 관형어('내'), 주어('마음만은'), 서술어('행복하다')가 된다.

03 정답 ③

정답 풀이 '나의'는 체언인 '다리'를 꾸며 주고, '슬금슬금'은 용언인 '타고 올라온다'를 꾸며 준다.

오답 풀이

① '개미가 잔디밭에서 기어다니다.'와 '개미가 나의 다리를 슬금슬금 타고 올라온다.'의 두 홑문장이 하나의 문장으로 합쳐지면서 반복되는 주어 '개미가'가 생략된 것이다. 따라서 주어와 서술어의 관계는 두 번 나타난다.
② '잔디밭에서 기어다니던'은 뒤에 오는 체언 '개미'를 꾸며 주는 관형어의 구실을 한다는 점에서, 안긴문장 중 관형절에 해당한다.
④ 문장을 이루는 데 필수적인 문장 성분은 주어, 서술어, 목적어, 보어이다. '개미가'는 주어, '다리를'은 목적어, '타고 올라온다'는 서술어이다.
⑤ '앗'은 놀람을 나타내는 독립어로, 다른 문장 성분과 직접적인 관계를 맺지 않고 쓰이는 독립 성분에 해당한다.

04 정답 ⑤

정답 풀이 ㉠의 '가위로'는 '잘랐다'를, ㉡의 '동생으로'는 '삼았다'를 수식하는 기능을 한다. 그런데 ㉠의 '가위로'는 필수적이지 않은 성분이지만, ㉡의 '동생으로'는 '삼았다'가 반드시 필요로 하는 필수적 성분이다.

오답 풀이

① ㉠의 '색종이를'은 '잘랐다'라는 행위의 대상으로 기능하는 목적어로, 문장 구성에 필수적인 주성분에 해당한다.
② ㉠의 '꼼꼼한'은 '소윤이를', ㉡의 '옆집의'는 '효빈이를' 꾸며 주는 말로, 둘 모두 체언을 수식하는 기능을 하는 관형어이다. 관형어는 문장 구성에 필수적이지 않은 부속 성분에 해당한다.
③ ㉠의 '소윤이가'와 ㉡의 '경민이는'은 문장 안에서 행위의 주체로 기능하는 주어로, 문장 구성에 필수적인 주성분에 해당한다.
④ ㉠의 '잘랐다'와 ㉡의 '삼았다'는 문장 안에서 주체의 행위를 표현하는 기능을 하는 서술어로, 문장 구성에 필수적인 주성분에 해당한다.

05 정답 ③

정답 풀이 홑문장은 주어와 서술어의 관계가 한 번만 나타나는 문장을 말한다. ③은 관형절('어머니가 만드신')을 가진 안은문장으로, '어머니가(주어) + 만드신(서술어)', '빵이(주어) + 익어 간다(서술어)'와 같이 주어와 서술어의 관계가 두 번 나타나는 겹문장이다.

오답 풀이

① 주어('약은') + 서술어('쓰다')
② 주어('미소가') + 서술어('눈부시다')
④ 주어('전말이') + 서술어('밝혀졌다')
⑤ 주어('인간은') + 서술어('갖고 있다')

06 정답 ①

정답 풀이 ㄱ, ㄷ은 앞 절과 뒤 절의 순서를 바꾸면 각각 '봉사 활동은 보람차고 힘들다.', '봉사 활동은 보람차지만 힘들다.'가 되므로, 앞 절과 뒤 절의 순서를 바꾸어도 의미에 변화가 생기지 않는다. 그러나 ㄴ은 앞 절과 뒤 절의 순서를 바꾸면 '봉사 활동은 보람차도 힘들다.'가 되므로, 의미에 변화가 생긴다.

오답 풀이

② ㄱ, ㄴ, ㄷ은 '봉사 활동은 힘들다.'와 '봉사 활동은 보람차다.'라는 두 개의 홑문장이 각각 '나열', '양보', '대조'의 의미를 지니는 연결 어미 '-고', '-어도', '-지만'에 의해 나란히 연결된 이어진문장이다.
③ ㄱ, ㄴ, ㄷ에서 주어는 앞 절에만 있는데, 이는 두 개의 홑문장이 결합할 때 주어가 중복되어 뒤 문장의 주어가 생략되었기 때문이다.
④ ㄱ은 두 개의 홑문장이 '나열'의 의미를 갖는 연결 어미 '-고'를 통해 대등하게 연결된 이어진문장이다. ㄷ은 두 개의 홑문장이 '대조'의 의미를 갖는 연결 어미 '-지만'을 통해 대등하게 연결된 이어진문장이다.

⑤ ㄴ은 두 개의 홑문장이 '양보'의 의미를 갖는 연결 어미 '-어도'를 통해 종속적으로 연결된 이어진문장이다.

07 정답 ②

정답 풀이 ②는 대조의 의미를 갖는 연결 어미 '-지만'을 통해 대등하게 연결된 이어진문장이다. 나머지는 모두 안은문장에 해당한다.

오답 풀이
① 관형절('성공으로 가는')을 가진 안은문장이다.
③ 부사절('손에 땀이 나도록')을 가진 안은문장이다.
④ 명사절('불길이 잦아들기')을 가진 안은문장이다.
⑤ 인용절('연습 문제를 다시 풀어 오라고')을 가진 안은문장이다.

08 정답 ⑤

정답 풀이 ⑤에서 '지금이 회사의 앞날에 중요한 순간임'은 목적어의 기능을 하는 명사절이다. 따라서 ⑤는 명사절을 가진 안은문장이다.

오답 풀이
① '부사어('아직까지'), 관형어('한'), 주어('사람도'), 서술어('오지 않았다')로 구성된 문장이다. 따라서 주어와 서술어의 관계가 한 번만 나타나는 홑문장에 해당한다.
② '노인이 돌아가셨다고'라는 인용절을 가진 안은문장이다.
③ '아는 것도 없이'라는 부사절을 가진 안은문장이다.
④ '미소가 아름다운'이라는 관형절을 가진 안은문장이다.

09 정답 ④

정답 풀이 '혹시'와 '좀'은 부속 성분인 부사어로, 생략해도 의미 전달에는 문제가 없다.

오답 풀이
① ㉠은 부름을 나타내는 말인 독립어로, 문장에서 다른 문장 성분과 직접적인 관계를 맺지 않고 쓰이는 독립 성분에 해당한다.
② ㉡은 앞뒤의 절이 원인의 의미를 나타내는 '-아서'로 연결된 것으로 보아, 종속적으로 연결된 이어진문장이다.
③ ㉢은 '(나는) 너를 우리 집에 초대하다.'와 '(나는) 편지를 쓰고 있어.'의 두 홑문장이 결합된 겹문장이다. 주어와 서술어의 관계가 한 번만 나타나는 문장은 홑문장이다.
⑤ ㉤은 관형절('크림소스를 넣은')을 안긴문장으로 가진 안은문장에 해당한다.

10 정답 ㉠: 명사절 ㉡: 인용절

정답 풀이 ㉠ 뒤에 조사 '을/를'이 붙은 것, '기대했다'라는 동사의 대상이 되는 목적어가 없는 것으로 볼 때, ㉠에는 목적어의 기능을 하는 명사절인 '다람쥐가 도토리를 먹기'가 들어가는 것이 적절하다. ㉡ 뒤에 '말했다'라는 서술어가 있는 것으로 볼 때, 빈칸에는 말의 내용을 인용한 인용절(다람쥐가 도토리를 먹는다고 / "다람쥐가 도토리를 먹는다."라고)이 들어가는 것이 적절하다.

DAY 20 종결 표현

개념 확인 문제   본문 · 147쪽

01 문장, 평서문, 청유문   **02** (1) ○ (2) ○   **03** (1) ㉢ (2) ㉠ (3) ㉡   **04** ①   **05** ③   **06** 질문, 대답, 판정 의문문   **07** (1) ○ (2) ×   **08** ㉠: 수사 의문문 ㉡: 판정 의문문 ㉢: 설명 의문문

내신 대비 문제   본문 · 148~149쪽

01 ⑤   **02** ④   **03** ③   **04** ⑤   **05** 예 〈보기〉의 문장은 의문형 종결 어미 '-ㄹ까'를 활용한 의문문이며, 의미는 '오늘 점심 메뉴가 떡볶이라면 좋겠다.'이다.   **06** ③   **07** ⑤   **08** ⑤   **09** ④   **10** ④

01 정답 ⑤

정답 풀이 종결 표현에 따라서 문장의 유형을 구분하면, 평서문, 의문문, 명령문, 청유문, 감탄문으로 나눌 수 있다. 부정문은 종결 표현에 따른 문장의 유형에 해당하지 않는다.

오답 풀이
①, ② 종결 표현은 문장을 끝맺는 표현으로, 서술어의 종결 어미를 통해 종결 표현을 결정할 수 있다.
③ 국어의 문장은 종결 표현에 따라 진술, 요구, 명령, 제안 등으로 의미가 달라진다.
④ 화자는 종결 표현을 통해 자신의 생각을 진술하거나, 청자에게 행동을 요구하거나, 질문하는 등 자신의 의도를 전달할 수 있다.

02 정답 ④

정답 풀이 〈보기〉의 문장은 표면적으로는 의문문이지만, 화자가 청자에게 질문하여 대답을 요구하는 문장은 아니다. '너에게 커피를 사 주고 싶다.'라는 생각을 표현하는 문장이다.

오답 풀이
① 의문형 종결 어미 '-니'를 활용하여 의문문을 만들고 있다.
② 종결 어미 '-니'를 통해 화자의 의도를 표현하고 있다.
③ 화자가 청자에게 하고 싶은 말(너한테 커피 한 잔 사고 싶다.)을 전달하는 문장이다.
⑤ 형식적인 문장 형태는 의문문이지만, 청자에게 질문하며 대답을 요구하지 않으므로 문장의 형태와 실제 기능이 일치하지 않는다.

03 정답 ③

정답 풀이 〈보기〉에서 설명하는 문장은 청유문이다. '작다'는 형용사이므로 '작자'와 같이 청유형으로 표현할 수 없다.

오답 풀이

① '걷다'는 동사이므로 '걷자'와 같이 청유형으로 표현할 수 있다.

② '가다'는 동사이므로 '가자'와 같이 청유형으로 표현할 수 있다.

④ '잡다'는 동사이므로 '잡자'와 같이 청유형으로 표현할 수 있다.

⑤ '먹다'는 동사이므로 '먹자'와 같이 청유형으로 표현할 수 있다.

개념 복습! 형용사는 동사와 달리 청유형으로 활용할 수 없다. 다만 동사에서 명령형으로 쓰이는 종결 어미 '-아라/-어라'가 형용사에 결합할 경우 감탄형으로 쓰인다.

04 정답 ⑤

정답 풀이 〈보기〉에서 설명하는 문장은 감탄문이다. '오늘 공부를 많이 했어요.'는 사건의 내용을 진술하는 평서문이다.

오답 풀이

① '보기만 해도 좋아라!'는 감탄형 종결 어미 '-아라'를 활용한 감탄문이다.

② '하늘이 정말 푸르구나.'는 감탄형 종결 어미 '-구나'를 활용한 감탄문이다.

③ '우리가 드디어 만났군!'은 감탄형 종결 어미 '-구나'의 준말에 해당하는 '-군'을 활용한 감탄문이다.

④ '아이가 정말 얌전하구나.'는 감탄형 종결 어미 '-구나'를 활용한 감탄문이다.

서술형

05 정답 예 〈보기〉의 문장은 의문형 종결 어미 '-ㄹ까'를 활용한 의문문이며, 의미는 '오늘 점심 메뉴가 떡볶이라면 좋겠다.'이다.

채점 기준
•〈보기〉의 문장을 의문문으로 판단함.
• 의문형 종결 어미 '-ㄹ까'를 활용했음을 파악함.
• 문장의 의미를 '오늘 점심 메뉴가 떡볶이라면 좋겠다.'로 파악함.

필수 단어 의문문, 종결 어미 '-ㄹ까'

정답 풀이 〈보기〉의 문장은 의문형 종결 어미 '-ㄹ까'를 활용한 의문문이다. 그러나 문장 형태와 의미가 일치하지 않는 수사 의문문으로, 문장의 구체적인 의미는 '오늘 점심 메뉴가 떡볶이라면 좋겠다.'이다.

06 정답 ③

정답 풀이 '착하다'는 형용사이므로 '착하자'와 같이 청유형으로 활용할 수 없다. 그러므로 '오늘부터는 꼭 착하자.'는 문법적으로 올바르지 않은 문장이며, '오늘부터는 꼭 착하게 살자.'와 같이 동사를 활용하여 표현해야 한다.

07 정답 ⑤

정답 풀이 '비가 많이 와서 길이 미끄럽겠어.'는 평서형 종결 어미

'-어'를 활용한 평서문이다.

오답 풀이

① '거기 공 좀 주워 주겠니?'는 '-니'를 활용한 의문문이다.

② '우리 같이 도서관에 가자.'는 청유형 종결 어미 '-자'를 활용한 청유문이다.

③ '책상 정리를 빨리 하거라.'는 명령형 종결 어미 '-거라'를 활용한 명령문이다.

④ '시험에 합격하고야 말겠다.'는 평서형 종결 어미 '-다'를 활용한 평서문이다.

08 정답 ⑤

정답 풀이 ⑤는 문장 형태는 의문문이지만, 질문에 대한 대답을 요구하는 것이 아니라 '그만 자고 얼른 일어나라.'라는 의미를 강조하는 수사 의문문이다. 나머지는 모두 설명 의문문에 해당한다.

오답 풀이

① '누구'에 대한 대답을 요구하는 설명 의문문이다.

② '어디'에 대한 대답을 요구하는 설명 의문문이다.

③ '무엇'에 대한 대답을 요구하는 설명 의문문이다.

④ '언제'에 대한 대답을 요구하는 설명 의문문이다.

09 정답 ④

정답 풀이 〈보기〉의 '아무래도 내일은 비가 올 것 같아.'는 화자가 사건의 내용이나 자신의 생각을 진술하는 평서문에 해당한다. ④는 청유문이므로 〈보기〉의 문장과 동일한 종결 표현이 사용되지 않았다.

고난도

10 정답 ④

정답 풀이 ④의 문장 유형은 의문문이고, '어디'에 대한 대답을 요구하고 있다. 그러므로 문장의 형태와 실제 문장의 기능이 일치한다.

오답 풀이

① 문장 유형은 청유문이지만, 실제 기능은 '지나갈 수 있도록 비켜 달라'는 요청이다.

② 문장 유형은 의문문이지만, 실제 기능은 '창문 좀 닫아 달라'는 요청이다.

③ 문장 유형은 청유문이지만 실제 기능은 '다친 발을 볼 수 있도록 신발을 벗어 달라'는 요청이다.

⑤ 문장 유형은 의문문이지만, 실제 기능은 '조용히 하라'는 요청이다.

심화 학습 문제 본문 · 150~151쪽

01 ④	02 ③	03 ④	04 ⑤	Q 수능 맛보기 ①

01 정답 ④

정답 풀이 ②은 청유형 종결 어미 '-자'에 의해 실현된 청유문으로, 화자가 청자에게 서로 자주 연락할 것을 요청하고 있다.

오답 풀이
① ㉠은 종결 어미 '-야'에 의해 실현된 평서문으로, 화자가 청자에게 하고 싶은 말을 단순하게 진술하는 문장이다.
② ㉡은 종결 어미 '-니'와 물음표에 의해 실현된 의문문으로, 화자가 청자에게 질문하여 대답을 요구하는 문장이다.
③ ㉢은 종결 어미 '-구나'와 느낌표에 의해 실현된 감탄문으로, 화자가 자신의 감정이나 느낌을 표현하는 문장이다.
⑤ ㉤은 종결 어미 '-어(줘=주-+-어)'에 의해 실현된 명령문으로, 화자가 청자에게 어떤 행동을 하도록 요구하는 문장이다.

02 정답 ③

정답 풀이 A의 '잠깐, 내가 안경을 어디다 뒀더라?'는 '너 혼자 거기서 뭐하니?'라는 B의 대답을 고려했을 때, 형식상으로는 의문문이지만 청자에게 행동을 요청하는 말이 아니다. 화자 A가 안경을 찾으면서 하는 혼잣말이다.

오답 풀이
① 청자에게 조용히 해 줄 것을 요청하고 있다.
② 청자에게 창문을 열어 줄 것을 요청하고 있다.
④ 청자에게 비켜 줄 것을 요청하고 있다.
⑤ 청자에게 차를 세워 줄 것을 요청하고 있다.

개념 복습! 일반적으로 화자가 청자에게 행동을 요구하는 문장은 명령문이다. 그러나 상황에 따라 형태상 의문문과 청유문이 기능상 화자가 청자에게 행동을 요청할 때 쓰이기도 한다.

03 정답 ④

정답 풀이 〈보기 2〉의 a는 청자가 없는 일방적 발화 상황에서 청자인 '청년들'의 행동을 요구하는 문장으로, 서술어 '찾으라'는 용언의 어간 '찾-'에 명령형 종결 어미 '-으라'가 결합한 것이다. 따라서 〈보기 1〉의 ㄴ에 해당한다. 〈보기 2〉의 b는 화자와 청자의 상호적 발화 상황, 즉 청자를 앞에 둔 상황에서 청자인 '철수'의 행동을 요구하되 경계의 의미를 전달하는 경우로, 서술어 '넘어질라'는 용언의 어간 '넘어지-'에 명령형 종결 어미 '-ㄹ라'가 결합한 것이다. 따라서 〈보기 1〉의 ㄷ에 해당한다. 〈보기 2〉의 c는 화자와 청자의 상호적 발화 상황, 즉 청자를 앞에 둔 상황에서 청자인 '영희'의 행동을 요구하는 경우로, 서술어 '먹어 봐라'의 '봐라'는 용언의 어간 '보-'에 명령형 종결 어미 '-아라'가 결합한 것이다. 따라서 〈보기 1〉의 ㄱ에 해당한다.

04 정답 ⑤

정답 풀이 ㉤은 화자인 '학생'이 자신도 국화처럼 향기가 그윽한 사람이면 좋겠다는 소망을 나타내고 있는 문장이다. 청자에 대한 화자의 요구가 없으므로 ⓐ에 해당한다.

오답 풀이
① ㉠은 화자인 '학생'이 청자인 '교사'에게 국화에도 상징적 의미가 담겨 있는지 묻고 있는 문장이다. 청자에게 질문에 대한 대답을 요구하고 있으므로 ⓑ에 해당한다.
② ㉡은 '학생'의 물음에 대하여 화자인 '교사'가 국화에 어떤 상징적 의미가 있는지 설명하고 있는 문장이다. 청자에 대한 화자의 요구가 없으므로 ⓐ에 해당한다.
③ ㉢은 화자인 '교사'가 청자인 '학생'에게 국화 향기를 함께 맡아 볼 것을 권유하는 문장이다. 청자와 화자가 함께 행동을 수행할 것을 요구하고 있으므로 ⓓ에 해당한다.
④ ㉣은 화자인 '교사'가 청자인 '학생'에게 화분에 물을 줄 것을 요구하는 문장이다. 화자가 청자 단독으로 행동을 수행할 것을 요구하고 있으므로 ⓒ에 해당한다.

정답 풀이 ㉮는 '언제', '어디'라는 의문사가 있어서 '네, 아니요' 등의 긍정이나 부정의 대답이 아니라 구체적인 설명을 요구하는 의문문이다. ㉯는 형식은 의문문이지만, 빨리 일어나라는 명령의 의미를 담고 있다. 따라서 ㉠ '구체적인 설명을 요구하는 것'의 예는 ㉮이고, ㉡ '명령을 나타내는 경우'의 예는 ㉯이다. 이처럼 의문사에 대한 구체적인 설명을 요구하는 의문문을 '설명 의문문'이라고 하고, 대답을 요구하지 않고 서술이나 감탄, 명령의 의미를 담은 의문문을 '수사 의문문'이라고 한다.

오답 풀이
②~⑤ ㉰는 '갈 수 있다'라는 긍정이나 '갈 수 없다'라는 부정의 대답을 요구하는 의문문이다. 이처럼 긍정이나 부정의 대답을 요구하는 의문문을 '판정 의문문'이라고 한다. ㉱는 동생이 억울한 일을 겪은 상황에서 상황에 대한 자신의 느낌을 의문문의 형태로 나타낸 것이므로 대답을 요구하지 않는 수사 의문문이다.

개념 복습! 의문문은 긍정이나 부정의 대답을 요구하는 '판정 의문문', 구체적인 설명을 요구하는 '설명 의문문', 대답을 요구하지 않고 서술이나 감탄, 명령의 의미를 담은 '수사 의문문'으로 나눌 수 있다.

문제 TIP '판정 의문문'과 '설명 의문문'을 구별할 때는 의문사가 있는지 여부로 판단할 수 있다. 의문사 없이 단순히 긍정이나 부정의 대답을 요구하면 '판정 의문문'이고, 의문사에 대한 구체적인 설명을 요구하면 '설명 의문문'이다. '수사 의문문'은 대답을 요구하지 않는다는 점에서 이 둘과 구별된다.

문제 해결
STEP 1 각 의문문이 대답을 요구하는 의문문인지 아닌지 확인한다.
STEP 2 대답을 요구하는 의문문 중에서 '판정 의문문'인지 '설명 의문문'인지 구별한다.

DAY 21 높임 표현

개념 확인 문제
본문 · 153쪽

01 (1) ○ (2) × **02** (1) 객체 높임 (2) 주체 높임 (3) 상대 높임
03 (1) 아이가 학교에 간다. (2) 아이가 학교에 가요. (3) 아이가 학교에 가. **04** ② **05** (1) × (2) ○ **06** (1) −(으)시− (2) 께서
07 (1) 학생 여러분 (2) 교수님 (3) 선생님 **08** 주체 높임법, 상대 높임법

내신 대비 문제
본문 · 154~155쪽

01 ④ **02** ⑤ **03** ② **04** ② **05** 예 주격 조사 '께서'와 선어말 어미 '−시−'를 통한 주체 높임법, 부사격 조사 '께'와 특수 어휘 '드리다'를 통한 객체 높임법, 종결 표현 '−어요'를 통한 상대 높임법이 쓰였다. **06** ④ **07** ② **08** ③ **09** ⑤
10 ⑤

01 정답 ④

정답 풀이 상대 높임은 상대에 대한 높임과 낮춤의 표현을 모두 포함하지만, 주체 높임과 객체 높임은 높임만을 포함한다.

오답 풀이
① 한 문장에는 여러 높임 표현이 복합적으로 쓰일 수 있다.
② 높임 표현을 실현하는 문법 요소에는 선어말 어미, 조사, 특수 어휘, 종결 어미 등이 있다.
③ 높임의 대상은 서술의 주체(주체 높임법), 청자(상대 높임법), 목적어나 부사어가 지시하는 대상(객체 높임법) 등이 될 수 있다.
⑤ 높임 표현은 말하는 이가 어떤 대상을 일정 수준으로 대우하는 의도를 나타내는 방법이다.

개념 복습! 주체 높임을 실현하는 문법 요소는 높임의 선어말 어미 '−(으)시−', 높임의 주격 조사 '께서', 특수 어휘이며, 상대 높임을 실현하는 문법 요소는 종결 어미, 객체 높임을 실현하는 문법 요소는 높임의 부사격 조사 '께', 특수 어휘 등이다.

02 정답 ⑤

정답 풀이 〈보기〉는 객체 높임에 대한 설명이다. ⑤는 높임의 주격 조사 '께서'와 선어말 어미 '−시−'를 사용해 서술의 주체인 '어머니'를 높인 주체 높임이 사용되었다.

오답 풀이
① 부사어가 지시하는 대상인 '할아버지'를 높인 표현이다.
② 목적어가 지시하는 대상인 '아버지'를 높인 표현이다.
③ 부사어가 지시하는 대상인 '선생님'을 높인 표현이다.
④ 목적어가 지시하는 대상인 '할머니'를 높인 표현이다.

03 정답 ②

정답 풀이 '맛있었어요'는 '해요체'이므로, 비격식체에 해당한다.

오답 풀이
① '오셨소'는 '하오체'이므로, 격식체에 해당한다.
③ '돌아오셨습니까'는 '하십시오체'이므로, 격식체에 해당한다.
④ '공부해라'는 '해라체'이므로, 격식체에 해당한다.
⑤ '좋습니다'는 '하십시오체'이므로, 격식체에 해당한다.

04 정답 ②

정답 풀이 조사 '와'는 '너'를 부사어로 만드는 부사격 조사로서, '너'를 높이는 문법적 기능을 하고 있지는 않다.

오답 풀이
① 주격 조사 '께서'를 '선생님' 뒤에 결합하여 주체인 '선생님'을 높이고 있다.
③ '−어'는 두루낮춤을 나타내는 '해체'의 종결 어미이므로, 이를 통해 상대를 낮추고 있다.
④ 선어말 어미 '−시−'를 써서 서술의 주체인 '선생님'을 높이고 있다.
⑤ 오는 행동을 해야 하는 주체는 '너'로, 명령의 주체인 '선생님'보다 아랫사람이므로 '오시라고'로 바꾸면 문장이 어색해진다.

서술형

05 정답 예 주격 조사 '께서'와 선어말 어미 '−시−'를 통한 주체 높임법, 부사격 조사 '께'와 특수 어휘 '드리다'를 통한 객체 높임법, 종결 표현 '−어요'를 통한 상대 높임법이 쓰였다.

채점 기준
• 주격 조사 '께서'와 선어말 어미 '−시−'를 활용한 주체 높임법이 쓰였음을 판단함.
• 부사격 조사 '께'와 특수 어휘 '드리다'를 활용한 객체 높임법이 쓰였음을 판단함.
• 종결 표현 '−어요'를 활용한 상대 높임법이 쓰였음을 판단함.

필수 단어 '께서', '−시−', 주체 높임법, '께', '드리다', 객체 높임법, '−어요', 상대 높임법

정답 풀이 주격 조사 '께서'와 선어말 어미 '−시−'를 통해 서술어 '나가셨어요'의 주체인 '아버지'를 높이고 있다. 또한 부사격 조사 '께'와 특수 어휘 '드리다'를 사용해 부사어가 지시하는 대상인 '할아버지'를 높이고 있다. 마지막으로 문장 끝에서 종결 표현 '−어요'를 통해 청자를 높이고 있다.

06 정답 ④

정답 풀이 특수 어휘 '계시다'를 사용해 주체인 '어머니'를 직접적으로 높이고 있다.

오답 풀이
① 주격 조사 '께서'를 사용해 주체인 '어머니'를 높이고 있다.

② 비격식체의 두루높임을 나타내는 '해요체'의 종결 표현을 사용해 청자를 높이고 있다.
③ 목적어와 부사어가 지시하는 대상을 높이는 표현은 쓰이지 않았으므로 객체 높임은 사용되지 않았음을 알 수 있다.
⑤ '만드신'에서 주체 높임의 선어말 어미 '-시-'를 사용해 주체인 '어머니'를 직접적으로 높이고 있다.

> **개념 복습!** 주체 높임법에는 주체를 직접 높이는 직접 높임과, 주체와 관련이 있는 사람이나 대상, 신체 부위 등을 통해 주체를 높이는 간접 높임이 있다.

07 정답 ②

정답 풀이 '주무신다'는 주체인 '할아버지'를 높이는 표현인 것은 맞으나, 선어말 어미 '-(으)시-'가 쓰인 것은 아니다. '주무시다'는 높임의 의미를 가지는 특수 어휘이다.

오답 풀이
① '밝으시다'에 선어말 어미 '-으시-'가 쓰여 주체의 신체인 '눈'을 높임으로써 '선생님'을 간접적으로 높이고 있다.
③ '부르시는'에 선어말 어미 '-시-'가 쓰여 주체인 '엄마'를 높이고 있다.
④ '하신다'에 선어말 어미 '-시-'가 쓰여 주체인 '아빠'를 높이고 있다.
⑤ '성공하셨다'에 선어말 어미 '-시-'가 쓰여 주체인 '할머니'를 높이고 있다.

08 정답 ③

정답 풀이 '도착하셨나요'에 실현된 것은 주체 높임과 상대 높임이다.

오답 풀이
① '바쁘죠'에 실현된 것은 상대 높임이다.
② '어때요'에 실현된 것은 상대 높임이다.
④ '재미있었어요'에 실현된 것은 상대 높임이다.
⑤ '가요'에 실현된 것은 상대 높임이다.

09 정답 ⑤

정답 풀이 ㉠에 들어갈 예문은 상대를 높이고 주체도 높인 문장이다. ⑤는 종결 표현 '-어요'를 사용해 상대를 높이고 있고, 주격 조사 '께서'와 선어말 어미 '-시-'를 사용해 주체인 '선생님'도 높이고 있다.

오답 풀이
① 상대를 낮추고 있고, 주체도 높이고 있지 않다.
② 상대를 높이고 있으나, 주체를 높이고 있지는 않다.
③ 상대를 낮추고 있고, 주체도 높이고 있지 않다.
④ 상대를 높이고 있으나, 주체를 높이고 있지는 않다.

고난도

10 정답 ⑤

정답 풀이 ⑤에는 주체 높임법(께서, -시-), 상대 높임법(-어요), 객체 높임법(께, 드리고)이 모두 쓰였다.

오답 풀이
① 상대 높임법만 쓰였다.
② 주체 높임법과 상대 높임법만 쓰였다.
③ 상대 높임법만 쓰였다.
④ 주체 높임법과 상대 높임법만 쓰였다.

심화 학습 문제 본문 · 156~157쪽

| 01 ① | 02 ② | 03 ⑤ | 04 ④ | Q 수능 맛보기 ③ |

01 정답 ①

정답 풀이 ㉠의 '영희'가 '선생님'으로 바뀌면 선물을 주는 주체가 높임의 대상이 되므로, 주격 조사 '가'를 높임의 주격 조사 '께서'로 고쳐 말해야 한다.

오답 풀이
② 부사격 조사 '께'는 문장의 객체를 높이는 표현이므로 선물을 주는 주체인 ㉠이 높임의 대상으로 바뀌는 것과는 관련이 없다.
③ '주시는'은 선물을 주는 주체를 높이는 표현이다. 따라서 문장의 객체인 ㉡이 높임의 대상으로 바뀌는 것과는 관련이 없다.
④ '보았어'의 주체는 화자이므로 문장의 객체인 ㉡이 높임의 대상으로 바뀌는 것과는 관련이 없다. '보셨어'의 선어말 어미 '-시-'는 주체를 높이는 표현으로, '보셨어'라고 고치면 화자인 자기 자신을 높이는 표현이 되므로 적절하지 않다.
⑤ '보았습니다'는 '하십시오체'로 상대를 높이는 표현이므로 문장의 객체인 ㉡이 높임의 대상으로 바뀌는 것과는 관련이 없다.

02 정답 ②

정답 풀이 문장의 부사어가 지시하는 대상인 '어머니'를 높이기 위해 높임의 의미가 있는 특수 어휘 '드리다'와 부사격 조사 '께'를 사용해 객체 높임을 실현하고 있다.

오답 풀이
① 주격 조사 '께서'와 특수 어휘 '댁', '계시다'를 통해 문장의 주체인 '선생님'을 높이는 주체 높임을 실현하고, 종결 어미 '-ㅂ니다'를 통해 상대 높임을 실현하고 있다. 이 문장에서 객체 높임은 나타나 있지 않다.
③ 주격 조사 '께서'를 통해 문장의 주체인 '할아버지'를 직접 높이고 있고, 선어말 어미 '-으시-'를 통해 '(할아버지의) 눈'을 간접적으로 높이고 있다. 또한 종결 어미 '-ㅂ니다'를 통해 상대 높임도 실현하고 있다. 객체 높임은 나타나 있지 않다.
④ 종결 어미 '-어요'를 통해 상대 높임만 실현하고 있다. 또한 주체(아버지)가 화자보다는 높임의 대상이지만 청자(할머니)가 주체(아버지)보다 높임의 대상이므로 주체에 대한 높임 표현도 사용하지 않았다. 객체 높임은 나타나 있지 않다.

⑤ 주격 조사 '께서'와 선어말 어미 '–시–'를 통해 문장의 주체인 '선생님'을 높이는 주체 높임을 실현하였고, 종결 어미 '–어'를 통해 상대 높임을 실현하고 있다. 객체 높임은 나타나 있지 않다.

03 정답 ⑤

정답 풀이 '편찮다'에 주체 높임 선어말 어미 '–으시–'가 결합하여 서술의 주체인 '할머니'를 높이고 있으므로 객체 높임이 아니라 주체 높임에 해당한다.

오답 풀이

① 부사어가 나타내는 대상, 즉 서술의 객체인 '할머니'를 높이기 위해 높임의 특수 어휘 '드리다'를 사용하였으므로 객체 높임에 해당한다.

② 목적어가 나타내는 대상, 즉 서술의 객체인 '할머니'를 높이기 위해 높임의 특수 어휘 '뵙다'를 사용하였으므로 객체 높임에 해당한다.

③ 목적어가 나타내는 대상, 즉 서술의 객체인 '할머니'를 높이기 위해 높임의 특수 어휘 '모시다'를 사용하였으므로 객체 높임에 해당한다.

④ 부사어가 나타내는 대상, 즉 서술의 객체인 '큰아버지'를 높이기 위해 조사 '에게' 대신 '께'를 사용하였으므로 객체 높임에 해당한다.

> **개념 복습!** 주체 높임은 서술의 주체를 높이는 방법, 객체 높임은 서술의 객체를 높이는 방법, 상대 높임은 듣는 이를 높이거나 낮추는 방법이다.

04 정답 ④

정답 풀이 ㉣에서 높임의 대상인 '선생님'은 주체가 아닌 대화의 청자, 즉 '상대'이다. 상대인 '선생님'을 높이기 위해 상대 높임의 종결 어미 '–습니다'를 사용하였다. 또한 '자신'을 낮추는 표현인 '제(=저)'와 '남의 말을 높여 이르거나 자신의 말을 낮추어 이르는 말'인 '말씀'을 사용하였으며, 생략된 부사어 '선생님께'에 호응하는 객체 높임의 특수 어휘 '드리다'를 사용하였다.

오답 풀이

① ㉠에서 높임의 대상인 '할머니'는 문장에서 주어가 나타내는 대상, 즉 주체이다. 주체인 '할머니'를 높이기 위해 주격 조사 '께서'와 주체 높임의 특수 어휘 '계시다'를 사용하였다.

② ㉡에서 높임의 대상인 '어머니'는 문장의 부사어가 나타내는 대상, 즉 객체이다. 객체인 '어머니'를 높이기 위해 부사격 조사 '께'와 객체 높임의 특수 어휘 '드리다'를 사용하였다.

③ ㉢에서 높임의 대상인 '할아버지'는 문장의 주어가 나타내는 대상, 즉 주체이다. 주체인 '할아버지'를 높이기 위해 높임의 주격 조사 '께서'와 주체 높임 선어말 어미 '–시–'를 사용하였다.

⑤ ㉤에서 높임의 대상인 '아버지'는 대화의 청자, 즉 상대이다. 상대인 '아버지'를 높이기 위해 높임의 종결 어미 '–습니다'를 사용하였다.

정답 풀이 주체인 '할머니'를 높이는 용언(㉠)으로 '잡수신다'가 사용되었음을 확인할 수 있고, 높여야 할 인물(할머니)과 관련된 것(할머니의 나이)을 높이는 명사(㉡)로 '연세'가 사용되었음을 확인할 수 있다.

오답 풀이

① 어휘를 통해 높임을 표현한 것은 '그분'과 '성함'인데, '그분'은 높여야 할 인물(그 사람)을 직접 높이는 명사이고, '성함'은 높여야 할 인물(그 사람)과 관련된 것(그 사람의 이름)을 높이는 명사(㉡)이다. 그러나 문장의 주어는 '나는'으로, 주체를 높이는 용언(㉠)은 사용되지 않았다.

② 어휘를 통해 높임을 표현한 것은 '여쭈다'와 '댁'이다. 높여야 할 인물(할머니)과 관련된 것(할머니의 집)을 높이는 명사(㉡)인 '댁'이 사용되었지만, '여쭈다'는 객체(할머니)를 높이기 위해 사용된 용언이다. 문장의 주어는 '누나는'으로, 주체를 높이는 용언(㉠)은 사용되지 않았다.

④ 어휘를 통해 높임을 표현한 것은 '부모님'과 '모시다'인데, '부모님'은 높여야 할 인물(부모)을 직접 높이는 명사이고, '모시다'는 객체(부모님)를 높이기 위해 사용된 용언이다. 문장의 주어는 '우리는'으로, 주체를 높이는 용언(㉠)은 사용되지 않았다.

⑤ 어휘를 통해 높임을 표현한 것은 '주무신다'인데, 이는 주체(어머니)를 높이는 용언(㉠)이다. 높여야 할 인물과 관련된 것을 높이는 명사(㉡)는 사용되지 않았다.

> **개념 복습!** 어휘로 높임을 표현할 때는 주체나 객체를 높이는 용언을 사용해 표현하거나, 높여야 할 인물이나 그와 관련된 것을 높이는 명사를 사용해 표현할 수 있다.

문제 TIP 문장의 주어, 목적어, 부사어가 나타내는 대상을 먼저 찾으면 높임의 대상이 주체인지, 객체인지 파악할 수 있다.

문제 해결

STEP 1 주어, 목적어, 부사어가 나타내는 대상을 찾아 높임의 대상이 누구인지 확인한다.

STEP 2 높여야 할 대상을 높이고 있는 어휘를 찾아 ㉠과 ㉡에 해당하는지 확인한다.

개념 확인 문제

본문 · 159쪽

01 (1) ○ (2) ○　　**02** (1) 과거 (2) 미래 (3) 현재　　**03** (1) 과거
(2) -었-　　**04** (1) 큰 가방을 산다. (2) 큰 가방을 샀다. (3) 큰 가방
을 살 것이다. / 큰 가방을 사겠다.　　**05** ③　　**06** (1) ○ (2) ×
07 (1) 진행상 (2) -고 있다　　**08** 내일, -ㄹ 것-

내신 대비 문제

본문 · 160~161쪽

01 ④　　**02** ③　　**03** ⑤　　**04** ③　　**05** 예 〈보기〉 문장
의 시제는 미래 시제 관형사형 어미 '-ㄹ 것'이 사용된 것으로 보아 미래
시제이고, 이를 과거 시제로 바꾼다면 '나는 시험을 잘 봤다.'로 바꿀 수
있다.　　**06** ③　　**07** ⑤　　**08** ⑤　　**09** ⑤　　**10** ⑤

01　정답 ④

정답 풀이　동작상은 사건시가 아닌 발화시를 기준으로 동작이 일어
나는 모습을 표현한 것이다.

오답 풀이

① 시간 표현은 연속적으로 흐르는 시간을 구분하여 언어적으로 표
현하는 것이다.
② 시제는 특정한 사건이나 사실이 발생한 시간의 위치를 표현하는
것이다.
③ 시제는 발화시와 사건시의 선후 관계에 따라 과거 시제, 현재 시
제, 미래 시제로 나눈다.
⑤ 동작상은 발화시를 기준으로 동작이 진행되고 있음을 표현하는 진
행상과 동작이 이미 완료되었음을 표현하는 완료상으로 나눈다.

02　정답 ③

정답 풀이　〈보기〉에서 설명하는 시제는 과거 시제이다. ③은 형용사
'크다'에 관형사형 어미 '-ㄴ'을 결합해 현재 시제를 표현한 것이다.

오답 풀이

① 선어말 어미 '-었-'을 활용해 과거 시제를 표현한 것이다.
② 선어말 어미 '-았었-'을 활용해 과거 시제를 표현한 것이다.
④ 선어말 어미 '-았-'과 관형사형 어미 '-던'을 활용해 과거 시제를
표현한 것이다.
⑤ '하다'라는 동사에 관형사형 어미 '-ㄴ'을 결합해 과거 시제를 표
현한 것이다.

03　정답 ⑤

정답 풀이　선어말 어미 '-는-'은 현재 시제를 표현하는 문법 요소
이다.

오답 풀이

① 선어말 어미 '-더-'는 과거 시제를 표현한다.
② 관형사형 어미 '-던'은 과거 시제를 표현한다.
③ 동사와 결합한 관형사형 어미 '-은'은 과거 시제를 표현한다.
④ 시간 부사어 '어제'는 과거 시제를 표현한다.

> 개념 복습! 과거 시제, 현재 시제, 미래 시제 등 시제를 표현하는
> 방법에는 시제 선어말 어미, 관형사형 어미, 시간 부사어 등을 활용하
> 는 방법이 있다.

04　정답 ③

정답 풀이　'있겠습니다'의 '-겠-'은 추측, 의지 등의 의미 없이 발화
시를 기준으로 그보다 뒤에 일어날 일을 표현하는 미래 시제 선어말
어미이다.

오답 풀이

①, ②, ④ '-겠-'은 추측의 의미를 드러내고 있다.
⑤ '-겠-'은 의지의 의미를 드러내고 있다.

서술형

05　정답 예 〈보기〉 문장의 시제는 미래 시제 관형사형 어미 '-ㄹ 것'이 사
용된 것으로 보아 미래 시제이고, 이를 과거 시제로 바꾼다면 '나는 시험을 잘
봤다.'로 바꿀 수 있다.

채점 기준
• 〈보기〉의 문장 시제를 미래 시제로 판단함.
• 미래 시제 관형사형 어미 '-ㄹ 것'이 쓰였음을 파악함.
• '볼 것이다'를 '봤다'와 같이 과거 시제를 드러내는 표현으로 바꿈.

필수 단어　미래 시제, 과거 시제, 봤다

정답 풀이　〈보기〉 문장에서는 '-ㄹ 것'을 활용하여 미래 시제를 표
현하였다. 이를 과거 시제로 바꾸려면, 과거 시제 선어말 어미 '-
았-'을 활용하여 '나는 시험을 잘 봤다.'로 바꿀 수 있다.

06　정답 ③

정답 풀이　'먹고서'의 '-고서'는 완료상을 표현하는 연결 어미이다.

오답 풀이

① '끝나 간다'의 '-아 가다'는 진행상을 표현하는 보조 용언이다.
②, ④ '하고 있다'와 '보고 있는'의 '-고 있다'는 진행상을 표현하는
보조 용언이다.
⑤ '부르면서'의 '-면서'는 진행상을 표현하는 연결 어미이다.

07　정답 ③

정답 풀이　미래의 일을 나타내는 선어말 어미 '-겠-'을 사용해 미래
시제를 표현하고 있다.

오답 풀이

①, ⑤ '-어 있다'는 완료상을 표현하는 보조 용언이다.

② '-고서'는 완료상을 표현하는 연결 어미이다.
④ '-어 버리다'는 완료상을 표현하는 보조 용언이다.

📖 **개념 복습!** 완료상은 시간의 흐름 속에서 그 동작이 이미 완료되었음을 표현하는 시간 표현이다. 완료상은 보조 용언 '-아/어 있다', '-아/어 버리다'와 연결 어미 '-고서' 등을 사용해 표현한다.

08 정답 ⑤

정답 풀이 동사 '지키다'에 관형사형 어미 '-ㄹ'을 결합해 미래 시제를 표현하고 있다.

오답 풀이
① 미래 시제를 표현했으나 '내일'과 같은 시간 부사어는 문장에 쓰이지 않았다.
② 미래 시제를 표현했으나 '-겠-'과 같은 선어말 어미는 문장에 쓰이지 않았다.
③ 선어말 어미는 쓰이지 않았으며 현재 시제를 표현하지 않았다.
④ 관형사형 어미 '-ㄹ'은 쓰였으나 현재 시제를 표현하지 않았다.

09 정답 ⑤

정답 풀이 선어말 어미 '-더-'를 사용해 완료상이 아닌 과거 시제를 표현하고 있다.

오답 풀이
① 선어말 어미 '-았-'과 관형사형 어미 '-던'을 사용해 과거 시제를 표현하고 있다.
② 형용사는 선어말 어미 없이 현재 시제를 표현할 수 있다.
③ '-ㄹ 것'을 사용해 미래 시제를 표현하고 있다.
④ 보조 용언 '-고 있다'를 사용해 진행상을 표현하고 있다.

고난도
10 정답 ⑤

정답 풀이 종결 어미 '-다'는 시제나 동작상을 표현하는 문법 요소가 아니다. 화자가 사건의 내용이나 자신의 생각을 진술하는 문장이 되게 하는 평서형 종결 어미이다.

오답 풀이
① 관형사형 어미 '-던'을 활용하여 발화시를 기준으로 앞서 있는 사건에 대해 표현하고 있으므로 과거 시제를 표현하고 있는 것이다.
② 과거 시제 관형사형 어미 '-던'을 통해 '가지'가 '앙상했던' 사실이 발화시보다 사건시가 앞서 있는 과거의 사건임을 드러내고 있다.
③ 보조 용언 '-어 있다'를 통해 '봄꽃이 활짝' 핀 사건이 발화시를 기준으로 이미 완료된 사건임을 표현하고 있다.
④ 보조 용언 '-어 있다'를 활용하여 동작이 이미 완료되었음을 표현하는 완료상을 나타내고 있으므로 동작상을 표현한 것이다.

심화 학습 문제 본문 · 162~163쪽

| 01 ④ | 02 ③ | 03 ① | 04 ③ | Q 수능 맛보기 ④ |

01 정답 ④

정답 풀이 ㄹ의 '적었었다'는 '적다'의 어간 '적-'에 선어말 어미 '-었었-'이 결합한 것으로, 작년에는 나무가 적었지만 지금은 그렇지 않음을 드러내고 있는 표현이다. 선어말 어미 '-었었-'은 현재와 비교하여 다르거나 단절되어 있는 과거의 사건을 나타내는 어미로, 현재까지 지속되는 과거의 상황을 나타내지 않는다.

오답 풀이
① 부사 '어제'는 '오늘의 바로 하루 전에'를 뜻한다. ㄱ에서는 시간 부사어 '어제'를 사용하여 그가 고향을 떠난 사건이 과거에 일어났음을 나타내고 있다.
② 선어말 어미 '-더-'는 과거에 경험하여 알게 된 사실을 현재 말하는 장면에 그대로 옮겨 와서 전달하는 어미이다. ㄴ에서는 선어말 어미 '-더-'를 '춥다'에 결합함으로써 지난겨울에 정말 날씨가 추웠다는 과거의 경험을 회상하고 있음을 나타내고 있다.
③ 관형사형 어미 '-(으)ㄴ'은 동사와 결합하면 사건이나 행위가 과거에 일어났음을 나타낸다. ㄷ에서는 관형사형 어미 '-(으)ㄴ'이 동사 '보다'에 결합하여 친구와 함께 영화를 본 행위가 과거에 일어났음을 나타내고 있다.
⑤ 선어말 어미 '-았-'은 주로 과거 시제를 나타내는 어미이지만, 미래의 사건이나 일을 확정적인 사실로 받아들임을 나타내기도 한다. ㅁ에서는 선어말 어미 '-았-'이 '자다'에 결합하여 오늘 밤 잠을 잘 수 없다는 점이 이미 확정된 일과 같다는 의미를 나타내고 있으므로, 이때의 선어말 어미 '-았-'은 과거에 일어난 일을 나타내지 않는다.

02 정답 ③

정답 풀이 '진행상'과 '완료상'의 구별 기준은 발화시를 기준으로 어떤 동작이 계속 이어지고 있느냐 아니면 끝났느냐에 있다. ㉠ '말라 간다'는 보조 용언 '-아 가다'를 통해 발화시를 기준으로 빨래가 마르는 동작이 계속 이어지고 있음을 알 수 있으므로 진행상에 해당한다. ㉡ '불고 있다'는 보조 용언 '-고 있다'를 통해 발화시를 기준으로 바람이 부는 동작이 계속 이어지고 있음을 알 수 있으므로 진행상에 해당한다. ㉢ '먹어 버렸다'는 보조 용언 '-어 버리다'를 통해 발화시를 기준으로 밥을 먹는 동작이 끝났음을 알 수 있으므로 완료상에 해당한다.

03 정답 ①

정답 풀이 과거 시제는 발화시를 기준으로 사건이 그보다 앞서 일어났음을 나타낸다. 선어말 어미 '-았-'은 주로 과거 시제를 나타내는 데 사용되는 어미이지만 때로는 미래의 상황을 표현할 때 쓰이기도 한다. '너는 이제 집에 돌아오면 혼났다.'의 '혼났다'에는 선어말 어미 '-았-'이 '혼나다'에 결합하여 쓰였지만, 발화시에서 볼 때 '혼날 일'은 앞으로 벌어질 미래의 사건이므로 이때의 '-았-'은 미래의 일을 표현하는 데 쓰인 것이다.

오답 풀이

② '나는 예전에 그 집에 살았었다.'의 '살았었다'는 '살다'의 어간 '살-'에 선어말 어미 '-았었-'이 결합한 것으로, 예전에는 그 집에 살았지만 지금은 그렇지 않음을 드러내는 표현이다. 따라서 이때의 '-았었-'은 그 집에 살던 사건이 발화시보다 전에 발생하여 현재와는 단절된 사건임을 나타내고 있으므로 과거 시제를 표현하는 데 쓰인 것이다.

③ '지난여름에는 정말 덥더라.'의 '덥더라'는 '덥다'의 어간 '덥-'에 선어말 어미 '-더-'가 결합하여 지난여름에 정말 더웠다는 과거의 경험을 회상하고 있음을 나타내고 있다.

④ '방학 동안 읽은 책이 제법 여러 권이다.'의 '읽은'은 동사 '읽다'의 어간 '읽-'에 관형사형 어미 '-(으)ㄴ'이 결합하여 책을 읽은 행위가 과거에 일어났음을 나타내고 있다.

⑤ '여름에 푸르던 산이 붉게 물들었다.'의 '푸르던'은 '푸르다'의 어간 '푸르-'에 관형사형 어미 '-던'이 결합하여 산이 푸른 상태가 과거임을 나타내고 있다.

> **개념 복습!** 과거 시제는 사건시가 발화시보다 앞서 있는 시제로, 선어말 어미 '-았-/-었-', '-았었-/-었었-', '-더-', 관형사형 어미 '-(으)ㄴ', '-던' 등을 통해 실현된다. 또한 '어제', '옛날'과 같이 과거를 나타내는 시간 부사어를 사용해서도 나타낼 수 있다.

04 정답 ③

정답 풀이 '산 책'에서 '산'은 동사 '사다'의 어간 '사-'에 관형사형 어미 '-ㄴ'이 결합한 것으로, 책을 사는 행위가 과거에 일어났음을, 즉 과거 시제를 나타낸다. 과거 시제는 발화시보다 사건시가 앞서 있는 시제이다. 발화시가 사건시에 앞서는 것은 미래 시제이므로 적절하지 않다.

오답 풀이

① 아들이 방 정리를 하고 있는 모습을 보고 어머니가 '방 정리를 하고 있구나.'라고 말한 것이므로, 보조 용언 '-고 있구나'를 사용하여 동작이 진행되고 있음을 나타낸 것이다. '-고 있다'는 진행상을 나타내는 표현이다.

② '-았-'은 과거 시제를 나타내는 선어말 어미로, 발화시를 기준으로 볼 때 필요 없는 물건을 내놓은 행위가 과거에 일어났음을 나타내고 있다. 따라서 이때의 '-았-'은 사건시가 발화시에 앞선다는 것을 나타낸다.

④ 보조 용언 '-어 버리다'는 완료상을 나타내는 표현으로, 발화시 이전에 동작이 이미 완결되었음을 나타낸다.

⑤ '공부할'에서 '-ㄹ'은 미래 시제를 나타내는 관형사형 어미로, 발화시를 기준으로 볼 때 공부하는 행위가 미래에 일어날 것임을 나타내고 있다. 따라서 이때의 '-ㄹ'은 발화시가 사건시보다 앞선다는 것을 나타내는 표현이다.

정답 풀이 '나빴어'는 선어말 어미 '-았-'을 사용해 '소풍날'이라는 과거의 시간에 '날씨'라는 상태가 나빴음을 나타내고 있다. 따라서 '과거에 일어난 사건의 결과 상태가 현재까지 지속되고 있음(ⓑ)'이 아니라, '사건이나 상태가 과거의 것임(ⓐ)'을 나타내는 예이다.

오답 풀이

① 텔레비전을 본 사건이 '어제'라는 과거의 시간에 일어났음을 나타내기 위해 선어말 어미 '-았-'을 사용하였으므로 '사건이나 상태가 과거의 것임(ⓐ)'을 나타내는 예로 적절하다.

② 할머니 생신 선물을 사러 간 사건이 '아까'라는 과거의 시간에 일어났음을 나타내기 위해 선어말 어미 '-았-'을 사용하였으므로 '사건이나 상태가 과거의 것임(ⓐ)'을 나타내는 예로 적절하다.

③ 부사어 '아직도'에서 알 수 있듯이, 과거에 걸린 감기가 아직 낫지 않아서 목이 잠긴 상태가 현재까지 지속되고 있음을 나타내기 위해 선어말 어미 '-었-'을 사용하였으므로 '과거에 일어난 사건의 결과 상태가 현재까지 지속되고 있음(ⓑ)'을 나타내는 예로 적절하다.

⑤ 과제 준비 때문에 잠을 자지 못할 것이라는 미래의 일을 확정적인 사실로 받아들임을 나타내기 위해 선어말 어미 '-았-'을 사용하였으므로 '미래의 일을 확정적인 사실로 받아들임(ⓒ)'을 나타내는 예로 적절하다.

> **개념 복습!** 선어말 어미 '-았-/-었-'은 사건이나 상태가 과거의 것임을 나타내기도 하고, 과거에 일어난 사건의 결과 상태가 현재까지 지속되고 있음을 나타내기도 하며, 미래의 일을 확정적인 사실로 받아들임을 나타내기도 한다.

문제 TIP 시제는 사건이 일어난 시간의 위치를 표현하는 것이므로, 항상 발화시를 기준으로 하여 사건이 일어난 시점을 표시해 보면 쉽게 판단할 수 있다.

문제 해결
STEP 1 밑줄 친 부분이 발화시를 기준으로 할 때 언제 일어난 사건인지 판단한다.
STEP 2 파악한 시제를 바탕으로 ⓐ~ⓒ 중 어느 것에 해당하는 예인지 확인한다.

DAY 23 피동 표현과 사동 표현

01 정답 ③

정답 풀이 접미사 '-우-, -구-, -추-'는 사동 접미사로만 쓰인다.

오답 풀이

① 피동 표현은 주어가 스스로 동작을 하는 것이 아닌, 다른 주체에 의해 동작을 당하는 것을 표현한다.

② 사동 표현은 주어가 동작을 직접 하는 것이 아닌, 다른 대상에게 동작을 하게 하는 것을 표현한다.

④ 피동 표현은 피동 접미사(파생적 피동)나 '-어지다'(통사적 피동)의 결합, '당하다'와 같은 어휘(어휘적 피동)를 사용해 실현할 수 있다.

⑤ 사동 표현은 사동 접미사, 접미사 '-시키다'(파생적 사동)나 '-게 하다'(통사적 사동)의 결합을 사용해 실현할 수 있다.

02 정답 ③

정답 풀이 '달리다'는 피동사가 아니므로 '우리는 전속력으로 달렸다.'라는 문장은 능동 표현이다.

오답 풀이

① '들리다'는 '듣다'에 피동 접미사 '-리-'가 결합한 피동사이다.

② '물리다'는 '물다'에 피동 접미사 '-리-'가 결합한 피동사이다.

④ '뽑히다'는 '뽑다'에 피동 접미사 '-히-'가 결합한 피동사이다.

⑤ '사용되다'는 명사 '사용'에 접미사 '-되다'가 결합한 피동 표현이다.

03 정답 ④

정답 풀이 '줄이다'는 '줄다'에 사동 접미사 '-이-'가 결합한 사동사이다.

오답 풀이

① '끊기다'는 '끊다'에 피동 접미사 '-기-'가 결합한 피동사이다.

② '뚫리다'는 '뚫다'에 피동 접미사 '-리-'가 결합한 피동사이다.

③ '닫히다'는 '닫다'에 피동 접미사 '-히-'가 결합한 피동사이다.

⑤ '묶이다'는 '묶다'에 피동 접미사 '-이-'가 결합한 피동사이다.

04 정답 ⑤

정답 풀이 〈보기〉의 문장은 능동문이므로 행위의 주체인 '친구'가 '잡는' 동작을 제힘으로 하는 것을 강조하는 문장이다. 행위의 대상인 '물고기'를 강조하려면 피동문으로 표현해야 한다.

오답 풀이

① 능동문은 주어가 동작을 제힘으로 하는 것을 나타내는 문장이다. 〈보기〉의 문장은 주어 '친구'가 잡는 동작을 제힘으로 하고 있으므로 능동문이다.

②, ③ '친구가 물고기를 잡았다.'를 피동문으로 바꾸면 '물고기가 친구에게 잡혔다.'가 되므로, 능동문의 목적어 '물고기를'은 주어로 바뀌고, 주어 '친구가'는 부사어로 바뀐다.

④ '잡다'에 피동 접미사 '-히-'를 결합해 피동사 '잡히다'로 만들면 피동문으로 바꿀 수 있다.

> **개념 복습!** 능동문은 주체가 동작을 제힘으로 하는 것을 나타내고, 피동문은 주어가 다른 주체에 의해 동작을 당하는 것을 나타낸다. 피동 표현은 피동 접미사, '-게 되다' 등을 활용해 실현할 수 있으며, 능동문을 피동문으로 바꿀 때 문장 성분에 변화가 생긴다.

서술형

05 정답 예 나는 동생에게 교과서를 읽혔다. 파생적 사동문으로 바꾸면 주동문에는 없는 새로운 주어 '나는'이 추가되고, 주동문의 주어 '동생은'은 사동문의 부사어로 바뀐다.

채점 기준
• '나는 동생에게 교과서를 읽혔다.'라는 사동문을 만듦.
• 새로운 주어가 추가되고, 주동문의 주어는 사동문의 부사어가 된다는 점을 밝힘.

필수 단어 나, 동생, 교과서, 읽혔다, 주어, 부사어

정답 풀이 '읽다'는 사동 접미사 '-히-'와 결합하여 사동사 '읽히다'가 되고, 이를 통해 파생적 사동 표현을 실현할 수 있다. 주동문을 사동문으로 바꿀 때는 새로운 주어 '나는'을 삽입하고 주동문의 주어를 사동문의 부사어로 바꾸어야 한다. 그러므로 '동생은 교과서를 읽었다.'라는 문장을 파생적 사동문으로 바꾸면 '나는 동생에게 교과서를 읽혔다.'가 된다.

06 정답 ③

정답 풀이 '들렸다'는 사동 접미사 '-리-'가 결합한 사동사이므로, 파생적 피동문이 아닌 파생적 사동문이다.

오답 풀이

① '빼앗기다'는 피동 접미사 '-기-'가 결합한 피동사이므로, 파생적

피동이 실현된 것으로 볼 수 있다.
② '휩쓸리다'는 피동 접미사 '-리-'가 결합한 피동사이므로, 파생적 피동이 실현된 것으로 볼 수 있다.
④ '풀어지다'는 어간 '풀-'에 '-어지다'가 결합한 것이므로, 통사적 피동이 실현된 것으로 볼 수 있다.
⑤ '만들어지다'는 어간 '만들-'에 '-어지다'가 결합한 것이므로, 통사적 피동이 실현된 것으로 볼 수 있다.

07 정답 ④

정답 풀이 〈보기〉에서 설명하는 표현은 사동 표현이다. '나는 친구를 내 쪽으로 세게 잡아당겼다.'라는 문장은 주어가 잡아당기는 행동을 스스로 했음을 나타내므로 사동문이 아니다.

오답 풀이
① '업히다'는 '업다'의 사동사이므로 사동 표현이 사용된 문장이다.
② '숙이다'는 '숙다'의 사동사이므로 사동 표현이 사용된 문장이다.
③ '말리다'는 '마르다'의 사동사이므로 사동 표현이 사용된 문장이다.
⑤ '속이다'는 '속다'의 사동사이므로 사동 표현이 사용된 문장이다.

08 정답 ③

정답 풀이 '베이다'는 '베다'에 피동 접미사 '-이-'가 결합한 피동사이다. 따라서 '베다 – 베이다'는 주동사와 사동사의 관계가 아니라 능동사와 피동사의 관계로 볼 수 있다.

오답 풀이
① '앉히다'는 '앉다'에 사동 접미사 '-히-'가 결합한 사동사이다.
② '끓이다'는 '끓다'에 사동 접미사 '-이-'가 결합한 사동사이다.
④ '지우다'는 '지다'에 사동 접미사 '-우-'가 결합한 사동사이다.
⑤ '늘리다'는 '늘다'에 사동 접미사 '-리-'가 결합한 사동사이다.

09 정답 ④

정답 풀이 '가게 하다'는 '가다'에 '-게 하다'가 결합한 표현이므로, 해당 문장은 통사적 사동이 실현된 것이다.

오답 풀이
① '굽히다'는 '굽다'에 사동 접미사 '-히-'가 결합한 사동사이므로 해당 문장은 파생적 사동이 실현된 것이다.
② '높이다'는 '높다'에 사동 접미사 '-이-'가 결합한 사동사이므로 해당 문장은 파생적 사동이 실현된 것이다.
③ '밝히다'는 '밝다'에 사동 접미사 '-히-'가 결합한 사동사이므로 해당 문장은 파생적 사동이 실현된 것이다.
⑤ '먹이다'는 '먹다'에 사동 접미사 '-이-'가 결합한 사동사이므로 해당 문장은 파생적 사동이 실현된 것이다.

고난도
10 정답 ②

정답 풀이 첫 번째 문장의 '안기다'는 아기가 엄마에게 '안는' 행위를 당한 것이므로 피동 접미사 '-기-'가 결합한 피동사이고, 두 번째 문장의 '안기다'는 친구가 '안게 한' 것이므로, 사동 접미사 '-기-'가 결

합한 사동사이다.

오답 풀이
① 첫 번째 문장의 '놀리다'는 '짖궂게 굴거나 흉을 보거나 웃음거리로 만들다.'라는 뜻을 지닌 동사로, 접미사가 결합하여 형성된 피동사나 사동사가 아니다. 두 번째 문장의 '놀리다'는 '놀다'에 사동 접미사 '-리-'가 결합한 사동사이다.
③ 첫 번째 문장의 '보이다'와 두 번째 문장의 '보이다'는 모두 '보다'에 피동 접미사 '-이-'가 결합한 피동사이다.
④ 첫 번째 문장의 '말리다'는 '마르다'에 사동 접미사 '-이-'가 결합한 사동사이고, 두 번째 문장의 '말리다'는 '다른 사람이 하고자 하는 어떤 행동을 못하게 방해하다.'라는 뜻을 지닌 동사로, 접미사가 결합하여 형성된 피동사나 사동사가 아니다.
⑤ 첫 번째 문장의 '녹이다'와 두 번째 문장의 '녹이다'는 모두 '녹다'에 사동 접미사 '-이-'가 결합한 사동사이다.

개념 복습! 동사 어간에 피동 접미사 '-이-, -히-, -리-, -기-'가 결합하면 피동사가 되고, 동사나 형용사 어간에 사동 접미사 '-이-, -히-, -리-, -기-, -우-, -구-, -추-'가 결합하면 사동사가 된다.

심화 학습 문제 본문 · 168~169쪽

01 ② 02 ③ 03 ③ 04 ② Q 수능 맛보기 ⑤

01 정답 ②

정답 풀이 능동사 '만지다'의 어근인 '만지-'에는 짧은 피동을 만드는 피동 접미사 '-이-, -히-, -리-, -기-'가 결합하지 못하므로 ㉠에 해당하는 예로 적절하다. '만지다'는 '-어지다'와 결합하여 긴 피동으로만 쓰일 수 있다.

오답 풀이
① 능동사 '끊다'의 어근인 '끊-'에 피동 접미사 '-기-'가 결합하여 '낚싯줄이 물고기에 의해 끊겼다.'와 같이 짧은 피동을 만들 수 있다.
③ 능동사 '부르다'의 어근인 '부르-'에 피동 접미사 '-이-'가 결합하여 '동생의 이름이 민수에 의해 불렸다.'와 같이 짧은 피동을 만들 수 있다.
④ 능동사 '묻다'의 어근인 '묻-'에 피동 접미사 '-히-'가 결합하여 '도토리가 다람쥐에 의해 땅에 묻혔다.'와 같이 짧은 피동을 만들 수 있다.
⑤ 능동사 '담다'의 어근인 '담-'에 피동 접미사 '-기-'가 결합하여 '음식이 요리사에 의해 접시에 담겼다.'와 같이 짧은 피동을 만들 수 있다.

> 📖 **개념 복습!** 피동은 주어가 다른 주체에 의해 어떤 동작을 당하거나 영향을 받는 것으로, 피동 접미사 '-이-, -하-, -리-, -기-'를 붙여 짧은 피동을 만들거나 '-아/-어지다'를 결합해 긴 피동을 만들 수 있다.

02 정답 ③

정답 풀이 ㉠에서는 주동문의 주어 '철수가'가 사동문에서 '철수를'이라는 목적어로 바뀌었다. 그러나 ㉡에서는 주동문의 주어 '동생이'가 사동문에서 '동생에게'라는 부사어로 바뀌었다. 사동문의 목적어는 '밥을'로, 주동문에서와 동일하다. 따라서 ㉠만 주동문의 주어가 사동문의 목적어로 바뀐 경우에 해당한다.

오답 풀이
① ㉡의 주동문은 서술어 '먹다'에 사동 접미사 '-이-'를 결합한 '먹이다'의 형태로 사동문을 만들 수 있다. 그러나 ㉠의 주동문은 서술어 '가다'에 '-이-, -히-, -리-, -기-, -우-, -구-, -추-'와 같은 사동 접미사를 결합하지 못하므로 사동 접미사를 활용하여 사동문을 만들 수 없다.
② ㉢의 사동문에서 사동 접미사 '-기-' 대신 '-게 하다'를 활용하면 '인부들이 이삿짐을 방으로 옮게 하다.'가 되므로 어색한 문장이 된다.
④ ㉠과 ㉡은 모두 주동문이 사동문이 될 때, 각각 '내가'와 '누나가'라는 새로운 주어가 생겼다.
⑤ ㉢의 주동문인 '이삿짐이 방으로 옮다.'는 문법에 맞지 않는 문장이다. 즉 ㉠, ㉡과 달리 ㉢은 사동문에 대응하는 주동문이 존재하지 않는다.

03 정답 ③

정답 풀이 '돕다'는 어근 '돕-'에 파생 접사 '-이-, -히-, -리-, -기-'가 결합하지 못하므로 피동사로 파생되지 않는 동사이다. 따라서 ㉠의 예로 적절하다. '듣다'는 어근 '듣-'에 파생 접사 '-이-'가 결합한 '들리다'라는 피동사가 존재하지만, '들리다'는 '사람이나 동물의 감각 기관을 통해 소리가 알아차려지다.'를 뜻하므로 '칭찬이 부모님에 의해 동생에게 들렸다.'로 바꾸면 어색한 문장이 된다. 따라서 ㉡의 예로 적절하다.

오답 풀이
① '주다'는 어근 '주-'에 파생 접사 '-이-, -히-, -리-, -기-'가 결합하지 못하므로 피동사로 파생되지 않는 동사이다. 따라서 ㉠의 예로 적절하다. '잡다'는 '잡히다'라는 피동사가 있으며, '쥐가 고양이에게 잡혔다.'라는 파생적 피동문으로 바꿀 수 있으므로 ㉡의 예로 적절하지 않다.
② '먹다'는 어근 '먹-'에 파생 접사 '-히-'가 결합한 '먹히다'라는 피동사로 파생되므로 ㉠의 예로 적절하지 않다. '뽑다'는 어근 '뽑-'에 파생 접사 '-히-'가 결합한 '뽑히다'라는 피동사가 존재하지만, '풀이 열심히 사람들에게 뽑혔다.'로 바꾸면 어색한 문장이 된다. '풀'은 감정이나 의지를 가질 수 없는 대상이므로 '열심히'와 어울리지 않기 때문이다. 따라서 ㉡의 예로 적절하다.

④ '만나다'는 어근 '만나-'에 파생 접사 '-이-, -히-, -리-, -기-'가 결합하지 못하므로 피동사로 파생되지 않는 동사이다. 따라서 ㉠의 예로 적절하다. '그리다'는 어근 '그리-'에 파생 접사 '-이-, -히-, -리-, -기-'가 결합하지 못하므로 피동사로 파생되지 않는 동사이다. 따라서 ㉡의 예로 적절하지 않다. '-어지다'가 결합하여 '벽화가 학생들에 의해 멋지게 그려졌다.'라는 통사적 피동문만 만들 수 있다.
⑤ '나누다'는 어근 '나누-'에 파생 접사 '-이-'가 결합한 '나뉘다'라는 피동사로 파생되므로 ㉠의 예로 적절하지 않다. '닫다'는 어근 '닫-'에 파생 접사 '-히-'가 결합한 '닫히다'라는 피동사가 존재하지만, '문이 일부러 누나에게 세게 닫혔다.'로 바꾸면 어색한 문장이 된다. '문'은 감정이나 의지를 가질 수 없는 대상이므로 '일부러'와 어울리지 않기 때문이다. 따라서 ㉡의 예로 적절하다.

04 정답 ②

정답 풀이 ㉡은 '나'가 직접 보는 행동을 했으므로 능동문이고, ㉢는 '그림'이 '나'에게 보이게 되었으므로 피동문이다. 능동문 ㉡의 문장 성분을 분석해 보면, '나는(주어) 그림을(목적어) 보았다(서술어).'이고, 피동문 ㉢의 문장 성분을 분석해 보면, '그림이(주어) 나에게(부사어) 보였다(서술어).'이다. 따라서 능동문의 목적어 '그림을'은 피동문에서 주어 '그림이'가 된다.

오답 풀이
① ㉠은 '언니'가 직접 동생을 안는 행동을 했으므로 능동문이고, ⓐ는 '동생'이 언니에 의해 안는 행동을 당하였으므로 피동문이다. 능동문 ㉠의 '언니가'는 피동문 ⓐ에서는 부사어 '언니에게'로 바뀌었다.
③ ㉡은 '나'가 스스로 그림을 보았으므로 주동문이고, ⓓ는 '형'이 나에게 그림을 보도록 시킨 것이므로 사동문이다. 주동문 ㉡이 사동문 ⓓ로 바뀌면서 새로운 주어 '형이'가 나타난 것을 확인할 수 있다.
④ ⓐ는 '동생'이 언니에 의해 안는 행동을 당하였으므로 피동문이고, ⓑ는 '엄마'가 언니에게 동생을 안도록 시킨 것이므로 사동문이다. 피동문 ⓐ에 쓰인 피동사 '안겼다'와 사동문 ⓑ에 쓰인 사동사 '안겼다'의 형태가 같음을 확인할 수 있다.
⑤ ⓑ와 ⓓ는 모두 주어가 남에게 어떤 동작을 하도록 시키는 표현이 사용된 사동문이다. ⓑ는 어근 '안-'에 사동 접미사 '-기-'를 결합한 사동사를 활용하여 만든 파생적 사동문이고, ⓓ는 어간 '보-'에 '-게 하다'를 결합하여 만든 통사적 사동문이다. 따라서 사동문은 사동사나 '-게 하다'를 활용하여 만들 수 있음을 알 수 있다.

정답 풀이　'형이 친구에게 꽃다발을 안겼다.'는 주체인 '형'이 친구에게 꽃다발을 안는 행위를 하도록 시키는 것을 표현한 문장으로, 이때의 '안기다'는 사동사(㉠)이다. '아기 곰이 어미 품에 포근히 안겼다.'는 주체인 '아기 곰'이 어미에 의해 안는 행동을 당하는 것을 표현한 문장으로, 이때의 '안기다'는 피동사(㉡)이다.

오답 풀이

① '운동화 끈이 풀렸다.'와 '아빠의 칭찬에 피로가 금세 풀렸다.'는 각각의 주체인 '운동화 끈'과 '피로'가 외부로부터 가해지는 행위나 작용의 대상이 되므로, 이때의 '풀리다'는 모두 피동사(㉡)이다.

② '우는 아이가 엄마 등에 업혔다.'는 주체인 '우는 아이'가 외부로부터 가해지는 행위의 대상이 되므로, 이때의 '업히다'는 피동사(㉡)이다. '누나가 이모에게 아기를 업혔다.'는 주체인 '누나'가 이모에게 아기를 업는 행위를 하도록 시킴을 나타내므로, 이때의 '업히다'는 사동사(㉠)이다.

③ '나는 젖은 옷을 햇볕에 말렸다.'는 주체인 '나'가 다른 대상인 '젖은 옷'으로 하여금 마르도록 함을 나타내므로, 이때의 '말리다'는 사동사(㉠)이다. '동생은 집에 가겠다는 친구를 말렸다.'의 '말리다'는 동사의 어근에 사동 접미사나 피동 접미사가 결합한 것이 아니라, '다른 사람이 하고자 하는 어떤 행동을 못하게 방해하다.'라는 뜻을 지니는 동사의 기본형이므로 사동사도 피동사도 아니다.

④ '새들이 따뜻한 곳에서 몸을 녹였다.'와 '햇살이 고드름을 천천히 녹였다.'는 각각의 주체인 '새들'과 '햇살'이 다른 대상인 '몸'과 '고드름'을 녹도록 함을 나타내므로, 이때의 '녹이다'는 모두 사동사(㉠)이다.

📖 개념 복습! 피동문은 주어가 다른 주체에 의해 동작이나 행위를 당하는 것을 표현한 문장이고, 사동문은 주어가 다른 주체나 대상에게 동작이나 행위를 시키는 것을 표현한 문장이다.

문제 TIP　사동사와 피동사의 형태가 동일할 때, 그것이 사동사로 쓰인 것인지 피동사로 쓰인 것인지는 문장에서 사용된 의미를 파악함으로써 판단할 수 있으며, 목적어의 유무로도 판단할 수 있다. 사동문에서는 목적어가 나타나고, 피동문에서는 목적어가 나타나지 않는다.

문제 해결

STEP 1 각 단어가 문장에서 쓰인 의미를 파악하고, 문장에 목적어가 있는지 확인한다.

STEP 2 문장의 의미와 목적어의 유무를 토대로 각 단어가 사동사인지 피동사인지 구분한다.

DAY 24 부정 표현, 중의적 표현

개념 확인 문제　　　　　본문 · 171쪽

01 부정 표현, 능력 부정, 긴 부정문　**02** (1) ○ (2) ○　**03** (1) 상태 (2) 긴　**04** ③　**05** (1) 말을 크게 하지 마라. (2) 영희와 함께 가지 말자.　**06** 바다가 깨끗하지 않다.　**07** (1) ○ (2) ○　**08** (1) ○ (2) ×

내신 대비 문제　　　　　본문 · 172~173쪽

01 ⑤　**02** ⑤　**03** ③　**04** ④　**05** 예 해당 문장이 중의성을 갖는 이유는 수식어 '웃으면서'가 수식하는 성분이 명확하지 않기 때문이다. 이를 해소하기 위해서는 '웃으면서'를 '반겼다' 앞으로 이동시키거나 쉼표(,)를 '그녀는' 혹은 '웃으면서' 뒤에 추가하면 된다.　**06** ④　**07** ③　**08** ③　**09** ⑤　**10** ⑤

01 정답 ⑤

정답 풀이　부정 부사 '안', '못'은 명령문이나 청유문의 부정 표현을 만들 때 사용할 수 없다. 명령문은 부정 용언 '-지 마/마라'를, 청유문은 부정 용언 '-지 말자'를 사용하여 부정 표현을 만든다.

오답 풀이

① 부정 표현은 문장의 내용에 대해 의미적으로 부정하는 표현이다.

② 부정 표현은 그 문장의 내용에 따라 상태 부정, 의지 부정, 능력 부정으로 구분한다.

③ 부정 표현은 형식에 따라 부정 부사를 활용하는 짧은 부정문, 부정 용언을 활용하는 긴 부정문으로 구분된다.

④ 긴 부정문은 부정 용언 '-지 않다(아니하다)', '-지 못하다'를 활용하여 만들 수 있다.

02 정답 ⑤

정답 풀이　⑤에는 부정 부사, 부정 용언 등 부정 표현을 실현하는 문법 요소가 없으며, '모르다'는 알지 못하다는 뜻의 단어일 뿐 부정 표현이 아니다.

오답 풀이

① 부정 용언 '-지 마라'를 활용한 부정 표현이다.

② 부정 용언 '-지 못하다'를 활용한 부정 표현이다.

③ 부정 용언 '-지 말자'를 활용한 부정 표현이다.

④ 부정 부사 '못'을 활용한 부정 표현이다.

03 정답 ③

정답 풀이　'꽃들의 색깔이 다 같지 않다.'는 단순히 상태가 그렇지 않음을 표현하므로 의지 부정이 아닌 상태 부정이다.

오답 풀이

① '교실이 정리되어 있지 않다.'는 단순히 상태가 그렇지 않음을 표현하므로 상태 부정이다.

② '오늘은 운동을 하지 않았다.'는 주체의 의지로 운동이라는 행위를 하지 않았음을 표현하므로 의지 부정이다.

④ '비가 와서 걸어가지 못했다.'는 외부의 원인 때문에 행위가 불가능함을 표현하므로 능력 부정이다.

⑤ '공부량이 부족해서 시험을 못 봤다.'는 주체의 능력 부족에 따른 결과를 표현하므로 능력 부정이다.

> **개념 복습!** 부정 표현은 내용에 따라 단순한 사실이나 상태가 그렇지 않음을 표현하는 상태 부정, 주체의 의지로 하지 않음을 표현하는 의지 부정, 외부의 원인이나 주체의 능력 부족으로 행위가 불가능함을 표현하는 능력 부정이 있다.

04 정답 ④

정답 풀이 '못'이나 '안과 같은 부정 부사는 쓰이지 않았다.

오답 풀이

①, ③ 부정 용언 '-지 못하다'를 활용한 긴 부정문이다.

② 주체인 '재훈이'의 능력이 부족하여 '수지'를 만나지 못한 것이므로 능력 부정에 해당한다.

⑤ '재훈이가 수지를 못 만났다.'처럼 짧은 부정문으로 바꿀 수 있다.

서술형

05 정답 예 해당 문장이 중의성을 갖는 이유는 수식어 '웃으면서'가 수식하는 성분이 명확하지 않기 때문이다. 이를 해소하기 위해서는 '웃으면서'를 '반겼다' 앞으로 이동시키거나 쉼표(,)를 '그녀는' 혹은 '웃으면서' 뒤에 추가하면 된다.

채점 기준
• 수식어가 수식하는 성분이 명확하지 않다는 것을 이유로 파악함.
• '웃으면서'를 '반겼다' 앞으로 이동하는 방법을 씀.
• '그녀는' 혹은 '웃으면서' 뒤에 쉼표를 추가하는 방법을 씀.

✏️ **필수 단어** 수식(어), '웃으면서', 쉼표

정답 풀이 수식어의 수식 범위가 명확하지 않아서 중의성이 발생한 경우이다. 이때 수식어가 수식하는 대상을 명확히 할 수 있도록 '웃으면서'를 서술어 '반겼다' 앞으로 옮기는 방법으로 중의성을 해소할 수 있다. 혹은 쉼표를 '그녀는' 뒤에 추가하면 '웃으면서'가 '걸어오는 손님'을 수식하는 것이 되고, 쉼표를 '웃으면서' 뒤에 추가하면 '반겼다'라는 서술어를 수식하는 것으로 한정할 수 있다.

06 정답 ④

정답 풀이 주체인 '연수'의 의지로 외국 소설을 읽는 특정 행위를 하지 않은 것이므로 의지 부정이며, 부정 용언 '-지 않다'를 활용했으므로 긴 부정문이다.

오답 풀이

① 주체인 '그'가 춤추는 것을 좋아하지 않음을 표현하는 것이므로 의지 부정, 부정 부사 '안'을 활용했으므로 짧은 부정문이다.

② 단순히 비가 내리지 않았음을 표현하는 것이므로 상태 부정, 부정 용언 '-지 않다'를 활용했으므로 긴 부정문이다.

③ 능력이 부족하여 승리하지 못했음을 표현한 것이므로 능력 부정, 부정 용언 '-지 못하다'를 활용했으므로 긴 부정문이다.

⑤ 주체인 '선화'의 의지로 장미꽃을 사는 특정 행위를 하지 않은 것이므로 의지 부정, 부정 부사 '안'을 활용했으므로 짧은 부정문이다.

07 정답 ③

정답 풀이 부정 부사를 활용하여 행위나 행동이 불가능함을 표현한 문장은 능력 부정의 짧은 부정문이다. ③은 주체인 '그가 다리를 다쳐 등산을 가고 싶어도 갈 수 없게 되었고, 부정 부사 '못'을 활용하였으므로 능력 부정, 짧은 부정문이다.

오답 풀이

① 상태 부정, 긴 부정문이다.

② 명령형의 긴 부정문이다.

④ 의지 부정, 짧은 부정문이다.

⑤ 부정 표현이 아니다.

08 정답 ③

정답 풀이 '성현이는 알록달록한 스카프를 매고 있다.'라는 문장은 동작상을 나타내는 표현 '-고 있다'가 '매다'와 결합하여 동작의 진행과 완료를 동시에 의미할 수 있기 때문에 중의성이 생긴 문장이다.

오답 풀이

① '아름다운'이라는 수식어의 수식 범위가 '그녀'인지 '친구'인지 명확하지 않아서 중의성이 생긴 문장이다.

② '귀여운'이라는 수식어의 수식 범위가 '아이'인지 '강아지'인지 명확하지 않아서 중의성이 생긴 문장이다.

④ '성격이 좋은'이라는 수식어의 수식 범위가 '그녀'인지 '동생'인지 명확하지 않아서 중의성이 생긴 문장이다.

⑤ '친절한'이라는 수식어의 수식 범위가 '친구'인지 '누나'인지 명확하지 않아서 중의성이 생긴 문장이다.

09 정답 ⑤

정답 풀이 '쓰고 있다'를 '쓰고 있는 중이다'로 바꾸면 진행상으로만 해석되기 때문에 중의성을 해소할 수 있다.

오답 풀이

① 쉼표를 추가하는 것으로는 중의성을 해소할 수 없다.

② 쉼표를 추가하고 '모자를'이라는 문장 성분의 순서를 바꾸는 것으로는 중의성을 해소할 수 없다.

③, ④ '멋진'이라는 수식어나 '지금'이라는 부사어를 추가하는 것으로는 중의성을 해소할 수 없다.

10 정답 ⑤

정답 풀이 '수영이가 어제 그 친구를 만나지 않았다.'라는 긴 부정문으로 고쳐도 부정의 범위에 따른 중의성은 해소되지 않는다.

오답 풀이
① 주체인 '수영이'의 의지로 친구를 만나는 행위를 하지 않음을 표현한 문장이므로 의지 부정에 해당한다.
② 부정 부사 '안'을 활용한 짧은 부정문이다.
③ 부정 부사 '안'이 부정하는 범위가 명확하지 않아 중의적으로 해석된다.
④ 보조사 '는'을 활용하여 '수영이가 어제 그 친구는 안 만났다.'로 바꾸어 씀으로써 중의성을 해소할 수 있다.

심화 학습 문제

본문 · 174~175쪽

01 ③　**02** ④　**03** ⑤　**04** ⑤　**Q** 수능 맛보기 ③

01 정답 ③

정답 풀이 ㄴ에서 '그'가 축구를 하지 못하는 이유는 다리를 다쳤다는 외적 원인 때문이다. '못'은 능력 부정을 나타내는 부정 부사로, 축구를 하고자 하는 '그'의 의지가 아니라 축구를 하고 싶어도 할 수 없는 '그'의 능력을 부정하고 있다.

오답 풀이
① ㄱ에서 부정 부사 '안'을 '못'으로 바꾸면 '나팔꽃이 못 예쁘다.'가 되어 어색한 문장이 된다. 상태를 나타내는 형용사는 대체로 '못' 부정문을 사용하면 어색한 표현이 된다.
② ㄱ에서 '안'은 상태 부정을 나타내는 부정 부사로, '예쁘다'라는 상태를 부정하고 있다.
④ ㄴ을 '그는 다리를 다쳐 축구를 하지 못한다.'라는 긴 부정문으로 바꾸어도 어법상 문제가 없다.
⑤ ㄷ의 '아니다'는 부정 형용사로, '고래'가 '어류'라는 사실을 부정하는 뜻을 나타낸다.

02 정답 ④

정답 풀이 ④는 '-지 아니하다'를 사용하여 길게 표현한 부정 표현이다(㉠). 비가 내리지 않은 현상을 나타낸 것이므로, 이는 의지나 능력이 아닌 단순히 사실이나 상태를 부정하는 의미로 사용된 것이다(㉡).

오답 풀이
① 방의 크기가 두 평이 채 되지 못한다는 사실을 부정하는 의미로 사용되었지만, 부사 '못'을 사용하여 짧게 표현한 부정 표현이다.
② 부사 '안'을 사용하여 짧게 표현한 부정 표현이며, 의지를 부정하는 의미로 해석된다.

③ '-지 못하다'를 사용하여 길게 표현했지만, 능력을 부정하는 의미로 해석된다.
⑤ '-지 아니하다'를 사용하여 길게 표현했지만, 의지를 부정하는 의미로 해석된다.

03 정답 ⑤

정답 풀이 ㉣은 부정 용언 '못하다'가 사용된 긴 부정문이고, ㉤은 부정 부사 '못'이 사용된 짧은 부정문이다. ㉣과 ㉤ 모두 능력이 부족하여 영수를 이기지 못했다는 의미를 드러내고 있으므로 의미상의 차이가 나타나지 않는다.

오답 풀이
① ㉠과 ㉡은 부정 부사 '안', ㉢과 ㉤은 부정 부사 '못'이 사용된 짧은 부정문이다.
② ㉡의 '안'은 의지 부정을 나타내는 부정 부사로 '하고 싶지 않다'는 뜻으로 해석할 수 있다.
③ ㉢의 '못'은 주체의 능력 때문에 그 행위가 일어나지 못하는 것을 뜻하는 능력 부정을 나타내는 부정 부사이므로 '능력이 없어서 할 수 없다'는 뜻으로 해석할 수 있다.
④ ㉣은 '못하다'라는 부정 용언을 사용하여 만들어진 긴 부정문이다.

04 정답 ⑤

정답 풀이 ㉿은 '웃으면서'의 주체가 '지훈이'인지 '소민이'인지 모호하기 때문에, 즉 '지훈이'가 웃으면서 맞이한 것인지, '소민이'가 웃으면서 들어온 것인지 명확하게 해석하기 어려운 문장이다. '지훈이와 소민이'가 동시에 웃는 의미로는 해석되지 않는다.

오답 풀이
① ㉠은 경준이의 신체 일부인 손이 크다는 의미와 경준이의 씀씀이가 크다는 의미로 해석할 수 있어 명확하지 않은 문장이다.
② ㉡은 진행의 의미와 상태의 의미로 모두 해석할 수 있는 '-고 있다'의 사용으로 인해 중의성이 생긴 문장이다. 즉, 효정이가 구두를 신는 중이라는 의미와 구두를 신은 상태라는 의미로 해석할 수 있어 명확하지 않다.
③ ㉢의 '아름다운'이 수식 대상에 따라 '그녀의 어머니'가 아름답다는 의미와 그녀가 아름답다는 의미로 해석할 수 있어 명확하지 않다.
④ ㉣은 접속 조사 '와'로 인해 중의성이 생긴 문장이다. 어머니께서 나에게 주신 것이 사과 하나와 귤 하나인지, 사과 하나와 귤 두 개인지, 사과 두 개와 귤 두 개인지 모호하기 때문에 명확하지 않다.

정답 풀이 '언니가 교복을 입고 있다.'가 중의성이 있는 문장인 이유는 '-고 있다'가 동작이 진행 중이라는 의미로 해석될 수도 있고, 동작이 완료된 상태라는 의미로 해석될 수도 있기 때문이다. 따라서 ⓒ처럼 "언니가 교복을 입는 중이다."로 고치면 동작이 진행 중이라는 의미만을 나타내게 되어 중의성을 해소할 수 있다. 그러나 "언니가 지금 교복을 입고 있다."로 고치면 여전히 '-고 있다'를 사용하고 있으므로 중의성이 해소되지 않는다.

오답 풀이

① '예쁜 모자의 장식물이 돋보였다.'는 '예쁜'이 수식하는 대상이 '모자'인지 '장식물'인지 모호한 문장이다. ㉠은 '예쁜' 뒤에 쉼표(,)를 넣어 '장식물'로 수식의 범위를 한정하여 중의성을 해소한 것이고, "모자의 예쁜 장식물이 돋보였다."는 수식어인 '예쁜'의 위치를 옮겨 중의성을 해소한 것이다.

② '손님들이 다 오지 않았어.'는 손님들이 한 명도 오지 않았다는 의미인지, 손님들이 일부만 왔다는 의미인지 불분명한 문장이다. "손님들이 다는 오지 않았어."는 부정의 범위를 한정하여 중의성을 해소한 것이다. 이때는 ㉡과 마찬가지로 손님들이 일부만 왔다는 의미로 해석된다.

④ '형은 나보다 동생을 더 좋아한다.'는 비교 대상이 '형과 나'인지, '나와 동생'인지 불분명한 문장이다. "형은 나와 동생 중에서 동생을 더 좋아한다."는 ㉣과 마찬가지로 '나와 동생'으로 비교 대상을 분명히 함으로써 중의성을 해소한 것이다.

⑤ '나는 웃으면서 매장에 들어오는 손님에게 인사했다.'는 '웃으면서'가 수식하는 대상이 '나'인지 '손님'인지 모호한 문장이다. "매장에 들어오는 손님에게 나는 웃으면서 인사했다."는 주어 '나는'을 함께 이동시키기는 했지만 ㉤과 마찬가지로 '웃으면서'의 위치를 바꾸어 중의성을 해소한 것이다.

> **개념 복습!** 중의적 표현은 하나의 문장이 두 가지 이상의 의미로 해석될 수 있는 표현이므로, 어순이나 단어를 바꾸거나 쉼표를 사용하는 등의 방법을 통해 중의성을 해소해야 한다.

문제 TIP 문장의 중의성은 주로 수식의 범위나 비교 대상, 접속 조사 '와/과'의 범위, 동작의 진행과 완료, 부정의 범위 등으로 인해 발생하므로 이와 관련된 단어나 표현을 확인하면 중의적 표현을 쉽게 찾을 수 있다.

문제 해결
STEP 1 각 문장에서 중의성이 나타난 이유를 파악한다.
STEP 2 고친 문장에서 중의성이 해소되었는지 확인한다.

Ⅵ 문법 요소   단원 종합 문제

01 ②   **02** ③   **03** ④   **04** ②   **05** 청유문, 객체 높임(법), 상대 높임(법)

01 정답 ②

정답 풀이 선어말 어미 '-시-'를 사용해 행위의 대상이 아니라 주체인 '선생님'을 높이고 있다.

오답 풀이

① 부정 용언 '-지 않-'을 사용해 부정 표현을 실현하였다.

③ 종결 어미 '-습니다'를 사용해 상대 높임을 실현하고 있다.

④ 선어말 어미 '-었-'(주-+-시-+-었-+-던)을 사용해 발화시보다 앞선 사건에 대해 과거 시제로 표현하고 있다.

⑤ 평서형 종결 어미 '-다'를 사용해 의도를 드러내고 있다.

02 정답 ③

정답 풀이 '청소시키지'의 '-시키지'를 통해 사동 표현을 실현하고 있고(㉠), '-지 말자'를 통해 부정 표현을 실현하고 있다(㉡).

오답 풀이

① '-지 말자'를 사용해 부정 표현을 실현하고 있으나 사동 표현은 확인할 수 없다.

② '맡기고'의 '-기-'를 사용해 사동 표현을 실현하고 있으나 부정 표현은 확인할 수 없다.

④ '먹게 해 주셨어'의 '-게 하-'를 통해 사동 표현을 실현하고 있으나 부정 표현은 확인할 수 없다.

⑤ '-지 않-'을 통해 부정 표현을 실현하고 있으나 사동 표현은 확인할 수 없다.

03 정답 ④

정답 풀이 ④는 '한결이가 사과를 깎았다.'의 주어를 부사어로 바꾸고, 사동 표현 '-게 하(다)', 의문형 종결 어미 '-니'를 활용하여 〈보기〉의 문장을 사동 표현의 의문문으로 바꾼 것이다.

04 정답 ②

정답 풀이 〈보기 1〉은 평서형 종결 어미 '-다'를 사용해 단순한 사실을 진술한 '평서문'이고, '-고 있다'를 사용해 동작상, 즉 '시간' 표현을 실현하고 있다. '-고 있다'는 '입다', '쓰다' 등의 용언과 결합했을 때 동작의 '진행'과 '완료'로 동시에 해석될 수 있어 중의성이 생긴다.

05 정답 청유문, 객체 높임(법), 상대 높임(법)

정답 풀이 종결 어미 '-자'로 보아 해당 문장의 유형은 청유문이다. 또한 높임의 부사격 조사 '께'와 특수 어휘 '드리다'를 통해 부사어를 높이는 객체 높임법을 실현하고 있고, 종결 어미 '-자'를 통해 청자에 대해 낮추어 말하는 상대 높임법을 실현하고 있다.

똑똑한 독해
똑독

| 중등 영어의 시작과 완성 |

∞ master

Platinum 셀러로 시작!

중등 교과서
필수·빈출 단어 완성

기본 독해부터 수능 독해까지
한번에 완성

최신 중학 영어듣기평가
100% 반영

꼭 알아야 하는
핵심 문법만 쉽게!

워드마스터

리딩마스터

리스닝마스터

그래머마스터

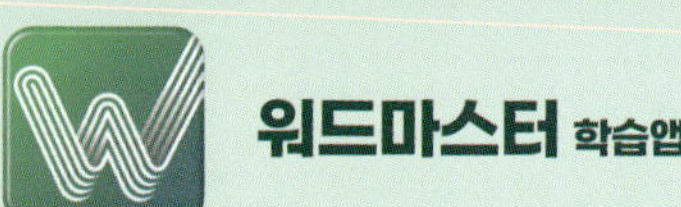

워드마스터 학습앱

언제 어디서든 학습하는 워드마스터!
워드마스터 학습앱은 구글 플레이스토어, 애플 앱스토어에서 다운로드하실 수 있습니다.

다운로드 바로가기 ▶